清华大学法学教材大系

德国民法概论

INTRODUCTION TO GERMAN CIVIL LAW

陈卫佐 著

法律出版社
LAW PRESS·CHINA
北京

图书在版编目(CIP)数据

德国民法概论 / 陈卫佐著. -- 北京 : 法律出版社,
2022
ISBN 978-7-5197-6954-3

Ⅰ. ①德… Ⅱ. ①陈… Ⅲ. ①民法-研究-德国
Ⅳ. ①D951.63

中国版本图书馆 CIP 数据核字(2022)第 140849 号

德国民法概论
DEGUO MINFA GAILUN

陈卫佐 著

责任编辑 宋丽娜
装帧设计 鲍龙卉

出版发行 法律出版社
编辑统筹 法律教育出版分社
责任校对 王晓萍 王语童
责任印制 刘晓伟
经　　销 新华书店

开本 710 毫米×1000 毫米 1/16
印张 22.5 **字数** 429 千
版本 2022 年 9 月第 1 版
印次 2022 年 9 月第 1 次印刷
印刷 永清县金鑫印刷有限公司

地址:北京市丰台区莲花池西里 7 号(100073)
网址:www.lawpress.com.cn
投稿邮箱:info@lawpress.com.cn
举报盗版邮箱:jbwq@lawpress.com.cn
销售电话:010-83938349
客服电话:010-83938350
咨询电话:010-63939796

书号:ISBN 978-7-5197-6954-3
定价:54.00 元

凡购买本社图书,如有印装错误,我社负责退换。电话:010-83938349

兼容古今、面向未来的清华法学教育

站在21世纪第二个10年的新起点，身居“年轻而古老”的清华大学法学院之中，我们深深地感受到机遇与挑战并存，一直在思考如何谱写清华法律人的新篇章，延续清华人的光荣与梦想。

历史，对于大到整个国家、小到一个学院，都是至关重要的。清华大学成立于1911年，在1952年院系调整之前，成立于1929年的法学院是清华大学四大学院之一。在近百年发展历程中，清华大学为国家培养了砥柱中流的法律大家。举其要者，如梅汝璈、向哲濬、钱端升、陈体强、王铁崖、端木正等。从1952年至1995年，尽管清华法学院的建制不在，清华大学其他院系的毕业生依然延续着清华法律事业的“香火”。清华法律教育，可谓弦歌不辍。为适应社会主义法治建设的需要，配合清华大学建设世界一流综合大学的战略布局，1995年9月，清华大学正式恢复建立法律学系，并于1999年4月复建法学院。得益于清华稳定的名师队伍、充满活力的教授团队、优质的精英教育和宽松的文化氛围，我们强调“知识传授、能力培养、价值塑造”的“三位一体”培养模式，形成了独特的“清华学派”，一代代清华法律人活跃在国家法治建设的最前列。

为了致敬清华法学院的历史，经全院老师集体讨论，一致同意编写和出版一套代表清华大学水平和特色的法学系列教材，向经典致敬，向“年轻而古老”的清华法学院致敬。

除了面向历史，这套教材也注重当下，致敬新时代，因为当下的一切都会是未来的历史。站在新时代，我们希望通过这套教材体现清华大学法学院对当前法学教育面临挑战的应对和对未来法学教育的探索，引领新时代德法兼修法治人才培养。

全面依法治国是一项长期而艰巨的历史任务，法治人才在法治建设中承担着重大使命，发挥着重要作用。我们的法学教育必须立意高远，不仅仅教会学生运用法律技术，更要站在全面推进依法治国的高度培养人才，让法治领域人才辈出，为法治中国建设贡献力量。希冀于多年后当我们回顾21世纪第二个10年的时候，这套教材和它所代表的清华法律人的智慧和精神也能经历时间的考验，成为大家传颂的“经典”。因为这套教材不仅体现了清华法律人的知识水平，更体现了我们对法学教育的思考，对法治人才培养的创新，对新时代社会问题的回应。

当前法律教育面临着研究问题和研究方法革新的双重挑战。智能手机、大数据、云计算、物联网、人工智能等,层出不穷的技术进步给我们带来了一个千年未有的大变局。我们的生活、生产模式,更重要的是我们的思维方式,都面临着重新调整。以人工智能为代表的新兴技术对法学人才培养提出了更高的要求,社会对法学人才培养有了更多期待;法学研究的重点也向新兴领域延伸,包括生命科技、信息科技在内的新技术应用不仅预示着法学研究重点的变更,也推动着法学人才培养思维模式的转变。这既对法学深度参与创新驱动发展战略的实施、推进原始创新和协同创新、加快成果转化提出了新任务、新要求,又为法学学科转变发展模式、在若干重要研究领域实现突破提供了可能性。

法学作为一门社会科学,研究内容上,要不断回应社会需求,增强法学回应社会问题的能力;研究方法上,要处理好法学教育中理论与实践、传统与新兴、本土与世界的关系,推动法学教育迈上新高峰。习近平总书记曾提出,法学学科是实践性很强的学科,法学教育要处理好知识教学和实践教学的关系。要打破高校和社会之间的体制壁垒,将实际工作部门的优质实践教学资源引进高校,加强法学教育、法学研究工作者和法治实际工作者之间的交流。这对中国法学教育的改革发展提出了殷切期望,提供了基本宗旨。我们要积极推进法学教育改革创新,就法治人才培养而言,要善于利用各种新兴技术和手段,提升理论的水平和层次,增强学生回应和解决实践问题的能力培养。新时代法学人才培养的总体目标,是通过培养既精通法律规则又兼具家国情怀与人文精神,同时熟悉信息技术的高端复合型人才,为社会发展与科技创新的法治化提供智力保障。

这套清华大学法学教材,力求让最新的法学思想通过更有力的载体得到最广泛的传播,将实现从"以教师为中心"到"以学生为中心"的转变,实现从"教"到"学"的转变;编写风格上,将改变过去以平铺直叙为主的教材写法,注重综合应用图表、二维码等丰富多彩的形式,把新鲜的司法经验和生动的案例实践带进书本,突出社会调查、大数据分析等利用人工智能等技术的实证研究方法,增强阅读体验感;教材内容将注重历史积淀与新时代发展紧密结合,回应时代的挑战和法学教育的转变。当然,每位学者都有自己的特色,一如清华法学院的优良传统,这套系列教材也呈现百花齐放、和而不同的特点,让读者领略清华法学院每位学者的生动个性,带来难忘而特殊的阅读体验。

最后,希望清华法学教育借此系列教材,走出明理楼,贡献于中国未来的法学教育和法治建设!祝各位读者阅读愉快!

申卫星

2020 年 6 月 10 日

前　言

自《德国民法总论》于2007年9月在法律出版社出版以来，至今已近15年。

我对本书的定位如下：首先，它是一本以德国民法典现行条文为基础的关于德国民法典的入门书，其目的在于使读者在短时间内以较少的精力了解关于德国民法典的真实、基本和有用的原理、原则、规则及方法。其次，本书是我自2004年学成归国并任教于清华大学法学院以来，在所开设的清华大学本科生课程"德国民法概论"的讲义基础上扩充而成的，是一部引导读者入门于德国民法堂奥的教科书，旨在向对德国民法感兴趣并希望得到德国民法门径的读者提供关于德国民法的最新素材，并使之了解德国民法的最新动态。

在本书的写作过程中，我重新阅读了大量德国民法教科书和德国民法典评注，力求做到在吃透原文精神的基础上，将所消化和吸收的知识、原理、原则、条文和典型案例用准确、明晰、简洁和专业的语言表述出来，以方便读者理解、记忆和运用。

学习德国民法的唯一正确方法，是在阅读德国民法著作的过程中，时刻不离德国民法典条文。因此，我一如既往地建议读者：在阅读本书的过程中，时刻不离德国民法典条文［参阅本书作者所译注的《德国民法典》（第5版），法律出版社2020年版］，每遇到一个条文，一定要翻阅德国民法典对应条文，并结合本书所举的大量案例理解有关条文的真实含义。诚如德国民法学者所说的：瞥一眼法律条文会消除您的诸多疑问。

本书区别于《德国民法总论》2007年版的地方，主要在于增添了关于在《德国民法总论》2007年版付梓时未及深入思考的一些问题的个人见解，删去了在教学过程中已被证明过于琐碎的若干正文和部分案例。为了向选修"德国民法概论"课程的清华大学本科生提供教材，《德国民法总论》2007年版的酝酿在时间上较为仓促，所参考的资料也较为有限。而本书则有所不同。《德国民法总论》2007年版出版后，我又用了15年时间精心打磨，在材料取舍、观点提炼和语言锤炼上逐渐形成了自己的独特风格。在语言方面，本书力求做到有话则长，无话则短。

本书的顺利出版，承蒙法律出版社宋丽娜编辑的大力支持。我所指导的清华大学法学院国际法专业法学硕士研究生赵娇娇同学和国际法专业博士研究生杨帆同学等协助我对书稿进行了初步校对,谨致谢忱。

感谢我的贤内助苏娜和我好学、上进、懂事并以父亲为榜样的儿子陈亚欧。你们的理解、支持和鼓励是我前行的动力。

陈卫佐

2022 年 5 月 20 日

于北京市海淀区双清苑

目　录

第一编　绪　论

第二编　法律行为学说

第三编 权 利

第四编 权利主体

第五编 权利客体

第一编　绪　　论

第一章 德国与德国法、私法、民法

第一节 比较法上的德国与德国法

一、德国及其主要国家机构

今天的德国国名全称是德意志联邦共和国(Bundesrepublik Deutschland, BRD)。它是根据1949年5月23日通过、次日0时0分生效的《德意志联邦共和国基本法》(Grundgesetz für die Bundesrepublik Deutschland vom 23. Mai 1949, GG)成立的一个发达的西欧社会市场经济国家,1949年至1999年,其首都是波恩,自1999年起以柏林为首都。

在1990年10月3日德国实现统一之前,德意志联邦共和国仅指西部由11个州组成并以波恩为首都的国家,史称“西德”或“联邦德国”。当时,东部还存在一个因1949年10月7日的宪法而成立、以德意志民主共和国(Deutsche Demokratische Republik, DDR)为国名、以东柏林为首都的社会主义国家,[1]史称“东德”或“民主德国”。这两个国家都曾是联合国会员国,它们各自有其法律体系和司法系统。一度横亘于东西柏林之间、将德国分成两个国家的柏林墙(始建于1961年,[2]建成于1964年),成为将德意志民族分裂成两半的标志。

东德于1965年12月20日颁布了《家庭法典》(Familiengesetzbuch, FGB)。到新的《民法典》(Zivilgesetzbuch, ZGB)施行之日(1976年1月1日)为止,东德法院在很大程度上仍旧适用自1900年1月1日起施行的德国民法典[3](Bürgerliches Gesetzbuch, BGB)。

1989年柏林墙倒塌和东欧社会主义国家发生剧变后,两德于1990年5月1日签订了《德意志民主共和国与德意志联邦共和国关于建立货币、经济和社会联盟的条约》[4],并于1990年8月31日签订了《德意志民主共和国与德意志联邦共和国

---

[1] See E. J. Cohn, *Manual of German Law*, Volume Ⅰ, Second Edition, The British Institute of International and Comparative Law, London 1968, p. 13, 16.

[2] 参见郑寅达:《德国史》,人民出版社2014年版,第483页。

[3] 本书所使用的“德国民法典”统一不加书名号,具体理由见第一章第三节“四、德国民法的渊源”。

[4] BGBl. 1990 Ⅱ S. 537.

关于实现德国统一的条约》(以下简称《统一条约》),[1]并在《统一条约》生效之日(1990年10月3日)实现了国家的统一。统一以后,原东德5个州被并入德意志联邦共和国。根据《德意志民主共和国与德意志联邦共和国关于建立货币、经济和社会联盟的条约》第2条和第4条以及《统一条约》第8条,德国也实现了法律统一,[2]原西德的法律被扩展适用于新加入的东部5个州。虽然统一后的德国仍旧沿用"德意志联邦共和国"的国名,但已不可再简称为"联邦德国",因为"联邦德国"系特指两德分立时期的西德,其今天已成为一个历史名词。

统一后的德国由16个州组成,分别是:巴登—符腾堡、巴伐利亚、不来梅、汉堡、黑森、下萨克森、北莱茵—威斯特法伦、莱茵兰—普法尔茨、萨尔、石勒苏益格—荷尔斯泰因、柏林、勃兰登堡、梅克伦堡—前波莫瑞、萨克森、萨克森—安哈特以及图林根。统一以后的德国仍有9年时间以波恩为首都,1999年正式迁都柏林。根据《德意志联邦共和国基本法》第20条的规定,今天的德意志联邦共和国是一个民主的和社会的联邦国家,其国家组织由《德意志联邦共和国基本法》规定。联邦层面的主要国家机构是联邦议会、联邦参议院、联邦总统、[3]联邦政府和联邦宪法法院。在各州层面上,各州除了将部分主权让渡给联邦外,仍保有一定的主权,可以拥有自己的宪法和司法系统,但其宪法必须符合共和国的、民主的和社会的法治国家原则(《德意志联邦共和国基本法》第28条)。

在欧洲一体化进程中,德国的主权被越来越多地让渡给欧洲联盟(以下简称欧盟)及其前身欧洲共同体。欧盟法对德国法的影响也与日俱增。欧盟法主要有两种表现形式,其一为"规则"(英文 regulation, 德文 Verordnung),其二为"指令"(英文 directive, 德文 Richtlinie)。其中,欧盟的"规则"依照《欧洲联盟运行条约》第288条第2款可直接适用于各成员国境内;欧盟的"指令"则不能直接为各成员国所适用,而是需要转换为各成员国国内法。在众多法律领域(如包括公司法在内的商法、竞争法和卡特尔法),各成员国的立法机关只能在欧盟指令的框架内进行立法。位于卢森堡的欧盟法院可以依据欧盟委员会的申请做出关于某一成员国(包括德意志联邦共和国)是否违反了《欧共体条约》的裁定。[4]

二、德国的法院组织

德国的法院系统可分为联邦法院系统和州法院系统。

---

〔1〕 BGBl. 1990 Ⅱ S. 889.

〔2〕 Vgl. Rüthers/Stadler, Allgemeiner Teil des BGB, 18. Aufl. 2014, § 1 Ⅱ Rn. 6.

〔3〕 联邦总统作为德意志联邦共和国的国家元首,由联邦大会选举产生,任期5年。参见《德意志联邦共和国基本法》第54条。

〔4〕 Vgl. Creifelds Rechtswörterbuch, 23. Aufl. 2019, S. 297.

在联邦层面，主要有联邦宪法法院（Bundesverfassungsgericht, BVerfG，位于卡尔斯鲁厄）和联邦普通法院（Bundesgerichtshof, BGH，1945 年设立于卡尔斯鲁厄，刑事庭在莱比锡〔1〕）。此外，还有与联邦普通法院处于同一等级的联邦劳工法院（位于埃尔福特）、联邦行政法院（位于莱比锡）、联邦社会法院（位于卡塞尔）和联邦财税法院（位于慕尼黑）。

须指出的是，目前中国绝大部分翻译作品称德国联邦普通法院为“联邦最高法院”，这是不准确的，是对德国法院制度的误解。依照《德意志联邦共和国基本法》第 92 条至第 94 条的规定，司法机关中处于最高地位者，是联邦宪法法院，它作为地位最高的德国法院，是德意志联邦共和国境内最受尊敬和最有权力的机构之一。根据《联邦宪法法院法》第 31 条第 1 款，联邦宪法法院的判决或裁定对联邦或州的宪法机关以及所有其他法院和机构均有约束力；在有些情形下，联邦宪法法院的判决或裁定具有同法律一样的效力。〔2〕与联邦普通法院处于同等级的，还有联邦劳工法院、联邦行政法院、联邦社会法院和联邦财税法院，《德意志联邦共和国基本法》第 95 条第 1 款在称“联邦最高法院”（oberste Gerichtshöfe des Bundes）时使用复数，且“最高”一词用小写，足以为证。由于 Bundesgerichtshof（BGH）是有民事、刑事普通裁判管辖权的级别最高的联邦法院，而联邦行政法院是有一般行政裁判管辖权的级别最高的联邦法院，联邦财税法院是有财税裁判管辖权的级别最高的联邦法院，联邦劳工法院是有劳工裁判管辖权的级别最高的联邦法院，联邦社会法院是有社会事件裁判管辖权的级别最高的联邦法院，所以，称 BGH 为联邦普通法院较妥。〔3〕

在各州层面上，德国各州均有州宪法法院、州普通法院和州专门法院。

就州普通法院系统而言，区法院（Amtsgericht）是德国具有审理民事、刑事案件的普通裁判管辖权的最低一级普通法院。通常每个市都有一个区法院。在日文里译为“区裁判所”；1907 年出版的、由王宠惠博士翻译和注解的世界上第一个德国民法典英译本（Chong Hui Wang, D. C. L., *The German Civil Code*, 1907），以及 S. Forrester 等 1975 年英译本（*The German Civil Code*, 1975）都作 District Court，译成汉语就是“区法院”。鉴于 Amtsgericht 这个单词里的“Amt”指的是德国历史上曾经存在过的一个个较小的行政区域，把该词译成“区法院”是比较准确的。由于在

---

〔1〕 Voir Claude Witz, *Le droit allemand*, Dalloz, Paris 2001, p. 39.

〔2〕 Vgl. Robbers, Einführung in das deutsche Recht, 6. Aufl. 2017, S. 25, 32.

〔3〕《新德汉词典》也正确地把 BGH 解释成“联邦普通法院”。参见潘再平主编：《新德汉词典》，上海译文出版社 1999 年版，第 224 页。本书作者在 1998 年至 2004 年留学德国期间，曾为此专门请教过多位德国同行，特别是资深的法官莱斯先生（Vorsitzender Richter am Landgericht i. R. Peter H. J. Leis），谨此致谢。作者在 2003 年 3 月 13 日参观位于德国卡尔斯鲁厄的联邦宪法法院和联邦普通法院时，经过向这两家法院的工作人员请教，上述观点进一步得到了印证。

德文法律文献里，每个具体的 Amtsgericht 后面总是跟一个地名，所以在具体指某个区法院时，宜将该地名与区法院连在一起，称作"某某区法院"，如萨尔布吕肯区法院（Amtsgericht Saarbrücken）。区法院虽然是德国具有审理民事、刑事案件的普通裁判管辖权的最低一级普通法院，但对适用德国民法典来说，其却是最重要的法院。区法院原则上由数名法官组成，民事案件通常由独任法官裁判，受理标的在 5000 欧元以下的民事争议。区法院通常是非讼事件的受理机关（如作为遗产法院和土地登记处），还兼为家事法院、照管事件法院、使用租赁事件法院、执行法院、支付不能事件法院、拍卖事件法院和登记簿法院等。在通常情况下，当事人可以在区法院自己进行诉讼，无须律师代理，但某些家庭事件（如离婚事件和关于离婚后果的事件，见德国《民事诉讼法》第 78 条以下）除外。有普通裁判管辖权的州普通法院，依由低到高的等级有：区法院（Amtsgericht, AG）、地方法院（Landgericht, LG）、地方高等法院（Oberlandesgericht, OLG）；在巴伐利亚州，例外地设有巴伐利亚地方最高法院（Bayerisches Oberstes Landesgericht）。地方法院及以上的审级，实行律师强制，也就是说，必须由律师代理进行诉讼。一个州可以有若干个地方法院（Landgericht，日文里译为"地方裁判所"）。一个地方法院的辖区，往往由若干个区法院的辖区组成；一个地方高等法院（Oberlandesgericht）的辖区，往往包括若干个地方法院的辖区。此外，德意志第二帝国于 1877 年 1 月 31 日公布、至今仍施行于德意志联邦共和国的《民事诉讼法》从 19 世纪 70 年代起就有关于地方法院（Landgericht）的规定，Landgericht 这个单词里的"Land"跟今天的"州"毫无关系，不宜望文生义地把它译成"州法院"。例如，Landgericht Saarbrücken 宜译成"萨尔布吕肯地方法院"，不宜译成"萨尔布吕肯州法院"，因为萨尔布吕肯本身并不是州，而是萨尔州首府。跟区法院的情况一样，每个具体的 Landgericht 后面总是跟一个地名，所以在具体指某个地方法院时，宜将该地名与地方法院连在一起，称作"某某地方法院"，如茨魏布吕肯地方法院（Landgericht Zweibrücken，它是德国莱茵兰—普法尔茨州的一个地方法院，说明 Landgericht 根本没有"州法院"的意思）。"地方法院"在级别上比区法院高，比地方高等法院低。同样，每个具体的 Oberlandesgericht 也总是带有一个地名，但往往不是州名，如科隆地方高等法院（Oberlandesgericht Köln）。这也是不宜把 Oberlandesgericht 译成"州高等法院"的理由。在北莱茵—威斯特法伦一个州就有三个 Oberlandesgerichte：杜塞尔多夫地方高等法院、科隆地方高等法院和哈姆地方高等法院。假如把 Oberlandesgericht 译成"州高等法院"，岂不成了杜塞尔多夫州高等法院、科隆州高等法院和哈姆州高等法院？显然不妥。区法院、地方法院和地方高等法院组成了地方各级普通法院（有民事、刑事普通裁判管辖权的法院，叫作普通法院）。[1]

除州普通法院系统外，按照事务管辖权划分，各州还有州劳工法院、州行政法院、州社会法院和州财税法院等专门法院。此外，在巴伐利亚州，除了州宪法法院外，还有巴伐利亚最高法院。

三、德意志法族（德意志法圈）

在比较法上，以法律传统和法律文化为标准，可以将当今世界主要的主权国家大致分为两类：大陆法国家和普通法国家。相应地，可以将当代主要法律体系大致分为两类：大陆法国家的法律体系和普通法国家的法律体系。大陆法国家的法律体系简称大陆法系，又叫民法法系，如德国法、奥地利法、瑞士法、法国法、比利时法、荷兰法、卢森堡法、意大利法、西班牙法、葡萄牙法。普通法国家的法律体系简称普通法系，如英国法、美国法、加拿大法、澳大利亚法、新西兰法、爱尔兰法、马耳他法、塞浦路斯法。

按照著名比较法学家达维德（René David）的划分法，作为一个法律体系的德国法属于大陆法系的一个分支——罗马－日耳曼法族（法文 la famille romano－germanique）。而罗马－日耳曼法族包括法国法和德国法等法律体系在内。

按照著名比较法学家茨威格特（Konrad Zweigert）和克茨（Hein Kötz）的划分法，德国法属于德意志法族（德意志法圈），而法国法属于拉丁法族（拉丁法圈）。[2] 德意志法族（德意志法圈）包括德国法、奥地利法、瑞士法这几个在法律传统和法律文化上较为接近的法律体系。土耳其法因在 1926 年完全继受了瑞士民法典和《债法典》而可归入德意志法族（德意志法圈）。[3] 日本比较法学家大木雅夫也认为德国法和法国法分别属于大陆法圈（大陆法系）中的德意志法圈和罗马法圈。[4]

四、作为社会行为规范的法与风俗、道德的区别与联系

（一）法与风俗、道德的区别

作为社会成员的自然人在与他人的往来中无不需要一定的秩序。在现代社

---

〔1〕 参见《德国民法典》（第 5 版），陈卫佐译注，法律出版社 2020 年版，第 10～11 页，注解 23；潘再平主编：《新德汉词典》，上海译文出版社 1999 年版，第 40、224 页；［日］山田晟：《德语法律用语词典》，大学书林 1991 年版，第 25 页；格策：《德日法律用语词典》（Götze, Deutsch－Japanisches Rechtswörterbuch），成文堂 1993 年版，第 14、61 页；《全译德国民法》（第 3 版），东季彦译，有斐阁 1937 年版，第 6 页。Vgl. auch Der Brockhaus Recht, 2002, S. 41, 50, 155; Creifelds Rechtswörterbuch, 23. Aufl. 2019, S. 54, 903, 904, 1039, 1040.

〔2〕 Voir Claude Witz, *Le droit allemand*, Dalloz, Paris 2001, p. 1.

〔3〕 See E. J. Cohn, *Manual of German Law*, Volume Ⅰ, Second Edition, The British Institute of International and Comparative Law, London 1968, p. 25－26.

〔4〕 参见［日］大木雅夫：《比较法》，范愉译，法律出版社 1999 年版，第 265 页。

会，没有人能够像鲁滨逊那样在孤岛上过着一种不受任何秩序约束的生活。恰恰相反，人际关系的多样性使得人们需要有一套规范彼此之间的行为的“社会游戏规则”，即社会行为规范，包括法律规范、风俗规范和道德规范。[1]

法固然有规范性，但并非一切有规范性的都是法；风俗规范和道德规范也有规范性，它们和法一样，均属于调整人们行为的规范。[2] 有必要把法与风俗、道德区别开来。

法作为一种社会行为规范，具有以下特征：它以实现正义为目标；[3]它以国家强制力为实施的保证；它具有约束力。风俗是“社会上长期形成的风尚、礼节、习惯等的总和”。作为社会意识形态之一的道德，“是人们共同生活及其行为的准则和规范”。不仅如此，“道德通过人们的自律或通过一定的舆论对社会生活起约束作用”[4]。

兹举例说明法与风俗、道德的区别：某人邀请自己的朋友到家吃晚饭。当朋友快到家门口时，邀请者突然变卦，说不邀请了，遂将客人拒之门外。众所周知，世界上并不存在关于请客吃饭的法律规范。在法律上，被邀请者并没有要求邀请者履行诺言的请求权。[5] 尽管如此，但依照任何一个文明社会的善良风俗，邀请者应履行此种诺言，而不应随心所欲地让被邀请者吃“闭门羹”。[6]

法律规范区别于风俗规范的地方，在于法的遵守以国家强制力为后盾——对于违法者，国家可施以相应制裁；[7]而风俗则没有这一特性。如果出卖人 V 与买受人 K 有效地订立了关于汽车的买卖合同但不履行其向买受人 K 转让汽车所有权并交付汽车的义务，则买受人 K 可以根据德国民法典第 433 条第 1 款第 1 句提起给付之诉。法院可以判决出卖人 V 履行给付，即向买受人 K 转让汽车所有权并交付汽车。如果作为被告的出卖人 V 对这一判决置之不理，则司法执行官可以根据作为原告的买受人 K 的申请，对出卖人 V 的汽车予以强制执行，并把汽车交付给买受人 K。相比之下，被邀请吃晚饭的人却没有办法借助于国家强制力将吃晚饭的邀请付诸实施。他/她只能使邀请者将来在社会上的声望受到贬损，因为后者做了一件

---

〔1〕 有一条拉丁法律格言说：“有社会的地方，就有法。”（其拉丁文表述是：“*Ubi societas, ibi ius.*”）如果这一命题是正确的，则可以推而广之说：有社会的地方，就有社会行为规范。参见陈卫佐：《拉丁语法律用语和法律格言词典》，法律出版社 2009 年版，第 265 页。

〔2〕 Vgl. Köhler, BGB Allgemeiner Teil, 43. Aufl. 2019, § 1 Rn. 1.

〔3〕 至于法所追求的正义的含义为何，则是一个永远有争议的问题。无论如何，它以某个不可随意更改的价值体系为基础，而其中单个的价值，如人的尊严、生命、自由、所有权等，都是已得到公认的价值。Vgl. Brox/Walker, Allgemeiner Teil des BGB, 43. Aufl. 2019, § 1 Rn. 1.

〔4〕 中国社会科学院语言研究所词典编辑室编：《现代汉语词典》（第 7 版），商务印书馆 2016 年版，第 269、391 页。

〔5〕 请求权是指向他人请求作为或不作为的权利。参见德国民法典第 194 条第 1 款的法定定义。

〔6〕 Vgl. Brox/Walker, Allgemeiner Teil des BGB, 43. Aufl. 2019, § 1 Rn. 2.

〔7〕 Vgl. Köhler, BGB Allgemeiner Teil, 43. Aufl. 2019, § 1 Rn. 1.

违背善良风俗的事情。[1]

就法与道德的区别而言,二者的目的并不一致。有些行为是法律所准许的,但在道德上却是不准许的。例如,撒谎是不道德的,但法律却准许刑事诉讼中的被告撒谎且不因此而在法律上遭受不利益(无罪推定;有疑义时,做有利于被告的解释;“疑罪从无”)。仅在特别严重的情形下,撒谎始受到刑法制裁,如德国《刑法典》第154条所规定的虚假宣誓罪、第263条所规定的诈骗罪。在民法上,撒谎若表现为合同的一方当事人在合同订立时的恶意欺诈,也只是使另一方当事人享有一项撤销合同的权利(德国民法典第123条、第142条)。正因如此,法有时被认为只是体现了最低水准的道德。[2]

此外,在制裁问题上,法与道德也不同。违法的后果是制裁,它以国家强制力为后盾;违反道德规范的后果往往只是良心谴责,所依靠的是社会舆论。

案例1-1｜两个足球迷

S和G是两个足球迷。他们约定星期六晚上一起乘车去观看一场足球比赛,并相约到达比赛场地再购买门票。S自己有一辆汽车,他愿意搭载G。G如约到达约定地点,并在那里等候S,但始终不见S的踪影。事后得知,S以天气不好为理由临时决定不去看足球比赛而改为自己去电影院看电影。

问:G是否对S享有法律上的请求权?

答:如果S和G所达成的是有法律约束力的协议,则G对S享有一项法律上的请求权。但在本案中,他们只是在社会领域里达成了一项既无法律约束力,亦无强制执行力的协议;他们之间只存在纯粹的“好意关系”,而不存在法律意义上的合同关系。因此,G没有办法借助于国家强制力使该项约定被付诸实施或制裁S。G最多只能与S断交,并在朋友圈里指摘S是一个不可信赖、毫无顾忌的人,进而使社会舆论对S做出否定性评价。[3]

(二)法与风俗、道德的联系

尽管法与风俗、道德不同,但立法者可以将风俗规范和道德规范纳入法律中,从而间接地使之被赋予法的效力。[4] 例如,德国民法典第157条要求在解释合同

---

〔1〕 Vgl. Brox/Walker, Allgemeiner Teil des BGB, 43. Aufl. 2019, § 1 Rn. 2.

〔2〕 Vgl. Bork, Allgemeiner Teil des Bürgerlichen Gesetzbuchs, 4. Aufl. 2016, Rn. 7; Brox/Walker, Allgemeiner Teil des BGB, 43. Aufl. 2019, § 1 Rn. 3. 另见[德]汉斯·布洛克斯、[德]沃尔夫·迪特里希·瓦尔克:《德国民法总论》(第41版),张艳译,中国人民大学出版社2019年版,第5~7页。

〔3〕 Vgl. Bork, Allgemeiner Teil des Bürgerlichen Gesetzbuchs, 4. Aufl. 2016, Rn. 5.

〔4〕 Vgl. Köhler, BGB Allgemeiner Teil, 43. Aufl. 2019, § 1 Rn. 2.

时，不仅要依照诚实信用原则，而且要照顾交易习惯；德国民法典第 138 条第 1 款把一切违背善良风俗的法律行为宣布为自始绝对无效；德国民法典第 826 条则规定以违背善良风俗的方式故意加损害于他人的人，有义务向该他人赔偿损害。至于什么是“善良风俗”，按照德国民法典第一草案“立法理由书”、帝国最高法院（Reichgericht，RG，1879 年设立于莱比锡，[1]存在至 1945 年）以及战后的德国联邦普通法院的司法判例，“善良风俗”是指“一切公平和正直地思考的人的礼仪感”（Anstandsgefühl aller billig und gerecht Denkenden）。[2]

五、法律规范的形成

法律规范（法律规则）可以通过以下两种途径形成：其一，由某一共同体的机关（国家机关或国家所授权的机关）明确地制定，叫作制定法。其二，通过长期一贯的通例（一般性惯例）默示地形成，叫作习惯法。在德国，法官所进行的所谓“法的续造”，并不创制法律规范。

（一）制定法

制定法可以表现为法律、行政法规和自治法规。[3]

1. 法律

法律是由立法机关依照立法程序制定的。联邦法律的立法程序依《德意志联邦共和国基本法》进行；州法律的立法程序依各州宪法进行。一般地说，法律必须获得联邦议会或州议会的通过（涉及各州利益的联邦法律还必须获得联邦参议院的同意），必须予以签署（联邦法律由联邦总统签署），并公布在法律公报上（《德意志联邦共和国基本法》第 20 条第 2 款、第 70 条至第 82 条）。

一部法律通常包含法律规范。一条完整的法律规范通常由构成要件和法律效果组成。如果一部法律针对不特定多数的人（从而抽象地）和针对不特定多数的情形（从而一般性地）就某一特定生活领域做出规定，则这部法律必定包含法律规范。[4] 此种抽象地、一般性地创制法律规范的法律，属于实质意义上的法律。[5]

例如，根据德国民法典第 437 条第 2 项，有瑕疵的物的买受人可以解除合同或减少价款。每一个买受人都享有这些权利；它们也适用于一切买卖合同。可见，德国民法典第 437 条第 2 项是一条针对不特定多数的人及不特定多数的情形而制定的法律规范。事实上，德国民法典本身就属于此种实质意义上的法律。

---

〔1〕 Voir Claude Witz, *Le droit allemand*, Dalloz, Paris 2001, p. 12, 18.

〔2〕 Vgl. Motive zum Entwurf eines Bürgerlichen Gesetzbuches, Bd. Ⅱ, 1888, S. 727; RGZ 80, 221; BGHZ 69, 297; BGH NJW 1999, 2266, 2267.

〔3〕 Vgl. Köhler, BGB Allgemeiner Teil, 43. Aufl. 2019, § 1 Rn. 6.

〔4〕 Vgl. Robbers, Einführung in das deutsche Recht, 6. Aufl. 2017, S. 24.

〔5〕 参见［德］卡尔·拉伦茨：《德国民法通论》，王晓晔等译，法律出版社 2003 年版，第 20 页。

也有一些法律并不规范权利主体的行为和权利义务，它们虽然是由在宪法上被授权的国家机关（如联邦议会或州议会）在合乎程式的立法程序中颁布的，但只是形式意义上的法律而已。[1]

例如，在德国，联邦财政收支的预算方案并不仅仅由联邦政府提出，而且是由立法机关以法律形式议决的（见《德意志联邦共和国基本法》第110条第2款）。显然，这种法律不包含公民或其他权利主体的权利义务。可见，联邦预算方案虽然采取法律形式，却并不规范权利主体的行为和权利义务，因而只是形式意义上的法律。[2]

2. 行政法规

德国宪法（《德意志联邦共和国基本法》）规定，法律规范也可以由政府或一个部的部长所颁布的行政法规创制，而无须由议会直接参与。但颁布此种行政法规的前提是有一部授权性法律，它规定该项授权的内容、目的和范围（《德意志联邦共和国基本法》第80条第1款第1句）。此种授权性法律必须获得立法机关的通过。也可以说，此种行政法规的颁布至少得到了立法机关的间接参与。

例如，德国《道路交通法》含有关于在公路和公共场地上行驶或停留的机动车的交通规定。其实施细则规定于德国《道路交通条例》，该条例由联邦交通部长经联邦参议院同意而颁布。该项授权规定于德国《道路交通法》第6条第1款。在这里，德国《道路交通条例》是一部行政法规，它得到了德国《道路交通法》这部法律的授权。[3]

包含法律规范的行政法规也属于实质意义上的法律。

3. 自治法规

某些非国家实体也可以制定法律规范。此种制定法律规范的权限（所谓"自治权"）必须由国家通过授权性法律赋予有关实体。如果某一非国家实体行使了此种自治权并创制了法律规范，我们就说，它制定了自治法规。市镇、市镇联合体、手工业行会、大学等，均属于此种非国家实体。例如，大学可以制定关于博士学位授予的条例，市镇可以制定清扫道路的法规。[4]

同样，包含法律规范的自治法规也属于实质意义上的法律。

---

〔1〕 Vgl. Staudinger – Merten, Kommentar zum BGB mit EGBGB, Art. 1, 2, 50 – 218, Neubearbeitung 2013, Art. 2 EGBGB, Rn. 2.

〔2〕 Vgl. Brox/Walker, Allgemeiner Teil des BGB, 43. Aufl. 2019, § 1 Rn. 4.

〔3〕 Vgl. Brox/Walker, Allgemeiner Teil des BGB, 43. Aufl. 2019, § 1 Rn. 5.

〔4〕 Vgl. Bork, Allgemeiner Teil des Bürgerlichen Gesetzbuchs, 4. Aufl. 2016, Rn. 9; Brox/Walker, Allgemeiner Teil des BGB, 43. Aufl. 2019, § 1 Rn. 6. 另见[德]汉斯·布洛克斯、[德]沃尔夫·迪特里希·瓦尔克：《德国民法总论》（第41版），张艳译，中国人民大学出版社2019年版，第8～9页。

（二）习惯法

1. 习惯法的形成要件

习惯法规则不是由立法机关制定的，而是在长期一贯的通例（一般性惯例）中逐渐形成的；在许多情形下，此种通例表现为法院持续不变的习惯做法。这是习惯法规则的实质要素。同时，此种通例必须是被确信具有法律约束力的。此种确信叫作“必要的确信”（拉丁文 *opinio necessitatis*）或“法的确信”（拉丁文 *opinio iuris*）。这是习惯法规则的心理要素。

例如，在德国，律师出庭必须穿律师袍。这不仅是习惯做法（通例），而且在德国所有州都存在相应的、一致的“法的确信”，为全体法官和律师所公认和遵行。所以，即便没有任何一部联邦法律规定律师出庭必须穿律师袍，在就此没有成文法律规定的那些州，这也已成为一条习惯法规则。[1]

如同包含法律规范的制定法一样，习惯法也属于实质意义上的法律。在制定法明显不足的年代，习惯法曾具有极其重要的意义。今天，许多习惯法规则已为制定法规则所取代。

2. 习惯法与制定法的关系、实质意义上的法律

在德国私法上，习惯法与制定法具有完全同等的效力。[2] 根据德国《民法典施行法》（Einführungsgesetz zum Bürgerlichen Gesetzbuche[3]，EGBGB）第 2 条，德国民法典和《民法典施行法》意义上的“法律”是指一切法律规范。[4] 可见，德国民法典意义上的“法律”亦即上文所提到的实质意义上的法律，包括习惯法规则和制定法规则。在这一意义上，可以将“法律规范”与实质意义上的法律等量齐观。[5]

（三）关于法官对法的续造

德国不是判例法国家。在通常情形下，法院只是将法律适用于待裁判的个案。法院在确认法律有漏洞时，往往通过在裁判理由中所进行的“对法律的补充”来填补法律漏洞。法律本身（如德国《法院组织法》第 132 条第 4 款）明确赋予了德国几家最高的联邦法院的大审判庭（依《德意志联邦共和国基本法》第 95 条第 3 款成立）以“续造法”的任务。

法院所进行的“对法律的补充”往往超出本案而对将来的相同或类似案件具有

---

〔1〕 Vgl. BVerfGE 28, 21 (28).

〔2〕 Vgl. BGHZ 37, 219, 224.

〔3〕 Vgl. RGBl. 1896, 604/BGBl. 1896 Ⅲ 400 - 1, zuletzt geändert duch Artikel 2 des Gesetzes vom 27. 6. 2011 (BGBl. 2011 Ⅰ 1600, 1942).

〔4〕 Vgl. Staudinger - Merten, Kommentar zum BGB mit EGBGB, Art. 1, 2, 50 - 218, Neubearbeitung 2013, Art. 2 EGBGB, Rn. 1 ff.

〔5〕 Vgl. Bork, Allgemeiner Teil des Bürgerlichen Gesetzbuchs, 4. Aufl. 2016, Rn. 10; Köhler, BGB Allgemeiner Teil, 43. Aufl. 2019, § 1 Rn. 6; Brox/Walker, Allgemeiner Teil des BGB, 43. Aufl. 2019, § 1 Rn. 8.

意义。这尤其表现在劳工法领域。然而，德国法院的判决或裁定原则上只对本案当事人具有法律效力。德国法院只受制定法和习惯法的约束（《德意志联邦共和国基本法》第20条第3款、第97条），而不受它自己或其他法院的判决或裁定的约束；下级法院也不受上级法院的判决或裁定的约束。就同一个法律问题，级别最低的普通法院（区法院）所持见解可以不同于级别最高的普通法院（联邦普通法院）先前所持的见解，并做出不同于后者先前所做决定的判决或裁定。〔1〕 因此，所谓“法官所造之法”或“判例法”（Richterrecht），实际上并不是有约束力的规则，与习惯法不可相提并论。〔2〕

第二节 德国私法

一、私法概说

作为法律秩序的一个组成部分，私法以参与法律上的往来的主体的平等地位和自主决定为基础。私法主要调整作为平等的共同体成员的私人（自然人或法人）相互间的法律关系，并规定平等的私人在其相互间的关系中究竟有哪些自由、权利、义务和风险。〔3〕 与私法相对的是公法。

（一）划分私法和公法的标准

将法划分为公法（德文 öffentliches Recht，拉丁文 *ius publicum*）和私法（德文 Privatrecht，拉丁文 *ius privatum*）的做法，源自古罗马法。〔4〕 传统上，关于划分公法和私法的标准的学说主要有三种，分别是“利益说”、关于法律关系平等与否的学说以及“主体说”。

1. “利益说”

“利益说”最早可追溯到古罗马法。在判断某一法律关系或法律规范究竟属于公法还是私法时，“利益说”以所涉及的是公共利益还是私人利益为准：涉及公共利益的是公法关系或公法规范，涉及私人利益的是私法关系或私法规范。然而，在现代国家的法律秩序中，公共利益和私人利益已不能截然分开。私法上的法律关系（如婚姻关系）或法律规范往往与公共利益密切相关；反之，公法关系或公法规范

〔1〕 Vgl. Robbers, Einführung in das deutsche Recht, 6. Aufl. 2017, S. 25.

〔2〕 Vgl. Brox/Walker, Allgemeiner Teil des BGB, 43. Aufl. 2019, § 1 Rn. 9.

〔3〕 Vgl. Köhler, Einführung, in: Bürgerliches Gesetzbuch, 84. Aufl. 2019, Deutscher Taschenbuch Verlag, S. Ⅸ.

〔4〕 Vgl. Klunzinger, Einführung in das Bürgerliche Recht, 16. Aufl. 2013, S. 7.

(如关于社会照顾或道路建设的法律关系或规范)也往往涉及私人利益。因此,作为划分公法和私法的一种古老学说,"利益说"在今天已不能令人信服,已不被大多数德国学者所采用。[1]

2. 关于法律关系平等与否的学说

私法是调整平等的共同体成员相互间的法律关系的法律部门。在这里,平等的共同体成员主要是指私人,包括自然人和法人。私法行为最典型的表现形式是合同,如买卖合同、使用租赁合同、雇佣合同、劳动合同、承揽合同和合伙合同。与私法相对的是公法,后者所调整的关系往往是一种不平等的上下级关系。公法行为最典型的表现形式是行政行为。[2] 例如,在一宗汽车买卖中,买受人是否可以向出卖人请求转让汽车所有权和交付已被出卖的汽车,这是一个私法问题。相反,某人是否要向国家纳税、纳多少税,则是税法上的问题,而税法属于公法。[3]

然而批评者指出,仅仅根据法律关系是否平等来区分私法与公法有时并不确切。例如,在父母子女关系中存在一定的不平等关系,但家庭法却属于私法。德意志联邦共和国两个平等的州互相缔结关于边界划线的条约,却属于公法上的行为。[4]

3."主体说"

正因为根据法律关系是否平等来区分私法与公法有时不够确切,所以有一种理论根据法律关系的参与者来划分公法与私法:如果某法律规范所调整的法律关系以主权者(如单一制国家、联邦、州、国库)的参与为必要,则属于公法规范;如果某法律规范所调整的法律关系产生出来的权利义务原则上适用于一切人,则属于私法规范。这种理论叫作"主体说"。它为当今许多德国学者所支持,已成为关于公法和私法的划分标准的通说。[5]

须指出的是,即便某一主权者(如单一制国家、联邦、州、国库)参与了法律关系,也不见得一定涉及公法;只有在它以主权者的职能实施行为时,才适用公法,否则仍适用私法。例如,如果国家从土地所有人处购买土地并请建筑公司在该土地上设立建筑物,如果某一联邦州向私人租赁办公场所或购买办公用品,则国家就像私人一样订立了私法上的合同。相反,如果国家向打算在某块土地上建造房屋的人发放建筑许可证,则国家系作为主权者行事,应适用公法。根据德国民法典第

---

〔1〕 Vgl. Medicus, Allgemeiner Teil des BGB, 9. Aufl. 2006, Rn. 7. 另见[德]迪特尔·施瓦布:《民法导论》,郑冲译,法律出版社2006年版,第67页;[德]迪特尔·梅迪库斯:《德国民法总论》,邵建东译,法律出版社2000年版,第11页;[德]卡尔·拉伦茨:《德国民法通论》,王晓晔等译,法律出版社2003年版,第4~5页。

〔2〕 Vgl. Köhler, BGB Allgemeiner Teil, 43. Aufl. 2019, § 2 Rn. 3.

〔3〕 Vgl. Brox/Walker, Allgemeiner Teil des BGB, 43. Aufl. 2019, § 1 Rn. 10.

〔4〕 参见[德]卡尔·拉伦茨:《德国民法通论》,王晓晔等译,法律出版社2003年版,第3页。

〔5〕 参见[德]卡尔·拉伦茨:《德国民法通论》,王晓晔等译,法律出版社2003年版,第6页,注解2。

1936 条，国库可以像私人一样依照遗嘱或法律成为死者的继承人。这是私法问题，而某一继承人向国家缴纳遗产税的问题则属于公法问题。[1]

（二）公法与私法之间的模糊界限

在许多情形下，一个生活事实既具有私法上的意义，也具有公法上的意义。私法上的行为的有效性可以取决于某一公法行为或具有公法上的后果。同一个事实也可能兼具私法和公法的效果。例如，农业或林业用地的私法上的取得，需要获得国家机关的公法上的准许才能发生效力。土地受让人依私法取得土地后，必须依公法向国家缴纳土地税。

盗窃他人钱财的人，其行为具备了德国《刑法典》第 242 条所规定的盗窃罪的构成要件。犯罪人将被依照刑法（属于公法）施以刑罚。被盗者可以依据德国民法典第 823 条第 1 款（属于私法）向窃贼请求损害赔偿。[2]

此外，有些法律部门（如劳动法）既包含公法规范，也包含私法规范。可见，公法与私法之间的界限并不总是泾渭分明的。

（三）意义

一个案件属于私法还是公法，这对于确定有裁判管辖权的法院以解决争议具有重要意义。在德国，公法上的非宪法性争议原则上由州行政法院或联邦行政法院审理和裁判（德国《行政法院法》第 40 条第 1 款）；私法上的争议（民商事争议）和刑事案件则原则上由对民事、刑事案件有裁判管辖权的州普通法院（如区法院、地方法院、地方高等法院）或联邦普通法院审理和裁判（德国《法院组织法》第 13 条）。[3]

由于历史原因，有些本身属于公法的案件可以依照法律的明文规定由普通法院行使裁判管辖权（德国《行政法院法》第 40 条第 2 款）。例如，如果州政府的公务员因实施错误的行政行为致使当事人遭受财产损失，则受害人可以根据德国民法典第 839 条，结合《德意志联邦共和国基本法》第 34 条，向普通法院提起针对国家的损害赔偿之诉。[4]

此外，公法和私法的划分对于划分德国联邦议会和各州议会的立法管辖权也有意义。

---

〔1〕 Vgl. Brox/Walker, Allgemeiner Teil des BGB, 43. Aufl. 2019, § 1 Rn. 10.

〔2〕 参见［德］汉斯·布洛克斯、［德］沃尔夫·迪特里希·瓦尔克：《德国民法总论》（第 41 版），张艳译，中国人民大学出版社 2019 年版，第 11 页。

〔3〕 Vgl. Rüthers/Stadler, Allgemeiner Teil des BGB, 18. Aufl. 2014, § 1 Ⅰ Rn. 1. 另见［德］迪特尔·施瓦布：《民法导论》，郑冲译，法律出版社 2006 年版，第 64 页；［德］卡尔·拉伦茨：《德国民法通论》，王晓晔等译，法律出版社 2003 年版，第 4 页。

〔4〕 Vgl. Köhler, BGB Allgemeiner Teil, 43. Aufl. 2019, § 2 Rn. 1 – 7.

二、不属于私法的法律分支

凡属于公法的法律分支均不属于私法。大体上说,公法包括以下分支:

宪法(Verfassungsrecht):规定公民相对于国家的基本权利,法律、经济和社会秩序的基本价值判断以及国家机关等内容的法律分支,又称国家法(Staatsrecht)。在联邦层面有《德意志联邦共和国基本法》,在州层面则有各州宪法。

行政法(Verwaltungsrecht):调整公共行政活动、规定公共行政的任务及权限的法律分支,如警察法、环境法、公共建筑法、道路法、水法、公务员法、社会保障法、税法、外国人法,包括一般行政法和特别行政法。

国际法(Völkerrecht):调整国家与国家之间、国家与国际组织之间以及国际组织相互间的法律关系的法律分支,其主要渊源包括国际条约、国际习惯和一般法律原则。在德国,(为数不多的)国际法一般规则是联邦法的一部分,优于除《德意志联邦共和国基本法》以外的其他法律,并直接对位于联邦境内的居民产生权利义务(《德意志联邦共和国基本法》第25条)。[1]

刑法(Strafrecht):规定犯罪构成要件和刑罚的法律分支,如德国《刑法典》。

诉讼法(Prozessrecht):规定为实现实体权利而进行的诉讼程序的法律分支,如民事诉讼法、刑事诉讼法、劳工法院法、社会法院法、财税法院法。其中,与民法关系较密切的是民事诉讼法。当民事争议发生时,如当事人欲通过诉讼来实现其实体权利,则必须诉诸州普通法院或联邦普通法院。普通法院在进行诉讼程序时,主要适用德国《民事诉讼法》(ZPO)的规定。

教会法(Kirchenrecht):规定国家与教会之间的关系的法律分支。[2]

第三节 德国民法

一、民法的概念

在私法之内,可进一步将私法划分为一般私法与特别私法。

一般私法即民法(bürgerliches Recht 或 Zivilrecht),是适用于一切人(包括自然

---

〔1〕 Vgl. Robbers, Einführung in das deutsche Recht, 6. Aufl. 2017, S. 23.

〔2〕 参见徐国建:《德国民法总论》,经济科学出版社1993年版,第1~2页。Vgl. auch Bork, Allgemeiner Teil des Bürgerlichen Gesetzbuchs, 4. Aufl. 2016, Rn. 17; Köhler, BGB Allgemeiner Teil, 43. Aufl. 2019, § 2 Rn. 12; Brox/Walker, Allgemeiner Teil des BGB, 43. Aufl. 2019, § 1 Rn. 13.

人和法人)的那部分私法。民法在德语里的意思是“市民法”,但这并不意味着它所调整的仅仅是具有“市民”身份的私人之间的法律关系。德文里的“bürgerliches Recht”(有时也用大写形式 Bürgerliches Recht)只不过是沿用了罗马法上“市民法”(拉丁文 *ius civile*)的称谓而已。[1] 现代民法所调整的法律关系早已不限于市民之间的法律关系。

在过去,民法就是整个私法;“民法”与“私法”曾经是同义词。随着时间的推移,越来越多的特别领域从私法中产生出来了。例如,商法是只适用于商人这一特定人群的私法。在此种情形下,民法必须对这些特别领域里的技术、经济和社会发展做出回应。于是,私法就有了一般私法与特别私法之分。

今天,民法是一般私法;在民法之外,还有特别私法,后者只适用于私法的特定领域或特定主体。

二、民法与特别私法的区别

作为一般私法,民法区别于特别私法。

(一)商法

商法(Handelsrecht)是适用于商人的特别私法。德国商法主要规定于德国《商法典》(Handelsgesetzbuch, HGB)之中。德国《商法典》包含什么是商人、商事与海商交易的特点等方面的规范。关于商事合伙(无限商事合伙、有限商事合伙)的规定主要包含于德国《商法典》中,而关于资合公司(如股份公司、有限责任公司)的规定则包含于《股份公司法》《有限责任公司法》等特别法律中。在德国,汇票法、本票法和支票法等票据法也属于商法范畴。

(二)经济法

这里所说的经济法(Wirtschaftsrecht)是指经济私法,而不包括经济行政法,后者属于公法范畴。竞争法(如《反不正当竞争法》《反竞争限制法》)和《商标法》均属于经济(私)法。

(三)无体财产法

无体财产法(Immaterialgüterrecht)是关于无体财产的特别私法,如《著作权法》《美术和摄影作品著作权法》《实用新型法》《专利法》《商标法》。

(四)劳动法

劳动法(Arbeitsrecht)也称劳工法,是关于处于从属地位的、非独立的受雇人(劳动者)与雇主之间的法律关系的特别私法。但劳动法除了私法规范外,也包括

---

[1] Vgl. Köhler, Einführung, in: Bürgerliches Gesetzbuch, 84. Aufl. 2019, Deutscher Taschenbuch Verlag, S. IX.

许多公法规范。[1]

德国民法典关于雇佣合同的规定(德国民法典第611条至第630条)不足以保护处于从属地位的受雇人。因此,德国立法者增加了关于劳动合同的德国民法典第611a条,其第1款主要规定了劳动者的义务,具体如下:"因劳动合同,为他人服务的劳动者有义务以个人依赖方式提供受指示的约束、由他人决定的劳动。指示权可以涉及职业活动的内容、实施、时间和地点。在本质上不能自由地安排其职业活动且不能决定其劳动时间的人,受指示的约束。在此情形下,个人依赖程度还取决于相应职业活动的特性。为了确定劳动合同是否存在,必须对全部情事进行总体考虑。合同关系的实际执行表明这是劳动关系的,合同中的称谓无关紧要。"第611a条第2款规定了雇主的薪酬支付义务,具体如下:"雇主有义务支付所约定的薪酬。"

在德国民法典之外,还有许多旨在保护受雇人(劳动者)的特别法律,如《联邦休假法》《劳动时间法》《解雇保护法》《母亲保护法》等。[2]

(五)其他特别私法

除此之外,私人保险法(如1908年5月30日《保险合同法》[3])也属于特别私法。

三、民法与特别私法的联系

民法与特别私法的关系是一般规定与特别规定的关系。一方面,民法的核心制度和基本原则是整个私法领域的基础。例如,德国民法典关于意思表示、权利能力、行为能力以及代理的规定对于整个私法均有意义。[4] 另一方面,根据"特别法优于一般法"(拉丁文:*Lex specialis derogat legi generali.*)的原则,在有特别私法规定的情形下,要优先适用特别私法的规定;如果没有特别私法的规定,则民法的规定也适用于特别私法所覆盖的领域。[5] 例如,德国民法典关于买卖合同的规定(德国民法典第433条至第479条),原则上也适用于商人与商人之间的买卖合同,但往

---

[1] Vgl. Rüthers/Stadler, Allgemeiner Teil des BGB, 18. Aufl. 2014, § 1 Ⅰ Rn.2. 另见[德]卡尔·拉伦茨:《德国民法通论》,王晓晔等译,法律出版社2003年版,第7、74页。

[2] Vgl. Medicus, Allgemeiner Teil des BGB, 9. Aufl. 2006, Rn.13 – 15a; Brox/Walker, Allgemeiner Teil des BGB, 43. Aufl. 2019, § 1 Rn.14 – 18. 另见徐国建:《德国民法总论》,经济科学出版社1993年版,第3页;[德]迪特尔·梅迪库斯:《德国民法总论》,邵建东译,法律出版社2000年版,第16~19页;[德]汉斯·布洛克斯、[德]沃尔夫·迪特里希·瓦尔克:《德国民法总论》(第41版),张艳译,中国人民大学出版社2019年版,第13页。

[3] Vgl. Lange, BGB Allgemeiner Teil, 1952, § 10 Ⅰ 3.

[4] Vgl. Rüthers/Stadler, Allgemeiner Teil des BGB, 18. Aufl. 2014, § 1 Ⅰ Rn.4.

[5] Vgl. Köhler, Einführung, in: Bürgerliches Gesetzbuch, 84. Aufl. 2019, Deutscher Taschenbuch Verlag, S. Ⅹ.

往要让位于德国《商法典》关于商事买卖的规定（德国《商法典》第 373 条至第 382 条）。[1]

特别私法大多以民法里的基本形态为基础。因此，民法上的社团是资合公司（股份公司、有限责任公司等）的基本形态；民事合伙（德国民法典第 705 条至第 740 条）是商事合伙（无限商事合伙、有限商事合伙）的基本形态；民法上的指示证券（德国民法典第 783 条至第 792 条）是商业票据（汇票、本票和支票）的基本形态。在欠缺关于特别商事法律制度的规定的情形下，就要补充性地适用民法上关于其相应的基本形态的规定。[2] 正因如此，掌握民法知识特别是民法典总则的知识是学好特别私法的基础和前提，甚至可以将民法学理解成"私法学之母"。

四、德国民法的渊源

德国民法的渊源是指德国民法规范的表现形式。可以把德国民法的渊源分为国际渊源和国内渊源两种。

（一）国际渊源

国际渊源是指已对德国生效的国际条约和欧盟法中的民法规范。

一般地说，国际条约的民法规范必须经由转换性法律转换成德国国内法（《德意志联邦共和国基本法》第 59 条第 2 款）。例如，1980 年 4 月 11 日订于维也纳、1991 年 1 月 1 日对德国生效的《联合国国际货物销售合同公约》（UN Convention on Contracts for the International Sale of Goods, CISG）已成为德国民法的一部分，且在国际动产买卖合同领域优先于德国民法典第 433 条及以下的规定。

欧盟法，特别是欧盟的"规则"和"指令"，也越来越成为德国民法的重要渊源。在这方面，由于欧盟"指令"的转换，德国民法被有增无已地欧盟化。德国民法典关于一般交易条款、消费者信贷、上门交易的撤回、异地交易和分时居住权的条文就是这样通过 2002 年 1 月 1 日生效的《债法现代化法》被重新规定，进而与欧盟的相关"指令"乃至其他欧盟成员国的民法协调一致的。2014 年 6 月 13 日生效的关于消费者合同[3]的德国民法典第 312 条及以下、第 355 条及以下之新文本则通过转换欧盟第 2011/83/EU 号消费者权利指令而进一步重新规定了消费者合同情形下的经营者义务和消费者权利。[4]

---

〔1〕参见［德］迪特尔·施瓦布：《民法导论》，郑冲译，法律出版社 2006 年版，第 21 页。

〔2〕Vgl. Köhler, BGB Allgemeiner Teil, 43. Aufl. 2019, § 2 Rn. 8 – 11.

〔3〕所谓"消费者合同"，是指消费者与经营者之间的合同。参见德国民法典第 310 条第 3 款的法定定义。

〔4〕参见［德］迪特尔·施瓦布：《民法导论》，郑冲译，法律出版社 2006 年版，第 25 ~ 28 页。Vgl. auch Bork, Allgemeiner Teil des Bürgerlichen Gesetzbuchs, 4. Aufl. 2016, Rn. 24; Brox/Walker, Allgemeines Schuldrecht, 38. Aufl. 2014, § 1 Rn. 4.

(二)国内渊源

国内渊源是指国内制定法和习惯法规则。

1. 制定法

(1)德国民法典

在国内制定法中,德国民法典是关于德国民法的最重要的一部法律。其正式名称为《民法典》。德国民法典于1896年8月18日由当时的德意志帝国皇帝威廉二世签署,自1900年1月1日起施行。

有必要就德国民法典的名称问题做一个说明。德国的法律一般都不带国名(1949年5月23日的《德意志联邦共和国基本法》是一个例外)。严格地说,《民法典》在与“德国”两字连用时,是不宜加书名号而写成《德国民法典》的。与国名连用时的正确称法应该是德国《民法典》。但是,由于德意志第二帝国(1871年至1945年,其间经历了魏玛共和国和纳粹时期)和德意志联邦共和国(1949年成立)迄今只有一部民法典,不加书名号,径直称之为德国民法典,也未尝不可。此外,由于以 Bürgerliches Gesetzbuch 为正式名称的民法典,在德语国家就只有这一部[1811年的奥地利《一般民法典》称作 Allgemeines Bürgerliches Gesetzbuch(ABGB);德意志民主共和国1975年6月19日的《民法典》(自1976年1月1日起施行)和1907年12月10日通过的瑞士《民法典》(自1912年1月1日起施行)都称作 Zivilgesetzbuch(ZGB)],因此,德文里的 Bürgerliches Gesetzbuch 或 BGB 不需要冠以国家名也知道是指德国民法典。为行文上方便,本书使用非正式名称——德国民法典。[1]

(2)特别法律

德国民法典最初有2385个条文。其基本结构迄今没有改变。但是,德国立法者通过制定单行的法律多次对德国民法典进行了修改,使之不断被现代化。例如,1957年7月18日《平权法》使男女两性在民法领域实现了平等(《德意志联邦共和国基本法》第3条第2款规定了男女平等原则)。1969年8月19日《关于非婚生子女法律地位的法律》改善了非婚生子女的法律地位。1997年12月16日通过、自1998年7月1日起施行的《关于改革亲子关系法的法律》(《亲子关系法改革法》)和1997年12月16日通过、自1998年4月1日起施行的《非婚生子女在继承法上的平等地位法》使非婚生子女与婚生子女的法律地位完全平等。1938年7月31日《遗嘱法》简化了立遗嘱和签订继承合同的形式。1979年5月4日《旅行合同法》把第651a条至第651m条的规定加进了德国民法典中,以保护作为旅行给付相对人的旅客。1990年9月12日通过、自1992年1月1日起施行的《关于改革成年人监护和保佐法的法律》(《照管法》)使禁治产制度以及关于成年人的监护和残疾人保佐自1992年1月1日起被废止,代之以“法律上的照管”。

---

〔1〕 参见《德国民法典》(第5版),陈卫佐译注,法律出版社2020年版,“译者说明”。

还有一些特别法律重新规定了德国民法典的部分领域并废止了德国民法典的相应条文。这些法律规定中的一部分被2001年11月26日通过、自2002年1月1日起施行的《债法现代化法》加进了德国民法典中，如：

1939年7月4日《失踪人法》；

1894年《分期付款法》、1990年12月17日《消费者信贷法》（1991年1月1日生效，自2002年1月1日起被规定于德国民法典中，见第491条及以下）；

1986年1月16日《上门交易及类似交易撤回法》（已被纳入德国民法典，见2014年6月13日新文本，特别是第312g条）：在订立于营业场所外的合同（德国民法典第312b条）和异地交易合同（德国民法典第312c条）的情形下，消费者原则上可以在14天以内撤回其意思表示（德国民法典第355条第2款）；

1976年12月9日《关于规定一般交易条款法的法律》（以下简称《一般交易条款法》），旨在保护一般交易条款使用人的合同相对人，现包含于德国民法典第305条至第310条；

1952年12月19日和2003年3月5日的《道路交通法》；

1989年12月15日通过、自1990年1月1日起施行的《关于对有缺陷的产品所负责任的法律》；

1919年《地上权法》；

1951年3月15日《住宅区分所有权法》；

1996年12月20日通过、自1997年1月1日起施行的《分时居住权法》，自2002年1月1日起被规定于德国民法典第481条及以下条款中；

1938年7月6日《婚姻法》（重新规定了结婚和离婚，是一部带有纳粹主义色彩的法律）、1976年6月14日《关于改革婚姻家庭法的第一次法律》（重新在德国民法典中规定离婚，并在离婚法上完成了从“过错原则”向“破裂原则”的转变），1998年5月4日《结婚权利法》废止了1938年7月6日《婚姻法》并将有关婚姻的法律规定重新规定于德国民法典第1303条至第1320条中；

1976年7月2日《收养法》、1979年7月18日《关于重新规定父母照顾权的法律》（《照顾权法》）规定了“父母照顾”，并废除了“亲权”概念，以及1997年12月4日《保佐法》等。[1]

2. 习惯法

已变成通例（一般性惯例）的长期一贯的司法判例在获得了“法的确信”的普遍

---

〔1〕 参见［德］迪特尔·施瓦布：《民法导论》，郑冲译，法律出版社2006年版，第21～23页；［德］汉斯·布洛克斯、［德］沃尔夫·迪特里希·瓦尔克：《德国民法总论》（第41版），张艳译，中国人民大学出版社2019年版，第14～16页。Vgl. auch Bork, Allgemeiner Teil des Bürgerlichen Gesetzbuchs, 4. Aufl. 2016, Rn. 53 – 57; Brox/Walker, Allgemeiner Teil des BGB, 43. Aufl. 2019, § 1 Rn. 20 – 21.

认可之后，可以成为习惯法。在民法领域，许多法律制度就是司法判例在参酌了法律学说的基础上，因获得“法的确信”的认可而成为习惯法上的制度的。例如，德国民法上关于一般人格权（das allgemeine Persönlichkeitsrecht）的大多数法律规则至今仍然表现为习惯法规则。德国民法上关于保全性所有权转让（Sicherungsübereignung）的法律规则也被认为是习惯法规则。此外，德国立法者也将一些在长期司法实践中形成的习惯法规则或法律制度加以编纂，使之成为制定法规则或法律制度。自2002年1月1日起施行的《债法现代化法》中关于“缔约上的过错”（culpa in contrahendo）的规定（德国民法典第311条第2款）、关于法律行为基础的障碍的规定（德国民法典第313条），就是立法者将此前民法领域的习惯法规则（或法律制度）编纂成制定法规则（或法律制度）并纳入民法典中的典型例子。[1]

---

〔1〕 Vgl. Köhler, BGB Allgemeiner Teil, 43. Aufl. 2019, § 1 Rn. 8; § 3 Rn. 34; § 8 Rn. 5.

第二章 德国民法典

第一节 德国民法典的产生经过及历史根源

一、产生经过

德国民法典自1900年1月1日起作为整个德国的统一私法而施行。在它施行之前的数百年时间里,德意志诸邦曾经有过施行于各邦领土内的不同私法:德意志第一帝国(911年至1806年)境内不同的邦以及德意志邦联(Deutscher Bund,1815年至1866年)、北德意志邦联(Norddeutscher Bund,1867年至1870年)的成员邦(如普鲁士、巴伐利亚、萨克森、符腾堡、巴登、梅克伦堡等[1]),各自施行着独特的私法法典,如在巴伐利亚施行的1756年《马克西米利安法典》(Codex Maximilianeus Bavaricus Civilis),在普鲁士境内易北河以东各省、威斯特法伦、东福利西亚以及莱茵河与易北河之间一些较小的地区施行的1794年《普鲁士诸邦一般邦法》,[2]在阿尔萨斯、洛林和莱茵河左岸地区施行的1804年法国《民法典》(《拿破仑法典》),在巴登大公国施行的1808/1809年《巴登邦法》(Badisches Landrecht,它几乎是《拿破仑法典》的德译本),在奥地利和德巴伐利亚一小部分地区(马克特雷德维茨)施行的1811年《一般民法典》(Allgemeines Bürgerliches Gestzbuch),以及在萨克森施行的1863年《萨克森王国民法典》(Bürgerliches Gesetzbuch für das Königreich Sachsen)[3]等。除这些独特的私法法典外,在德国境内一些地区还施行着古老的德意志特别法,如1603年《汉堡都市法》(Hamburger Stadtrecht)、1755年《美因茨邦法》(Mainzer Landrecht)[4],以及在吕贝克和石勒苏益格—荷尔斯泰因部分地区施行

---

〔1〕 Vgl. Langenscheidt ALPMANN Fachwörterbuch Kompakt Recht Englisch, 2. Aufl. 2009, S. 175.

〔2〕 《普鲁士诸邦一般邦法》(Allgemeines Landrecht für die preußischen Staaten)在一些翻译文献里也被译成"普鲁士普通邦法"。"邦法"(Landrecht)是中世纪沿用下来的名词,意思是"全国通用的法"。下文的《巴登邦法》亦同。参见潘再平主编:《新德汉词典》,上海译文出版社1999年版,第715页。

〔3〕 在德国民法典诞生之前,1863年的《萨克森王国民法典》是在德意志诸邦境内制定的最后一部民法典。Vgl. Lange, BGB Allgemeiner Teil, 1952, § 2 Ⅶ 2.

〔4〕 Vgl. Köhler, BGB Allgemeiner Teil, Prüfe dein Wissen, 23. Aufl. 2004, S. 1; Köhler, BGB Allgemeiner Teil, 43. Aufl. 2019, § 3 Rn. 1 – 2; Lange, BGB Allgemeiner Teil, 1952, § 2 Ⅶ 3.

的吕贝克法。[1]

在这些为数众多的地方特别法之外，被继受了的罗马法，即所谓“共同法”（德文 Gemeines Recht，拉丁文 ius commune，又译“普通法”），也曾作为辅助性的法并以习惯法形式被适用于德意志诸成员邦，特别是莱茵河与易北河之间的地区（巴伐利亚、符腾堡、黑森、汉诺威、汉堡和不来梅）。[2] 众所周知，罗马法在公元6世纪被主要规定于优士丁尼皇帝（公元527～565年）的《国法大全》中，包括《法学阶梯》（一部具有法律效力的教科书）、《学说汇纂》（拉丁文作 *Digesta*，德文作 Digesten，希腊文译名的音译为“潘德克吞”）、[3]《法典》（当时的现行法律汇编）和《新律》（优士丁尼皇帝所颁布的各种法律），几经更改，影响了整个欧洲大陆的民法学。在中世纪盛期，罗马法曾在意大利博洛尼亚（波伦亚）大学和法国巴黎大学被研究、传播和整理。到了中世纪后期，罗马法于15世纪和16世纪被德国所继受，并与德国当时的时代条件相适应（“《学说汇纂》的现代运用”，usus modernus pandectarum），逐渐演变成所谓“共同法”。[4] 19世纪德国的学说汇纂法学（“潘德克吞法学”）尤其致力于在科学上深入地研究“共同法”及其古典的罗马法法源。德国民法学上的学说汇纂法学传统对德国民法典的制定产生了深远的影响。

制定一部统一的民法典的理论准备工作，可以追溯到19世纪初。1814年，海德堡大学罗马法教授、哲学学派的代表人物蒂博（Anton Friedrich Justus Thibaut，1772～1840年）[5]发表了《论一般市民法对德国的必要性》[6]这篇纲领性文章，强调德国民法的法典编纂对德意志民族自我认识的意义。众所周知，蒂博的这篇文章与历史法学派的创始人、代表人物萨维尼（Friedrich Carl von Savigny，1779～1861年）[7]同样发表于1814年的有名的论战文章《论立法与法学的当代使命》[8]

---

〔1〕 Vgl. Karl Larenz, Allgemeiner Teil des deutschen Bürgerlichen Rechts, 7. Auflage, Verlag C. H. Beck, München 1989, § 1 Ⅱ.

〔2〕 Vgl. Köhler, BGB Allgemeiner Teil, 43. Aufl. 2019, § 3 Rn. 2.

〔3〕 “潘德克吞”（Pandekten）是《学说汇纂》的希腊文译名的音译。它后来成为受《学说汇纂》影响的19世纪德国民法学的别称。

〔4〕 Vgl. Bork, Allgemeiner Teil des Bürgerlichen Gesetzbuchs, 4. Aufl. 2016, Rn. 30.

〔5〕 新华通讯社译名室编的《德语姓名译名手册》（商务印书馆1999年版，第613页）把 Thibaut 译成“蒂鲍特”。但是，该姓氏原本是法国姓氏，在德文里也按法语发音，因为蒂博和萨维尼都是迁居德国的法国胡格诺教徒（Hugenotten，16世纪至18世纪法国天主教徒对加尔文派教徒的称呼）的后代。所以，本书作者认为采用“蒂博”的译法比较好。德国著名的《布罗克豪斯百科全书》（Brockhaus – Die Enzyklopädie in 24 Bänden, 20. Aufl. 1999, 22. Band, S. 32）还专门给出了该姓氏的发音：[ti 'bo]。有些中文翻译文献把它译成“蒂堡特”或“蒂堡”，既不符合法语发音，也不符合上述《德语姓名译名手册》和通常采取的翻译原则，因而是欠缺根据的。参见《法汉词典》，上海译文出版社1979年版，第635、1446页。

〔6〕 Über die Notwendigkeit eines allgemeinen bürgerlichen Rechts für Deutschland, 1814.

〔7〕 历史法学派的另一个代表人物是萨维尼的弟子普赫塔（Georg Friedrich Puchta，1798～1864年）。

〔8〕 Vom Beruf unserer Zeit für Gesetzgebung und Rechtswissenschaft, 1814.

是针锋相对的。按照萨维尼的观点，在1815年维也纳会议后王政复辟时期的欧洲，进行广泛立法的条件还远未成熟。在他看来，有生命力的法必须像语言那样不停地、缓慢地生长，因而只能从民族精神中获得灵感和力量。他之所以反对在立法上对全国通用的民法进行法典编纂，首先是因为他觉得德国法学对于这项任务尚未做好充分准备。对萨维尼和他的历史法学派来说，民法的统一法源是民族或民族精神。归根结底，法是民族的法；制定法亦然，因为制定法可以被理解成"民族的法的喉舌"，表达着民族的意志。

然而，萨维尼的主张并未得到贯彻。对民法进行法典编纂的计划，首先在政治上由于统一国家的努力而受到了激发。国家统一的推动者主张把民法典理解成国家统一的象征，理由是法的统一象征着国家的统一。关于全德国通用的民法的法典编纂的必要性的共识，最晚在19世纪中叶即已达成，但一直到德意志第二帝国于1871年成立时，法律统一的宪法上和政治上的前提才真正得以具备。虽然自1848年起就存在一部《德意志一般票据法》（Allgemeine Deutsche Wechselordnung），自1861年3月12日起也存在一部《德意志一般商法典》（Allgemeines Deutsches Handelsgesetzbuch），但它们在德意志邦联和北德意志邦联的成员国里必须经由特别立法才能生效。到了1871年，当德意志第二帝国成立时，全德国的立法前提才得以存在。于是，在1871年就有了一部全德国的《刑法典》；在稍后的1877年又有了《民事诉讼法》和《刑事诉讼法》。起初，德意志第二帝国仅在债法、商法和票据法领域享有立法管辖权。1873年12月20日的"米克尔—拉斯克法"（lex Miquel - Lasker）〔1〕的通过，使帝国最终获得了对整个民法领域的立法管辖权，〔2〕从而在立法前提上为德国民法典的创制铺平了道路。

1874年2月28日，一个关于草拟与民法典相关的法案的计划和方法的预备委员会被任命成立。1874年6月22日，第一委员会受命起草民法典。其11名成员包括著名的潘德克吞学派（学说汇纂学派）罗马法学者、莱比锡大学教授温德沙伊德〔3〕（Bernhard Windscheid，1817～1892年），还包括公务员和法官，如普朗克（Gottlieb Planck，1824～1910年）。13年后，该委员会于1887年年底向帝国总理提交了一份草案（史称"第一草案"）。1888年年初，第一草案连同内容十分详尽的5卷本"理由书"（Motive zum Entwurf eines Bürgerlichen Gesetzbuches，fünf Bände，1888年）被公之于众。它被批评为过于倚重罗马法或"共同法"（被继受了的罗马法），是"非德

〔1〕"米克尔—拉斯克法"是由帝国议会的两名议员米克尔（Johannes Miquel）和拉斯克（Eduard Lasker）提出动议的、旨在修改帝国宪法的一部帝国法律，它使"全部民法、刑法以及审判程序法"事项均属于帝国的立法管辖权。

〔2〕Vgl. Lange, BGB Allgemeiner Teil, 1952，§ 3 Ⅰ.

〔3〕温德沙伊德著有著名的《学说汇纂教科书》（或译《潘德克吞教科书》）（Windscheid，Lehrbuch des Pandektenrechts，7. Aufl. 1891）。

意志的”(undeutsch),是难以理解的,是远离平民百姓、远离日常生活的,在社会问题上则是落后的,甚至是“非社会的”(unsozial)。第一草案公布后,社会主义法学家、维也纳大学教授门格(Anton Menger)于1890年发表了其名著《民法与无产阶级》,[1]以此表明拟定中的民法典严重忽略了“大街上的平民百姓”。柏林大学教授冯吉尔克(Otto von Gierke,1841～1921年,旧译“祁克”[2])则在其发表于1889年的《民法典草案与德意志法》[3]中,指责民法典第一草案的起草人因过于倚重罗马法而对德意志法的思想遗产严重地考虑不足。由于第一草案受到了来自各方面的激烈批评,第二委员会不得不在1890年12月4日奉联邦参议院之命重新起草民法典。参加者除普朗克等法律家外,还有国民经济学家和实业界人士。在工作了将近5年之后,第二委员会于1895年向联邦参议院提出了新的草案文本(史称“第二草案”)以及7卷本解释性的“议事录”(Protokolle, 7 Bände)。1896年,最终的草案文本——司法委员会所提出的“第三草案”连同一个“陈情书 ”(Denkschrift)被呈递于帝国议会。在对关于社团法、婚姻法和遗嘱法的若干具有政治意义的条文进行修改后,该文本于1896年7月1日为帝国议会所通过并于1896年7月14日获得了联邦参议院的同意,[4]1896年8月18日由德意志帝国皇帝威廉二世签署,[5]1896年8月24日公布于《帝国法律公报》,[6]德国民法典遂告诞生。[7]

德国民法典的各个草案、“理由书”、“议事录”和“陈情书”在今天仍然具有重要的历史意义和学术价值。在解释和适用德国民法典的规定时,如需查明当初德国立法者在编纂民法典时的意思,有关规范的形成史往往可以提供问题的答案(历史性解释)。此外,这些资料对于研究德国民法的历史沿革也是不可多得的。[8]

---

[1] Anton Menger, Das Bürgerliche Recht und die besitzlosen Volksklassen, 1890 (5. Aufl. 1927).

[2] 参见新华通讯社译名室编:《德语姓名译名手册》(修订本),商务印书馆1999年版,第187页。

[3] Otto von Gierke, Der Entwurf eines bürgerlichen Gesetzbuchs und das deutsche Recht, 1889.

[4] Voir Code civil allemand, Traduction commentée par G. Lardeux, R. Legeais, M. Pédamon et C. Witz, Dolloz, Paris 2010, p. 9.

[5] 德国法律所标明的日期,通常是指法律被签署的日期,而不是指法律被公布在法律公报上的日期或施行日期。由此可见,德国民法典并不像有些翻译作品所说的那样是在1896年8月18日公布的,而是在这一天被签署的。参见[德]卡尔·拉伦茨:《德国民法通论》,王晓晔等译,法律出版社2003年版,第21页注解36、第24页。

[6] Vgl. RGBl. 1896, 195.

[7] 参见《德国民法典》(第5版),陈卫佐译注,法律出版社2020年版,第3～6页。

[8] Vgl. Rüthers/Stadler, Allgemeiner Teil des BGB, 18. Aufl. 2014, § 1 Ⅱ Rn. 6; Brox/Walker, Allgemeiner Teil des BGB, 43. Aufl. 2019, § 2 Rn. 1; Bork, Allgemeiner Teil des Bürgerlichen Gesetzbuchs, 4. Aufl. 2016, Rn. 27－42; Köhler, BGB Allgemeiner Teil, 43. Aufl. 2019, § 3 Rn. 1－6. 另见[德]卡尔·拉伦茨:《德国民法通论》,王晓晔等译,法律出版社2003年版,第21～25页;徐国建:《德国民法总论》,经济科学出版社1993年版,第6～7页。

二、历史根源

德国立法者在起草德国民法典时所追求的首要目标并不在于制定出一部全新的民法，而是要在民法领域实现法的统一。起草者多为官员和学者，他们并不打算进行深刻和全面的改革，况且这种改革当时在政治上也不可行。结果就是德国民法典的规定本身既包含罗马法的要素，也包含德意志法的要素。[1]

（一）罗马法

罗马法在 15 世纪和 16 世纪被德国所继受，形成了高度科学化的法和以逻辑严密、概念抽象、利益均衡为特点的法学。在德国民法典总则编得到充分体现的系统性、抽象性，就是以罗马法为根源的。债法编的一些规定，包括关于最重要的债法上的合同——买卖合同的规定，也带有罗马法的痕迹。

案例 2-1 | 有瑕疵的自行车

学生 V 向学生 K 出卖一辆自行车。双方根据德国民法典第 433 条第 1 款和第 2 款缔结了买卖合同。V 与 K 按照德国民法典第 929 条第 1 句所规定的方式达成了关于自行车所有权应由所有人 V 转移给取得人 K 的合意，并完成了交付，从而使自行车所有权被转让给了 K。后来，K 发现所买到的自行车有瑕疵：刹车不灵，链条只用一次就断了。

问：K 可以依据什么规定向 V 请求什么？

答：这是一个案情十分简单的例子。设 V 和 K 之间所订立的债法上的合同是有效的，则德国民法典第 437 条第 2 项可以成为支持 K 的请求权的基础。根据该规定，K 既可以向 V 请求解除合同，也可以请求减少价款。

德国民法典第 437 条第 2 项在买卖物有瑕疵的情形下赋予买受人的解除合同的权利和减少买卖价款的权利，分别以罗马法上两种与奴隶买卖和牲畜买卖有关的诉讼为基础，它们是：解约诉讼（拉丁文 *actio redhibitoria*；因奴隶或牲畜的瑕疵而请求解除契约的诉讼）以及减额诉讼（拉丁文 *actio quanti minoris*；因货物瑕疵而请求减少买卖价款的诉讼[2]）。[3]

（二）德意志法

德意志法是作为各日耳曼部族的法而以习惯法方式形成的。它原先是带有乡村特色的农业法，但在中世纪被一些都市法和邦法所吸收。

---

〔1〕 Vgl. Köhler, BGB Allgemeiner Teil, 43. Aufl. 2019, § 3 Rn. 7.

〔2〕 参见陈卫佐：《拉丁语法律用语和法律格言词典》，法律出版社 2009 年版，第 10 页。

〔3〕 Vgl. Brox/Walker, Allgemeiner Teil des BGB, 43. Aufl. 2019, § 2 Rn. 3.

德国民法典物权法编关于动产和土地的区分就是以德意志法为基础的。土地法和家庭财产法也具有德意志法的根源。例如,关于土地所有权的取得和丧失(德国民法典第925条及以下)的规定,不同于动产所有权的取得和丧失(德国民法典第929条及以下)。对转让土地所有权来说为必要的让与人与取得人之间的物权法上的处分合同(关于土地所有权转移的合意),在德国民法典第925条被以其在德意志法上的名称Auflassung[1]来称呼。[2]

案例2-2 | 他人的自行车

学生V向学生D借了一辆自行车。V想利用这辆自行车来赚点钱,于是声称自己是自行车的车主,与急需自行车的另一名学生K依照德国民法典第433条第1款和第2款缔结了买卖合同,而K对此完全不知情。V和K还达成了德国民法典第929条第1句所规定的关于动产所有权转移的合意,并完成了自行车的交付。

问:现在谁是自行车的车主?

答:在本案中,自行车原所有人是D。他因使用借贷合同而无偿地将对自行车的直接占有转让给了借用人V。自行车占有人V与另一名学生K成立了德国民法典第929条第1句所规定的关于动产所有权转移的物权法上的处分合同(合意),自行车也被V交付给了K;同时,K不知道自行车不属于V而购买了这辆自行车,且其不知道非因过失而引起,因而是善意的。所以,K具备了德国民法典第932条第1款第1句所规定的善意取得的要件而已成为所有人。原所有人D在此种情形下失去了自行车所有权。他不能请求K交出自行车,而只能依照德国民法典第823条第1款向不法地侵害了其所有权的V主张损害赔偿。

德国民法典关于动产善意取得的第932条第1款第1句是一条为了保护信赖和交易安全而牺牲原所有人的所有权的规定。它以德意志法为根源。罗马法在此种情形下所采取的是完全不同的原则,其拉丁文表述是:"*Nemo plus iuris transferre potest quam ipse habet.*"[3][译文:没有人能(向他人)转让比自己所拥有的权利更多的权利。或译:任何人都不能将比自己所拥有的权利更多的权利转让(给他人)][4]

---

[1] 中文意思:关于土地所有权转移的合意。

[2] Vgl. Brox/Walker, Allgemeiner Teil des BGB, 43. Aufl. 2019, § 2 Rn.4.

[3] 参见陈卫佐:《拉丁语法律用语和法律格言词典》,法律出版社2009年版,第232页。

[4] Vgl. Köhler, BGB Allgemeiner Teil, 43. Aufl. 2019, § 3 Rn.7-10.

第二节 德国民法典的基石

一、私法自治

德国民法典的基本观念是自由主义和个人主义的,以经济上的自由主义为基础。[1] 它认为单个的权利主体,即"理智的、自负其责和有判断力的市民",[2]能够自由地决定自己的私人生活关系而无须国家帮助或介入。人的自由和平等最有利于人们共同生活的秩序,因为人对利益最大化的追求有利于竞争中的所有各方。因此,法律赋予个人以自主地决定其生活关系的自由(按照自己的意志来形成其私法上的以权利义务为内容的法律关系的自由),而这一自由是法律秩序所认可的。这就是私法自治原则。

私法自治的主要内容包括契约自由、所有权自由及遗嘱自由。

(一)契约自由

私法自治原则在契约自由中表现得最为充分。所谓契约自由(Vertragsfreiheit),是指单个的权利主体通过合同形成其私人生活关系(Lebensverhältnisse)的自由(德国民法典第 311 条第 1 款)。在德国,契约自由受宪法保障(《德意志联邦共和国基本法》第 2 条第 1 款),并且是私法自治最重要的表现形式。

在内容上,契约自由包括缔约自由、形成自由和形式自由。

(二)所有权自由与遗嘱自由

根据德国民法典第 903 条第 1 句,物的所有人原则上可以随意处置该物,[3]并排除他人的一切干涉。这就是所有权自由。但这一原则是有例外的:德国民法典第 903 条第 1 句适用的前提是"在不与法律或第三人的权利相抵触的限度内"。

一个自然人有权通过遗嘱决定在他死后财产转移给谁(德国民法典第 1937 条)。这就是遗嘱自由。[4]

---

〔1〕 关于德国民法典的自由主义基础,参见[德]迪特尔·施瓦布:《民法导论》,郑冲译,法律出版社 2006 年版,第 52~54 页。

〔2〕 Vgl. Köhler, Einführung, in: Bürgerliches Gesetzbuch, 84. Aufl. 2019, Deutscher Taschenbuch Verlag, S. XII; Köhler, BGB Allgemeiner Teil, 43. Aufl. 2019, § 3 Rn. 8.

〔3〕 作者在这里之所以用"处置"一词而不像过去的德国民法典中译本和有些学者那样用"处分",是因为在德国民法上,处分(或处分行为)是专就某一项权利(如所有权)而言的,而处置的对象则不限于权利,还可以是其他标的(包括物)。关于处分的概念,参见本书有关处分行为的论述。

〔4〕 Vgl. Brox/Walker, Allgemeiner Teil des BGB, 43. Aufl. 2019, § 2 Rn. 5.

二、社会均衡

德国民法典在一些规定里也兼顾了社会均衡的思想。它被"涂上了一小滴社会主义的油"(Es war"mit einem Tropfen sozialistischen Öls"gesalbt)[1],以回应对德国民法典第一草案的批评。

德国民法典第104条及以下为无行为能力人和限制行为能力人提供了必要的保护。第138条第2款保护处于急迫情势、无经验、欠缺判断力或意志显著薄弱的当事人,并宣告暴利行为无效。第226条禁止专以加损害于他人为目的而行使权利(权利滥用的禁止,德文:das Schikaneverbot)。关于所有权自由的第903条适用的前提是"不与法律或第三人的权利相抵触"。被继承人虽然有立遗嘱的自由,却不得以遗嘱剥夺配偶、子女等的特留份(德国民法典第2303条及以下)。

此外,德国民法典还有一些旨在保护经济上和社会上的较弱方当事人的规定。例如,保护一般交易条款使用人的相对人不受格式条款的损害,宣布对使用承租人不利的偏离民法典强制性规定的协议不生效力(德国民法典第551条第4款、第553条第3款、第554a条第3款、第555条等)。

三、信赖保护

德国民法典有一些规定舍弃了罗马法原则而采取德意志法原则,以兼顾交易的安全。罗马法规定"没有人能向他人转让比自己所拥有的权利更多的权利"。(拉丁文:"*Nemo plus iuris ad alium transferre potest quam ipse habet.*")[2]但德国民法典却对信赖让与人的权利外观的善意取得人加以保护。[3] 典型的例子是德国民法典关于动产善意取得的第932条和关于土地登记簿公信力的第892条。

第三节 德国民法典的结构与内容

德国民法典按照学说汇纂体系(Pandektensystem,潘德克吞体系)来安排结构和

---

[1] 语出冯吉尔克(Otto von Gierke)。参见[德]格尔德·克莱因海尔、[德]扬·施罗德主编:《九百年来德意志及欧洲法学家》,许兰译,法律出版社2005年版,第154页。

[2] 参见陈卫佐:《拉丁语法律用语和法律格言词典》,法律出版社2009年版,第232页。

[3] Vgl. Brox/Walker, Allgemeiner Teil des BGB, 43. Aufl. 2019, § 2 Rn. 8.

划分编章。[1] 它包括五编[2](总则编、债务关系法编、物权法编、家庭法编和继承法编),最初有2385个条文,并有一部附属性法律——《民法典施行法》。

德国民法典第一编“总则”(第1条至第240条)的规定大体上沿用了罗马法上关于人、物、诉讼(拉丁文 *personae*, *res*, *actiones*)的划分,包括关于自然人、消费者、经营者、法人(社团与财团、公法上的法人)、物与动物、权利能力与行为能力、意思表示与法律行为、合同的成立、条件与期限、代理和意定代理权、同意(允许与追认)、期间与期日、请求权的消灭时效、权利的行使、担保的提供等的一般性规定、一般性法律概念和基本法律制度,它们原则上也适用于德国民法典其他四编(分则)乃至德国私法领域的附属性法律。从比较法上说,总则编的设置是受19世纪德国学说汇纂法学(潘德克吞法学)影响的德国民法典的一个突出特点,[3]是比它早问世将近一个世纪的1804年法国《民法典》(Code civil)、1811年奥地利《一般民法典》(ABGB)和比它稍晚问世的1907年瑞士《民法典》(ZGB)所没有的。[4]

第二编“债务关系法”(第241条至第853条)的前七章(第241条至第432条)包括关于债务关系的内容(给付障碍、债权人迟延等)、一般交易条款、因合同而发生的债务关系(成立、内容及终止、双务合同、合同的撤回等)、债务关系的消灭(履行、提存、抵销、免除)、债权让与、债务承担、多数债务人和债权人等一般规定。它们构成了一般债法(债法总则)。该编第八章的规定(第433条至第853条)构成了特别债法(债法分则),内容包括各种合同上的债务关系,即因买卖合同、使用租赁与用益租赁合同、承揽合同、雇佣合同、劳动合同、贷款合同与物的消费借贷合同、使用借贷合同、赠与合同、委托合同等典型合同而发生的债务关系(合同之债),还包括各种法定债务关系(因无因管理、不当得利和侵权行为而发生的债务关系,均属于法定之债)。[5]

德国民法典第三编“物权法”(第854条至第1296条)所规定的是关于占有和动产与土地上的权利的法,内容涉及占有、作为非限制性物权的动产所有权与土地所有权,以及用来对动产所有权与土地所有权设定负担并限制所有权的各种权利(限制性物权),如役权、抵押权、动产质权与权利质权。

第四编(第1297条至第1921条)以家庭法上的关系为对象,包括民法上的婚姻(婚约、结婚、婚姻的一般效果、夫妻财产制、离婚等)、亲属(扶养义务、父母子女之间的关系、父母照顾、收养等)、监护、法律上的照管以及保佐等内容。

---

[1] 参见[德]维尔纳·弗卢梅:《法律行为论》,迟颖译,法律出版社2013年版,第32页。

[2] 德国民法典各“编”的德文表述是Buch(相当于英语里的book),复数是Bücher(相当于英语里的books)。

[3] 参见[德]维尔纳·弗卢梅:《法律行为论》,迟颖译,法律出版社2013年版,第32~33页。

[4] Vgl. Rüthers/Stadler, Allgemeiner Teil des BGB, 18. Aufl. 2014, § 1 Ⅱ Rn. 9-10.

[5] Vgl. Brox/Walker, Allgemeines Schuldrecht, 38. Aufl. 2014, § 1 Rn. 2.

构成第五编(第 1922 条至第 2385 条)的,是关于法定继承、继承人的法律地位、遗嘱(继承人的指定、遗赠、负担、遗嘱执行人、遗嘱的做成和取消等)、继承合同、特留份、继承资格的欠缺、法定继承权的抛弃、继承证书、遗产买卖等继承法方面的规定。[1]

第四节 德国民法典的语言特点和立法技术

一、语言特点

德国民法典是一部“由法律家制定和为法律家而制定”(von Juristen für Juristen gemacht)的民法典。[2] 为了做到措辞简洁、概念精确和结构清晰,立法者倾注了大量心血,使得德国民法典具有高度的抽象性和概括性,很难为非法律家所理解。[3] 为此,立法者使用了一些立法技术。[4]

二、立法技术

(一)抽象概念和法定定义

德国民法典尽可能舍弃列举个别情形的方法而规定了抽象、概括的构成要件,表现在它大量使用了诸如“意思表示”“法律行为”“处分”等以法律专业术语表达的概念,并规定了许多法定定义(Legaldefinitionen)。

德国民法典规定了以下法定定义:“消费者”(第 13 条)、“经营者”(第 14 条第 1 款)、“有权利能力的合伙”(第 14 条第 2 款)、“物”(第 90 条)、“从物”(第 97 条)、“用益”(第 100 条)、“限制行为能力”(第 106 条)、“法定的书面形式”(第 126 条第 1 款)、“意定代理权”(第 166 条第 2 款第 1 句)、“允许”(第 183 条第 1 句)、“追认”(第 184 条第 1 款)、“不迟延地”(第 121 条第 1 款第 1 句)、“应当知道”(第

---

[1] 参见《德国民法典》(第 5 版),陈卫佐译注,法律出版社 2020 年版,第 6 ~ 7 页;徐国建:《德国民法总论》,经济科学出版社 1993 年版,第 8 ~ 9 页。

[2] 与法国民法典主要由实务家在短短几个月时间里草拟出来不同的是,德国民法典经历了长达 22 年之久的编纂,是众多学者集思广益、群策群力的结果,所以德国民法典也被戏称为“教授之法”(Professorenrecht)。See Michael Bogdan, *Concise Introduction to Comparative Law*, Europa Law Publishing, Groningen/Amsterdam 2013, p. 153.

[3] 参见[德]卡尔·拉伦茨:《德国民法通论》,王晓晔等译,法律出版社 2003 年版,第 36 ~ 38 页;徐国建:《德国民法总论》,经济科学出版社 1993 年版,第 12 页。

[4] Vgl. Köhler, BGB Allgemeiner Teil, 43. Aufl. 2019, § 3 Rn. 12 – 17. 另见陈卫佐:《〈德国民法典〉的立法技术》,载张礼洪、高富平主编:《民法法典化、解法典化和反法典化》,中国政法大学出版社 2008 年版,第 376 ~ 379 页。

122 条第 2 款)、“请求权”(第 194 条第 1 款)、“过失”(第 276 条第 2 款)、“消费者合同”(第 310 条第 3 款)、“关于土地所有权转移的合意”(第 925 条第 1 款第 1 句)、“终意处分”(遗嘱的别称,第 1937 条)等。

德国立法者规定这些法定定义的目的在于使它们适用于整部德国民法典乃至德国私法的所有领域,且始终保持相同的含义。举例来说,德国民法典第 727 条第 2 款第 1 句规定,已亡合伙人的继承人在合伙被解散的情形下,必须不迟延地将死讯通知其余合伙人;如果延缓会引起危险,已亡合伙人的继承人还必须继续执行因合伙合同而托付给被继承人的业务,直到其余合伙人可与之共同另做处置为止。至于什么是“不迟延地”这一问题,则由德国民法典第 121 条第 1 款第 1 句的法定定义回答:所谓“不迟延地”,是指“在没有有过错的迟延的情况下”。[1]

案例 2-3 | 农场里的拖拉机

V 向 K 出卖了一个农场并转让了其所有权。双方就 K 是否也同时取得从属于该农场的拖拉机的所有权发生了争执。

问:农场所有权的转让是否及于农场里的拖拉机?

答:对于此种情形,立法者在德国民法典第 311c 条做出了一条抽象、概括的规定:“某人有义务让与某物或以权利对某物设定负担的,有疑义(im Zweifel)时,[2]这一义务也及于该物的从物。”对于什么是物和从物,德国民法典分别在第 90 条(“法律意义上的物,仅为有体的标的。”)和第 97 条给出了法定定义。[3] 为了更好地解释什么是从物,立法者甚至在德国民法典第 98 条做出了列举式规定。[4] 由德国民法典第 98 条第 2 项的规定可知,拖拉机是农场的从物。因此,有疑义时(双方当事人不另有约定时),V 在转让农场所有权的同时,也有义务转让拖拉机所有权;K 在取得农场所有权的同时,也取得从属于该农场的拖拉机的所有权。

---

[1] Vgl. Bork, Allgemeiner Teil des Bürgerlichen Gesetzbuchs, 4. Aufl. 2016, Rn. 85, 92.

[2] 当德国民法典某一条文中出现“im Zweifel”的字眼时,表明这是一条解释规则,指的是在双方当事人不另有约定,或者当事人的意思不明,或者不能依照情事做出另外的解释时,就发生该条文所规定的法律效果。参见陈卫佐译注:《德国民法典》(第 5 版),法律出版社 2020 年版,第 13 页,注解 29。

[3] 德国民法典第 97 条第 1 款第 1 句规定:“不是主物的成分而以服务于主物的经济上目的为用途,并和主物处于与这一用途相应的空间关系中的动产,是从物。”

[4] 德国民法典第 98 条规定:“以服务于主物的经济上目的为用途的是:1. 在主物系为工商业经营而被长久地设立的建筑物,特别是磨坊、冶炼厂、酿酒厂、制造工场的情形下,用来经营的机器和其他器具;2. 在主物系农场的情形下,用来从事经营的用具与牲畜、农业出产物(以到预计相同或相似出产物被收获时为止,它们对继续经营来说是必要的为限),以及现有的、在农场被收获的肥料。”

结论：有疑义时（双方当事人不另有约定时），农场所有权的转让也及于农场里的拖拉机。[1]

（二）共同规定的提取

为了避免不必要的重复和增加逻辑性、系统性，德国立法者采取类似于数学上“提取公因子”的方法，尽量将各部分规定中的共同规定“从括弧里提取出来，放在括弧之前”（vor die Klammer gezogen），成为一般规定；那些互不相同的特别规定则“留在括弧之内”。这样，德国民法典在结构上呈现出从一般规定到特别规定的特征。

首先，德国民法典在分则各编之前设置总则编本身就已经体现了这一逻辑性结构。例如，因买卖合同而发生的出卖人和买受人的权利义务被规定于关于买卖合同的第433条及以下。这些规定以有效地成立的买卖合同为前提；同样，关于使用租赁合同的第535条及以下的规定以有效地成立的使用租赁合同为前提，关于雇佣合同的第611条及以下的规定以有效地成立的雇佣合同为前提（其中，关于劳动合同的第611a条以有效地成立的劳动合同为前提）……在所有这些合同的情形下的共同问题——合同是如何成立的，已被“从括弧里提取出来”了。假如合同仅仅存在于债法领域，这个问题可能规定于“一般债法”（“债法总则”）中就可以了。但合同还存在于债法编以外的其他分则各编。例如，关于土地所有权转移的合意（德国民法典第873条、第925条）、关于动产所有权转移的合意（德国民法典第929条第1句）、夫妻财产合同（德国民法典第1408条第1款）、继承合同（德国民法典第2274条）都是合同。这样一来，关于合同的成立的条文就被规定于德国民法典总则编（德国民法典第145条及以下）；它们适用于一切种类的合同。[2]

其次，从一般规定到特别规定的原则还贯穿于分则各编。关于第二编“一般债务法”（第241条至第432条）和“特别债法”（第453条至第853条）具体内容，前已述及。不仅如此，德国民法典的物权法编（如第三编第一章“占有”[3]）、家庭法编和继承法编也都或多或少地采取了这种将一般规定提取出来并放在其他规定之前的做法。[4]

---

[1] Vgl. Köhler, Einführung, in: Bürgerliches Gesetzbuch, 84. Aufl. 2019, Deutscher Taschenbuch Verlag, S. XIV.

[2] Vgl. Brox/Walker, Allgemeiner Teil des BGB, 43. Aufl. 2019, § 2 Rn. 20.

[3] Vgl. Rüthers/Stadler, Allgemeiner Teil des BGB, 18. Aufl. 2014, § 1 II Rn. 9.

[4] Vgl. Medicus, Allgemeiner Teil des BGB, 9. Aufl. 2006, Rn. 18; Bork, Allgemeiner Teil des Bürgerlichen Gesetzbuchs, 4. Aufl. 2016, Rn. 79. 另见[德]迪特尔·梅迪库斯：《德国民法总论》，邵建东译，法律出版社2000年版，第22页。

最后,提取共同规定的原则甚至在德国民法典总则编当中也有贯彻。[1] 例如,由德国民法典第一编第三章“法律行为”第三节“合同”的第 145 条、第 146 条和第 147 条及以下的规定可分别推知,合同是由一个当事人的要约和其相对人的承诺组成的,而要约和承诺都是意思表示。意思表示被规定在前面第二节里(德国民法典第 116 条及以下)。意思表示的有效性前提之一是表意人的行为能力,而行为能力被规定在前面第一节里(德国民法典第 104 条及以下)。[2]

这一立法技术的缺点之一是,[3]在判断某一法律关系时,必须从不同的领域里提取相应规范,而这些规范之间的关联往往不好把握。

举例来说,农民 A 向农民 B 出卖了一台有瑕疵的拖拉机。就因买卖合同而发生的权利义务而言,必须找出五个互相重叠的领域里的法律规定,它们的逻辑关系是从一般规定到特别规定:(1)关于债务关系的规定(德国民法典第 241 条及以下);(2)关于因合同而发生的债务关系的规定(德国民法典第 311 条及以下);(3)关于双务合同的规定(德国民法典第 320 条及以下);(4)关于买卖合同的规定(德国民法典第 433 条及以下);(5)关于在买卖合同的情形下的瑕疵责任的规定(德国民法典第 433 条第 1 款第 2 句、第 434 条及以下)。[4]

(三)德国民法典的规范援引技术

为了避免重复,德国民法典大量使用了规范援引技术,即由一条规范援引另一条规范,有时是在构成要件和法律效果都相同的情况下适用被援引的规范,有时只是发生被援引规范的法律效果而已(准用)。这一立法技术的缺点是:在出现援引链条的情形下,可能使法律规范的适用或准用因欠缺明晰性而变得困难。

例如,德国民法典第 818 条第 4 款规定:自诉讼系属发生时起,不当得利的受益人依照“一般规定”负责任。这意味着从诉讼系属发生时起,受益人负严格责任。这是一条十分复杂的援引性规范,它所援引的“一般规定”,首先见于一般债法的规定,[5]特别是关于诉讼利息的第 291 条、关于债务人负有返还义务情形下的责任的第 292 条;而第 292 条又援引“关于自所有权请求权的诉讼系属发生时起,所有人和

---

〔1〕 Vgl. Bork, Allgemeiner Teil des Bürgerlichen Gesetzbuchs, 4. Aufl. 2016, Rn. 77 – 78. 另见[德]迪特尔·施瓦布:《民法导论》,郑冲译,法律出版社 2006 年版,第 32 ~ 36、595 页;[德]卡尔·拉伦茨:《德国民法通论》,王晓晔等译,法律出版社 2003 年版,第 39 ~ 40 页。

〔2〕 Vgl. Brox/Walker, Allgemeiner Teil des BGB, 43. Aufl. 2019, § 2 Rn. 22.

〔3〕 这一立法技术的缺点还不仅仅限于此。较为详细的分析,参见[德]迪特尔·梅迪库斯:《德国民法总论》,邵建东译,法律出版社 2000 年版,第 22 ~ 35 页。Vgl. auch Medicus, Allgemeiner Teil des BGB, 9. Aufl. 2006, Rn. 18 – 39.

〔4〕 Vgl. Köhler, BGB Allgemeiner Teil, 43. Aufl. 2019, § 3 Rn. 14.

〔5〕 Vgl. BGH NJW 1982, 1585.

占有人之间的关系的规定”,即第 987 条以下。[1]

(四)拟制和不可驳倒的推定

在拟制的情形下,立法者有意识地将一个构成要件视为另一个与之不同的构成要件,目的是将适用于此构成要件的法律效果也扩展适用于彼构成要件。不可驳倒的推定则不容置疑地将此构成要件作为彼构成要件的一种情形来对待。

有时,拟制和不可驳倒的推定的界限并不十分清楚,立法者在这两种情形下都使用了“视为”的字样。例如,德国民法典关于雇佣合同的报酬的第 612 条第 1 款规定:“根据情事,只能期待仅凭着受报酬始提供劳务的,视为已默示地约定报酬。”德国学者对于它是拟制还是不可驳倒的推定尚存争议。拉伦茨(Karl Larenz, 1903 ~ 1993 年)和卡纳里斯(Claus - Wilhelm Canaris, 1937 ~ 2021 年)认为它是拟制,[2]而《帕兰特德国民法典评注》[3]则认为它是不可驳倒的推定。[4]

(五)证明责任

在证明责任方面,德国民法典原则上要求每一个当事人证明对自己有利的事实的存在。换言之,对于有利于自己的事实的存在,当事人原则上负证明责任,并承担无法证明存在此种事实的不利后果。如果当事人无法证明存在对自己有利的事实,则推定存在使德国民法典所规定的法律效果得以发生的事实。此种推定往往可以由德国民法典具体条文(属于实体法规则)的措辞推知,但它是可以被驳倒的。[5]

如上所述,在当事人无法证明存在对自己有利的事实的情形下,往往推定存在使德国民法典所规定的法律效果得以发生的事实。这样一来,如果德国民法典以肯定方式规定了某一法律效果,则主张这一法律效果的人只需证明德国民法典以肯定方式所规定的要件即可,至于要件的例外情形则由对方当事人证明。有时,此种例外情形另外用独立的句子来表示,规定如有特殊情形,则不发生前面所称法律效果,如德国民法典第 122 条第 2 款、第 831 条第 1 款第 2 句、第 832 条第 1 款第 2 句、第 833 条第 2 句、第 834 条第 2 句、第 836 条第 1 款第 2 句。有时,此种例外情形用一个复句来表示,其典型的表述是:“但……的除外”,[6]如德国民法典第 145 条、第 153 条、第 178 条第 1 句、第 287 条第 2 句、第 892 条第 1 款第 1 句、第 973 条第 1 款第 1 句。

---

〔1〕 参见《德国民法典》(第 5 版),陈卫佐译注,法律出版社 2020 年版,第 380 页,第 818 条第 4 款的注解。Vgl. auch Köhler, BGB Allgemeiner Teil, 43. Aufl. 2019, § 3 Rn. 15.

〔2〕 Vgl. Larenz/Canaris, Lehrbuch des Schuldrechts, Bd. 2: Besonderer Teil, Teilbd. 1, 13. Aufl. 1994, § 52 Ⅰ.

〔3〕 Palandt – Weidenkaff, Bürgerliches Gesetzbuch, 78. Aufl. 2019, § 612 Rn. 5.

〔4〕 Vgl. Köhler, BGB Allgemeiner Teil, 43. Aufl. 2019, § 3 Rn. 16.

〔5〕 Vgl. Köhler, BGB Allgemeiner Teil, 43. Aufl. 2019, § 3 Rn. 17.

〔6〕 参见[德]卡尔·拉伦茨:《德国民法通论》,王晓晔等译,法律出版社 2003 年版,第 38 页。

一般地说，如果一个法律条文有前后两个分句，而在后一分句中含有“但……的除外”的措辞（意思是“除非……”），那么，主张发生前一分句所规定的法律效果且证明存在使该法律效果得以发生的事实的当事人，无须证明存在对自己不利的含有“但……的除外”的措辞的后一分句所规定的事实。[1]

案例 2－4 ｜谁负证明责任

E 在 K 处发现了他不久前无偿地出借给 V 的自行车，并向 K 请求返还该自行车。K 声称他从 V 处合法、有效地购买了这辆自行车，双方还按照德国民法典第 929 条第 1 句的要求达成了关于自行车所有权应由所有人 V 转移给取得人 K 的合意，并完成了交付。K 还说，V 自始至终没有告诉他这是 E 的自行车，他自己也无从得知这辆自行车属于 E，因而其依德国民法典第 932 条第 1 款第 1 句善意地取得了自行车所有权。E 和 K 就此发生了争执。

问：谁负证明责任？

答：德国民法典第 932 条第 1 款第 1 句规定：“即使物不属于让与人，取得人也因依第 929 条所为的让与而成为所有人，但取得人在依该条的规定将会取得所有权时非为善意的除外。”

德国民法典第 932 条第 1 款第 1 句前半句以肯定的句式规定，在物（动产）不属于让与人的情形下，取得人照样因依德国民法典第 929 条进行的让与而成为所有人。依德国民法典第 929 条进行的让与，以让与人与取得人之间已达成关于动产所有权转移的合意并已交付为前提条件。因此，取得人只需证明他与让与人之间存在关于动产所有权转移的合意并已交付动产即可。这意味着取得人无须证明自己是善意的。

德国民法典第 932 条第 1 款第 1 句后半句将“取得人在依该条（第 929 条）的规定将会取得所有权时非为善意”作为一个附加要件，要求取得人必须是善意的，如非为善意，则不取得所有权。所谓“非为善意”，是指取得人知道或因重大过失而不知道该物不属于让与人（德国民法典第 932 条第 2 款的法定定义）。对于取得人“非为善意”这样一个不利于自己的事实，取得人无须证明其存在。相反，质疑取得人取得所有权的人（如本案中的 E），必须证明对自己有利的事实的存在，亦即负证明 K“非为善意”的责任。

可见，由德国民法典第 932 条第 1 款第 1 句的措辞可以推知，取得人（如本案中的 K）被推定为善意的。

在本案中，如果质疑 K 取得所有权的 E 无法证明 K“非为善意”，换言之，如果

---

〔1〕 See E. J. Cohn, *Manual of German Law*, Volume Ⅰ, Second Edition, The British Instiute of International and Comparative Law, London 1968, p. 58 – 59.

E 无法证明 K 知道或因重大过失而不知道自行车不属于 V,则推定存在使德国民法典第 932 条第 1 款第 1 句所规定的法律效果得以发生的事实,即 K 被推定为善意的。

结论:对于 K 与 V 之间存在关于自行车所有权转移的合意并已完成交付这一点,由 K 负证明责任;对于 K 依德国民法典第 929 条的规定将会取得自行车所有权时"非为善意"这一点,由 E 负证明责任。

第五节 德国民法典的规范类型

一、财产法与非财产法

(一)财产法

德国民法典主要规定了民事主体之间的财产法关系。

首先,关于财产交换的规定,特别是关于以下几种类型的合同的规定:以转让某一标的的所有权为目的的合同(买卖合同,第 433 条及以下;互易合同,第 480 条;赠与合同,第 516 条及以下),以某一标的的使用为目的的合同(使用租赁合同,第 535 条及以下;用益租赁合同,第 581 条及以下;使用借贷合同,第 598 条及以下),以及规定有偿提供服务的合同(雇佣合同,第 611 条及以下;劳动合同,第 611a 条;承揽合同,第 631 条及以下)。这些规定都见于德国民法典第二编"债务关系法"。

其次,关于所有权的规定(第 903 条及以下)、关于所有人转让土地所有权的规定(第 925 条及以下)、关于所有人转让动产所有权的规定(第 929 条及以下)、关于为了他人的利益而用质权来对动产所有权设定负担的规定(第 1204 条及以下)、关于为了他人的利益而用抵押权(第 1113 条及以下)或土地债务(第 1191 条及以下)来对土地所有权设定负担的规定等,也属于财产法。它们见于德国民法典第三编"物权法"。

再次,德国民法典第四编"家庭法"也包含财产法上的内容,如关于夫妻财产制的规定(第 1363 条及以下)、关于扶养义务的规定(第 1601 条及以下)、父母照顾子女的财产的义务与权利(第 1638 条及以下)。[1]

最后,德国民法典第五编"继承法"也涉及财产法问题,即自然人死亡的财产法上后果。例如,继承法编规定了被继承人的财产的所有权如何转移给继承人(第 1922 条),继承人对被遗嘱剥夺了继承权的近亲属负有哪些义务(特留份,第 2303

〔1〕 Vgl. Brox/Walker, Allgemeiner Teil des BGB, 43. Aufl. 2019, § 2 Rn. 12.

条及以下），继承人须负担何种遗产债务（第 1967 条），以及继承人如何限制其对遗产债务所负责任（第 1975 条及以下）等。

（二）非财产法

德国民法典在较小范围内包含了关于非财产事项的规范。例如，关于名称权的保护的规定（第 12 条）以及家庭法编的许多规定——关于配偶过婚姻上的共同生活的义务的规定（第 1353 条）、关于血统的规定（第 1591 条及以下）、关于对子女的照顾的规定（第 1631 条及以下）以及关于收养的规定（第 1741 条及以下）。[1]

二、严格法与公平法

德国民法典的规范可以分为严格法规范与公平法规范。

（一）严格法

所谓严格法（德文 strenges Recht，拉丁文 *ius strictum*），是指严格地规定了构成要件和相应的法律效果，而不给个案的特殊情形留下任何余地的法律规范。严格法规范为了法的安定性和法的明晰性而不容许有任何例外。

例如，根据德国民法典第 2 条，满 18 岁即为达到成年年龄。[2] 这条规范的法律效果就是使已成年的人有完全行为能力。所谓满 18 岁，按照德国民法典第 187 条第 2 款第 2 句的计算方法，是指一个人 18 岁生日前一天结束时。按照这种算法，一个在凌晨 0 时 1 分和一个在同一天 23 时 59 分出生的人达到成年年龄的时刻是相同的，都是他们 18 岁生日前一天的 24 时整。法律做出的这样的规定是硬性的，不给个案的特殊情形留下任何余地，即便其中一个比另一个聪明、成熟和能干得多亦然。[3]

此外，德国民法典第 104 条第 1 项、第 873 条第 1 款、第 125 条第 1 句也属于严格法规范。

（二）公平法

所谓公平法（德文 billiges Recht，拉丁文 *ius aequum*），是指包含需要填充价值的构成要件，或给法律效果留下自由裁量空间，因而准许考虑个案的特殊情形的法律规范。公平法规范的例子如：关于"诚实信用"的一般条款（德国民法典第 157 条、第 242 条），关于"善良风俗"的一般条款（德国民法典第 138 条第 1 款、第 826 条），关于由于重大原因而通知终止长期债务关系的德国民法典第 314 条第 1 款，关于法院以判决依公平原则确定给付的德国民法典第 315 条第 3 款第 2 句，关于以判

---

〔1〕 Vgl. Brox/Walker, Allgemeiner Teil des BGB, 43. Aufl. 2019, § 2 Rn. 13.

〔2〕 德国民法典第 2 条是因 1975 年 1 月 1 日生效的《关于修改成年年龄的法律》而被添加至德国民法典中的。它将德国法上的成年年龄由 21 岁降至 18 岁。Vgl. Langenscheidt ALPMANN Fachwörterbuch Kompakt Recht Englisch, 2. Aufl. 2009, S. 184.

〔3〕 Vgl. Brox/Walker, Allgemeiner Teil des BGB, 43. Aufl. 2019, § 2 Rn. 14.

决将违约金减至适当数额的德国民法典第 343 条第 1 款第 1 句,关于合同当事人任何一方由于重大原因而即时通知终止雇佣关系的德国民法典第 626 条第 1 款,关于由于公平原因而发生的无侵权责任能力人赔偿义务的德国民法典第 829 条等。[1]

例如,德国民法典第 314 条第 1 款就是一条公平法规定。其第 1 句规定,合同当事人任何一方可以在不遵守通知终止期间的情况下,由于重大原因而通知终止长期债务关系。至于什么是"重大原因",第 2 句以典型的公平法措辞下了这样一个法定定义:"在考虑到个案的全部情事和衡量双方利益的情况下,将合同关系延续到所约定的终止时间或延续到通知终止期间届满之时,对通知终止的一方来说是不能合理地期待的,即存在重大原因。"

又如,关于"善良风俗",德国司法判例的表述是"一切公平和正直地思考的人的礼仪感"。但是,对于有偿的色情电话合同是否违背善良风俗,仅仅根据一般条款和司法判例的定义得不出确定的结果。德国法院的判决曾经认为此种合同违背善良风俗,但现在德国法院已不再认为此种合同违背善良风俗。[2]

再如,根据德国民法典第 242 条所体现的诚实信用原则,一个租赁他人场所行医的人搬走时,原出租人必须在一个适当的时期内容忍行医者悬挂搬迁的招牌。[3]至于哪个时期是适当的,则必须在个案中依照公平原则裁量之。所以说,德国民法典第 242 条是一条公平法规范。[4]

三、强行法与任意法

(一)强行法

所谓强行法(德文 zwingendes Recht,拉丁文 *ius cogens*),是指不能被当事人的意思(特别是当事人之间的协议)所排除或变更的法律规范。

在法律规定了强行法规范的限度内,契约自由被排除。强行法规范的立法目的是多种多样的:关于要式合同的强行法规范往往是为了便于将来举证,或告诫缔结合同的人审慎行事;有些强行法规范旨在保护无经验和经济上处于较弱方地位的合同当事人(如住宅使用租赁关系中的承租人、劳动合同关系中的劳动者)免于遭受对其特别不利的合同条款的损害;有些强行法规范是为了避免显失公平的结果;还有一些强行法规范是为了保护婚姻家庭等领域的特定制度。

德国民法典物权法编的规定多为强行法规范,家庭法编和继承法编的规定也

---

[1] Vgl. Bork, Allgemeiner Teil des Bürgerlichen Gesetzbuchs, 4. Aufl. 2016, Rn. 93 – 94; Köhler, BGB Allgemeiner Teil, 43. Aufl. 2019, § 3 Rn. 19 – 21.

[2] 在今日之德国,当事人在从事卖淫活动时与他人达成的有偿协议也不再被认为是违背善良风俗的。Vgl. Creifelds Rechtswörterbuch, 21. Aufl. 2014, S. 1146.

[3] Vgl. RG 161, 338.

[4] Vgl. Brox/Walker, Allgemeiner Teil des BGB, 43. Aufl. 2019, § 2 Rn. 15.

多为强行法规范。债法编则只有少数规定属于强行法,如第 311b 条第 1 款第 1 句规定,“使一方当事人有义务转让或取得土地所有权的合同,必须做成公证证书”;同条第 3 款规定,“使一方当事人有义务转让其现有财产或其现有财产的一部分或以用益权对之设定负担的合同,必须做成公证证书”。

在许多情形下,从强行法规范的措辞就可以知道其强制性,如德国民法典第 125 条、第 137 条第 1 款、第 138 条、第 276 条第 3 款、第 619 条、第 873 条第 1 款、第 1313 条第 1 句。有时,可以通过目的性解释得出规范的强制性,如德国民法典第 935 条第 1 款第 1 句。

(二)任意法

所谓任意法(德文 nachgiebiges Recht 或 dispositives Recht,拉丁文 *ius dispositivum*),是指可以被当事人的意思(特别是当事人之间的协议)所排除或变更的法律规范。

在任意法的范围内,当事人享有契约自由。在民法上,大量债法规范属于任意法规范,如德国民法典第 433 条及以下。立法者之所以制定任意法规范,是考虑到合同当事人双方往往有意或无意地不就所有可能发生的情形做出约定(达成协议),而任意法规范可以提供某一解决方案,它们是有理智的当事人以合同解决他们之间的争议时通常会采取的。但这种解决方案不是强制性的,它并不妨碍双方当事人为了其特殊需要和利益而做出不同的约定(达成不同的协议)。[1]

第六节　德国民法典的适用范围

在德国,德国民法典的规定原则上可以适用于一切纯国内的民法上的争议。但是,有时会提出到底是适用德国民法典还是适用某一联邦州的民法规范、是否适用在民法典生效之前施行的某一民法规范的问题;在民法上的争议与外国或外国法律体系有联系的情形下,还会提出是否适用外国民法规范的问题。这就是德国民法典的事物适用范围、时间适用范围和空间适用范围问题。解决这些问题的规定包含在自 1900 年 1 月 1 日起施行的德国《民法典施行法》里。

一、事物适用范围

作为德国私法的最主要渊源,德国民法典原则上应适用于各种私法关系,但以

〔1〕 参见[德]卡尔·拉伦茨:《德国民法通论》,王晓晔等译,法律出版社 2003 年版,第 41 ~ 44 页。Vgl. auch Brox/Walker, Allgemeiner Teil des BGB, 43. Aufl. 2019, § 2 Rn. 17 – 18; Köhler, BGB Allgemeiner Teil, 43. Aufl. 2019, § 3 Rn. 22 – 26.

德国民法典的附属性法律（如德国《民法典施行法》第 55 条至第 152 条）或特别私法的特别规定未另有明文规定为限。

作为联邦私法的核心，德国民法典优于与之相抵触的某一联邦州的私法。《德意志联邦共和国基本法》第 31 条规定，"联邦法优于州法"（Bundesrecht bricht Landesrecht）。事实上，由于德国民法典统一了德国私法，各州仅在土地法等少数领域保留了立法管辖权。

二、时间适用范围

在德国民法典已生效 122 年之后的今天，关于在它生效之前已施行的私法是否应适用于在它生效之前产生的法律关系的问题已基本上不再被提出。更多地被提出的是在德国实现统一（1990 年 10 月 3 日）以及德国民法典扩展适用于原民主德国地区之后的时际法律冲突问题。为此，立法者制定了过渡法规定（德国《民法典施行法》第 230 条及以下）。〔1〕 解决时际法律冲突的一项过渡法原则是："后法优于前法"，或称"后法胜前法"（*Lex posterior derogat legi priori.*）。

三、空间适用范围

从空间适用范围上说，德国民法典原则上仅在德意志联邦共和国领土内被适用。

例如，A 在汉堡与来自慕尼黑的 B 订婚；木材经销商 C 在科隆向巴伐利亚森林的林场经营者 D 购买木材；E 在美因河畔法兰克福死亡，其遗产分别由他在美因河畔法兰克福的儿子 F、在斯图加特的儿子 G 和在不来梅的儿子 H 继承。在所有这些纯国内的民法案件中，如果受诉法院在德国，那么德国法官只需适用德国民法典即可。

然而，在私法关系含有外国因素（国际性因素），即与外国（或外国法律体系）有联系（如当事人的住所位于外国，或当事人具有外国国籍，或合同系在外国缔结或履行）的情形下，有国际裁判管辖权的德国法院必须解决究竟应适用德国法还是适用外国法的问题。换言之，对于与外国（或外国法律体系）有联系的私法关系，德国法官原则上应根据国际条约、欧盟法和德国法的冲突规则（也叫"国际私法规则"或"法律选择规则"）的指定，或者适用作为法院地法的德国法，或者适用某外国法；〔2〕在适用外国法的情形下，有时还需要在与国际性私法关系有联系的此外国法和彼外国法之间做出"法的选择"。

例如，如果女订婚人的住所在法国巴黎，林场经营者 D 的主营业地位于芬兰，

---

〔1〕 参见［德］迪特尔·施瓦布：《民法导论》，郑冲译，法律出版社 2006 年版，第 25 页；［德］卡尔·拉伦茨：《德国民法通论》，王晓晔等译，法律出版社 2003 年版，第 26～28 页。

〔2〕 参见［德］卡尔·拉伦茨：《德国民法通论》，王晓晔等译，法律出版社 2003 年版，第 28～32 页。

被继承人具有英格兰国籍,则当事人之间的私法关系是含有外国因素(国际性因素)的私法关系,它们分别与法国、芬兰、英格兰的法律体系有联系,有国际裁判管辖权的德国法院必须依照作为法院地国家的德国的冲突规则(国际私法规则、法律选择规则)的指定,确定各国际性私法关系所应适用的法律体系(准据法)。[1]

自 1900 年 1 月 1 日起施行的德国《民法典施行法》[2]第 3 条至第 49 条是冲突规则。它们规定对于与外国(或外国法律体系)有联系的私法关系,应适用哪一国家(德国或外国)的法律体系。德国学者的通说认为,国际私法是国内法而不是国际法。世界上有多少个国家,就至少有多少个国际私法体系,于是有德国国际私法、奥地利国际私法、法国国际私法、中国国际私法……而各国国际私法体系彼此各不相同。除此之外,还存在区域性经济一体化组织的国际私法体系,如欧盟国际私法。

在德国《民法典施行法》施行之后相当长的一段时间里,德国国际私法规则基本上是单边冲突规则。1986 年 7 月 25 日通过、自 1986 年 9 月 1 日起施行的《关于重新规定国际私法的法律》[3]对德国国际私法进行了重大改革,使大部分冲突规则变为多边冲突规则,既可能导致外国法律体系的适用,也可能导致德国法律体系的适用。在有国际裁判管辖权的德国法院以作为法院地法的德国法律体系为准据法的情形下,有可能适用德国民法典的相关规定以确定当事人的权利义务;反之,如果有国际裁判管辖权的德国法院以外国法律体系为准据法,则有可能适用外国民法规范。[4]

---

〔1〕 Vgl. Lange, BGB Allgemeiner Teil, 1952, § 10 Ⅲ 1 a.

〔2〕 1896 年 8 月 18 日的德国《民法典施行法》自 1900 年 1 月 1 日生效以来历经多次修正,至今仍是德国国际私法最重要的渊源。关于该法,有两个误解需要予以纠正。其一,我国国际私法学界一般称之为"德国民法施行法",盖受日本和我国台湾地区学者的影响所致,因为日本学者多有称德国民法典为"德国民法"(日文:"ドィッ民法")者,我国台湾地区的学者也是如此。但本书作者认为,该法是专为德国民法典而制定的一部施行法,应根据德文名称还其本来面目,称为《民法典施行法》更为合宜。其二,中国国际私法学界有不少人认为该法就是德国国际私法。其实,该法固然是德国国际私法最重要的渊源,但它不仅规定了私法领域的国际冲突规则(现行文本的国际私法规定是第 3 条至第 49 条,它们取代了 1900 年至 1986 年的旧文本之第 7 条至第 31 条),而且规定了与德国民法典的施行有关的其他方面的规则,如关于民法典的生效日期(第 1 条)、民法典和德国《民法典施行法》所称"法律"的定义(第 2 条)、关于民法典与在其生效时业已存在的帝国法律之间的关系的规则(第 50 条至第 54 条)、关于民法典与各州法律之间的关系的规则(第 55 条至第 152 条)、过渡法(时际私法)规则(第 153 条至第 218 条)等。Vgl. Staudinger – Merten, Kommentar zum BGB mit EGBGB, Art. 1, 2, 50 – 218, Neubearbeitung 2013, Einleitung zu Art. 1 ff. EGBGB, Rn. 1 – 15.

〔3〕 Gesetz zur Neuregelung des IPR (IPRNG) vom 25. 7. 1986 (BGBl. 1986 Ⅰ 1142).

〔4〕 参见陈卫佐:《比较国际私法:涉外民事关系法律适用法的立法、规则和原理的比较研究》,法律出版社 2012 年版,第 8 ~ 12、16 ~ 17、23 ~ 25 页。Vgl. auch Rüthers/Stadler, Allgemeiner Teil des BGB, 18. Aufl. 2014, § 1 Ⅳ Rn. 13 – 17; Bork, Allgemeiner Teil des Bürgerlichen Gesetzbuchs, 4. Aufl. 2016, Rn. 58 – 75; Köhler, BGB Allgemeiner Teil, 43. Aufl. 2019, § 3 Rn. 44 – 49.

第三章　现代民法典编纂的沿革、困境与出路[1]

法典是“经过整理的比较完备、系统的某一类法律的总称”[2]。部门法法典是对某一现行部门法进行编纂而制定出来的比较完备、系统的立法文件,[3]如民法典、商法典、刑法典、民事诉讼法典、刑事诉讼法典和国际私法法典。在现代汉语里,“法典编纂”的字面意义是“将……编纂成法典”。它所对应的英语单词 codification,为英国法学家边沁(1748 ~ 1832 年)所首创。[4] 中国比较法学者在考察了中外关于法典编纂的各种界说(“活动说”“过程说”“目的说”“技术说”等)的基础上,下了这样一个综合性定义:法典编纂是指特定的立法主体依据一定的职权并依照一定的程序,运用一定的立法技术,在整理、改造和完善现有规范性法律文件的基础上,以法典的制定或产生为直接目的的国家最高级别的立法活动。[5] 本书赞同这一综合性定义。按照该定义,法典编纂的结果是法典,它是国家立法机关所通过的制定法的最高形式。因此,诸如“欧洲合同法委员会”(“兰多委员会”)所草拟的《欧洲合同法原则》、[6]“欧洲侵权行为法小组”所草拟的《欧洲侵权行为法原则》[7]和国际统一私法协会(UNIDROIT)所制定的《国际统一私法协会国际商事合

[1] 本章的内容已发表在陈卫佐:《现代民法典编纂的沿革、困境与出路》,载《中国法学》2014 年第 5 期。

[2] 中国社会科学院语言研究所词典编辑室编:《现代汉语词典》(第 7 版),商务印书馆 2016 年版,第 354 页。

[3] 参见《中国大百科全书 · 法学》,中国大百科全书出版社 1984 年版,第 90 页。

[4] 参见徐国栋著译:《比较法视野中的民法典编纂(一)》,北京大学出版社 2007 年版,第 80 ~ 81 页。

[5] 参见封丽霞:《法典编纂论——一个比较法的视角》,清华大学出版社 2002 年版,第 23 页。

[6] Ole Lando & Hugh Beale eds., *Principles of European Contract Law*, Parts Ⅰ and Ⅱ, Kluwer Law International, The Hague 2000; Ole Lando et al. eds., *Principles of European Contract Law*, Part Ⅲ, Kluwer Law International, The Hague 2003.

[7] European Group on Tort Law, *Principles of European Tort Law*, Text and Commentary, Springer, Vienna 2005.

同通则》(1994 年第 1 版、[1] 2004 年第 2 版[2]和 2010 年第 3 版[3])等“软法文件”,只能算作民间的私人法典编纂或非立法机关的准法典编纂,而不属于本书所称法典编纂。美国法律学会对一些法律领域(如代理、法律冲突法、合同、雇佣法、美国对外关系、判决、律师法、财产、恢复原状、保险、保证与担保、侵权、信托和不正当竞争)所进行的“法律重述”(Restatement of the Law)[4]虽然也受到了法典编纂理念的启发,却始终停留在民间团体的作品这一层次上,并不具有法律约束力,因而不是真正意义上的法典编纂。同样,美国法律学会所编纂的供各州参考的一些“示范法典”[5]或“标准法典”也不是正式立法,从而也不属于本书所称法典编纂。[6]

此外,本书所称法典编纂还区别于法规汇编,后者是指按一定顺序把现行法规汇编成册,如 1956 年以来陆续出版的《中华人民共和国法规汇编》。虽然法规汇编也是法律规范系统化的一种方式,但它不是新的立法活动,而只是对现行法规进行外部整理,使之系统化,通常不做任何形式上或内容上的更动。[7]

研究现代民法的法典编纂问题,曾对中国民法典的制定有过重大的理论意义和现实意义。2002 年 12 月 23 日,中国民法典草案被提请第九届全国人大常委会第三十一次会议初次审议。随后,中国民事立法和关于民法法典编纂的理论研究均取得了长足进步。在民事立法方面,全国人大及其常委会先后制定了《中华人民共和国物权法》(已失效)、《中华人民共和国侵权责任法》(已失效)、《中华人民共和国涉外民事关系法律适用法》,加上之前已施行的《中华人民共和国合同法》(已失效)、《中华人民共和国婚姻法》(已失效)、《中华人民共和国收养法》(已失效)、《中华人民共和国继承法》(已失效),重要的民法部门基本上已有了单行法律。在理论研究方面,学者们所争论的主要问题已不再是要不要对中国民法进行法典编

[1] International Institute for the Unification of Private Law (UNIDROIT), *UNIDROIT Principles of International Commercial Contracts*, UNIDROIT, Rome 1994.

[2] International Institute for the Unification of Private Law (UNIDROIT), *UNIDROIT Principles of International Commercial Contracts 2004*, UNIDROIT, Rome 2004; Michael Joachim Bonell, *An International Restatement of Contract Law – The UNIDROIT Principles of International Commercial Contracts*, third edition (Incorporating the UNIDROIT Principles 2004), Kluwer Law International, The Hague 2005; Stefan Vogenauer & Jan Kleinheisterkamp eds., *Commentary on the UNIDROIT Principles of International Commercial Contracts (PICC)*, Oxford University Press, Oxford 2009.

[3] International Institute for the Unification of Private Law (UNIDROIT), *UNIDROIT Principles of International Commercial Contracts* 2010, UNIDROIT, Rome 2010.

[4] See Restatement, in Bryan A. Garner (Editor in Chief), Black's Law Dictionary, ninth edition, Thomson Reuters, St. Paul 2009, p. 1428.

[5] 如 1931 年《示范刑事诉讼法典》、1942 年《示范证据法典》和 1962 年《示范刑法典》。

[6] 参见封丽霞:《法典编纂论——一个比较法的视角》,清华大学出版社 2002 年版,第 134 页以下。

[7] 参见《中国大百科全书·法学》,中国大百科全书出版社 1984 年版,第 90 页。

纂的问题,而更多地集中在制定什么样的民法典以及如何制定民法典的问题上。有学者主张制定一部具有逻辑性和系统性的民法典,而不是“松散式、汇编式”的民法典;[1]也有学者对民法典的体系问题进行了深入研究,指出中国仍处于欠缺民法典的阶段,法典编纂的积极效应尚未得到充分展现,[2]故一味地否定法典编纂的作用或过多地谈论所谓“非法典编纂”显然不合时宜。此外,就中国民法典的起草思路、结构体例和编章设置,不同学者之间还发生了激烈的论争。[3] 现《中华人民共和国民法典》(以下简称中国民法典)已经问世,在这一背景下,本书作者研究现代民法的法典编纂之历史沿革、困难处境和未来出路的根本目的,在于更好地服务于中国相关民商事法律的制定,以便为日益复杂的私法关系和日益频繁的民商事往来提供可靠的行动指南和行之有效的规则体系。

在内容上,本章首先回顾了从 18 世纪末 19 世纪初一直延续到 21 世纪初的近现代民法法典编纂运动的发展历程,然后讨论现代民法法典编纂陷入困境的主要表现,特别是现代民法的“非法典编纂”现象,并分析使现代民法法典编纂陷入困境的深层次的主要原因。作者指出,现代民法的法典编纂具有摆脱困境的现实可能性。要想使现代民法的法典编纂有前途,就必须实现法典编纂理念的现代化;为此,有必要认真地重新考虑法典编纂最初所具有的一些理念和目标。最后,在概括现代民法法典编纂向前发展的主要途径的基础上,作者结合 21 世纪民法法典编纂的新趋向,对中国民法法典编纂的前景进行了展望。

第一节　近现代民法法典编纂运动之沿革

一、21 世纪之前欧洲大陆国家的民法法典编纂运动

法典编纂理念起源于 17 世纪晚期和 18 世纪的欧洲大陆国家的法学,并在推崇理性的启蒙运动中发展到了顶峰。[4] 近现代民法法典编纂运动发轫于 18 世纪末、19 世纪初的欧洲大陆,并一直延续到 21 世纪的今天。在 21 世纪之前的欧洲大陆国家,这一法典编纂运动先后经历了三次法典编纂浪潮。

---

〔1〕 参见梁慧星:《中国民事立法评说:民法典、物权法、侵权责任法》,法律出版社 2010 年版,第 15 页。

〔2〕 参见王利明:《民法典体系研究》,中国人民大学出版社 2008 年版,第 708 页。

〔3〕 参见梁慧星:《中国民事立法评说:民法典、物权法、侵权责任法》,法律出版社 2010 年版,第 10 页以下;徐国栋编:《中国民法典起草思路论战:世界民法典编纂史上的第四大论战》,中国政法大学出版社 2001 年版;王卫国主编:《中国民法典论坛(2002—2005)》,中国政法大学出版社 2006 年版。

〔4〕 See Nils Jansen, *European Civil Code*, in Jan M. Smits (ed.), Elgar Encyclopedia of Comparative Law, Edward Elgar Publishing, 2006, p. 247 – 258.

（一）第一次法典编纂浪潮

掀起欧洲大陆第一次法典编纂浪潮的是三部"理性法"法典：1794 年《普鲁士诸邦一般邦法》、1804 年的法国《民法典》和奥地利 1811 年的《一般民法典》。这三部法典均深受自然法理念的影响。按照自然法理念，为了实施全面、综合的社会改革计划并奠定新社会的基础，立法者必须借助于国家立法活动使整个法律领域的规则完备化、系统化和逻辑化，而不能仅限于重述已有的法律规则。[1] 然而，欧洲大陆的民法法典编纂运动在拿破仑统治结束后遇到了挫折。在 19 世纪初的德国，在海德堡大学教授蒂博和历史法学派创始人兼代表人物萨维尼之间发生了著名的民法法典编纂论战。两派观点针锋相对、各不相让。蒂博在极力主张制定德意志诸邦的统一民法典的同时，鼓吹法典编纂对于法律统一和简单化的种种好处。而萨维尼则在其发表于 1814 年的著名纲领性论著《论立法与法学的当代使命》中，强烈地反驳了蒂博的观点。萨维尼认为，法典编纂是对法的历史特性及法的发展的任意、武断和"非有机"的干涉。虽然他并不否认法典编纂对于法律统一的作用，但认为法律统一必须以法的"有机的"趋同以及"有机地"渐进成长的法学为基础。这场关于制定统一民法典的论战最终以萨维尼和他所代表的历史法学派的胜利而告终。然而，历史法学派的兴起并不是延缓 19 世纪欧洲大陆民法法典编纂运动进程的唯一原因。使这一法典编纂运动速度放慢的，主要还是政治上的原因：当时的德国、瑞士和意大利均未实现国家的统一，而复辟后重返政治舞台的统治者则认为法典编纂是对其统治合法性的一种威胁。[2]

（二）第二次法典编纂浪潮

由于上述原因，直到 19 世纪中叶，欧洲大陆的民法法典编纂运动才迎来了第二次浪潮。这一时期制定的民法典多与民族国家的建立密切相关，具体表现在它们都特别注重法典编纂对于民族国家的法律统一的作用，甚至以民族国家的法律统一作为法典编纂的主要目标。

1. 意大利《民法典》、德国民法典和瑞士《民法典》的问世。意大利于 1865 年制定了其历史上第一部民法典。它在结构、语言和立法技术方面均仿效了法国《民法典》。[3] 德国和瑞士因欠缺在联邦层面对私法事项的立法管辖权而不得不采取分

---

〔1〕 See Helmut Coing, *An Intellectual History of European Codification in the Eighteenth and Nineteenth Centuries*, in S. J. Stoljar ed., Problems of Codification, The Australian National University, 1977, p. 16 – 33.

〔2〕 Vgl. Jan Peter Schmidt, Kodifikation, in: Jürgen Basedow/Klaus J. Hopt/Reinhard Zimmermann (Hrsg.), Handwörterbuch des Europäischen Privatrechts, Mohr Siebeck, Tübingen 2009, S. 986 – 990.

〔3〕 Vgl. Filippo Ranieri, Codice civile, in: Jürgen Basedow/Klaus J. Hopt/Reinhard Zimmermann (Hrsg.), Handwörterbuch des Europäischen Privatrechts, Mohr Siebeck, Tübingen 2009, S. 267 – 272.

步走的做法。在德国民法典施行之前的数百年时间里，德意志诸邦曾经有过施行于各邦领土内的不同私法。直到1871年，当德意志第二帝国成立时，制定全德国统一的民法典的立法前提才得以具备。1873年，帝国最终获得了对整个民法领域的立法管辖权。始于1874年的法典编纂工作的最终结果是1896年7月1日为帝国议会所通过、1896年7月14日获得联邦参议院同意[1]的全国统一的民法典，自1900年1月1日起施行。[2] 瑞士于1881年制定了《债法典》，自1883年1月1日起施行。全国统一的瑞士《民法典》由胡贝尔(1849~1923年)负责起草，于1907年12月10日获得通过，自1912年1月1日起施行。而新的《债法典》则因1911年3月30日《关于补充民法典的联邦法律》而成为瑞士《民法典》第五编，并与瑞士《民法典》一起自1912年1月1日起施行。与德国民法典不同的是，瑞士《民法典》采取民商合一的立法体例。[3] 由于在法典获得通过之前进行了长期、充分的理论准备和深入、细密的学术研究，德国民法典和瑞士《民法典》各自成为它们所代表的法典编纂类型中最为成熟的立法成果。它们和法国《民法典》、奥地利《一般民法典》一样，在全球范围内享有盛誉，并获得了许多国家的认可和继受。[4]

2. 其他欧洲大陆国家在19世纪所制定的民法典。19世纪欧洲大陆的其他国家所制定的民法典并不能泾渭分明地归入第一次和第二次法典编纂浪潮，但它们在内容上都深受法国《民法典》的影响。[5] 这方面的例子有1838年的荷兰《民法典》、1864年的罗马尼亚历史上第一部民法典、1867年的葡萄牙历史上第一部民法典，以及1889年的西班牙《民法典》。[6]

(三)第三次法典编纂浪潮

欧洲大陆的第三次法典编纂浪潮开始于20世纪20年代的苏联和东欧社会主

---

[1] Voir Code civil allemand, Traduction commentée par G. Lardeux, R. Legeais, M. Pédamon et C. Witz, Dolloz, Paris 2010, p. 9.

[2] 德国民法典于1896年8月18日由德意志帝国皇帝威廉二世签署，1896年8月24日公布于《帝国法律公报》。Vgl. BGBl. 1896, 195 ff.

[3] 参见谢怀栻：《大陆法国家民法典研究》，载《谢怀栻法学文选》，中国法制出版社2002年版，第425页以下。

[4] 例如，瑞士《民法典》影响了1926年的土耳其《民法典》，而德国民法典则影响了1916年的巴西《民法典》、1929年至1930年公布的中华民国《民法》和1940年公布、1946年生效的希腊《民法典》。此外，1896年和1898年颁布的日本《民法》(自1898年7月16日起施行)受到了德国民法典(主要是其第一草案)和法国《民法典》的影响，而1907年通过、1912年生效的瑞士《民法典》本身也受到了德国民法典的影响。最后，奥地利于1914年至1916年修改了其《一般民法典》，以便将德国民法典所体现的一些理念纳入奥地利《一般民法典》中。See E. J. Cohn, *Manual of German Law*, Volume Ⅰ, Second Edition, The British Instiute of International and Comparative Law, 1968, p. 25 - 26.

[5] 参见王云霞：《近代欧洲的法典编纂运动》，载《华东政法学院学报》2006年第2期。

[6] See Reinhard Zimmermann, *Codification: History and Present Significance of an Idea*, in European Review of Private Law, 1995, Issue 3, p. 95 - 120. 另见[美]艾伦·沃森：《民法法系的演变及形成》，李静冰、姚新华译，中国政法大学出版社1992年版，第157页以下。

义国家。历史上第一部社会主义民法典——《苏俄民法典》于 1922 年 10 月 31 日公布，自 1923 年 1 月 1 日起施行。后来，苏联最高苏维埃于 1961 年 12 月 8 日通过了《苏联和各加盟共和国民事立法纲要》(1962 年 5 月 1 日生效)，于 1964 年 6 月 11 日制定了新的《苏俄民法典》(自 1964 年 10 月 1 日起施行)。[1] 苏联各加盟共和国和东欧社会主义国家也相继制定了民法典，如 1950 年和 1964 年的捷克斯洛伐克《民法典》、1959 年的匈牙利《民法典》、1964 年的采取民商合一的立法体例的波兰《民法典》、1975 年 6 月 19 日的《德意志民主共和国民法典》(自 1976 年 1 月 1 日起施行)以及 1981 年的阿尔巴尼亚《民法典》。[2] 苏联解体后，这些民法典或者被新制定的民法典所替代，如《俄罗斯联邦民法典》第 1 编和第 2 编、[3] 1994 年 7 月 29 日的阿尔巴尼亚《新民法典》(第 7850 号法律)，或者被加以根本性的修订。

在 20 世纪，一些西欧国家也纷纷修改或重新制定了各自的民法典，借以取代旧民法典，其例子如 1942 年的意大利新《民法典》、1966 年的葡萄牙新《民法典》，[4] 以及荷兰《民法典》始于 1947 年、直到新《民法典》的财产法核心部分[5]于 1992 年 1 月 1 日生效时才告一段落的再编纂努力。其中，意大利新《民法典》和荷兰新《民法典》均采取民商合一的立法体例。在北欧的斯堪的纳维亚国家(瑞典、丹麦、挪威、芬兰和冰岛)，法典编纂理念也被民法学者们所接受。尽管完备的民法典未曾在这些国家问世，却在区域层面上出现了某些法律部门的局部编纂和法律统一，如统一的斯堪的纳维亚动产买卖法和《关于财产法领域的合同和其他法律行为的法律》。[6]

---

[1] See F. J. M. Feldbrugge ed., *Encyclopedia of Soviet Law*, A. W. Sijthoff International Publishing Company, Leiden 1973, p. 114.

[2] 参见[匈]哈姆札(Gábor Hamza):《民法典编纂的历史回顾及其在匈牙利的最新发展》，载张礼洪、高富平主编:《民法法典化、解法典化和反法典化》，中国政法大学出版社 2008 年版，第 254 页以下。

[3] 《俄罗斯联邦民法典》采取民商合一的立法体例，其第 1 编的内容包括一般规定、所有权和其他物权、债法总则，于 1994 年 11 月 30 日通过，1995 年 1 月 1 日生效；第 2 编的内容包括合同之债、侵权行为法和不当得利法，于 1996 年 1 月 26 日通过，1996 年 3 月 1 日生效。See Jürgen Basedow et al. eds., *The Max Planck Encyclopedia of European Private Law*, Volume Ⅱ, Oxford University Press, Oxford 2012, p. 1491 – 1495; William E. Butler (translated and edited by), Civil Code of the Russian Federation, Wildy, Simmonds & Hill Publishing, London 2010, p. 3, 154.

[4] Vgl. Jan Peter Schmidt, a. a. O., S. 987 – 988.

[5] 也就是关于财产和财产性权益的第 3 编、关于物权的第 5 编、关于债法总则的第 6 编，以及关于买卖、互易、委托、寄存和保证等合同的第 7 编部分章节。

[6] See K. Zweigert & H. Kötz, *An Introduction to Comparative Law*, third edition, translated by Tony Weir, Oxford University Press, Oxford 1998, p. 276 – 285.

二、21世纪之前世界其他地区的民法法典编纂运动

（一）欧洲大陆以外的其他大陆法国家的民法法典编纂运动

1. 拉丁美洲的民法法典编纂运动。欧洲大陆的民法法典编纂运动在前欧洲殖民地拉丁美洲留下了深刻的印记。18世纪上半叶，一些拉丁美洲国家（地区）一度让1804年法国《民法典》的西班牙文译本直接在本国（地区）施行，包括墨西哥瓦哈卡州（1827年）、玻利维亚（1830年）和秘鲁（1836年），后为哥斯达黎加（1841年）所复制；法国《民法典》还曾施行于多米尼加共和国（1844年）。1852年的秘鲁历史上第一部《民法典》、1855年的智利《民法典》、1869年的阿根廷《民法典》和1916年的巴西《民法典》均受到了罗马法的影响。[1] 在20世纪，1976年的玻利维亚新《民法典》、1984年的秘鲁新《民法典》和1985年的巴拉圭新《民法典》均深受1942年的意大利《民法典》的影响。其中，秘鲁新《民法典》还部分地借鉴了德国民法典、荷兰《民法典》、葡萄牙《民法典》、瑞士《民法典》和瑞士《债法典》。[2]

2. 伊斯兰国家的民法法典编纂运动。欧洲大陆的民法法典编纂运动在伊斯兰国家也留下了痕迹。埃及于19世纪下半叶制定了深受法国《民法典》影响的《混合民法典》（1875年）和《土著民法典》（1883年）。它们一直施行至1948年的埃及《民法典》于1949年10月15日生效。1928年至1935年制定的伊朗《民法典》主要受伊斯兰法影响，而1926年的土耳其《民法典》则继受了瑞士《民法典》。第二次世界大战结束后，埃及《民法典》（第131/1948号法律）除受传统的伊斯兰法影响外，在侵权行为法方面受法国法的影响，在意思表示的客观说方面则受德国法的影响。埃及《民法典》本身又成为10余个阿拉伯国家制定民法典时所采用的范本，如叙利亚《民法典》（1949年）、利比亚《民法典》（1953年）、阿尔及利亚《民法典》（1975年）、索马里《民法典》（1973年）、伊拉克《民法典》（1951年）、约旦《民法典》（1976年）、阿富汗《民法典》（1977年）、科威特《民法典》（1980年）和阿拉伯联合酋长国《民法典》（1985年）。[3]

3. 东亚国家的民法法典编纂运动。民法法典编纂运动也延伸到了东亚的日本、韩国和中国。1896年和1898年颁布的日本《民法》（自1898年7月16日起施行）受到了德国民法典和法国《民法典》的影响。一方面，日本《民法》的总则编、物权

---

〔1〕参见徐国栋著译：《比较法视野中的民法典编纂（一）》，北京大学出版社2007年版，第220页以下。

〔2〕Vgl. Jan Kleinheisterkamp, Ausstrahlung des europäischen Privatrechts in lateinamerikanische Rechtsordnungen, in: Jürgen Basedow/Klaus J. Hopt/Reinhard Zimmermann (Hrsg.), Handwörterbuch des Europäischen Privatrechts, Mohr Siebeck, Tübingen 2009, S. 159 – 162.

〔3〕Vgl. Nadjma Yassari, Ausstrahlung des europäischen Privatrechts auf islamische Länder, in: Jürgen Basedow/Klaus J. Hopt/Reinhard Zimmermann (Hrsg.), Handwörterbuch des Europäischen Privatrechts, Mohr Siebeck, Tübingen: 2009, S. 150 – 155.

编、债权编以及第二次世界大战后进行法律改革(1947年)之前的亲属编和继承编[1]主要以1888年公布的德国民法典第一草案为范本。另一方面,法国《民法典》也对日本《民法》产生了影响。[2] 韩国于1958年2月22日颁布了《民法典》,自1960年1月1日起施行。它是第二次世界大战后韩国在民法的法典编纂方面主要继受德国法的结果,[3]采五编制,即总则、物权、债权、亲属和继承。

中国近代民法法典编纂运动始于20世纪初清末所实行的法制改革,其标志是完成于1911年的中国历史上第一部民法典草案——《大清民律草案》。[4] 1929年至1930年制定公布的中国历史上第一部民法典——中华民国《民法》采取了德国民法典的五编制,即总则、债、物权、亲属和继承。中华民国《民法》参照了德国民法典、日本《民法》、1899年的日本《商法典》、瑞士《民法典》、瑞士《债法典》、《苏俄民法典》、[5]1924年的暹罗(泰国)《民商法典》、1926年的土耳其《民法典》、1926年的土耳其《债法典》以及1916年的巴西《民法典》[6]等。

(二)普通法国家的民法法典编纂运动

法典编纂理念在普通法国家也得到了一定程度的响应。这在很大程度上可归因于边沁的个人影响力。边沁及其追随者指摘普通法传统是陈旧、不系统和难以为非专业人士所获知的。对他们来说,法典编纂可谓是对普通法传统的完美补救。然而,除英国2006年《公司法》等极少数晚近的制定法的例外情形以外,法典编纂的倡导者在英国一次又一次地遭到了挫败。[7] 这方面的一个显著例子是20世纪60年代英国制定"合同法典"计划的落空。

---

[1] 参见《日本民法典》,王书江译,中国法制出版社2000年版,第1~3页。

[2] 日本民事诉讼法学家石川明教授指出,日本《民法》在单个问题上的一定的法国色彩是不容否认的。例如,日本《民法》总则编关于时效的规定就仿效了法国《民法典》的相关规定。日本《民法》在系统地区分物权法与债权法的情况下,在物权法上的权利变动方面仿效法国《民法典》,采取当事人合意原则和权利变动只有交付或在土地登记簿上登记才能对抗第三人的原则。在侵权行为法领域,日本《民法》(第709条)不采德国的列举原则(德国民法典第823条第1款、第2款,第826条),而采法国的一般条款原则(法国《民法典》第1382条)。参见[日]石川明:《德国民法典对日本民法及民法学的影响》,陈卫佐译,载易继明主编:《私法》(第1辑第2卷),北京大学出版社2002年版,第347页以下。

[3] 参见[韩]崔秉祚:《韩国继受德国民法问题研究》,倪宁军译,载范健、邵建东、戴奎生主编:《中德法律继受与法典编纂:第四届费彝民法学论坛文集》,法律出版社2000年版,第45页。

[4] 参见余能斌主编:《民法典专题研究》,武汉大学出版社2004年版,第4~5页。

[5] 20世纪中国著名民法学家、国际私法学家梅仲协先生曾经指出:"现行民法,采德国立法例者,十之六七,瑞士立法例者,十之三四,而法日苏联之成规,亦尝撷取一二,集现代各国民法之精英,而弃其糟粕,诚巨制也。"参见梅仲协:《民法要义》,中国政法大学出版社1998年版。

[6] Vgl. Knut B. Pißler, Ausstrahlung des europäischen Privatrechts ins chinesische Recht, in: Jürgen Basedow/Klaus J. Hopt/Reinhard Zimmermann (Hrsg.), Handwörterbuch des Europäischen Privatrechts, Mohr Siebeck, Tübingen 2009, S. 147-150.

[7] 参见封丽霞:《法典编纂论——一个比较法的视角》,清华大学出版社2002年版,第114页。

相比之下,法典编纂运动在美国和加拿大则要成功一些。作为法国和西班牙前殖民地的美国路易斯安那州,长期植根于大陆法传统,早在1808年即已制定出一部民法典。类似地,加拿大魁北克省也具有明显的大陆法传统,并先后于1866年制定了魁北克历史上第一部民法典,于1991年12月18日通过了魁北克新民法典(自1994年1月1日起施行)。[1] 在19世纪中叶,对法律进行简单化和系统化的愿望在美国除路易斯安那州以外的其他各州即已相当强烈。美国法典编纂运动的领导者是纽约州律师菲尔德(1805~1894年)。他起草了几部实体法法典(包括刑法典、政治法典、民法典)和程序法法典(包括民事诉讼法典、刑事诉讼法典)。其中影响最大的是他所起草的民事诉讼法典,它于1848年被纽约州立法机关通过并成为其他许多州的样板。[2] 但他所起草的民法典草案远没有那么成功:它多次被纽约州立法机关拒绝,而只得到了其他一些州的部分接受。在20世纪,美国对有限的、在经济上却极其重要的商法领域的规则进行了系统化,制定出了《统一商法典》,但后者在本质上只是一部"示范法典",须经各州接受并实施才能成为有法律约束力的立法文件。[3]

三、21世纪初的民法法典编纂运动

时至今日,开始于18世纪末19世纪初的近现代民法法典编纂运动仍未停止其脚步,表现在不断有国家制定新的民法典或对其民法典进行再编纂,如2000年7月18日的立陶宛新《民法典》(自2001年7月1日起施行)、2001年11月22日的土耳其新《民法典》(自2002年1月1日起施行)、《俄罗斯联邦民法典》第3编和第4编、[4]2002年1月10日的蒙古国《民法典》(自2002年9月1日起施行)、2002年1月10日的巴西新《民法典》(自2003年1月11日起施行)、2002年4月10日公布的也门《民法典》(第14/2002号法律)、2002年6月6日的摩尔多瓦《民法典》(自2003年6月12日起施行)、2003年1月16日的乌克兰新《民法典》(自2004年1月1日起施行)、2004年6月30日的卡塔尔《民法典》(第22/2004号法律)、2005年6月14日的越南新《民法典》(自2006年1月1日起施行)、2005年6月24日的厄瓜

---

[1] 参见《魁北克民法典》,孙建江、郭站红、朱亚芬译,中国人民大学出版社2005年版,"导读"第1页以下。

[2] 参见封丽霞:《法典编纂论——一个比较法的视角》,清华大学出版社2002年版,第183页以下。

[3] See Nils Jansen, *European Civil Code*, in Jan M. Smits ed., Elgar Encyclopedia of Comparative Law, Edward Elgar Publishing, 2006, p. 247-258.

[4] 《俄罗斯联邦民法典》第3编的内容包括继承法和国际私法,于2001年11月26日通过,2002年3月1日生效;第4编全面规定了知识产权法,于2006年12月18日通过,2008年1月1日生效。See Jürgen Basedow et al. eds., *The Max Planck Encyclopedia of European Private Law*, Volume Ⅱ, Oxford University Press, Oxford 2012, p. 1491-1495; William E. Butler (translated and edited by), Civil Code of the Russian Federation, Wildy, Simmonds & Hill Publishing, 2010, p. 357, 397.

多尔《民法典》(2005 年 12 月 20 日修订)、自 2011 年 10 月 1 日起施行的采取民商合一的立法体例的罗马尼亚新《民法典》、[1]荷兰新《民法典》第十编、[2]2011 年 5 月 31 日的柬埔寨新《民法典》(自 2011 年 11 月 30 日起施行)、2012 年 2 月 3 日的捷克共和国新《民法典》(第 89/2012 号法律,自 2014 年 1 月 1 日起施行)、[3]2013 年 5 月 6 日公布的阿曼《民法典》(第 29/2013 号苏丹令),以及 2013 年 2 月 11 日的匈牙利新《民法典》(自 2014 年 3 月 15 日起施行)[4]等。

第二节　现代民法法典编纂的困境

尽管世界范围内历时 200 余年的民法法典编纂运动仍在继续进行中,但自 20 世纪中叶以来,民法法典编纂却陷入了前所未有的困境。

一、现代民法法典编纂陷入困境的主要表现

20 世纪下半叶,西方民法学界发生了一场关于法典编纂理念是否出现了危机以及法典编纂运动到底应何去何从的讨论。民法、比较法、罗马法、法律史等领域的学者对此进行了长期、广泛和深入的研究,取得了一批有影响的研究成果。有学者主张对现代民法进行"再法典编纂"(recodification),也有学者认为民法的法典编纂在当代已经走到了尽头。意大利民法学者、罗马大学教授伊尔蒂(Natalino Irti, 1936 年～　)则独树一帜地提出了"非法典编纂"(decodification)理论。[5] 他于

[1] 罗马尼亚新《民法典》于 2009 年 7 月 17 日通过(第 287/2009 号法律),2009 年 7 月 24 日公布于《罗马尼亚官方公报》,因 2011 年 6 月 3 日的第 71/2011 号法律(2011 年 6 月 10 日公布于《罗马尼亚官方公报》)而被实施,于 2011 年 7 月 15 日重新公布于《罗马尼亚官方公报》,自 2011 年 10 月 1 日起施行。Voir Loi n° 287/2009 concernant le Nouveau Code Civil, Journal Officiel de la Roumanie n° 511 du 24 juillet 2009; Loi n° 71/2011 pour la mise en application de la loi n° 287/2009 concernant le Nouveau Code Civil, Journal Officiel de la Roumanie n° 409 du 10 juin 2011; Nouveau Code civil roumain republié dans le Journal Officiel de la Roumanie n° 505 du 15 juillet 2011. Traduction française du Livre Ⅶ parue dans Revue critique de droit international privé, 2012, p. 459 – 480.

[2] 荷兰《新民法典》第十编的内容为国际私法,于 2011 年 5 月 19 日通过,2012 年 1 月 1 日生效。

[3] 具体内容,可参见官方网站:https://www. bergmann – aktuell. de/news/neues – zivilgesetzbuch – in – kraft。

[4] 具体内容,可参见官方网站:https://www. bergmann – aktuell. de/news/2014 – neues – zivilgesetzbuch – in – ungarn。

[5] 关于伊尔蒂的"非法典编纂"理论的主要观点,详见张礼洪:《民法典的分解现象和中国民法典的制定》,载《法学》2006 年第 5 期。

1978 年发表了《非法典编纂时代》一文,[1]次年又以《非法典编纂时代》为书名出版了一部专著,到 1999 年已出版至第四版。[2] 学者所争论的核心问题是:在现代社会,法典编纂是否仍然是适当和可能的立法形式? 围绕着这一问题,以伊尔蒂为代表的法典编纂反对者,描述了在世界范围内所有已进行了民法的法典编纂的法律体系里所不难观察得到的"非法典编纂"现象,从而断定现代民法的法典编纂陷入了困难的处境。除此之外,现代国家的宪法对民法法典编纂所施加的直接影响、司法判例对现代民法典的不足所起到的巨大补充作用,以及国际条约和诸如欧盟法等"超国家法"对现代各国民法典的传统适用范围的挤占,均可表明现代民法法典编纂陷入了困难的处境。

(一)现代民法的"非法典编纂"现象

伊尔蒂指出,历史上那些早期的民法典(包括 1865 年的意大利《民法典》和其他制定于 19 世纪的民法典)多以完备、全面和系统地调整民法关系和创制民法规则为主要目的,因而特别强调民法典的完备性和系统性特征。早期民法典的起草人和立法者甚至认为,只需在民法典里尽可能详尽地规定各项民法原则、规则和制度,辅之以类推制度的运用,民法典就可以为任何民事争议提供解决办法,"成为调整市民生活和保障民事权利的系统性宪章"(伊尔蒂语)。[3] 他们相信,每一个民法问题均可在民法典里找到答案(甚至是独一无二的答案);相应地,法官的自由裁量权应尽可能地受到约束。[4] 在实践中,早期民法典的概括性条款和一般性原则较少被动用。在这一时期,民法领域的特别制定法即使有,也为数不多,且往往仅限于补充性地调整为民法典所不能充分调整的民法关系。

第二次世界大战期间,国家对社会经济生活的干预有所加强。为了及时、有效地调整民法关系并满足社会经济生活的新需要,国家制定了大量民事特别法律,其数量不断增加,就连追求私法统一和民商合一的 1942 年意大利《民法典》也不得不容许诸多民事特别法律在民法典之外存在。[5] 民法典遂被为数众多的民事特别法律所包围。一般地说,作为"一般法"的民法典须让位于作为"特别法"的民事特别法律,后者的指导原则常常不同于民法典的一般性原则或规则,所追求的特别社会

---

〔1〕 Natalino Irti, L'età della decodificazione, in: Diritto e società, 1978, p.613 et seq.

〔2〕 Natalino Irti, L'età della decodificazione, A. Giuffrè Editore, Milano 1979; quarta edizione, A. Giuffrè Editore, Milano 1999.

〔3〕 N. Irti, L'età della decodificazione venti anni dopo, Milano, 1998, 25. 转引自张礼洪:《民法典的分解现象和中国民法典的制定》,载《法学》2006 年第 5 期。

〔4〕 See Helmut Coing, *An Intellectual History of European Codification in the Eighteenth and Nineteenth Centuries*, in S. J. Stoljar ed., Problems of Codification, The Australian National University, Canberra 1977, p.22.

〔5〕 参见费安玲:《1942 年意大利民法典之探研》,载梁慧星主编:《民商法论丛》第 10 卷,法律出版社 1998 年版,第 491 页以下。

目标也常常与民法典的基本哲学格格不入,且在制定的过程中常常使用不同于民法典的法律术语。这方面的例子尤可见于现代消费者保护法和劳动法领域。伊尔蒂及其支持者曾经预言,这些民事特别法律将一步一步地取代民法典,并使民法典变成仅在民事特别法律不另有规定的情形下才会被适用的"剩余法律"。[1] 这就是现代民法的"非法典编纂"现象。[2]

以德国民法为例,自 1900 年 1 月 1 日以来,德国民法典一直是德国民法最重要的法源,其基本结构迄今没有改变。但是,自 20 世纪 30 年代以来,德国立法者通过民事特别法律多次对德国民法典进行了修改,使之不断被现代化。

现代民法的上述"非法典编纂"现象使得民法典与民事特别法律的关系问题面临着严峻的挑战,以至于有学者认为这是当今社会所有民法典所面临的最大问题。[3]

(二)宪法对现代民法法典编纂所施加的直接影响

在现代社会,宪法担负起了保障公民基本权利和创设社会基本价值的任务,从而对民法产生了重要的直接影响,使现代民法典的功能有所限缩。一方面,现代国家的宪法关于保护公民基本权利的制度,以及关于民事主体人身自由不受侵犯、私人所有权不受侵犯、"在法律面前人人平等"等原先属于民法基本原则范畴的事项的规定,使传统民法典的一些基本原则被提升到了宪法高度或被宪法所抽取和吸收。另一方面,传统民法典原有的一些不尊重民事主体基本权利的不自由、不平等的民法制度或条款则因与现代宪法相抵触而被取缔或废止。在现代社会,民法典已基本上丧失了其在 19 世纪所一度拥有的宪法性价值,[4] 也不再承担宪法性功能。

例如,1947 年 12 月 27 日的《意大利共和国宪法》(1948 年 1 月 1 日生效)强调了"个人和社会并重"的立法理念。其第 42 条第 2 款规定:"法律承认并保障私人所有权,同时基于保障其社会功能并使之能为一切人所获得的目的,法律规定私人所有权的取得方式、享有方式以及限度。" 第 41 条第 2 款规定:"私人经济活动的进行不得与社会利益相抵触或采取有损于安全、自由或人类尊严的方式。"同条第 3 款规定:"法律应规定适当的计划和控制,以便引导和协调公共和私人经济活动朝

---

〔1〕 See Hein Kötz, *Taking Civil Codes Less Seriously*, in The Modern Law Review, Vol. 50 (1987), No. 1, p. 13.

〔2〕 事实上,在现代商法领域也同样存在明显的"非法典编纂"现象。以法国《商法典》为例,到法国于 2000 年 9 月 18 日颁布关于修正《商法典》的法令时,1807 年 9 月 15 日生效的法国《商法典》最初的 648 个条文仅剩下 150 个条文。一些商法事项完全由商法典以外的其他制定法(如关于商事公司、反不正当竞争和破产的单行法律)调整。此外,还存在大量商事特别法规。参见石佳友:《民法法典化的方法论问题研究》,法律出版社 2007 年版,第 21 页。

〔3〕 参见谢鸿飞:《民法典与特别民法关系的建构》,载《中国社会科学》2013 年第 2 期。

〔4〕 参见张礼洪:《民法典的分解现象和中国民法典的制定》,载《法学》2006 年第 5 期。

着社会目标前进。"[1]又如,在德国民法上,对物的支配权被称为"物权"。其中最完全、最充分的物权是所有权。在不与法律或第三人的权利相抵触的限度内,物的所有人可以随意处置其物,并排除他人的一切干涉(德国民法典第903条第1句)。在这里,德国民法典第903条第1句所规定的所有权权能受制于1949年5月23日颁布并于次日零点整生效的《德意志联邦共和国基本法》第14条第2款,后者规定:"所有权使人担负义务。所有权的行使应当同时有利于公共福祉。"[2]再如,在土耳其新《民法典》于2002年1月1日生效之前,土耳其宪法法院已宣布旧民法典的部分家庭法条文违宪,使得这些条文先后于1988年5月、1990年11月和1997年5月被修正;新民法典生效后,土耳其宪法法院又通过其裁判对新民法典进行了小范围的修正。[3]

(三)司法判例对现代民法典的不足所起到的巨大补充作用

在现代各国,社会、经济和技术日新月异的发展所引发的新问题、新现象和新情势,使许多民法上的关键问题已不再能够在民法典里找到令人满意的答案,却经常可以在法院的司法判例中找到解决办法。以法国为例,自19世纪末以来,司法判例对法国民法典的补充作用越来越突出。法国最高法院在其民事裁判活动中对法国民法典的诸多规定进行了解释,[4]由此发展出了一系列司法判例规则。在侵权行为法领域,司法判例规则在数量上大大超越了法国《民法典》的相关规定,在内容上则对后者进行了补充,致使法国《民法典》关于侵权行为法的为数不多的几个条文(第1382条至第1386条)在实践中几乎没有发挥过重要作用。在合同法领域也同样存在类似现象,以至于有法国学者指出:"可以毫不夸张地说,当代法国合同法的绝大部分是由判例法组成的。"[5]与法国相仿,荷兰法院也十分重视司法判例对荷兰《民法典》的补充作用,甚至越来越多地将民法领域的司法判例规则视为民法法源。[6]

(四)国际条约和诸如欧盟法等"超国家法"对民法典传统适用范围的挤占

现代各国民法法典编纂的"竞争对手"还来自国境之外。国际条约(特别是多边的统一实体私法公约)和欧盟的"超国家法"(如欧盟的"规则"和"指令")越来越

---

[1] 《世界各国宪法》编辑委员会编译:《世界各国宪法·欧洲卷》,中国检察出版社2012年版,第749页。

[2] Grundgesetz für die Bundesrepublik Deutschland, Deutscher Bundestag, Berlin 2010, S. 23.

[3] Vgl. Bergmann/Ferid/Henrich, Internationales Ehe – und Kindschaftsrecht, Frankfurt am Main: Verlag für Standesamtswesen, Türkei (Stand: 15. 1. 2014), S. 17.

[4] 参见石佳友:《民法法典化的方法论问题研究》,法律出版社2007年版,第42页以下。

[5] [法]法热(Bertrand Fages):《法国法典化的经验》,载张礼洪、高富平主编:《民法法典化、解法典化和反法典化》,中国政法大学出版社2008年版,第229页。

[6] Vgl. Wolfgang Mincke, Einführung in das niederländische Recht, Verlag C. H. Beck, München 2002, Rn. 11.

多地涉足民法的核心领域,从而越来越多地挤占了民法典的传统适用范围。[1] 以德国为例,国际条约的民法规范必须经由转换性法律转换成德国国内法(《德意志联邦共和国基本法》第59条第2款)。1980年4月11日订于维也纳、1991年1月1日对德国生效的《联合国国际货物销售合同公约》已成为德国民法的一部分,且在国际性动产买卖领域优先于德国民法典第433条及以下关于买卖合同的规定。此外,欧盟法,特别是欧盟的"规则""指令",也越来越成为德国民法的重要法源。其中,欧盟的"规则"可以直接适用于各成员国境内;欧盟的"指令"则不能直接为各成员国所适用,而需要转化为各成员国的国内法。在民法领域,随着欧盟为数众多的"指令"(特别是关于消费者保护的"指令")被转化为德国国内法,德国民法典的语言和立法技术也越来越多地被打上了欧盟立法者的印记。在欧盟层面,第2011/83/EU号"消费者权利指令"已取代了之前的"上门交易指令"和"异地交易指令",使2002年1月1日德国债法现代化时所施行的一些条文又被德国立法者重新制定(修正、废止和增加)。德国民法典自2014年6月13日起施行的新文本之第312条及以下关于消费者与经营者之间的合同(消费者合同)和特殊交易形态的各项原则的规定,即属于因欧盟的"消费者权利指令"而被德国立法者重新制定的债法条文,它们使经营者在消费者合同订立时、订立前和订立后均对消费者负有内容广泛的告知义务,同时赋予消费者以撤回权。从长远看,欧盟计划制定统一的欧盟合同法,但在现阶段,欧盟委员会建议先制定可供双方当事人选择的共同的欧盟买卖法,以取代各成员国的买卖法。[2]

二、使现代民法法典编纂陷入困境的主要原因

对于使现代民法法典编纂陷入困境的深层次的主要原因,学者基本上达成了以下共识。

首先,在今日之民主和多元的工业社会,创制具有普遍效力的一般性民法规则显然比在19世纪要困难得多。技术进步和社会变迁要求民事制定法经常进行自我调适以不断向前发展。面对民法领域的新现象、新问题和新情势,单靠运用一般法律原则、法律解释和类推适用等传统手段已不能充分有效地回应现代社会因急剧变迁而提出的种种法律上的需求。[3] 为了快速地做出反应并有针对性地采取立法上的应对措施,现代立法机关往往更喜欢立法成本较低的"零碎立法"而不喜欢费时费力的法典编纂。渐渐地,非系统化的"零碎立法"在数量上取得了相对系统化的民法典的优势。

---

〔1〕 Vgl. Jan Peter Schmidt, a. a. O., S. 988 – 989.

〔2〕 Vgl. Helmut Köhler, Einführung, in: Bürgerliches Gesetzbuch, 84. Auflage, Deutscher Taschenbuch Verlag, München 2019, S. XVI.

〔3〕 参见谢鸿飞:《民法典与特别民法关系的建构》,载《中国社会科学》2013年第2期。

其次,现代国家职能的转换被认为是造成民法领域“非法典编纂”现象的另一个重要因素。在19世纪,那些完成了民法法典编纂的国家在经济上尚处于自由竞争阶段,在民法关系的调整和民法规则的创制问题上,国家仅限于扮演私法上往来的“基本游戏规则的制定者”角色。这一时期的民法典的基本观念是自由主义和个人主义的,以经济上的自由主义为基础;[1]其主要指导原则是私法自治,包括契约自由、所有权自由和遗嘱自由三大原则。彼时的民法典起草人认为单个的权利主体,即“理智的、自负其责的和有判断力的市民”,[2]能够自由地决定自己的私人生活关系而无须国家帮助或介入。[3] 自20世纪初以来,随着国家对社会经济生活的干预不断增强,国家在调整民法关系和创制民法规则方面的职能发生了根本性转变,出现了以维护社会公平正义为目标的现代福利国家。相应地,民法的基本价值理念也发生了由“个人本位”到“个人和社会并重”的转化。在制定民法典的政治、经济、社会和技术条件均已发生巨大变化的背景下,一些现代福利国家将调整经济和社会上的较弱方当事人(如消费者、劳动者、住房使用承租人、投保人)的法律关系的私法规范从传统民法典中分离出去,制定出独立于民法典之外的消费者保护法、产品责任法、劳动合同法、住房使用租赁法、保险合同法等私法领域的特别法律,以便更有效地保护较弱方当事人的利益。

再次,随着现代民主制度的不断完善和成熟,法律越来越成为不同利益集团之间协商、妥协的产物,民事法律也是如此。这使得国家的决定经常反映某一特定政治利益集团的利益。在此背景下,国家已不再可能像在自由竞争时期那样,仅仅满足于扮演私法上往来的中立的“基本游戏规则的制定者”角色,而是以积极的干预者的姿态进入了民事生活领域,并通过制定大量民事特别法律来调整民法关系。民事特别法律的立法目的往往在于快速地解决不同利益集团之间的政治利益冲突。可以说,这些民事特别法律在实质上是不同政治利益集团相互协商并达成一致的结果,只不过其制定和颁布借用了国家立法机关的名义而已。[4]

最后,作为一项宏大的社会工程的法典编纂被认为难以跟现代民主的立法程序完全合拍。在现代社会,议会等国家立法机关作为民事制定法的正式立法者往往欠缺必要的民法专业知识,且忙于应付日常政治的种种需求。不仅如此,院外活动集团和其他有组织的利益集团等众多“非正式立法机关”也纷纷登场,对立法程序施加了相当大的影响,常常损害了许多民事法律草案内容上的恰当性和体系上

---

〔1〕 例如,制定于19世纪末的德国民法典即是如此。关于德国民法典的自由主义基础,参见[德]迪特尔·施瓦布:《民法导论》,郑冲译,法律出版社2006年版,第45页以下。

〔2〕 Vgl. Helmut Köhler, Einführung, in: Bürgerliches Gesetzbuch, 84. Auflage, Deutscher Taschenbuch Verlag, München 2019, S. XII.

〔3〕 Vgl. Brox/Walker, Allgemeiner Teil des BGB, 43. Aufl. 2019, § 2 Rn. 5.

〔4〕 参见张礼洪:《民法典的分解现象和中国民法典的制定》,载《法学》2006年第5期。

的完整性，甚或使一些民事立法计划胎死腹中。

有鉴于此，有人认为民法法典编纂理念在现代社会遇到了“危机”。[1] 观点激进者甚至认为，消除上述种种症状的唯一良方就是彻底摈弃民法领域的法典编纂理念。[2]

第三节　现代民法法典编纂的出路

一、现代民法法典编纂摆脱困境的现实可能性

以伊尔蒂为代表的法典编纂反对者的说辞在今天被多数学者认为言过其实，甚至失之偏颇。法典编纂理念的辩护者一针见血地指出：民法典在当代绝对没有沦为辅助性法源，也没有沦为补充性法律或“剩余法律”。恰恰相反，由于民法典含有大量对当代民法关系的调整来说仍然具有核心意义的一般性原则、规则和制度，民法典在私法体系中的核心地位并没有被撼动。特别是在那些不实行“依循先例”原则的大陆法国家，法官通常没有通过判例创制新的法律规则的权力，故民法的法典编纂依旧是维护私法的明晰性、确定性、可预见性和前后一致性的最重要手段，并且是在大陆法传统中对私法进行“重述”的标准方式。法典编纂理念的辩护者拒绝将不严密、不系统、不精确的“零碎立法”视为现代民事立法不可摆脱的命运，而更愿意将之视为参与民事立法的人员或机构欠缺博大精深的民法知识和不愿不辞辛劳地制定民事法律的结果。他们以法国《民法典》、奥地利《一般民法典》和德国民法典这三部世界著名的民法典的长寿性（到今天已分别施行218年[3]、211年[4]和122年）来反驳法典编纂必然会导致民事法律僵化和凝滞的论调。[5] 此外，有学者指出，在民法典之后制定的为数众多的民事单行法律实际上是服务于民法典的：[6] 它们或者填补民法典的立法漏洞，或者对民法典所规定的构成要件和法律

---

〔1〕参见易继明：《民法法典化及其限制》，载《中外法学》2002年第4期。

〔2〕Vgl. Jan Peter Schmidt, a. a. O., S. 988 – 989.

〔3〕法国《民法典》自1804年3月21日起施行。See Jürgen Basedow et al. eds., *The Max Planck Encyclopedia of European Private Law*, Volume Ⅱ, Oxford University Press, Oxford 2012, p. 202.

〔4〕奥地利《一般民法典》于1811年6月1日正式公布，自1812年1月1日起施行。See Jürgen Basedow et al. eds., *The Max Planck Encyclopedia of European Private Law*, Volume Ⅱ, Oxford University Press, Oxford 2012, p. 46.

〔5〕See Reinhard Zimmermann, *Codification: History and Present Significance of an Idea*, in European Review of Private Law, 1995, Issue 3, p. 95 – 120.

〔6〕参见张俊浩：《民法典的必要性》，载张礼洪、高富平主编：《民法法典化、解法典化和反法典化》，中国政法大学出版社2008年版，第26页。

效果进行补充和细化，总之，它们虽然独立于民法典之外，但是是为处于私法体系核心地位的民法典服务的，照理不应架空、掏空或肢解民法典。从逻辑上说，如果立法者在民法典之后所制定的民事单行法律起到了架空、掏空或肢解民法典的作用，只能说明要么其所制定的民法典在完备性、系统性和逻辑性方面存在不合理的地方，要么其所制定的民事单行法律在内容上发生了与民法典不相容的本不该发生的情形。最后，经验表明，民事特别法律经常达不到其所追求的立法目标。反过来说，即便是在21世纪初，仍不断有进行民法法典编纂的国家的成功范例。[1] 例如，上文所提到的立陶宛新《民法典》、土耳其新《民法典》、《俄罗斯联邦民法典》第3编和第4编、蒙古国《民法典》、巴西新《民法典》、也门《民法典》、摩尔多瓦《民法典》、乌克兰新《民法典》、卡塔尔《民法典》、越南新《民法典》、厄瓜多尔《民法典》、罗马尼亚新《民法典》、荷兰新《民法典》第十编、柬埔寨新《民法典》、捷克共和国新《民法典》、阿曼《民法典》和匈牙利新《民法典》都是在21世纪初制定或重新制定的民法典。由此可见，摆脱现代民法法典编纂的困境是完全可能的。

二、对法典编纂理念最初所具有的功能和目标的重新考虑

尽管法典编纂理念在当代并未被认为过时，但其支持者认为，要想使现代民法的法典编纂有前途，就必须实现法典编纂理念的现代化；为此，有必要认真地重新考虑法典编纂理念最初所具有的一些功能和目标。

首先，民法典的制定再也不能因法律的公开性目标而正当化。受理性法观念的影响，近代欧洲大陆国家的立法者和学者曾经认为法典所须满足的条件之一是公开性，即法典必须予以公布。只有这样，市民才会知悉法典的内容；也只有这样，才便于市民查阅法典的条文，进而了解自己的权利义务。这一公开性条件后来形成了各国在实践中所采取的一个通行做法，即法律须经公布，公布是法律对外生效和施行的必要条件。[2] 法国《民法典》最初文本的第1条第1款即规定：经国王公布的法律，在法国全境具有强行力。[3] 然而，即便是在法典编纂时代的初期，通过法典编纂使非法律专业人士知悉并理解相关领域的全部法律规定的预期就已被证明是一个幻想，在今天我们所处的制定法数量与日俱增的时代，这一预期更是完全不现实的。[4] 在当代各国，法律的公开性已不再构成制定民法典的理由，因为原则上所有法律均必须予以公布，而在这一点上，民法典和民事特别法律并无不同。

其次，法典的完备性理想也必须予以抛弃或至少使之相对化。近代理性法观

〔1〕 Vgl. Jan Peter Schmidt, a. a. O., S. 989.

〔2〕 参见谢怀栻：《大陆法国家民法典研究》，载《谢怀栻法学文选》，中国法制出版社2002年版，第385页。

〔3〕 《拿破仑法典（法国民法典）》，李浩培、吴传颐、孙鸣岗译，商务印书馆1979年版，第1页。

〔4〕 参见余能斌主编：《民法典专题研究》，武汉大学出版社2004年版，第405～406页。

念曾经认为：法典必须是完备、全面和详尽的；换言之，它不能有漏洞，也不能为其他法源所补充。然而，迄今为止，没有任何一部法典百分之百地满足了这一完备性理想的要求，就连有着19,194条、其内容既包括私法（民法和特别私法）也包括公法（宪法、行政法和刑法）的1794年《普鲁士诸邦一般邦法》也都没有彻底地实现这样的完备性理想。[1] 在现代社会，种类全新、尚未被开发的民法领域的问题经常可以更好地先规定于民事特别法律中。待这些民事特别法律施行一段时期后，其在内容和体系上与民法典相兼容的部分还可以通过"再法典编纂"的方式被纳入民法典中。例如，民商合一的1942年意大利《民法典》就是一部在数量上纳入民事特别法律较多的民法典，[2]其甚至将劳动法独立成编。[3] 又如，德国立法者在德国民法典之外所制定的民事特别法律中的一部分已通过"再法典编纂"的方式被重新纳入德国民法典中。比如：1990年12月17日的《消费者信贷法》（因2001年11月26日通过、自2002年1月1日起施行的《债法现代化法》而被规定于德国民法典第491条及以下）；1996年12月20日的《分时居住权法》（因《债法现代化法》而被规定于德国民法典第481条及以下）；1976年12月19日的《一般交易条款法》（旨在保护一般交易条款使用人的合同相对人，现包含于德国民法典第305条至第310条）；1979年5月4日的《旅行合同法》（将其第651a条至第651m条的规定加进了德国民法典中，以保护作为旅行给付相对人的旅客）；1976年6月14日《关于改革婚姻家庭法的第一次法律》（重新在德国民法典第1564条及以下规定离婚，并在离婚法上完成了从"过错原则"向"破裂原则"的转变）；1998年5月4日的《结婚权利法》（废止了1938年7月6日的《婚姻法》，并将有关婚姻的法律规定重新规定于德国民法典第1303条及以下）；[4]等等。

再次，法律统一的法典编纂目标必须重新予以评价。在近代民法法典编纂运动中形成的民法典曾经部分地以法律统一为编纂目标，如制定于19世纪的法国

---

[1] See Reinhard Zimmermann, *Codification: History and Present Significance of an Idea*, in European Review of Private Law, 1995, Issue 3, p.95－120.

[2] 参见谢鸿飞：《民法典与特别民法关系的建构》，载《中国社会科学》2013年第2期。

[3] 1942年的意大利《民法典》第五编（第2060条至第2642条）的标题是"劳动"。参见《意大利民法典（2004年）》，费安玲、丁玫、张宓译，中国政法大学出版社2004年版，第485页以下。

[4] Vgl. Brox/Walker, Allgemeiner Teil des BGB, 43. Aufl. 2019, § 2 Rn.21.

《民法典》[1]和德国民法典[2]都是如此。这些民法典大多具有在全部疆域内和在整个社会层面上统一私法的作用,因为制定这些民法典的国家在那个时代由于某些历史原因而尚未实现国家在法律上的统一,亟需通过民法典的制定来达到法律统一的目标;[3]民法典甚至像国歌和国旗一样,被视为国家统一和法律统一的象征。[4] 但在现代社会,绝大多数国家均已完成国家的统一,其法律也随之实现了统一。没有任何一个现代国家再像19世纪的法国、德国那样,以法律统一为理由而制定民法典。因此,法律统一的法典编纂目标早已不合时宜。

最后,建立民族认同感的法典编纂目标也同样必须重新予以评价。受启蒙运动思想的影响,近代欧洲大陆国家的理性法观念曾经认为,为了让市民按照法典的规定生活,法典所须具备的条件之一是,它必须以明白易懂的语言拟定。在当时的欧洲,这意味着不使用拉丁语而使用通俗易懂的各民族语言来制定法典。这一条件使得法典编纂理念后来跟建立民族国家和民族认同感的思想紧密地联系在一起。[5] 今天,仅仅强调民族认同感的法典编纂目标在某种程度上已被认为过时。

三、现代民法法典编纂向前发展的途径

在现代社会,再完备的民法典也不可能做到包罗万象、详尽无遗,自然也不可能穷尽一切具有调整私法关系功能的私法规则,所以民法典被现代消费者保护法、劳动法等民事特别法律所补充不仅是正常的,而且是必要的。因此,大可不必看到单行民事法律充斥的现象,就惊呼"民法典解构"。[6] 概括而言,现代民法的法典编纂向前发展的途径如下:

---

[1] 法国学者法热(Bertrand Fages)指出,法国《民法典》的首要编纂目标是在全国推行统一适用的法律,因为此前的法国曾经被分成北部的习惯法地区和南部以罗马法为基础的成文法地区。这种由两个法律传统统治的割据局面阻碍了经济上的往来,并与日益增强的民族意识相抵触,从而构成了法国民法的法典编纂目标之一。参见[法]法热:《法国法典化的经验》,载张礼洪、高富平主编:《民法法典化、解法典化和反法典化》,中国政法大学出版社2008年版,第227页。

[2] 在德国民法典于1900年1月1日生效之际,《德意志法律家杂志》刊登了题为"一个民族、一个帝国、一套法律"的装饰性封面。Vgl. Fritz Sturm, Der Kampf um die Rechtseinheit in Deutschland – Die Entstehung des BGB und der erste Staudinger, in: Michael Martinek und Patrick L. Sellier, 100 Jahre BGB – 100 Jahre Staudinger, Beiträge zum Symposion vom 18 – 20. Juni 1998 in Sellier – de Gruyter, München/Berlin 1999, S. 13.

[3] 参见高富平:《中国民法典的使命及其实现——兼论民法典意义和形式》,载张礼洪、高富平主编:《民法法典化、解法典化和反法典化》,中国政法大学出版社2008年版,第73页。

[4] See Helmut Coing, *An Intellectual History of European Codification in the Eighteenth and Nineteenth Centuries*, in S. J. Stoljar ed., Problems of Codification, The Australian National University, Canberra 1977, p. 25.

[5] Vgl. Jan Peter Schmidt, a. a. O., S. 989 – 990.

[6] 参见张俊浩:《民法典的必要性》,载张礼洪、高富平主编:《民法法典化、解法典化和反法典化》,中国政法大学出版社2008年版,第26页。

首先，现代立法者在进行民法的法典编纂时，仍须倚重法典编纂的系统化功能。迄今为止，民法的法典编纂最为重要且始终不可或缺的功能是它在民法规则系统化方面的功能。法典编纂的这一系统化功能凸显了不同类型的民法问题及其基本原则之间的内在联系，从而有助于现代民法找到具有前后一致性的解决办法。再者，通过创制基本民法概念和制度，民法典为大量民事特别立法提供了必要的概念性背景。系统化不仅具有内容上的优越性，而且具有形式上的优越性：通过清除过时的民法规则，并借助于"再法典编纂"将新形成的民法规则纳入民法典的既有系统中，民法典使法律体系被定期整理，进而阻止民法被"碎片化"成连训练有素的法律家都无法全面掌握的难以计数的法源。

其次，现代立法者还可以将在长期的司法实践中形成的习惯法规则或法律制度加以编纂，使之成为民法典的规则或法律制度。自 2002 年 1 月 1 日起施行的德国《债法现代化法》关于"缔约上的过错"（culpa in contrahendo）的规定（德国民法典第311 条第2 款）、关于法律行为基础障碍的规定（德国民法典第313 条），就是德国立法者将此前长期存在于民法领域的习惯法规则（或法律制度）编纂成制定法规则（或法律制度）并纳入民法典中的例子。[1]

最后，现代立法机关需要进行自我约束，在相当程度上把"续造"民法的任务交由司法机关和民法学者去完成。一方面，作为私法领域制定法的最高形式的民法典和其他制定法一样，并不能解决现代社会中出现的千变万化、错综复杂的所有民法问题。另一方面，立法者应意识到自己在创制新的民法规则方面并不是全知全能的。为了做到既保持民法典的确定性和可预见性，又不失去必要的开放性和灵活性，立法者在制定民法典时可以适当地使用抽象、概括和不完全确定的法律概念，制定出能够涵摄尽可能多的生活关系的"一般条款"，[2]甚或有意识地留下法律漏洞。[3] 个别大陆法国家的立法者甚至授权法官在无制定法和习惯法规则可依循的情形下，根据宪法和其他法律的授权创制新的具有法律约束力的民法规则。这方面的著名例子是瑞士《民法典》第 1 条第 2 款的以下规定：[4]"无可适用的法律规定时，法院应依据习惯法进行裁判，并且，无习惯法时，依据法院自己所会作为

---

〔1〕 Vgl. Köhler, BGB Allgemeiner Teil, 43. Aufl. 2019, § 1 Rn. 8; § 3 Rn. 34; § 8 Rn. 5.

〔2〕 例如，德国民法典关于"善良风俗"的一般条款（第 138 条第 1 款、第 826 条）、关于"诚实信用"的一般条款（第 157 条、第 242 条）、关于"非适当性"的一般条款（第 307 条）以及关于"重大原因"的一般条款（第 314 条、第 626 条）。

〔3〕 Vgl. Jan Peter Schmidt, a. a. O., S. 989 – 990.

〔4〕 See Alfred E. von Overbeck, *The Role of the Judge under the Swiss Civil Code*, in S. J. Stoljar ed., Problems of Codification, The Australian National University, Canberra 1977, p. 135 – 150.

立法者确立的规则进行裁判。”[1]无独有偶,在民事立法上一向继受瑞士《民法典》的土耳其,即便在其施行于21世纪初的新《民法典》之第1条第2句中,也仍然保留了1926年的土耳其《民法典》的这样一条规定:“无可适用的法律规定时,法官依据习惯法进行裁判,并且,无习惯法时,依据假如法官自己处于立法者的地位时所会确立的规则进行裁判。”[2]这实际上是授予法官以补充立法权,以此来填补法律漏洞,并克服制定法和习惯法的不足。[3]

第四节 21世纪民法法典编纂的新趋向及中国民法法典编纂的前景

法典编纂曾被维亚克尔(1908～1994年)誉为欧洲法律文化独一无二和无法估价的伟大创造。[4] 作为人类社会发展到一定阶段的特定历史现象,[5]法典编纂理念塑造了现代大陆法国家的法律传统,也给全世界的法律思想打上了清晰的烙印。但是,法典继受和法律移植使法典编纂早已不再为欧洲法律文化所独有,而是作为一种富有价值和历经考验的立法技术手段一次又一次地被属于其他法律传统的国家和地区所运用,[6]成为这些国家和地区法律文化的重要组成部分。

在现代社会,无论是大陆法国家的民法还是普通法国家的民法,都不可避免地呈现出法源的多样性。一方面,大陆法国家越来越重视司法判例对于“续造”民法规则的补充作用。另一方面,普通法国家关于民法各分支的制定法数量不断增多。

---

[1] 瑞士《民法典》2000年1月1日以前施行的文本在第1条第2款中所使用的措辞是“法官”(Richter)。但根据1998年6月26日的联邦法律(自2000年1月1日起施行,AS 1999 1118; BBl 1996 Ⅰ 1)之第Ⅰ 1点的规定,瑞士《民法典》自2000年1月1日起施行的新文本包括第1条第2款在内的诸多条文中的“法官”(Richter)一词已全部改为“法院”(Gericht)。相应地,本书在瑞士《民法典》第1条第2款的译文中,亦以“法院”代替“法官”。

[2] Bergmann/Ferid/Henrich, Internationales Ehe- und Kindschaftsrecht, Frankfurt am Main: Verlag für Standesamtswesen, Türkei (Stand: 15.1.2014), S.60. Voir aussi Code civil turc, Editions Rizzo, Constantinople 1926, p.1.

[3] 参见徐国栋:《民法基本原则解释——成文法局限性之克服》,中国政法大学出版社1992年版,第297页以下。

[4] Vgl. Franz Wieacker, Aufstieg, Blüte und Krisis der Kodifikationsidee, in: Festschrift für Gustav Boehmer, Ludwig Röhrscheid Verlag, Bonn 1954, S.34-50.

[5] See Helmut Coing, *An Intellectual History of European Codification in the Eighteenth and Nineteenth Centuries*, in S.J. Stoljar ed., Problems of Codification, The Australian National University, Canberra 1977, p.17.

[6] Vgl. Jan Peter Schmidt, a.a.O., S.990.

如果说,制定法和判例法这两种截然不同的法源尚且可以相互并存、互为补充,那么同属一个国家的制定法的民法典和民事特别法律没有理由不可以相互并存、互为补充。作为一般私法的民法典不但不能取代民事特别法律,而且需要民事特别法律来拾遗补阙。但这一事实并不足以抵消民法典自身的价值,更不能抹杀民法典对整个国家和社会的积极作用。[1]

就21世纪的中国而言,制定一部民商合一的现代化民法典是几代民法学人的共同梦想。[2] 从1978年实行改革开放开始,相对和平、安宁和稳定的社会环境和周边国际环境使中国民法典的制定具备了基本的政治前提。1992年确立并不断得到完善的市场经济体制为民法典的制定奠定了可靠的经济基础。且随着中国特色社会主义法律体系的形成,立法机关和司法机关积累了大量民事立法和审判经验,从而为中国民法典的制定提供了立法和司法上的有利条件。与此同时,中国的法学研究和法学教育也取得了长足进步,产生了相当可观的民法学理论研究成果,造就了一批优秀的民法学人才,其中不乏能够担当民法典起草之重任者。特别是在比较私法领域,当代各主要法律体系的著名民法典已基本上有了中译本,而借助于学者著述和学术交流,立法机关和学术界也大体上对发达国家和地区的民事立法经验、主导思想、价值取向和发展趋势有所了解,[3] 从而为中国民法典的制定做了必要的理论准备。民法典施行后,中国将出现一个以民法典为一般私法,以民法和商法领域的众多单行法律(如消费者保护法、产品责任法、劳动合同法、公司法、票据法、证券交易法、破产法、海商法、保险法、信托法和知识产权法等)为特别私法的多种法源并存的局面。私法的多种法源同时存在,且互为补充、相得益彰。它们各自具有不同的调整私法关系的功能,在规范民商事往来方面担负不同的使命,完成不同的功能。经过整理的系统化、逻辑化和现代化的中国民法典固然是中国私法领域制定法的最高形式,但它不是也不应是中国私法领域制定法的唯一形式。这也是现代社会的复杂性对私法关系的调整方法和规范手段的多样性要求所决定的。因此,恰当的做法是"让属民法典的归民法典,属民事特别法律的归民事特别法律"。

21世纪,在世界范围内,民法典断不会很快消亡。除不断有国家制定出新的民法典外,统一的欧洲民法典也已渐渐露出一缕曙光。在中国,众人瞩目的民商合一的现代化民法典业已问世并正式施行。本书作者认为,21世纪绝不是中国民法的"非法典编纂时代",恰恰相反,它是中国现代民法进行法典编纂的百年一遇的"黄

---

〔1〕 参见封丽霞:《法典编纂论——一个比较法的视角》,清华大学出版社2002年版,第144~145页。

〔2〕 参见茅少伟:《寻找新民法典:"三思"而后行——民法典的价值、格局与体系再思考》,载《中外法学》2013年第6期。

〔3〕 参见梁慧星:《民事立法和理论的若干问题》,载中国法学创新网2013年12月18日,http://www.lawinnovation.com/html/zgfx50rlt/10952.shtml。

金时代”。借助于法典编纂，中国民法完成了民法基本原则、一般性民法规则和民事法律制度的系统化、逻辑化和现代化。

最后，现代民法的法典编纂不仅是一个立法技术问题，而且是一个法律文化问题。一方面，中国民法的法典编纂可视为近现代民法法典编纂运动的延续，是作为一种立法技术的法典编纂在当代中国民事立法中具体运用的结果。另一方面，中国民法的法典编纂也有助于形成具有地区特色和时代特征的法律文化。“中国民法典的实践将为比较法提供一个崭新的代表性样本和一个富有原创性的‘参照体系’。”〔1〕一部在结构上具有合理性、完备性、系统性和逻辑性，在内容上具有科学性、明晰性、现代性和必要的开放性，且自身具有不断适应社会变迁的良好特性，〔2〕从而具有强大生命力的中国民法典，将是21世纪的中国对世界范围内的民法法典编纂运动的突出贡献。

〔1〕 石佳友：《民法法典化的方法论问题研究》，法律出版社2007年版，第3页。

〔2〕 参见李求轶：《民法典的解构》，载张礼洪、高富平主编：《民法法典化、解法典化和反法典化》，中国政法大学出版社2008年版，第553页。

第二编 | 法律行为学说

第四章　意思表示、法律行为概说

第一节　意思表示

意思表示是法律行为不可或缺的组成部分，也是德国民法上的法律行为学说（Rechtsgeschäftslehre）的基本要素，因为法律行为的概念就是建立在意思表示之上的。意思表示、法律行为和合同是法律行为学说的三个核心概念。尽管德国民法典在顺序上先规定法律行为，再规定意思表示，然而在学习德国民法时，宜先学意思表示，再学法律行为。

一、意思表示的概念

（一）意思表示的定义

德国民法典虽然在多处使用了意思表示的概念（如第 105 条、第 107 条、第 116 条至第 119 条、第 130 条至第 133 条），但并没有给它下定义。在这里，我们根据德国联邦普通法院的表述给意思表示下这样一个定义："意思表示是以某一法律效果的发生为目的的、私人的意思表达。"[1]例如，订立买卖合同的要约、对订立使用租赁合同的要约的承诺、被继承人在遗嘱中对继承人的指定，都是意思表示。关于这一定义，需要说明者如下：

首先，意思表示必须是私人的。上述定义将意思表示限定于私法领域，即意思表示是一个私法概念，是依照私法加以判断的意思表达。公法领域的意思表达则不在考虑之列。因此，公共机关的公法上的表示（如行政行为）、私人在公法事件中的意思表达（如在德国联邦议会选举中行使选举权），都不是私法意义上的意思表示。[2]

其次，意思表示是旨在引起某一法律效果的意思的表达。上述定义所强调的是旨在引起某一法律效果的意思的表达。它表明，一个意思表示由两个要件组成：（内心的）意思和这一意思的（外在的）表达。就一个意思表示而言，意思体现在表

---

〔1〕 Vgl. BGH NJW 2001, 289, 290.

〔2〕 Vgl. Musielak, Grundkurs BGB, 8. Aufl. 2003, Rn. 37.

示之中;意思和表示构成一个整体。[1] 它们分别是意思表示的主观和客观的构成要件。

(二)意思表示的构成要件

1. 意思表示的主观构成要件——意思

意思(Wille)是意思表示的主观构成要件。虽然在德国民法文献中,对于意思表示的主观构成要件究竟包括哪些,并不存在一致意见,但通常考虑的要素有三:行为意思、表示意识和法律效果意思。[2]

(1)行为意思

所谓行为意思(Handlungswille),也叫行为意识,是指以实施某一外在行为为目的的意识。行为意思可以表现于话语、一定的手势、点头、摇头以及其他行为之中。但是,如果这些行为发生在熟睡或催眠状态下,则欠缺行为意思;在由刺激引起的不由自主的动作的情形下,也欠缺行为意思。

例1:一个在梦中做出任何动作的人,欠缺行为意思。

例2:一个在催眠状态下在支票上签字的人,欠缺行为意思。

例3:在当事人被人用"绝对的暴力"(拉丁文 *vis absoluta*)按着手在票据上签字或画押的情形下,被强制者欠缺行为意思。

例4:当事人不情愿的抽搐即使看上去像是点头,也不应理解成点头同意,因为所欠缺的是行为意思。

行为意思是任何一个意思表示必不可少的要件;没有行为意思,就没有意思表示。[3]

案例4-1 | 是否做出了承诺表示

出卖人V和买受人K为了订立买卖合同而进行了旷日持久的谈判。经过几天几夜的讨价还价后,K累得睡着了,但V对此并不知晓且其不知非因过失而引起。V问K:是否赞同最后的要约?K在睡眠中喃喃自语:"好的,好的。"

问:K是否做出了承诺表示?

答:在这里,K的话是在睡眠中说的,他根本没有实施任何外在行为的意思,因而欠缺行为意思。在此种情形下,K没有做出任何意思表示。[4]

---

[1] Vgl. Brox/Walker, Allgemeiner Teil des BGB, 43. Aufl. 2019, § 4 Rn. 14.

[2] 参见[德]维尔纳·弗卢梅:《法律行为论》,迟颖译,法律出版社2013年版,第53~55页。

[3] Vgl. Creifelds Rechtswörterbuch, 23. Aufl. 2019, S. 1695; Klunzinger, Einführung in das Bürgerliche Recht, 16. Aufl. 2013, S. 167.

[4] Vgl. Bork, Allgemeiner Teil des Bürgerlichen Gesetzbuchs, 4. Aufl. 2016, Rn. 590.

案例 4－2 | 是否做出了要约的意思表示[1]

在某拍卖会现场，举手意味着发出订立买卖合同的要约。A 是一个只想到场观看而不想参与买卖的人。他的右手突然被马蜂蜇了一下，他因疼痛难忍而举起了右手。拍卖人看到了这一情形，遂将拍卖品敲定给了 A。

问：A 是否做出了要约的意思表示？

答：在这里，A 只是做出了由刺激而引起的不由自主的动作，根本不想实施任何行为，所以欠缺行为意思。在此种情形下，A 没有做出任何意思表示。

（2）表示意识

表示意识（Erklärungsbewusstsein），也叫表示意思（Erklärungswille），是指行为人所具有的这样的意识，即其行为是在法律上有意义的表示。换言之，如果行为人意识到其行为可以被理解成在法律上有意义的表示，那么行为人就具备了表示意识（表示意思）。

案例 4－3 | 是否存在表示意识

A 在公司里一封包含着买卖要约的信上签了字。他在将这封信寄出时，虽然意识到其行为在法律上是有意义的，但误认为他所签的是一个解雇的表示，而实际上他所签的是一个买卖要约。

问：A 是否有表示意识？

答：在本案中，A 在公司里一封包含着买卖要约的信上签了字。只要他在将这封信寄出的同时，意识到其行为在法律上是有意义的，他就有表示意识。即便 A 误认为他所签的是一个解雇的表示，而实际上他所签的是一个买卖要约，他也有表示意识，因为解雇的表示也是在法律上有意义的表示；对表示意识来说，只要表意人知道自己的所作所为（如所说、所写）在法律上有意义就足够了。

结论：A 有表示意识。[2]

可见，表示意识无须以引起某一特定法律效果为目的。

相比之下，如果 A 邀请 B 吃晚饭，则不存在表示意识或表示意思，因为吃晚饭的邀请是一个在非法律的、社会的领域里做出的表示。同样，如果 A 对他的熟人 B 说："周末我请你看电影《卡萨布兰卡》"，并答应让 B 搭乘自己的汽车，A 也没有对

---

[1] Vgl. Eisenhardt, Einführung in das Bürgerliche Recht, 4. Aufl. 2004, S. 20.

[2] Vgl. Brox/Walker, Allgemeiner Teil des BGB, 43. Aufl. 2019, § 4 Rn. 17.

B 做出在法律上有意义的表示，而只是在非法律的、社会的领域里发出了一个（在法律上对 A 自己没有约束力的）邀请。[1] 又如，某人在一份旨在订立买卖合同的要约上签了字，但他签字时误以为这是一张寄给朋友的贺卡。在此情形下，签字人欠缺表示意识。[2]

"特里尔葡萄酒拍卖案"（Trierer Weinversteigerung）[3] 是在德国学过民法的人都耳熟能详的教科书案例。它讲的是在德国西部小城市特里尔（卡尔·马克思的出生地[4]），一场葡萄酒拍卖会正在举行。一个不熟悉当地习俗的人 A 来到拍卖现场，突然看到自己的朋友，便举起手向他的朋友致意。A 根本不知道，在葡萄酒拍卖会上，举手意味着发出购买葡萄酒的要约（在法律上有意义的表示）。拍卖者据此将一桶葡萄酒敲定给了 A，也就是承诺了 A 的"要约"（德国民法典第 156 条第 1 句规定，"在拍卖的情形下，合同经过拍定才成立"）。

在"特里尔葡萄酒拍卖案"中，A 在举手时有行为意思，但通说认为，他欠缺表示意识，因为他并不想通过举手来做出任何在法律上有意义的表示；他没有意识到，他的（举手）行为在拍卖现场被理解成在法律上有意义的表示（发出购买葡萄酒的要约）。[5]

关于欠缺表示意识的后果，德国民法学者分歧甚大。

一种观点认为表意人内心的意思是第一位的，故而认为表示意识是意思表示必不可少的要件；没有表示意识，就不存在意思表示。这种观点在 19 世纪为萨维尼在其《当代罗马法体系》第 3 卷中所主张，[6] 在过去曾经是德国民法的通说，被称为"意思说"（Willenstheorie，也叫"意思主义"），至今仍不乏追随者。"意思说"的支持者包括温德沙伊德、恩内克策鲁斯（Enneccerus）、尼佩代（Nipperdey）等。

另一种观点则更多地从意思的外在表现形态出发，把表示放在第一位，认为在上述"特里尔葡萄酒拍卖案"中，即便欠缺表示意识，表意人也必须承认其表示对自己的效力。这意味着存在意思表示，但表意人可以因表示错误而撤销该意思表示（类推适用德国民法典第 119 条第 1 款第 2 种情形），同时有义务赔偿他人因信赖该

---

[1] Vgl. Musielak, Grundkurs BGB, 8. Aufl. 2003, Rn. 44.

[2] Vgl. Palandt – Ellenberger, BGB, 69. Aufl. 2010, Einführung vor § 116 Rn. 17.

[3] Vgl. Medicus, Allgemeiner Teil des BGB, 9. Aufl. 2006, Rn. 605 – 606. 另见［德］迪特尔·梅迪库斯：《德国民法总论》，邵建东译，法律出版社 2000 年版，第 453 ~ 454 页；［德］卡尔·拉伦茨：《德国民法通论》，王晓晔等译，法律出版社 2003 年版，第 355 页；［德］维尔纳·弗卢梅：《法律行为论》，迟颖译，法律出版社 2013 年版，第 54 页。

[4] 马克思 1818 年 5 月 5 日出生于德国特里尔，1883 年 3 月 14 日逝世于英国伦敦。

[5] Vgl. Brox/Walker, Allgemeiner Teil des BGB, 43. Aufl. 2019, § 4 Rn. 17.

[6] 在这一语境下，萨维尼强调：意思是"唯一重要和发生效力的"。参见［德］维尔纳·弗卢梅：《法律行为论》，迟颖译，法律出版社 2013 年版，第 63 页。

意思表示有效而遭受的损害(类推适用德国民法典第122条第1款)。[1] 这种观点被称为"表示说"(Erklärungstheorie,也叫"表示主义"),目前是德国的通说。可见,在持"表示说"的人看来,表示意识已不再是意思表示绝对不可缺少的要件。[2] "表示说"的支持者包括拉伦茨、比德林斯基(Bydlinski)、黑费梅尔(Hefermehl)等。[3]

(3)法律效果意思

法律效果意思(Geschäftswille),是指通过表示来引起十分特定的法律效果的意思。与表示意识不同的是,法律效果意思不是要引起随便什么法律效果,而是要引起十分特定的法律效果。[4]

例如,A想向B以5430欧元为价款出卖摩托车。如果他向B做出了关于以5430欧元为价款出卖摩托车的表示,则该表示就与他的法律效果意思相吻合。如果A因口误而把摩托车的价款说成4530欧元,则就(以4530欧元为价款的)这一表示来说,虽然存在表示意识,因为他毕竟想引起法律效果(这在法律上是有意义的),但他没有法律效果意思,因为他对所表示的法律效果(以4530欧元为价款出卖摩托车)并不愿意。同样,在"特里尔葡萄酒拍卖案"中,如果A举手是为了回答其朋友B所提出的以50欧元购买其手表的问题,则A就有表示意识,但没有以购买那桶葡萄酒为目的的十分特定的法律效果意思。[5]

法律效果意思应当无瑕疵地形成并被无瑕疵地表示出来。在通常情形下,如果欠缺法律效果意思(如在虚伪行为或善意的戏谑表示的情形下),则会导致意思表示无效;如果发生法律效果意思范围上的错误,则可撤销意思表示。[6]

2. 意思表示的客观构成要件——表示

法律效果意思是在它的表达中得以实现的。只有内心的意思而不表达出来,并不能发生法律效果,因为内心的意思是看不出来的,必须通过表达才能从外部加以辨认。例如,住房的使用出租人心里盘算良久,想通知终止他与使用承租人之间的使用租赁关系,但就是没有以书面、口头或其他方式将其内心的意思表达出来。在此情形下,法律效果始终没有发生。

这里所说的表达(Äußerung),是将引起某一法律效果的意思表示出来的、可从

---

〔1〕 Vgl. Köhler, BGB Allgemeiner Teil, 43. Aufl. 2019, § 7 Rn. 5.

〔2〕 Vgl. BGHZ 91, 324, 109, 177; Musielak, Grundkurs BGB, 8. Aufl. 2003, Rn. 60 – 65; Creifelds Rechtswörterbuch, 23. Aufl. 2019, S. 1695. 另见龙卫球:《民法总论》(第2版),中国法制出版社2002年版,第448~451页。

〔3〕 参见[德]维尔纳·弗卢梅:《法律行为论》,迟颖译,法律出版社2013年版,第55页。

〔4〕 参见徐国建:《德国民法总论》,经济科学出版社1993年版,第92页。

〔5〕 Vgl. Brox/Walker, Allgemeiner Teil des BGB, 43. Aufl. 2019, § 4 Rn. 18.

〔6〕 Vgl. Creifelds Rechtswörterbuch, 23. Aufl. 2019, S. 1695.

外部加以辨认的行为，在德国民法上叫作表示（Erklärung），也叫表示行为（Erklärungshandlung）。[1] 其主要有以下表现形式。

（1）明示的（直接的）表示

在明示的（直接的）表示的情形下，表意人的法律效果意思直接表达于表示中（如通过说和写）。

例1：表意人在一封信中写道："我无保留地接受您5月15日的要约。"

例2：买受人对出卖人说："我付100欧元购买您的戒指。"

例3：某人对卖水果的人说："我想以你所标的价格向你购买1公斤苹果。"

例4：住宅的使用承租人写信给使用出租人说："我向您通知立即终止使用租赁关系。"

表意人无须使用法律专业术语，而只需使意思表示的相对人辨认出表意人所意欲的是什么法律效果即可。如果房屋的使用承租人对使用出租人说他月底将搬出去，则使用出租人就可以认为使用承租人的话包含了通知终止使用租赁关系的意思表示。[2]

（2）可推断出来的（默示的或间接的）表示

通过可推断出来的（默示的或间接的）表示，行为人间接地表达了其法律效果意思。换言之，该法律效果意思可以从行为中推断出来。[3]

例1：一个人登上公共汽车或有轨电车，在自动售票处交足了到终点站的车费。他做出了一个默示的、以订立运送合同为目的的意思表示。

例2：住房的使用承租人从所租赁的房间搬走自己的所有东西并把钥匙交还给使用出租人。可以推断出使用承租人有通知终止使用租赁关系的意思。

例3：受雇人对他的雇主说："请您马上把我的劳动档案给我。"显然，受雇人想要回他的劳动档案以另谋出路。雇主可以确定无疑地把这一表示理解成立即终止劳动关系。

例4：女婚约人把男婚约人赠给她的订婚戒指和其他订婚礼物原封不动地返还给男婚约人。男婚约人可以从这一行为中推断出解除婚约的意思（见德国民法典第1298条）。[4]

例5：被继承人销毁其遗嘱。从被继承人的行为中，可以推断出他有取消遗嘱的意思。被继承人做出了一个默示的、撤回遗嘱的意思表示（见德国民法典第2255条）。

---

[1] Vgl. Eisenhardt, Einführung in das Bürgerliche Recht, 4. Aufl. 2004, S. 18.

[2] Vgl. Brox/Walker, Allgemeiner Teil des BGB, 43. Aufl. 2019, § 4 Rn. 21.

[3] Vgl. Medicus, Allgemeiner Teil des BGB, 9. Aufl. 2006, Rn. 333－337. 另见［德］迪特尔·梅迪库斯：《德国民法总论》，邵建东译，法律出版社2000年版，第252～254页。

[4] Vgl. Brox/Walker, Allgemeiner Teil des BGB, 43. Aufl. 2019, § 4 Rn. 22.

(3)作为意思表示的沉默

第一,概说。在例外情形下,法律效果意思也可以通过不作为表示。纯粹的不作为就是沉默。然而,从沉默中通常不能推断出任何意思表示;沉默通常连表示都不是(也就是说,连意思表示的客观要件都不具备),更不必说意思表示了。

案例4-4 | 沉默的效果

书商B不经请求而向X邮寄一本书并附上留言:他愿意向X以60欧元为价款出卖这本书;如果他在两周之内没有收到X的答复,那他就认为X以沉默对他的要约给予了承诺。X果真沉默了。X的沉默既未被法律所规定,亦未被双方当事人所约定。

问:X必须支付60欧元吗?

答:X是否必须支付60欧元,取决于X是否与B订立了以那本书为买卖标的、以60欧元为价款的买卖合同(德国民法典第433条第2款)。该买卖合同是否已成立,取决于B是否向X发出了订立以那本书为买卖标的、以60欧元为价款并且以B自己为出卖人、以X为买受人的买卖合同的要约以及该要约是否已被X无保留的赞同(承诺),且要约和承诺已发生效力。

在本案中,B显然已发出了这样的要约且该要约作为须予受领的意思表示在它到达相对人X时发生效力(德国民法典第130条第1款第1句)。故答案取决于X是否做出了相应的承诺。由于X的沉默既未被法律所规定,亦未被双方当事人所约定,它连表示(意思表示的客观要件)都不是,更不必说意思表示了。故X的沉默不能看成是对买卖要约的承诺,买卖合同并没有成立。

结论:X无须支付60欧元。[1]

仅在双方当事人约定或法律规定沉默视为意思表示的情形下,沉默始视为意思表示;在沉默者依照诚实信用原则有表示的义务时,尤其如此。[2]

在上述案例中,如果B和X约定:B向X邮寄美容方面的新出版的书,只要X不在两个星期之内将收到的书寄回,就应购买这些书,则X在此期间内的沉默就视为承诺表示。

第二,将沉默视为意思表示的德国民法典条文。在德国民法典上,明文规定将沉默视为意思表示的条文不多,主要是一些关于法定拟制的规定,它们将沉默视为意思表示。以下是这方面较为典型的几个条文:

---

〔1〕 Vgl. Brox/Walker, Allgemeiner Teil des BGB, 30. Aufl. 2006, Rn. 70, 91; 43. Aufl. 2019, § 4 Rn. 23.

〔2〕 Vgl. Brox/Walker, Allgemeiner Teil des BGB, 43. Aufl. 2019, § 4 Rn. 23.

德国民法典第108条(未经允许而订立合同)第2款第2句规定:“该项追认,只能最迟到受领催告后满两个星期时为止,予以表示;不表示追认的,视为已拒绝追认。”

第177条(由无代理权的代理人订立合同)第2款第2句规定:“该项追认,只能最迟到受领催告后满两个星期时为止,予以表示;不表示追认的,视为已拒绝追认。”

第415条(债务人和承担人之间的合同)第2款第2句规定:“债务人或第三人在指定期间的情况下,催告债权人做出关于追认的表示的,追认只能到期间届满时为止予以表示;不表示追认的,视为已拒绝追认。”

第451条(被排除在买受人之外的人所进行的买卖)第1款第2句规定:“买受人催告利害关系人之一做出追认的表示的,准用第177条第2款。”

第455条(认可期间)第2句规定:“物已被为试验或检验的目的而交付给买受人的,买受人的沉默视为认可。”

第516条(赠与的概念)第2款第2句规定:“相对人不在期间届满前拒绝接受赠与的,在期间届满后,视为接受赠与。”〔1〕

第三,《中华人民共和国民法典》关于在例外情形下将沉默视为意思表示的总则性规定。从比较法的视角看,《中华人民共和国民法典》第140条第2款就作为意思表示的沉默规定如下:“沉默只有在有法律规定、当事人约定或者符合当事人之间的交易习惯时,才可以视为意思表示。”中国民法典的这一规定显然是合理的,值得赞同。

3. 意思表示的构成要件小结

意思是意思表示内在的(主观的)构成要件,而表示则是意思表示外在的(客观的)构成要件。

就意思这一内在的(主观的)构成要件而言,通常考虑的要素有三:行为意思、表示意识(表示意思)、法律效果意思。在具备表示(也叫“表示行为”)这一外在的(客观的)构成要件的前提下:(1)如果欠缺行为意思,则表示意识和法律效果意思均无从谈起,从而不存在意思表示。(2)如果行为意思、表示意识和法律效果意思这三种意思均具备(如果有行为意思,也有法律效果意思,则必定会有表示意识),则在这三种意思均无瑕疵且表示亦无瑕疵的情形下,存在一个无瑕疵的意思表示的构成要件。(3)如果有行为意思而同时欠缺表示意识和法律效果意思(如果有行为意思而欠缺表示意识,法律效果意思也不可能存在),则存在“意思说”和“表示说”的对峙:在持传统的“意思说”的人看来,行为人所实施的是在法律上没有意义

〔1〕 参见《德国民法典》(第5版),陈卫佐译注,法律出版社2020年版,第179页注解21、第214页注解74;[德]迪特尔·施瓦布:《民法导论》,郑冲译,法律出版社2006年版,第346~348页。

的行为，从而也不存在意思表示。但在持“表示说”的人看来，却存在意思表示。(4)如果有行为意思，也有表示意识，但没有法律效果意思(如表意人就某一特定法律效果发生了错误，将订立买卖合同的要约当作终止劳动合同关系的通知加以签署，将彼价款当作此价款)，则同样存在“意思说”和“表示说”的对峙：按照传统的“意思说”，此时不存在意思表示；而“表示说”则更多地站在表示的受领人的立场，认为在法律效果意思的欠缺可归责于表意人的情形下，仍然可以认定意思表示的存在，只不过它可能是一个有瑕疵的意思表示(如错误的意思表示)。在意思表示有错误的情形下，一方面，如果错误可归责于表意人，则表意人必须承认意思表示的效力(包括对他自己的约束力)；另一方面，他又可以因错误而撤销该意思表示，使它被视同自始无效，同时有义务赔偿相对人的信赖损害(德国民法典第119条第1款、第142条第1款、第122条)。

就表示(也叫“表示行为”)这一外在的(客观的)构成要件而言，它既可能是明示的(直接的)，也可能是可推断出来的(默示的或间接的)，甚至可以表现为不作为，但德国民法上的沉默通常不是意思表示。[1]

二、意思表示的类型

(一)须予受领的意思表示

按照德国民法典的表述，须予受领的意思表示是指“须以他人为相对人而做出的意思表示”(见德国民法典第116条第2句、第123条第2款第1句、第130条第1款、第164条第3款等)。这里所说的“他人”即意思表示的受领人。此外，这里所说的“他人”，也可以是某一机关(官署)。[2] 因为意思表示的受领人必须就该意思表示所引起的新的权利状况做出调整，所以该意思表示的有效性以意思表示的受领人能够感知它为必要。

例1：通知终止的表示是须予受领的意思表示。例如，住宅的使用承租人通知终止使用租赁关系的表示，就是须予受领的意思表示，因为使用出租人必须就通知终止使用租赁关系所引起的新的权利状况做出相应的举措，他必须寻找新的使用承租人。如果通知终止的表示在邮寄途中丢失，它就不发生效力(见德国民法典第130条第1款第1句)。

例2：订立合同的要约是须予受领的意思表示，因为意思表示的受领人(受要约人)必须决断他到底是无保留地赞同(承诺)该要约还是拒绝它。

---

〔1〕 Vgl. Musielak, Grundkurs BGB, 8. Aufl. 2003, Rn. 54 – 59; Schwab, Einführung in das Zivilrecht, 15. Aufl. 2002, Rn. 461 – 464; Köhler, BGB Allgemeiner Teil, 43. Aufl. 2019, § 6 Rn. 1 – 3; Brox/Walker, Allgemeiner Teil des BGB, 43. Aufl. 2019, § 4 Rn. 14 – 23.

〔2〕 参见《德国民法典》(第5版)，陈卫佐译注，法律出版社2020年版，第42页注解11、第49页注解41；[德]维尔纳·弗卢梅：《法律行为论》，迟颖译，法律出版社2013年版，第163页。

例3:承诺表示也是须予受领的意思表示,因为要约人必须知道合同是否业已成立、自己是否受合同的约束。[1]

例4:撤销的表示也是须予受领的意思表示。[2]

例5:解除合同的表示也是须予受领的意思表示。[3]

(二)无须予以受领的意思表示

无须予以受领的意思表示,是指无须以他人为相对人而做出的意思表示。对于这种意思表示,任何人均无须就它所引起的新的权利状况做出调整。例如,遗嘱是典型的无须予以受领的意思表示(见德国民法典第2064条及以下、第2247条)。又如,动产所有权的抛弃(德国民法典第959条)、[4]悬赏广告(德国民法典第657条)也是无须予以受领的意思表示。[5]

三、意思表示与事实行为的区别

所谓事实行为,是指无论行为人的意思如何,法律秩序均将之与法律效果联系起来的在法律上有意义的行为。事实行为区别于意思表示的地方在于:意思表示的法律效果之所以发生,是因为它的发生是行为人所意欲的;而事实行为之与法律效果相联系,是不论行为人意欲(希望)与否的。

案例4-5 | 他人画布上的油画

A在属于B的画布上画了一幅油画。

问:这幅油画的所有权属于谁?

答:画布原所有人B对画布的所有权如欲发生变动,原则上需要借助于某一法律行为或事实行为。

德国民法典第950条第1款第1句规定:"以加工或改造的价值不显著小于材料的价值为限,通过加工或改造一件或不止一件材料来制造新动产的人,取得新物的所有权。"这是"确定法律效果的三段论"的大前提。

三段论又叫"三段论法"或"三段论式",是形式逻辑间接推理的基本形式之一,由大前提和小前提推出结论。例如,"凡金属都能导电"(大前提),"铜是金属"

---

[1] Vgl. Brox/Walker, Allgemeiner Teil des BGB, 43. Aufl. 2019, § 4 Rn. 24.

[2] Vgl. Schneider/Hauptmann, AT/BGB – leicht gemacht, 2. Aufl. 2011, S. 32.

[3] Vgl. Klunzinger, Einführung in das Bürgerliche Recht, 16. Aufl. 2013, S. 85.

[4] 德国民法典第959条规定:"动产所有人出于抛弃所有权的意图而放弃对该动产的占有的,该动产成为无主的。"参见《德国民法典》(第5版),陈卫佐译注,法律出版社2020年版,第418页。

[5] Vgl. Medicus, Allgemeiner Teil des BGB, 9. Aufl. 2006, Rn. 259 – 262; Lange, BGB Allgemeiner Teil, 1952, § 37 Ⅲ 4 b. 另见[德]迪特尔·梅迪库斯:《德国民法总论》,邵建东译,法律出版社2000年版,第204~205页。

(小前提),“所以铜能导电”(结论)。[1]

20 世纪德国著名法学家拉伦茨在其名著《法学方法论》1991 年德文第 6 版中有一段关于“确定法律效果的三段论”的论述:[2]

如果构成要件 T 在任何一个事实情况中得以实现,那么就这一事实情况而言,发生法律效果 R(大前提)。

只要构成要件 T 在某一个具体的事实情况 S 中得以实现,那么就 S 而言,发生法律效果 R。

这一特定的事实情况 S 使构成要件 T 得以实现,换言之,事实情况 S 是构成要件 T 的一种“情形”(小前提)。

那么就事实情况 S 而言,发生法律效果 R(结论)。

用形式逻辑的公式来表示就是:

T→R (换言之,就 T 的每一种情形而言,发生 R);

S = T(S 等于 T,是 T 的一种情形);

S→R(就 S 而言,发生 R)。

这就是法学方法论上的“确定法律效果的三段论”。

德国民法典第 950 条第 1 款第 1 句规定了作为事实行为的“加工”的构成要件 T 和法律效果 R,即“确定法律效果的三段论”的大前提(T→R)。A 因这一将画布“加工”成画的事实行为(S = T)而依德国民法典第 950 条第 1 款第 1 句的规定成为新物(油画)的所有人(S→R)。在这里,A 是否意欲这一法律效果发生是无关紧要的。即便 A 不愿意成为油画所有人,或 A 根本没有行为能力(如因患非暂时性精神病而无行为能力),他也依照法律(kraft Gesetzes,在这里是依德国民法典第 950 条第 1 款第 1 句的规定)取得了新物的所有权。[3]

案例 4 - 6 | 被发现的宝藏

X 发现了一件宝藏(如长年遗失,以致失主无法查明的金戒指),并把它拾起。

问:如果 X 想取得宝藏的所有权,他是否必须有取得宝藏所有权的意思?

答:德国民法典第 984 条规定:“长期被隐藏以致不再能查明所有人的物(埋藏物)被发现,且因该发现而被占有的,所有权的一半由发现人取得,另一半由该埋藏物被隐藏于其中的物的所有人取得。”

可见,德国民法典第 984 条规定了作为事实行为的“拾得”的构成要件T和法律

---

〔1〕 参见中国社会科学院语言研究所词典编辑室编:《现代汉语词典》(第 7 版),商务印书馆 2016 年版,第 1121 ~ 1122 页。

〔2〕 Vgl. Larenz, Methodenlehre der Rechtswissenschaft, 6. Aufl. 1991, S. 271.

〔3〕 Vgl. Brox/Walker, Allgemeiner Teil des BGB, 43. Aufl. 2019, § 4 Rn. 26.

效果 R，即“确定法律效果的三段论”的大前提（T→R）。
在本案中，拾得人 X 因“拾得”这一事实行为（S = T）而依德国民法典第 984 条成为该动产的一半的所有人（S→R）。至于 X 是否有取得宝藏所有权的意思则无关紧要。[1]

四、意思表示的生效

意思表示在什么时刻发生效力？原则上，无须予以受领的意思表示在做出时即发生效力，而须予受领的意思表示的生效则以做出和到达为要件。

（一）意思表示的做出

所谓意思表示的“做出”，德文 Abgabe，有“完成”的意思。[2] 梅迪库斯所著《德国民法总论》使用的用语是“发出”。[3] 但德文 Abgabe 在法律上的含义是：表意人做了为使意思表示生效而所须做的一切。[4] 它不仅适用于须予受领的意思表示，而且适用于无须予以受领的意思表示。故称为“做出”比“发出”更为妥帖。[5]

1. 无须予以受领的意思表示的做出

就无须予以受领的意思表示而言，在表意人以可辨认的方式将其意思最终表达出来时，意思表示即为做出，且在此时发生效力。例如，被继承人在自书遗嘱（德国民法典第 2247 条）上签字时，遗嘱即为做成，它所包含的意思表示即为做出。正是由于这一原因，德国立法者认为没有必要就无须予以受领的意思表示的生效时间做出明文规定。

案例 4－7 | 失而复得的爱犬

E 在萨尔州（Saarland）的森林散步时因与人说话，致使爱犬走失而未发觉。他在森林及城市的各处张贴包含以下内容的纸条：“发现我的爱犬并归还于我者将获得 250 欧元。”一个经常在森林里散步的老人发现了这条狗，并认出它是属于 E 的。结果发生了爱犬失而复得的故事。但是，这位老人并没有注意到

---

〔1〕 Vgl. Brox/Walker, Allgemeiner Teil des BGB, 43. Aufl. 2019, § 4 Rn. 24－26; Köhler, BGB Allgemeiner Teil, 43. Aufl. 2019, § 6 Rn. 4－8a.

〔2〕 关于意思表示的做出（Abgabe），参见［德］迪特尔·梅迪库斯：《德国民法总论》，邵建东译，法律出版社 2000 年版，第 203～208 页。但该书的译者邵建东教授将 Abgabe 和另一个德语词 Entäußerung 都译成“发出”。本书作者认为，Abgabe 的意思是“做出”，Entäußerung 的意思才是“发出”。

〔3〕 参见［德］迪特尔·梅迪库斯：《德国民法总论》，邵建东译，法律出版社 2000 年版，第 205 页。

〔4〕 Vgl. Medicus, Allgemeiner Teil des BGB, 9. Aufl. 2006, Rn. 263.

〔5〕 学者郑冲也将 Abgabe 译为“做出”。参见［德］迪特尔·施瓦布：《民法导论》，郑冲译，法律出版社 2006 年版，第 373 页。

上述纸条,也不知道其内容。
问:老人有获得250欧元的请求权吗?
答:从民法上请求权基础的角度来看,本案的问题是那位老人是否对E享有数额为250欧元的报酬请求权。失主张贴含有上述内容的纸条的行为在德国民法典上叫作"悬赏广告",规定于第657条及以下。悬赏广告是无须予以受领的意思表示,所以在意思表示做出的时候(也就是作为悬赏人的失主张贴纸条的时候)就已发生效力了。
德国民法典第657条规定:"以公开广告的方式,对实施某一行为特别是对引起某一结果加以悬赏的人,有义务向已实施该行为的人支付报酬,即便行为人未顾及悬赏广告而实施行为亦然。"本案中的那位老人因实施了悬赏广告所提到的行为而符合了这一法律条文所规定的构成要件,使该法定的法律效果得以发生:失主(悬赏人)有义务向老人支付报酬,"即便行为人未顾及悬赏广告而实施行为亦然"。
结论:老人享有向E请求支付250欧元的报酬请求权。[1]

2. 须予受领的意思表示的做出

对须予受领的意思表示("须以他人为相对人而做出的意思表示")的做出来说,表意人必须将该意思表示朝着受领人的方向发出去,且根据正常情况能够预料它可以到达受领人。只有这样,该意思表示才算被"做出"。

须注意的是,即使须予受领的意思表示被"做出"了,它也还没有发生效力;它的生效还必须加上另一个要件——"到达"。请参阅下文。

(1)对在场者的表示

分为对在场者的口头表示和对在场者的书面表示两种情形。

第一,对在场者的口头表示。如果对在场者的口头表示被以客观上使在场者能够理解该意思的方式表达出来,则该口头表示已被做出。德国民法典将电话表示也视同对在场者的口头表示(见德国民法典第147条第1款第2句)。

例如,A和B同在足球场上观看足球比赛。在球迷们大声叫喊、震耳欲聋的情况下,A向B表示:要终止他们之间的劳动关系。如果B无法理解该表示,则该表示未被做出;只要B客观上能够理解该表示,该表示就被做出了。又如,如果A通过电话向B表达了终止他们之间的劳动关系的表示,则该表示已被做出。但是,如果A拨错了电话号码,以为B在线而向他人表达了该表示,则该表示未被做出。

第二,对在场者的书面表示。如果对在场者的书面表示被递交给了在场者,则它已被做出。表意人仅仅做成了书面文书还不能说他将意思表示朝着受领人的方

〔1〕 Vgl. Köhler, BGB Allgemeiner Teil, 43. Aufl. 2019, § 6 Rn. 9 – 12.

向发出去了。

例如,只要A尚未将通知终止劳动关系的书面表示面交坐在他跟前的B,该表示就未被做出。该书面意思的写就只是准备了意思表示。A可以将写出来的东西收回甚至销毁,从而使通知终止的表示因未被做出而不存在。又如,D偷偷地将V为他开具、但尚未当面交给他的授权委托书拿走。在此情形下,书面文书虽已做成,但意思表示未被做出。再如,一位悲痛欲绝的老伯伯在为其侄子签署了一份书面的保证表示(见德国民法典第765条及以下)之后,昏厥过去了。侄子将这份文件从可怜的老伯伯手中取走并交给了银行。在此情形下,书面文书虽已做成,但意思表示仍然未被做出。[1]

(2)对不在场者的表示

分为对不在场者的口头表示和对不在场者的书面表示两种情形。

第一,对不在场者的口头表示。它可以通过表意人的使者为之。如果表意人对其使者完成了表示并指示使者将该表示传达给受领人,则表意人就为使该表示生效而做了一切。

例如,A对其司机F说,F应开车到B处告诉B,A以法律所准许的下一个期日为终止时间通知终止他与B之间的住房使用租赁关系。如果司机F将A的口信带给了B,A通知终止的表示在他将口信交托给司机F时就被做出了。但这不等于说该意思表示在此时已到达并生效了;如果司机F忘记了A对他的委托,则A通知终止的表示即使已经做出,也因未到达而不发生效力(见德国民法典第130条第1款第1句)。

第二,对不在场者的书面表示。在这种情形下,如果表意人将业已做成的书面文件朝着意思表示受领人的方向发出去,使得在一般情况下能够预料它将到达受领人,则该表示已被做出。[2] 但表意人不经意(不知情或不情愿)而发出的除外,因为此时欠缺行为意思。

例1:表意人自己将信投入信筒里或委托所在机构或家庭中的某个人发送,其中所包含的意思表示始为做出。如果他因为想再斟酌一下而将信放在桌面上,其妻子在擦桌面上的灰尘时看到此信,以为是被忘记邮寄的信而将它投入信筒,则不存在意思表示的做出,因为该表示是在违背表意人意愿的情况下被发送给受领人的。

例2:一位商人所精心准备的订立买卖合同的书面要约被其秘书不小心而在违背其意愿的情况下寄出去了。此时书面的意思表示未被做出。

---

〔1〕 Vgl. Köhler, BGB Allgemeiner Teil, 43. Aufl. 2019, § 6 Rn. 12.

〔2〕 Vgl. BGH NJW 1979, 2032, 2033.

(3)意思表示的做出的法律上意义

意思表示的做出是一个在法律上有意义的问题,因为无须予以受领的意思表示通常在做出时就发生效力了;对须予受领的意思表示来说,做出是其生效要件之一。

就表意人特定资格的存在而言,往往与意思表示被做出的时刻有关,而与意思表示到达的时刻无关。德国民法典第130条第2款规定:“表意人在做出意思表示之后死亡或丧失行为能力的,不影响意思表示的有效性。”(着重号为笔者所加)因此,就表意人的精神状态而言,具有决定性的时刻是意思表示被做出的时刻,而不是意思表示到达的时刻。

案例4-8 | 撤销的表示的有效性是否受影响

K发现自己在与V订立买卖合同的过程中被V所欺骗,遂写信给V,称他依德国民法典第123条因被恶意欺诈而撤销买卖合同。K将包含撤销的表示的信投入邮筒。在回家的路上,K被一辆机动车碾过,因伤势过重而于当天死亡。K的信于第二天才到达V。

问:撤销的表示的有效性是否受影响?

答:在本案中,K依德国民法典第123条因被恶意欺诈而撤销买卖合同的意思表示(简称撤销的表示)是须予受领的意思表示。它在K将信投入邮筒时被做出,但该意思表示在此时并未发生效力。根据德国民法典第130条第1款第1句,须予受领的意思表示在到达不在场的相对人时发生效力。因此,K撤销买卖合同的意思表示在他死亡后的第二天于到达V时发生效力。按照德国民法典第130条第2款第1种情形的规定,即使“表意人在做出意思表示之后死亡”,“意思表示的有效性”也不受影响。[1]

案例4-9 | 通知终止的表示是否已发生效力

根据住房的使用承租人M和使用出租人V签订的使用租赁合同,承租人M有权提前一个月以下个月的月底为终止时间通知终止使用租赁关系。承租人M在3月15日给出租人V写了一封信,表示以4月底为终止时间通知终止使用租赁关系。承租人M在3月22日将信投入信筒。

问:如果承租人M在3月21日已成为非暂时性精神病患者,则通知终止的表示是否已发生效力?如果承租人M在3月23日才成为非暂时性精神病患者,情况又如何?

---

〔1〕 Vgl. Bork, Allgemeiner Teil des Bürgerlichen Gesetzbuchs, 4. Aufl. 2016, Rn. 644.

答:在本案中,承租人M在3月22日将包含通知终止使用租赁关系的意思表示的信投入信筒,该意思表示因此而被做出了。

根据德国民法典第104条第2项,处于不能自由决定意志的非暂时性精神错乱状态的人,是无行为能力人。

如果承租人M在3月21日就已成为非暂时性精神病患者,则M在做出通知终止使用租赁关系的意思表示之前已丧失行为能力,而按照德国民法典第105条第1款,无行为能力人的意思表示无效,故M通知终止使用租赁关系的意思表示无效。

如果承租人M在3月23日(在意思表示做出之后的次日)才成为非暂时性精神病患者,则按照德国民法典第130条第2款第2种情形关于"表意人在做出意思表示之后……丧失行为能力的,不影响意思表示的有效性"的规定,即便通知终止的表示在3月24日才到达也是如此。在此情形下,通知终止的表示已发生效力。[1]

(二)意思表示的到达

1. 到达不在场者

(1)原则

根据德国民法典第130条第1款第1句,须予受领的意思表示在到达不在场的意思表示受领人时发生效力。例如,在表意人撤销某一可撤销法律行为的意思表示(叫作"撤销的表示")的情形下,在该意思表示到达不在场的受领人时,所撤销的法律行为有溯及力地被视为自始无效(德国民法典第142条第1款)。又如,在承诺表示到达不在场的要约人的情形下,合同在此时成立。

那么,什么是到达呢?按照德国民法学说和司法判例的理解,如果意思表示以在交易中通常的方式进入受领人的支配范围(如住宅、营业场所、屋前的信箱),使得受领人在正常情况下有知悉该意思表示的内容的可能性(注意:不等于事实上的知悉),则该意思表示即为到达。[2] 至于受领人是否真的知悉该意思表示的内容,则无关紧要。[3]

例1:表意人写给受领人的包含一个须予受领的意思表示的信,被邮递员投入受领人的信箱。如果受领人在通常情形下有取走和阅读这封信的可能性,则意思表示已到达。但如果邮递员误将这封信投入他人的信箱,则意思表示仍未到达,因

---

〔1〕 Vgl. Medicus, Allgemeiner Teil des BGB, 9. Aufl. 2006, Rn. 263 – 267; Köhler, BGB Allgemeiner Teil, 43. Aufl. 2019, § 6 Rn. 11 – 12; Brox/Walker, Allgemeiner Teil des BGB, 43. Aufl. 2019, § 7 Rn. 1 – 8. 另见徐国建:《德国民法总论》,经济科学出版社1993年版,第95～96页。

〔2〕 Vgl. RG 99, 22; BGH NJW 2004, 1320; BGHZ 137, 205, 208.

〔3〕 Vgl. Lange, BGB Allgemeiner Teil, 1952, § 38 Ⅲ 1 a.

为受领人在通常情形下没有知悉该意思表示的内容的可能性。

例2:在德国的邮局里,通常设有一些专用信箱。如果一封含有意思表示的信在邮局营业时间被投入受领人的专用信箱,则意思表示在此时到达。

例3:如果表意人在受领人所设置的电话录音装置上留言,则意思表示已到达。

例4:在受雇人外出旅游期间,雇主将解雇通知函投入受雇人屋前的信箱内。意思表示在此时到达。

例5:用电子邮件发出的意思表示在受领人营业时间进入受领人的收件箱,并随时有可能被受领人阅读。该意思表示在此时到达。即使受领人不经意地将电子邮件删除,也不能改变意思表示已到达这一事实。

就须向不在场的相对人做出的意思表示的生效而言,具有决定性的是到达而不是知悉;到达意味着有知悉意思表示的内容的可能性。

案例 4-10 | 深夜23时投入信箱的通知终止函:意思表示是否已适时地到达

承租人M想通知终止他与出租人V之间关于某营业场所的使用租赁关系。根据使用租赁合同,通知终止的表示必须最迟在3月31日到达。在这一天,M将通知终止函的内容拟好,但不经意地将它放在一边了,直到31日深夜才回想起这件事来。于是他亲自将通知终止函拿到V的办公室,在23时将它投入V的信箱里。

问:承租人M通知终止的表示是否已适时地到达?

答:根据德国民法典第130条第1款第1句,须予受领的意思表示在到达不在场的意思表示受领人时发生效力。通知终止的表示是须予受领的意思表示,它在到达不在场的受领人时发生效力。在通常情形下,下班以后收到的信件要到第二天早上才被拆开和阅读。本案中的出租人V在深夜23时通常已离开办公室回家。在此情形下,将信投入他的信箱并不意味着他已有知悉信的内容的可能性,而是要等到第二天上班时间开始时才有这种可能性。所以,在通常情形下,承租人M通知终止的表示并未适时地到达。

当然,如果出租人V在深夜24时以前再次到办公室去,恰好发现了这封信,则情况就有所不同。那样,V就例外地有提前知悉信的内容的可能性,意思表示还算适时地到达。[1]

---

〔1〕 Vgl. Musielak, Grundkurs BGB, 8. Aufl. 2003, Rn. 74.

案例 4－11 | 电话录音上的留言

M使用租赁V的一台机器。承租人M想通过电话通知终止使用租赁关系，便在星期五下午往出租人V的营业场所打电话。因将至周末，出租人V已下班，电话无人接听，但安有录音装置。承租人M表示：他想以2月底为终止时间通知终止使用租赁关系。

问：如果通知终止期间在星期五已届满，承租人M可以在2月底终止使用租赁关系吗？

答：根据德国民法典第130条第1款第1句，须予受领的意思表示在到达不在场的意思表示受领人时发生效力。通知终止的表示是须予受领的意思表示，它在到达不在场的受领人时发生效力。

在本案中，承租人M在出租人V设置的电话录音装置上留言，因不是直接通话，不能视同在场者之间的对话，而是不在场者之间的口头表示。该表示发生在出租人V星期五下班之后，因而在通常情形下于星期一早上才到达。但此时通知终止期间已届满，通知终止的表示属于迟延到达，所以承租人M不能在2月底终止使用租赁关系。

(2)例外——撤回的通知先到达相对人或同时到达相对人

即使须予受领的意思表示已到达，但如果撤回的通知先期到达相对人或同时到达相对人，则该意思表示不发生效力（德国民法典第130条第1款第2句）。撤回的通知必须最迟与意思表示同时到达受领人；否则，在撤回的通知晚于意思表示到达受领人的情形下，受领人因信赖已到达他的意思表示的有效性而应受保护。[1]

案例 4－12 | 撤回的通知先期到达相对人

买受人K以书信方式承诺了出卖人V的要约。买受人K刚刚把信投入信筒，另一个人X就向他发出价额低得多的要约。于是买受人K马上给出卖人V发了一份电报，称他的信应作废。电报在当天即已到达，而那封信第二天才被送到。

问：买受人K的承诺表示是否有效？

答：含有买受人K的承诺表示的那封信虽已到达，但因撤回的通知比它早一天到达而不发生效力（德国民法典第130条第1款第2句）。如果电报在那封信到达之后才到达出卖人V，则信中做出的承诺表示仍然有效。

〔1〕 Vgl. Medicus, Allgemeiner Teil des BGB, 9. Aufl. 2006, Rn. 297－300. 另见［德］迪特尔·梅迪库斯：《德国民法总论》，邵建东译，法律出版社2000年版，第224～225页。

案例 4－13 | 撤回的通知同时到达相对人

A 以书面形式向葡萄酒经销商 W 预订了 100 瓶德国摩泽尔河流域出产的名牌葡萄酒。就在同一天，A 就后悔自己所发出的订单了。于是他写信告诉 W，他想撤回订单。第二天，A 的订单和撤回的通知同时到达相对人 W。

问：订单所包含的意思表示是否发生效力？

答：在本案中，撤回的通知与它所涉及的意思表示同时到达相对人 W。根据德国民法典第 130 条第 1 款第 2 句第 2 种情形，订单所包含的意思表示不发生效力。[1]

2. 到达在场者

德国民法典没有关于须予受领的意思表示对在场者发生效力的规定。从德国民法典第 130 条第 1 款所体现的基本思想出发，可以分书面表示和口头表示两种情形进行分析。[2]

(1) 书面表示

对在场者的书面表示在面交受领人时发生效力，因为这样一来，意思表示就进入了受领人的支配范围，使得受领人在通常情形下在这一时刻有知悉表示的内容的可能性。至于受领人是否阅读该书面表示并在事实上知悉它的内容，则对它的生效没有影响。但是，如果书面表示被悄悄地塞入受领人的口袋，则它虽进入了受领人的支配范围，却仍未到达，因为此时受领人在通常情形下并没有知悉表示的内容的可能性。例如，房屋的使用承租人摁响了使用出租人的门铃，并在后者开门时向其面交终止使用租赁关系的通知终止函。通知终止的表示（属于须予受领的意思表示）在该函被面交使用出租人时发生效力。[3]

(2) 口头表示

对在场者的口头表示通常在做出的时刻就发生效力了，因为受领人在这一时刻知悉该意思表示的内容。例如，商店的售货员当着顾客的面发出了关于订立以一瓶“香奈尔”牌法国香水为买卖标的的合同的意思表示（要约）。在售货员的话为顾客所听见并知悉的时刻，该意思表示就已发生效力了。

借助于电话做出的意思表示被视同在场者之间的口头表示（德国民法典第 147 条第 1 款第 2 句）。

---

[1] Vgl. Eisenhardt, Einführung in das Bürgerliche Recht, 4. Aufl. 2004, S. 28.

[2] 参见徐国建：《德国民法总论》，经济科学出版社 1993 年版，第 97 页。

[3] Vgl. Klunzinger, Einführung in das Bürgerliche Recht, 16. Aufl. 2013, S. 89.

案例 4－14 | 重听者的承诺

买受人 K 打电话向出卖人 V 预订 200 吨小麦。V 是一个听觉迟钝的人，将 200 吨理解成了 100 吨，但 K 对此并不知情。V 答应按 K 所提的条件供货。

问：买卖合同是否已成立？

答：在本案中，买卖合同是否已成立，取决于在 V 和 K 之间是否存在以 200 吨小麦为买卖标的、以某一金额为价款的要约和承诺，且这样的要约和承诺均已发生效力。

要约和承诺都是须予受领的意思表示。德国民法典将电话表示视同在场者之间的口头表示（见德国民法典第 147 条第 1 款第 2 句）。

在本案中，买受人 K 通过打电话向出卖人 V 预订 200 吨小麦而向后者发出了一个关于订立以 V 为出卖人、以 K 为买受人，以 200 吨小麦为买卖标的、以某一金额为价款的买卖合同的要约，且买受人 K 的这一要约已到达出卖人 V 并发生效力（德国民法典第 130 条第 1 款第 1 句）。这样一来，买卖合同是否已成立，取决于出卖人 V 是否已无保留地赞同买受人 K 的要约。出卖人 V 答应按买受人 K 所提的条件供货，意味着在要约人 K 看来，受要约人 V 无保留地赞同了 K 的要约。V 的重听（听觉迟钝）是 K 所无法辨认的。V 本来可以再说一遍 K 所预订的数量，以便排除因他自己听觉迟钝而引起的误会，但 V 没有这样做。V 通过答应按 K 所提的条件供货而承诺了 K 的要约，且该要约已发生效力。

结论：买卖合同业已成立。

3. 到达的特别情形

在意思表示系向非完全行为能力人做出的情形下，德国民法典就受领人是无行为能力人和限制行为能力人这两种情形做出了区分。至于意思表示是向在场者还是向不在场者做出的，则无关紧要。

(1) 受领人为无行为能力人

按照德国民法典第 104 条的标准，无行为能力人是指未满 7 岁的人和处于不能自由决定意志的非暂时性精神错乱状态的人。由于他们不具有对意思表示所引起的权利状况进行调整的必要的识别能力，法律要求向他们做出的意思表示必须到达其法定代理人。因此，德国民法典第 131 条第 1 款规定，如果意思表示系对无行为能力人做出的，则它“在到达法定代理人之前不发生效力”。

值得注意的是，无行为能力人（如未满 7 岁的幼童）可以充当表示使者或受领使者。

(2) 受领人为限制行为能力人

限制行为能力人是指已满 7 岁的未成年人（德国民法典第 106 条）。

按照德国民法典第131条第2款第1句，如果意思表示系对限制行为能力人做出的，则它在到达法定代理人之前原则上不发生效力。但这一原则是有例外的。根据德国民法典第131条第2款第2句，如果意思表示使限制行为能力人纯获法律上的利益，或者法定代理人已给予其允许，[1]则该意思表示在到达限制行为能力人时即已发生效力。从立法政策上说，之所以规定这样的例外，是因为未成年人在此种情形下已得到足够的保护。[2]

案例4－15 | 17岁的意思表示受领人

住房的使用承租人M把通知终止使用租赁关系的书面表示交给了17岁的使用出租人V，同时把转让一辆登山自行车的所有权的书面要约也交给了V。

问：这两个意思表示是否已生效？

答：在本案中，17岁的出租人V是限制行为能力人（德国民法典第106条）。承租人M向出租人V做出的通知终止使用租赁关系的书面表示和向V发出的转让登山自行车所有权的书面要约都是须予受领的意思表示（德国民法典的表述是"须以他人为相对人而做出的意思表示"，见德国民法典第130条第1款第1句等）。

所不同的是，承租人M向限制行为能力人V做出的通知终止使用租赁关系的书面表示不是使限制行为能力人V纯获法律上的利益的意思表示，根据德国民法典第131条第2款第1句，它在到达限制行为能力人V的法定代理人之前不发生效力。

相比之下，M向限制行为能力人V发出的转让登山自行车所有权的书面要约则是使限制行为能力人V纯获法律上的利益的意思表示（因为它将给予限制行为能力人V以所有权），根据德国民法典第131条第2款第2句，它在到达限制行为能力人V时发生效力。

案例4－16 | 未成年的受雇人（案情1）

雇主A欲终止他与限制行为能力人B之间的劳动关系，遂向B邮寄了一份书面的解雇通知函。A之所以不直接通知B的父母，是因为A担心B的父母生气。解雇通知函在当天即到达B。

---

〔1〕 允许（Einwilligung）是指事前的同意。见德国民法典第183条第1句的法定定义。

〔2〕 Vgl. Bork, Allgemeiner Teil des Bürgerlichen Gesetzbuchs, 4. Aufl. 2016, Rn. 619－642; Medicus, Allgemeiner Teil des BGB, 9. Aufl. 2006, Rn. 268－296; Brox/Walker, Allgemeiner Teil des BGB, 43. Aufl. 2019, § 7 Rn. 9－25. 关于意思表示的到达，另见［德］迪特尔·梅迪库斯：《德国民法总论》，邵建东译，法律出版社2000年版，第208～223页。

问:解雇通知函何时发生效力?

答:解雇通知函是须予受领的意思表示,即"须以他人为相对人而做出的意思表示"(见德国民法典第130条第1款第1句等)。根据德国民法典第130条第1款第1句,该意思表示原则上在它到达相对人时发生效力。在本案中,该意思表示已到达B。然而,由于该意思表示系以限制行为能力人B为相对人而做出的,它在到达B的法定代理人之前不发生效力(德国民法典第131条第2款第1句)。

尽管如此,如果该意思表示使B纯获法律上的利益(德国民法典第131条第2款第2句第1种情形),或B的父母事前已允许B受领通知终止的表示(德国民法典第131条第2款第2句第2种情形),则该意思表示在到达B时即发生效力。但通知终止的表示显然不是使B纯获法律上的利益的意思表示,且从本案的案情中无法看出B的父母事前已允许B受领通知终止的表示,故德国民法典第131条第2款第2句的第1种情形和第2种情形均不适用。

根据德国民法典第1629条第1款第2句第2半句,"意思表示须以子女为相对人而做出的,向父母一方做出即已足够"。因此,该意思表示在到达B的父母任何一方时发生效力。

案例4-17 | 未成年的受雇人(案情2)

雇主A欲终止他与未成年人B之间的劳动关系,遂向B邮寄了一份书面的解雇通知函。它在当天即到达B。在A与B缔结劳动关系之前,B的父母已授权B在A处从事劳动。

问:解雇通知函何时发生效力?

答:解雇通知函是须予受领的意思表示,原则上在它到达相对人时发生效力。在本案中,该意思表示已到达B。

由于在A与B缔结劳动关系之前,B的父母已作为法定代理人授权未成年人B在A处从事劳动,根据德国民法典第113条第1款第1句,未成年人B有完全行为能力。因此,德国民法典第131条关于意思表示对非完全行为能力人发生效力的规定在本案中不适用。A通知终止劳动关系的意思表示在它到达B时即已发生效力。[1]

4. 表意人死亡或丧失行为能力

如果表意人在做出意思表示之后死亡或丧失行为能力,则根据德国民法典第

〔1〕 Vgl. Bork, Allgemeiner Teil des Bürgerlichen Gesetzbuchs, 4. Aufl. 2016, Rn. 635.

130 条第 2 款，意思表示的有效性不受影响。这是因为：意思的形成在此时已完结，且对表意人之死亡或丧失行为能力可能尚未知悉的受领人也有受保护的需要。故意思表示在它到达受领人时发生效力，且不受表意人在做出意思表示之后死亡或丧失行为能力的影响。例如，如果表意人在做出意思表示之后成为德国民法典第 1896 条第 1 款第 1 句意义上的被照管人，且照管法院已依德国民法典第 1903 条第 1 款第 1 句做出“允许之保留”，即对于涉及照管人职责范围的意思表示，被照管人必须得到照管人的允许（事前的同意），则意思表示的有效性不受影响。[1]

第二节　法律行为

德国民法上的法律行为概念以意思表示为要素。最典型的法律行为是合同。意思表示、法律行为和合同是德国民法上的法律行为学说（Rechtsgeschäftslehre）的三个核心概念，而法律行为学说本身构成了德国民法典总则编的核心部分。

德国已故著名民法学家弗卢梅（Werner Flume，1908～2009 年）指出，形成于 18 世纪的德国法学的法律行为概念以人的行为为上位概念（属概念）；作为一个法律术语的“法律行为”直到 18 世纪末才得以出现。此外，法律行为这一法律术语因海泽（Georg Arnold Heise）出版于 19 世纪初的《共同民法体系基础知识——学说汇纂教科书》（1807 年第 1 版）一书而成为德国法学文献的共同财富。[2]

一、法律行为的概念

（一）学理定义

德国民法典在总则编第 104 条至第 185 条就法律行为做出了一般性规定。但是，德国民法典本身并没有给法律行为下一个法定定义。

按照德国学者比较一致的理解，法律行为（Rechtsgeschäft）是由至少一个意思表示构成的、其所引起的法律效果为当事人所意欲的在法律上有意义的行为。[3]

（二）说明

关于法律行为的定义，需要说明者有三：

首先，包含一个或一个以上意思表示。法律行为必须包含至少一个意思表示。

---

〔1〕 Vgl. Köhler, BGB Allgemeiner Teil, 43. Aufl. 2019, § 6 Rn. 24.

〔2〕 参见［德］维尔纳·弗卢梅：《法律行为论》，迟颖译，法律出版社 2013 年版，第 33～34 页。

〔3〕 Vgl. Köhler, BGB Allgemeiner Teil, 43. Aufl. 2019, § 5 Rn. 5; Brox/Walker, Allgemeiner Teil des BGB, 43. Aufl. 2019, § 4 Rn. 28.

意思表示（以某一法律效果的发生为目的的、私人的意思表达）是法律行为的核心和不可缺少的组成部分。

早在德国民法典公布之前，其第一草案的《立法理由书》就已将意思表示和法律行为几乎作为同义词加以使用。德国民法典第一草案的《立法理由书》对法律行为所下定义是："本草案所称法律行为，系旨在引起某一法律效果的私人的意思表示；依法律秩序，该法律效果之所以发生，乃是因为它是所意欲的。"[1] 正式公布并施行的德国民法典总则编第三章"法律行为"仍然时而使用"意思表示"概念，时而使用"法律行为"概念。这在该章第一节"行为能力"（德国民法典第 104 条至第 113 条）和第二节"意思表示"（德国民法典第 116 条至第 144 条）表现得尤为明显，以致给人以德国立法者有意识地将意思表示和法律行为这两个概念混为一谈的印象。举例来说，德国民法典第 105 条第 1 款规定，"无行为能力人的意思表示无效"，而第 111 条第 1 句则规定，"未成年人未经法定代理人必要的允许而实施的单方法律行为，不生效力"。第 119 条第 1 款是关于意思表示因内容错误和表示错误而可撤销的规定，而第 142 条第 1 款则是关于"可撤销的法律行为"的撤销效果的规定。[2] 德国学者克伦钦格（Eugen Klunzinger）指出，第 142 条第 1 款所称"可撤销的法律行为"严格地说系"可撤销的意思表示"之误。[3]

然而，严格地说，意思表示并不等于法律行为。前者是后者不可缺少的组成部分：有时，法律行为（如撤销、通知终止、悬赏广告、遗嘱）仅仅由一个意思表示构成；但更为常见的情形是，法律行为包含一个以上意思表示。兹分别举例说明之。

例 1：使用租赁合同的通知终止（德国民法典第 542 条及以下）是仅仅由一个意思表示构成的法律行为。

例 2：买卖合同是由出卖人的意思表示和买受人的意思表示构成的双方法律行为。[4]

其次，其法律效果的发生常常有赖于意思表示以外的其他要素。法律行为的法律效果并不总是单单由一个或多个意思表示引起的，经常还必须加上其他要素，如事实行为或行政机关（官署）或法院的协助。

---

〔1〕 Motive zum Entwurf eines Bürgerlichen Gesetzbuches, Bd. Ⅰ, 126. 另见［德］维尔纳·弗卢梅：《法律行为论》，迟颖译，法律出版社 2013 年版，第 26、29 页。

〔2〕 Vgl. Bork, Allgemeiner Teil des Bürgerlichen Gesetzbuchs, 4. Aufl. 2016, Rn. 398–399; Medicus, Allgemeiner Teil des BGB, 9. Aufl. 2006, Rn. 242. 另见［德］迪特尔·梅迪库斯：《德国民法总论》，邵建东译，法律出版社 2000 年版，第 190 页。

〔3〕 Vgl. Klunzinger, Einführung in das Bürgerliche Recht, 16. Aufl. 2013, S. 91.

〔4〕 参见［德］维尔纳·弗卢梅：《法律行为论》，迟颖译，法律出版社 2013 年版，第 30 页。

案例 4-18 | 仅仅有物权法上的处分合同是否已足够

A想向B转让一块手表的所有权,双方达成了关于手表所有权应由所有人A转移给取得人B的合意(成立物权法上的处分合同)。
问:仅仅有物权法上的处分合同是否足以使手表所有权发生转移?
答:根据德国民法典第929条第1句,就动产所有权的转让而言,所有人和取得人必须达成关于所有权应由所有人转移给取得人的合意,所有人还必须将动产交付给取得人。
在本案中,A和B双方仅仅达成关于手表所有权应由所有人A转移给取得人B的合意(成立物权法上的处分合同)是不够的,还必须加上A向B交付手表这一事实行为。换言之,"动产所有权的转让"这一法律行为(德国民法典第929条第1句)由两个意思表示组成(让与人的意思表示和取得人的意思表示的一致=关于动产所有权转移的合意);其法律效果的发生有赖于一个事实行为(交付=直接占有的转移)。[1]

案例 4-19 | 仅仅有结婚的合意是否已足够

今有男女二人欲缔结婚姻,遂达成了关于结婚的合意。
问:该结婚的合意是否足以使婚姻成立?
答:就结婚而言,仅仅有婚约人双方关于结婚的合意(家庭法上的合同)是不够的;他们的意思表示还必须在户籍官员面前做出(德国民法典第1310条第1款第1句),也就是说,必须得到官署的协助才发生结婚的法律效果。[2]

案例 4-20 | 仅仅有关于土地所有权转移的合意是否已足够

V想向K转让一块土地的所有权,双方达成了关于土地所有权应由所有人V转移给取得人K的合意(成立物权法上的处分合同)。
问:仅仅有关于土地所有权转移的合意是否足以使土地所有权发生转移?
答:根据德国民法典第873条第1款和第925条第1款,就土地所有权的转让而言,所有人和取得人必须达成关于土地所有权应由所有人V转移给取得人K的合意,还必须登记于土地登记簿。
在本案中,V和K双方仅仅达成关于土地所有权应由所有人V转移给取得人K的合意(成立物权法上的处分合同)是不够的,还必须将权利的变动登记入

---

〔1〕 参见[德]迪特尔·施瓦布:《民法导论》,郑冲译,法律出版社2006年版,第294页。
〔2〕 Vgl. Brox/Walker, Allgemeiner Teil des BGB, 43. Aufl. 2019, § 4 Rn. 29.

土地登记簿。为此,必须得到作为土地登记处的区法院的协助。换言之,“土地所有权的转让”这一法律行为(德国民法典第 873 条第 1 款和第 925 条第 1 款)由两个意思表示组成(让与人的意思表示和取得人的意思表示的一致 = 关于土地所有权转移的合意),而双方当事人所意欲的法律效果(土地所有权的转移)的发生则有赖于作为土地登记处的区法院的协助。[1]

最后,就有效的法律行为而言,当事人所意欲的法律效果还必须得到法律秩序的认可。法律效果并不因为它为当事人所意欲就必然发生。就有效的法律行为而言,当事人所意欲的法律效果还必须得到法律秩序的认可。如果法律秩序禁止这样的法律效果发生,那么即便当事人有引起法律效果的意思,该法律效果也还是不能发生。

例如,使一方当事人获得暴利的买卖合同无效(德国民法典第 138 条第 2 款)。这样的合同并不引起双方当事人所意欲的法律效果。[2]

(三)与中国民法典第 133 条的民事法律行为法定定义的简单比较[3]

中国民法典第 133 条对“民事法律行为”下了以下法定定义:“民事法律行为是民事主体通过意思表示设立、变更、终止民事法律关系的行为。”该定义与现已废止的《中华人民共和国民法通则》第 54 条的定义相比,[4]在以下四个方面有所改进。首先,民事法律行为不再被限定为“合法行为”,换言之,民事法律行为不再以合法性为要件。这样一来,中国民法典中的民事法律行为的外延有所扩张,既包括有效的民事法律行为,也包括无效、可撤销和效力待定的民事法律行为。有效的民事法律行为通常必须是合法的民事法律行为,[5]而无效的民事法律行为和可撤销的民事法律行为则可能是非法的民事法律行为。其次,民事法律行为的实施者是作为民事法律关系的参与者、民事权利的享有者、民事义务的履行者和民事责任的承担者的“民事主体”,[6]包括自然人、法人和非法人组织。相对于《中华人民共和国民法通则》第 54 条所称“公民或者法人”,作为民事法律行为实施者的“民事主体”在外延上更为全面,在表述上更为科学、准确。据此,非民事主体所实施的行为不是民

---

〔1〕 Vgl. Bork, Allgemeiner Teil des Bürgerlichen Gesetzbuchs, 4. Aufl. 2016, Rn. 400.

〔2〕 Vgl. Brox/Walker, Allgemeiner Teil des BGB, 43. Aufl. 2019, § 4 Rn. 30. 另见徐国建:《德国民法总论》,经济科学出版社 1993 年版,第 78 ~ 79 页。

〔3〕 参见陈卫佐:《〈民法总则〉中的民事法律行为——基于法律行为学说的比较法分析》,载《比较法研究》2017 年第 4 期。

〔4〕 原《中华人民共和国民法通则》第 54 条规定:“民事法律行为是公民或者法人设立、变更、终止民事权利和民事义务的合法行为。”

〔5〕 《中华人民共和国民法典》第 143 条第 3 款所规定的民事法律行为的第三个一般性有效条件是“不违反法律、行政法规的强制性规定,不违背公序良俗”。

〔6〕 参见李适时:《民法总则是确立并完善民事基本制度的基本法律》,载《中国人大》2017 年第 7 期。

事法律行为。[1] 再次,就民事主体所希望发生的法律效果而言,民事法律行为是民事主体意欲设立、变更或终止民事法律关系的行为。在这里,民事主体通过意思表示设立、变更或终止的客体是民事法律关系。尽管民事法律关系往往以民事权利和民事义务为内容,二者在这一点上并无本质上的不同,但中国民法典第 133 条的表述“民事法律关系”比《中华人民共和国民法通则》第 54 条的表述“民事权利和民事义务”更为妥当。最后,也是最重要的,中国民法典第 133 条的“民事法律行为”定义以意思表示为基础,强调了民事法律行为的核心要素是意思表示,而《中华人民共和国民法通则》第 54 条的“民事法律行为”定义则没有强调民事法律行为的核心要素是意思表示。总之,虽然《中华人民共和国民法通则》中的“民事法律行为”表述被中国民法典沿用了下来,但其内涵和外延均发生了变化。

中国民法典第 133 条的“民事法律行为”法定定义与德国民法典上的法律行为有近似之处。法律行为在德国民法上有其特定含义,德国民法学者一提到法律行为,就明白它是一个民法概念,故从不在“法律行为”前面加上“民事”二字。鉴于“法律行为”这一术语被引入中国立法和司法实践以来,也被运用于其他法律部门或法学领域,如刑法领域的刑事法律行为、行政法领域的行政法律行为,[2] 在本书作者看来,于准确地揭示内涵和界定外延的前提下,采用“民事法律行为”的称谓也未尝不可。

二、法律行为的构成要件与有效性要件

法律行为的构成要件与法律行为的有效性要件是有区别的。

如果某一行为不具备或不完全具备法律行为的构成要件,那它尚不是法律行为。而一个在构成要件方面满足了法律行为的要求的行为要想引起当事人所意欲的法律效果,则需要具备附加的有效性要件,如当事人的行为能力、法定代理人的同意、一定形式的遵守(如土地买卖合同必须做成公证证书,德国民法典第 311b 条第 1 款第 1 句)等。举例来说,如果土地买卖合同双方当事人不依德国民法典第 311b 条第 1 款第 1 句将土地买卖合同做成公证证书,则虽然从构成要件来看存在着一个双方法律行为(土地买卖合同),但它并不能引起双方当事人所意欲的法律效果,因为根据德国民法典第 125 条第 1 句,它因欠缺法律所规定的形式而无效。

---

〔1〕 例如,法院所做出的判决或裁定、行政机关所做出的处罚决定不属于民事法律行为。参见石宏主编:《中华人民共和国民法总则条文说明、立法理由及相关规定》,北京大学出版社 2017 年版,第 319 页。

〔2〕 参见李适时主编:《中华人民共和国民法总则释义》,法律出版社 2017 年版,第 414 ~415 页。

案例 4-21 | 买卖合同是否已成立

二手汽车所有人 A 向 B 发出了关于订立以该二手汽车为标的、以 3000 欧元为价款的买卖合同的要约。B 对此并未完全接受,而是说:"我愿意买你的车,但只愿意出 2500 欧元。"

问:买卖合同是否已成立?

答:买卖合同是否已成立,取决于在 A 和 B 之间是否存在以那辆二手汽车为买卖标的、以 3000 欧元为价款的要约和承诺,且这样的要约和承诺均已发生效力。在本案中,A 向 B 发出了旨在订立以 A 为出卖人、以 B 为买受人,以那辆二手汽车为买卖标的、以 3000 欧元为价款的要约,但 B 对 A 的要约的"承诺"是在对原要约进行变更的情况下做出的,应视为 B 拒绝了 A 的原要约,连同发出了一个关于订立以该二手汽车为标的、以 2500 欧元为价款的买卖合同的新要约(德国民法典第 150 条第 2 款)。根据德国民法典第 146 条第 1 种情形,A 的原要约因被拒绝而消灭,故买卖合同尚未成立。在此情形下,由于欠缺法律行为(买卖合同)的构成要件,法律行为尚不存在。[1]

法律行为的构成要件与法律行为的有效性要件的上述区别是有意义的,因为有时法律行为的有效性瑕疵可以被补正(如德国民法典第 311b 条第 1 款第 2 句、第 518 条第 2 款和第 766 条第 3 句),而法律行为的构成要件则不可补正。[2]

三、法律行为与准法律行为及事实行为的区别

(一)与准法律行为的区别

准法律行为是依照法律规定引起某一法律效果的在法律上有意义的表示,如催告、通知、期间的指定。

虽然准法律行为和法律行为都包含表示,且都是在法律上有意义的,但准法律行为区别于法律行为的地方在于:准法律行为的法律效果是依照法律规定发生的,无须由当事人将相应的法律效果意思表达出来。[3]

案例 4-22 | 债权人的信所包含的表示是否是法律行为

债权人 G 对其债务人 S 享有一项因买卖合同而发生的数额为 800 欧元的价款支付请求权。清偿期到来之后许久,由于 S 迟迟不支付该价款,G 写信给 S,要求 S 尽快支付早已到期的 800 欧元欠款,否则将采取法律上的步骤。

〔1〕 Vgl. Köhler, BGB Allgemeiner Teil, 43. Aufl. 2019, § 5 Rn. 6.
〔2〕 Vgl. Bork, Allgemeiner Teil des Bürgerlichen Gesetzbuchs, 4. Aufl. 2016, Rn. 404-405.
〔3〕 Vgl. Köhler, BGB AT kompakt, 3. Aufl. 2012, § 5 Rn. 7.

问:债权人G的这封信所包含的表示是否是法律行为?

答:G给赖账者S写信的目的是希望后者支付欠款。这封信包含着一个在法律上有意义的表示,它实际上是德国民法典第286条第1款第1句所称"债权人在清偿期到来后所为的催告",其法律效果是使债务人陷入迟延,并承担更为严格的责任(如支付所欠金额的迟延利息和向债权人赔偿损害,德国民法典第280条、第286条及以下)。但这些法律效果是依照法律规定发生的,无须由G表达出来。G并没有说"我想让你陷于迟延",而只是表达了"我希望你尽速清偿债务"这一意愿。"债务人迟延"及一系列法律效果之所以发生,并不是因为债权人希望它们发生,而是因为法律将它们与"债权人在清偿期到来后所为的催告"联系起来,即便它们不是债权人所意欲的亦然。可见,催告并不是法律行为,而是准法律行为。[1]

最典型的准法律行为是与请求权或法律关系有关的表示,特别是催告、通知、期间的指定以及警告。

催告的例子如:德国民法典第108条第2款第1句和第177条第2款第1句所规定的关于追认的催告,第264条第2款所规定的债务人在指定适当期间的情况下要求债权人做出选择的催告,第286条第1款第1句所规定的债权人在清偿期到来后所为的催告,第415条第2款第2句所规定的债务人或第三人在指定期间的情况下要求债权人做出关于追认的表示的催告,第451条第1款第2句所规定的买受人要求利害关系人之一做出追认的表示的催告,第516条第2款第1句所规定的给予人在指定适当期间的情况下要求相对人做出受领的表示的催告。

通知的例子如:德国民法典第149条第2句、第170条、第171条第1款、第374条第2款第1句、第409条第1款第1句、第410条第2款、第411条第1句、第415条第1款第2句、第416条第1款第1句、第469条、第536c条、第566e条、第650条第2款、第655条第2句、第673条第2句、第692条第2句、第703条第1句、第1220条第2款、第1280条。

期间的指定的例子如:德国民法典第281条第1款第1句、第323条第1款。

警告的例子如:德国民法典第384条第1款、第1220条第1款第1句。

在所涉表示的目的、特点以及利益状况准许的范围内,关于法律行为的规定(德国民法典第104条至第185条)类推适用于准法律行为。例如,德国民法典第286条第1款第1句所规定的债权人在清偿期到来后所为的催告就可以类推适用关于行为能力的规定(德国民法典第104条及以下)。据此,无行为能力人(如6岁的儿童)的催告无效(类推适用德国民法典第105条第1款);限制行为能力人(满7

[1] Vgl. Bork, Allgemeiner Teil des Bürgerlichen Gesetzbuchs, 4. Aufl. 2016, Rn. 413.

岁的未成年人,德国民法典第106条)的催告则有效,因为催告只会给限制行为能力人带来法律上的利益(类推适用德国民法典第107条)。[1]

(二)与事实行为的区别

前已述及,事实行为是指无论行为人的意思如何,法律秩序均将之与某一法律效果联系起来的在法律上有意义的行为。事实行为是在法律上有意义的行为,从而不同于其他事实上的行为方式,如贺卡的发出。

法律行为、准法律行为均区别于事实行为,因为事实行为不包含任何表示。属于事实行为的有:占有的设立、占有的转移、占有的抛弃、拾得(德国民法典第965条)、埋藏物的发现(德国民法典第984条),以及动产的附合、混合、加工(德国民法典第946条至第950条)。

案例4-23 | 面包的所有权属于谁

U用属于E的面粉烘烤了一些面包。

问:这些面包的所有权属于谁?面粉所有权的命运如何?

答:德国民法典第950条第1款第1句规定:"以加工或改造的价值不显著小于材料的价值为限,通过加工或改造一件或一件以上材料制作新动产的人,取得新物的所有权。"

U因将面粉"加工"成面包的事实行为而依德国民法典第950条第1款第1句成为新物(面包)的所有人。在这里,U是否意欲这一法律效果发生是无关紧要的。即便U不愿意成为面包所有人,他也依照法律(kraft Gesetzes,在这里是依德国民法典第950条第1款第1句的规定)取得所有权。

德国民法典第950条第2款规定:"在新物的所有权被取得时,现存于材料上的权利消灭。"因此,在面包所有权被U取得时,原先存在于面粉上的所有权消灭。这样一来,面粉所有人E成为因德国民法典第951条第1款而"遭受权利丧失的人",但根据德国民法典第951条第1款,E可以依关于返还不当得利的规定,向U("因发生权利变更而受利益的人")请求金钱补偿。

原则上,关于法律行为的规定不适用于事实行为,也不类推适用于事实行为。但一部分德国民法学者,如慕尼黑大学荣休教授克勒(Helmut Köhler)认为:事实行

---

[1] Vgl. Bork, Allgemeiner Teil des Bürgerlichen Gesetzbuchs, 4. Aufl. 2016, Rn. 277, 412 – 421; Medicus, Allgemeiner Teil des BGB, 9. Aufl. 2006, Rn. 195 – 201; Palandt – Ellenberger, BGB, 69. Aufl. 2010, Überblick vor § 104 Rn. 6 – 8. 关于准法律行为,另见[德]迪特尔·施瓦布:《民法导论》,郑冲译,法律出版社2006年版,第343页;[德]迪特尔·梅迪库斯:《德国民法总论》,邵建东译,法律出版社2000年版,第159~164页。

为也可能成为某一法律行为的组成部分。例如，德国民法典第929条第1句所规定的“动产所有权的转让”这一法律行为就是由“关于动产所有权应转移的合意”（两个意思表示）和交付（事实行为）组成的。[1] 此外，即便是无行为能力人也可以实施事实行为。[2]

案例4－24 | 拾得人的赏钱

6岁孩童A发现了一枚金戒指并给成年人E看了这枚金戒指。E从A手中把金戒指拿过来，并把A带到了拾得物管理处。

问：A是否享有拾得人赏钱请求权？

答：A是否享有拾得人赏钱请求权，取决于A是否满足了关于拾得人赏钱请求权的法律规范的构成要件。根据德国民法典第971条第1款第1句、第2句，拾得人对受领权人享有赏钱请求权。拾得人的赏钱，在物的价值不超过500欧元时，为物的价值的5%；超过500欧元时，为所超价值的3%；在动物的情形下为3%。

就本案而言，关键在于A是否是拾得人。由案情可知，A确实是法律意义上的拾得人。至于A系无行为能力人（德国民法典第104条第1项）则无关紧要。

结论：6岁孩童A因拾得而依照德国民法典第971条第1款第1句、第2句的规定享有拾得人赏钱请求权。[3]

四、法律行为的类型

根据不同的标准，可以将法律行为做不同的分类。[4]

（一）单方法律行为（单独法律行为）与多方法律行为

根据法律行为所包含的意思表示的数量，可以将其划分为单方法律行为（单独法律行为）与多方法律行为。

1. 单方法律行为（单独法律行为）

单方法律行为，也叫单独法律行为、一方的法律行为，是只包含一个意思表示的法律行为。

---

〔1〕 Vgl. Köhler, BGB AT kompakt, 3. Aufl. 2012, Rn. 5.

〔2〕 Vgl. Palandt－Ellenberger, BGB, 69. Aufl. 2010, Überblick vor § 104 Rn. 9－10; Bork, Allgemeiner Teil des Bürgerlichen Gesetzbuchs, 4. Aufl. 2016, Rn. 407－411.

〔3〕 Vgl. Köhler, BGB Allgemeiner Teil, 43. Aufl. 2019, § 5 Rn. 7.

〔4〕 Vgl. Medicus, Allgemeiner Teil des BGB, 9. Aufl. 2006, Rn. 202. 另见［德］迪特尔·梅迪库斯：《德国民法总论》，邵建东译，法律出版社2000年版，第165页；［德］维尔纳·弗卢梅：《法律行为论》，迟颖译，法律出版社2013年版，第158～178页。

继续性债务关系（如使用租赁合同、用益租赁合同、雇佣合同、劳动合同、民事合伙）的通知终止（如德国民法典第542条第1款关于一方当事人有权依照法律规定通知终止使用租赁关系的规定、第568条第1款关于通知终止使用租赁关系必须使用书面形式的规定、第620条第2款关于一方当事人有权通知终止雇佣关系的规定）、[1]撤销（德国民法典第119条及以下、第142条及以下，特别是第143条第1款）、抵销、意定代理权的授予（德国民法典第167条）、[2]合同的解除（德国民法典第346条及以下）、[3]遗嘱的设立（德国民法典第2229条及以下）、悬赏广告（德国民法典第657条）、无主动产的先占（德国民法典第958条第1款）、动产所有权的抛弃（德国民法典第959条）以及捐助行为（德国民法典第81条）等，均属于单方法律行为。

所不同的是，有些单方法律行为所包含的意思表示须予受领，如通知终止的表示、撤销的表示（德国民法典第143条第1款）、解除合同的表示（德国民法典第349条[4]）都是须予受领的意思表示；[5]而另一些单方法律行为（如遗嘱的设立、悬赏广告、动产所有权的抛弃和捐助行为）所包含的意思表示则无须予以受领。[6] 兹举两个例子如下：

例1：住房的使用承租人在法律所准许的期限内向使用出租人通知终止使用租赁关系。仅在通知终止的表示不但被做出而且到达使用出租人（意思表示的受领人）时，"通知终止"这一单方法律行为始发生终止使用租赁关系（属于继续性债务关系）的法律效果。至于相对人是否赞同该法律效果的发生则无关紧要，且就该法律效果的发生而言，相对人无须予以协助。

例2：就遗嘱的设立这一单方法律行为而言，只需有立遗嘱人亲笔书写并签名的意思表示，即可引起立遗嘱人以该法律行为所追求的处理遗产的法律效果（德国民法典第2247条第1款）。[7]

案例4-25 | 使用租赁关系的特别的、即时的通知终止

住房的使用出租人V由于使用承租人M屡屡在晚上发出严重的扰人声音而向M特别地、即时地通知终止使用租赁关系。

---

〔1〕 Vgl. Schneider/Hauptmann, AT/BGB – leicht gemacht, 2. Aufl. 2011, S. 27.

〔2〕 参见[德]维尔纳·弗卢梅：《法律行为论》，迟颖译，法律出版社2013年版，第160页。

〔3〕 Vgl. Creifelds Rechtswörterbuch, 23. Aufl. 2019, S. 1219 – 1220.

〔4〕 德国民法典第349条规定："合同的解除，以对另一方当事人的表示为之。"

〔5〕 参见本书作者为德国民法典第39条第2款、第143条第1款、第349条所做注解。分别见于《德国民法典》（第5版），陈卫佐译注，法律出版社2020年版，第16、52、142页的注解。

〔6〕 Vgl. Palandt – Ellenberger, BGB, 69. Aufl. 2010, Überblick vor § 104 Rn. 11.

〔7〕 Vgl. Medicus, Grundwissen zum Bürgerlichen Recht, 6. Aufl. 2004, Rn. 33; Musielak, Grundkurs BGB, 8. Aufl. 2003, Rn. 31, Fn. 39.

问:V是否有权这样做?其法律效果如何?V的通知终止是怎样一种法律行为?

答:德国民法典第543条第1款第1句规定:“合同当事人任何一方可以由于重大原因,特别地、即时地通知终止使用租赁关系。”鉴于使用承租人M屡屡在晚上发出严重的扰人声音,构成了德国民法典第543条第1款第2句所定义的“重大原因”,所以使用出租人V有权特别地、即时地通知终止使用租赁关系。此种通知终止是特别的,因为它是由于重大原因而进行的;它也是即时的,因为它发生令使用租赁关系立即终止的法律效果。[1]

V通知终止使用租赁关系的表示是须予受领的意思表示。根据德国民法典第130条第1款第1句的规定,仅在它不但被做出而且到达M时,始发生效力。于是,在V通知终止使用租赁关系的表示到达M时,作为单方法律行为的“特别的、即时的通知终止”发生令使用租赁关系立即终止的法律效果。至于相对人M是否赞同该法律效果的发生则无关紧要,且就该法律效果的发生而言,M无须予以协助。

案例4-26 | 被抛弃的烟斗

决心戒烟的D打算抛弃其烟斗,遂在回家的路上将其烟斗扔进路边的一只垃圾桶。

问:D实施了什么样的法律行为?

答:在本案中,烟斗(动产)所有人D出于抛弃所有权的意图而将烟斗扔进路边的一只垃圾桶,从而放弃了对作为动产的烟斗的占有。根据德国民法典第959条,所发生的法律效果是:烟斗已成为无主物。

D的行为是在法律上有意义的行为,在民法上叫作“动产所有权的抛弃”。就上述法律效果的发生而言,只需原所有人D在放弃对烟斗的占有时表示不再愿意做烟斗所有人即可,无须任何人予以协助,也无须为任何人所知悉。该表示是无须予以受领的意思表示,是没有相对人的。它导致D失去烟斗所有权,并使烟斗成为无主物。

因此,D所实施的行为是只包含一个无须予以受领的意思表示的单方法律行为。[2]

2. 多方法律行为

多方法律行为是指包含不少于两个意思表示的法律行为。合同、共同行为及

[1] 参见《德国民法典》(第5版),陈卫佐译注,法律出版社2020年版,第221页,注解87。

[2] Vgl. Bork, Allgemeiner Teil des Bürgerlichen Gesetzbuchs, 4. Aufl. 2016, Rn. 424-429.

决议均属于多方法律行为。[1] 其中,最重要的多方法律行为是合同。

(1)合同

合同是由至少两个权利主体所做出的相互且一致的意思表示(要约和承诺)构成的多方法律行为。[2] 例如,买卖合同(德国民法典第433条及以下)、使用租赁合同(德国民法典第535条及以下)、雇佣合同(德国民法典第611条及以下)和劳动合同(德国民法典第611a条)都是合同。

例如,A向B表示:"您可以出20000欧元购买我的'速腾'(Sagitar)牌汽车。"这是一个旨在订立买卖合同的要约。B说:"我以20000欧元向您买下它。"这是对要约的承诺。买卖合同因这两个意思表示而成立,且发生双方当事人所意欲的权利义务(德国民法典第433条第1款和第2款)。

须注意的是,合同的每一方当事人均可由一人以上组成。

(2)共同行为

共同行为是由至少两个权利主体所做出的对准同一目标的、平行且一致的意思表示构成的法律行为。与合同不同的是,在共同行为的情形下,所做出的是对准同一目标的、平行且一致的意思表示,而不是将一致的、相互的表示加以交换。

例如,以各自名义共同租赁了住房的夫妇M和F想通知终止住房的使用租赁关系,他们每人各向出租人做出了一个通知终止的表示,他们的行为属于共同行为。又如,设立社团的行为也是共同行为。

须指出的是,德国学者对于共同行为的归属问题的看法并不一致。布罗克斯(Hans Brox,1920～2009年)和瓦尔克(Wolf－Dietrich Walker)、[3] 弗卢梅(Werner Flume)、许布纳(Hübner)、克伦钦格等认为共同行为是多方法律行为。本书作者赞同此说。拉伦茨、沃尔夫(Manfred Wolf)、克勒等认为共同行为是单方法律行为。汉堡大学教授博尔克(Reinhard Bork)则认为共同行为既不是多方法律行为,也不是单方法律行为,而是自成一类的。[4]

(3)决议

决议是在人的联合体(如合伙、社团)中,多个人所做出的同样的意思表示。例如,在某足球协会所做出的一项关于修改协会章程的决议中,成员A的意思表示

---

〔1〕 Vgl. Medicus, Allgemeiner Teil des BGB, 9. Aufl. 2006, Rn. 202－206; Köhler, BGB Allgemeiner Teil, 43. Aufl. 2019, § 5 Rn. 9; Brox/Walker, Allgemeiner Teil des BGB, 43. Aufl. 2019, § 4 Rn. 31－34. 关于单方法律行为、多方法律行为,另见[德]迪特尔·梅迪库斯:《德国民法总论》,邵建东译,法律出版社2000年版,第165～167页;徐国建:《德国民法总论》,经济科学出版社1993年版,第80～81页;黄立:《民法总则》,中国政法大学出版社2002年版,第196～198页;龙卫球:《民法总论》(第2版),中国法制出版社2002年版,第433～436页。

〔2〕 Vgl. Köhler, BGB AT kompakt, 3. Aufl. 2012, Rn. 3.

〔3〕 Vgl. Brox/Walker, Allgemeiner Teil des BGB, 43. Aufl. 2019, § 4 Rn. 33.

〔4〕 Vgl. Bork, Allgemeiner Teil des Bürgerlichen Gesetzbuchs, 4. Aufl. 2016, Rn. 430.

是:“我赞成修改足球协会的章程。”成员 B、成员 C 的意思表示也分别是:“我赞成修改足球协会的章程。”可见,在该项决议中,成员 A、B、C 的意思表示是一致的。

决议的目的通常在于调整人的联合体成员彼此间的内部关系。值得注意的是,有时合伙合同、社团章程规定,决议无须全体一致赞成,而只需多数决即已足够。在此情形下,决议只需达到必要的多数即有约束力,并不需要所有意思表示均一致。这是决议区别于合同和共同行为的地方。兹举数例说明之。

例 1:一个射击社团的成员大会以多数票通过了关于购置新的社团旗帜的决议。如果社团章程规定在这种情形下决议必须获得出席成员的多数的赞成票,则在社团内部,所做出的决议对投票反对购置新旗帜或投弃权票的成员也有约束力。[1]

例 2:如果一个社团以必要的多数票通过了一项关于提高会费的决议,则反对该项决议的人也必须缴纳提高了的会费。他们唯有退出社团才能免于受该项决议约束。[2]

例 3:一个社团的社员大会以必要的多数(见德国民法典第 32 条第 1 款第 3 句、第 40 条)选任了董事会(见德国民法典第 27 条第 1 款)。这一决议对全体社员均有约束力,即便是那些投反对票的社员亦然。[3]

(二)生前法律行为与死因法律行为

根据法律行为的效果是否在生者之间发生,可以将法律行为划分为生前法律行为与死因法律行为。

生前法律行为(Rechtsgeschäfte unter Lebenden),是指其法律效果在生者之间发生的法律行为。

死因法律行为(Rechtsgeschäfte von Todes wegen),是指某人用来就其死亡的情形做出安排且在该人死亡时才发生法律效果的法律行为。在外延上,死因法律行为包括单方的(单独的)死因法律行为(如遗嘱,又叫“终意处分”,见德国民法典第 1937 条、第 2064 条及以下)和双方的死因法律行为(如继承合同,见德国民法典第 1941 条、第 2274 条及以下;关于抛弃法定继承权的合同,[4] 见德国民法典第 2346 条第 1 款第 1 句、第 2347 条第 2 款、第 2348 条)。死因法律行为在被继承人生前对之没有约束力,因而不妨碍被继承人以生前法律行为处分其财产(某人所拥有的一切具有金钱价值的权利的总称)。德国民法典第 2286 条规定:“被继承人以生前法

---

[1] Vgl. Brox/Walker, Allgemeiner Teil des BGB, 43. Aufl. 2019, § 4 Rn. 34.

[2] Vgl. Köhler, BGB Allgemeiner Teil, 43. Aufl. 2019, § 5 Rn. 9.

[3] Vgl. Musielak, Grundkurs BGB, 8. Aufl. 2003, Rn. 87; Faust, Bürgerliches Gesetzbuch Allgemeiner Teil, 1. Aufl. 2005, S. 76ff; Zerres, Bürgerliches Recht, 5. Aufl. 2005, S. 132.

[4] 参见[德]维尔纳·弗卢梅:《法律行为论》,迟颖译,法律出版社 2013 年版,第 171 页。

律行为处分其财产的权利,不因继承合同而受限制。”[1]

(三)财产法上的法律行为和人法上的法律行为

根据法律行为究竟与一个人的财产还是人自身密切相关,可以将其划分为财产法上的法律行为和人法上的法律行为。

财产法上的法律行为是与一个人的财产密切相关的法律行为,如买卖合同(德国民法典第433条及以下)、使用租赁合同(德国民法典第535条及以下)、动产所有权的转让(德国民法典第929条)和质权的设定(德国民法典第1205条)。

人法上的法律行为是与人自身密切相关的法律行为,特别是改变人的身份的法律行为,如订婚(德国民法典第1297条及以下)、结婚(德国民法典第1310条)、父亲身份的认领(德国民法典第1592条第2项、第1594条)。德国民法典总则编的规定原则上也适用于这些法律行为。由于这些法律行为具有深刻的效力,它们多半为了法的安定性和法的明晰性而必须适用特别规定。其典型特征是:使用严格的形式,不得附条件和附期限,高度的个人化以及较强的持久力。例如,婚姻的缔结固然是一种合同,但结婚必须遵循特定的形式,且不得附条件和附期限,只能是高度个人化的(如不得由代理人代为结婚),且具有较强的持久力(如不得因错误而撤销,见德国民法典第1311条、第1314条)。[2]

(四)有偿法律行为与无偿法律行为

根据法律行为是否具有交换目的并约定对待给付,可以将法律行为划分为有偿法律行为与无偿法律行为。

有偿法律行为具有交换目的并约定对待给付。买卖合同(德国民法典第433条)、互易合同(德国民法典第480条)、使用租赁合同(德国民法典第535条)、用益租赁合同(德国民法典第581条)、雇佣合同(德国民法典第611条第1款)、劳动合同(德国民法典第611a条)、承揽合同(德国民法典第631条)、有偿事务处理合同(德国民法典第675条)和合伙合同(德国民法典第705条)均属于有偿法律行为。例如,因买卖合同,出卖人有义务转让买卖物所有权并交付(德国民法典第433条第1款第1句),买受人有义务支付价款(德国民法典第433条第2款)。双方当事人所约定的给付处于一种相互对待的关系中:一方之担负给付义务是为了换取另一方的对待给付。可见,买卖合同是典型的有偿法律行为。

相比之下,赠与(德国民法典第516条第1款)、使用借贷(德国民法典第598条)、被无偿地承担的寄托(德国民法典第689条、第690条)和委托(德国民法典第

---

[1] Lange, BGB Allgemeiner Teil, 1952, § 41 Ⅱ 3; Köhler, BGB Allgemeiner Teil, 43. Aufl. 2019, § 5 Rn. 10. 另见徐国建:《德国民法总论》,经济科学出版社1993年版,第81页。

[2] Vgl. Bork, Allgemeiner Teil des Bürgerlichen Gesetzbuchs, 4. Aufl. 2016, Rn. 442 – 443; Köhler, BGB Allgemeiner Teil, 43. Aufl. 2019, § 5 Rn. 11. 另见徐国建:《德国民法总论》,经济科学出版社1993年版,第81~82页。

662 条)等法律行为则不具有交换目的,且不约定对待给付,因而属于无偿法律行为。

划分有偿法律行为与无偿法律行为的意义在于,法律有时包含着对无偿法律行为的不同于一般标准的价值判断。例如,担负无偿给付义务的人(如赠与人、使用借贷的贷与人、无偿地承担寄托的受寄人)的责任范围常常较小(见德国民法典第 521 条、第 599 条、第 690 条等)。[1]

(五)负担行为与处分行为[2]

根据法律行为在效果上是否使某人担负给付义务,可将法律行为划分为负担行为与处分行为。[3] 这是一种对整部德国民法典均具有重要意义的划分法。

1. 负担行为的概念

所谓"负担行为"(Verpflichtungsgeschäft),也称"使人担负给付义务的法律行为",在许多中文著作中也被称为"债权行为",是使某人担负给付义务并因此而为他人创设一项或多项给付请求权的法律行为。

可见,负担行为使一方当事人担负给付义务,同时赋予对方当事人以一项或多项给付请求权。此种给付请求权和给付义务构成了德国民法典第 241 条第 1 款意义上的(广义的)债务关系。给付义务和给付请求权犹如一枚硬币的两面:一方当事人有义务给付的,恰恰是另一方当事人有权利请求的;[4] 该方当事人有权利请求的,恰恰是他方当事人有义务给付的。

债法上的合同,如买卖合同(德国民法典第 433 条第 1 款、第 2 款)、赠与合同(德国民法典第 516 条第 1 款)、使用租赁合同(德国民法典第 535 条第 1 款、第 2 款)、使用借贷合同(德国民法典第 598 条)等,均属于负担行为。

应注意的是,虽然负担行为大量存在于债法领域,但并不是所有负担行为都存在于债法领域。例如,扶养合同(德国民法典第 1585c 条)是家庭法领域的负担行为;而遗产买卖(德国民法典第 2371 条)则是继承法领域的负担行为。

---

[1] Vgl. Bork, Allgemeiner Teil des Bürgerlichen Gesetzbuchs, 4. Aufl. 2016, Rn. 490 – 492. 另见[德]卡尔·拉伦茨:《德国民法通论》,王晓晔等译,法律出版社 2003 年版,第 446 ~ 448 页。

[2] 本书作者关于处分行为的主要论述已发表在陈卫佐:《处分行为理论之正本清源》,载《政治与法律》2015 年第 7 期。

[3] Vgl. Bork, Allgemeiner Teil des Bürgerlichen Gesetzbuchs, 4. Aufl. 2016, Rn. 445 – 458; Medicus, Allgemeiner Teil des BGB, 9. Aufl. 2006, Rn. 207 – 209; Köhler, BGB Allgemeiner Teil, 43. Aufl. 2019, § 5 Rn. 12 – 17; Brox/Walker, Allgemeiner Teil des BGB, 43. Aufl. 2019, § 5 Rn. 1 – 11. 关于负担行为与处分行为,另见[德]迪特尔·梅迪库斯:《德国民法总论》,邵建东译,法律出版社 2000 年版,第 167 ~ 168 页;徐国建:《德国民法总论》,经济科学出版社 1993 年版,第 82 ~ 83 页;龙卫球:《民法总论》(第 2 版),中国法制出版社 2002 年版,第 437 ~ 439 页。

[4] Vgl. Bork, Allgemeiner Teil des Bürgerlichen Gesetzbuchs, 4. Aufl. 2016, Rn. 448.

案例 4－27 | 摩托车买卖

买受人 K 在经营摩托车买卖的出卖人 V 处看到一辆标价为 2000 欧元的摩托车，遂与 V 签署了相应的买卖合同。

问：该买卖合同是何种法律行为？

答：买卖合同创设了出卖人的转让买卖物所有权的义务和交付义务（德国民法典第 433 条第 1 款第 1 句），以及买受人的价款支付义务和受领买卖物的义务（德国民法典第 433 条第 2 款）。因此，买卖合同是德国民法意义上的负担行为并且是双方的负担行为，它使合同当事人双方担负给付义务并因此而为各自的相对方创设给付请求权。[1] 所谓请求权，是指向他人请求作为或不作为的权利（见德国民法典第 194 条第 1 款的法定定义）。

德国民法典第 241 条意义上的（广义的）债务关系因负担行为而发生。对此种债务关系的成立来说，通常必须有一个合同（德国民法典第 311 条第 1 款），即便只有一方当事人享有给付请求权，或只有一方当事人担负给付义务亦然（如在赠与合同的情形下，见德国民法典第 516 条第 1 款）。仅在法律准许的范围内，始得以单方法律行为设立此种债务关系（如德国民法典第 657 条所规定的悬赏广告、第 661a 条所规定的中奖承诺）。

须指出的是，并不是所有在德国民法典债务关系法编中规定的合同都是负担行为。例如，债权人和债务人之间的债务免除合同（德国民法典第 397 条第 1 款）、债权人与他人（受让人）订立的债权让与合同（德国民法典第 398 条）都不是负担行为，而是下文所说的处分行为。[2]

2. 处分行为的概念

(1) 内涵

负担行为所创设的只是给付义务和与之相对应的他方当事人的给付请求权。在这里，有必要将给付义务与该义务的履行区别开来。给付义务通过事实行为（如作为使用借贷标的的物的交付）或通过法律行为（如买卖物所有权的转让）得以履行。[3] 根据德国民法典第 362 条第 1 款，如果所负担的给付被向债权人履行，则狭义的债务关系（债权）消灭。兹以雇佣合同和动产买卖合同所产生的给付义务及其履行为例，予以说明。

在雇佣合同的情形下，允诺劳务的一方（劳务给付的义务人）负有提供所约定劳务的义务（德国民法典第 611 条第 1 款）；其给付义务通过某一纯粹事实上的行

---

〔1〕 参见[德]迪特尔·施瓦布：《民法导论》，郑冲译，法律出版社 2006 年版，第 302、314 页。

〔2〕 Vgl. Medicus, Grundwissen zum Bürgerlichen Recht, 6. Aufl. 2004, Rn. 35.

〔3〕 Vgl. Bork, Allgemeiner Teil des Bürgerlichen Gesetzbuchs, 4. Aufl. 2016, Rn. 447.

为得以履行。[1]

而动产买卖合同的情形则有所不同：动产出卖人的义务在于使买受人取得动产所有权；为了履行该义务，还必须实施另一法律行为（动产所有权的转让），外加一项事实行为（交付）。在这里，“动产所有权的转让”这一法律行为由两个意思表示组成（让与人的意思表示和取得人的意思表示的一致，即关于动产所有权转移的合意）；其法律效果的发生有赖于“交付”这一事实行为（德国民法典第 929 条第 1 句）。如此看来，单单有买卖合同尚不足以对动产所有权的归属状况有任何改变。事实上，只需细读德国民法典第 433 条第 1 款和第 2 款便可得知，出卖人和买受人只是因买卖合同而各自担负给付和对待给付义务而已，但这两款规定并未使买受人因买卖合同而成为动产所有人。[2]

在摩托车买卖的案例中，一方面，出卖人即使在买卖合同订立之后也仍然是摩托车（属于动产）的所有人，只不过他有义务将摩托车所有权转让给买受人并转移占有罢了；买受人即使在买卖合同订立之后也仍然是作为价款的现金的所有人，只不过他有义务将作为价款的现金（也属于动产）的所有权转让给出卖人并转移占有罢了。另一方面，摩托车所有权的转让和占有的转移是通过关于摩托车所有权转移的合意和交付来实现的，而作为价款的现金的所有权的转让和占有的转移则通过关于现金所有权转移的合意和交付来实现。

摩托车买卖合同成立后，为了实现摩托车所有权的转让，摩托车所有人 V 必须与取得人 K 达成关于摩托车所有权应由所有人 V 转移给取得人 K 的合意，且将摩托车交付给取得人 K（如通过移交钥匙）；为了实现作为价款的现金的所有权的转让，现金所有人 K 必须与取得人 V 达成关于现金所有权应由所有人 K 转移给取得人 V 的合意，且将现金交付给取得人 V。姑且撇开交付（直接占有的转移）不谈，摩托车所有权的转让是使摩托车所有权由所有人 V 转移给取得人 K 的必要条件，而作为价款的现金的所有权的转让，则是使现金所有权由所有人 K 转移给取得人 V 的必要条件。在这里，摩托车所有权的转让和现金所有权的转让都是以转让某一项既有权利给他人为内容的法律行为，属于“处分”（或“处分行为”）的范畴。但在德国民法上，“处分”（或“处分行为”）概念的外延远远不限于此。

德国联邦普通法院的司法判例给处分（或“处分行为”）所下的定义是：[3] 所谓处分（Verfügungen）或处分行为（Verfügungsgeschäft），是指通过转让、废止、变更内容或设定负担等方式直接对某一项既有权利施加影响的法律行为。

由此可见，除了以转让某一项既有权利给他人为内容的法律行为外，处分还包括以废止某一项既有权利、变更某一项既有权利的内容或对某一项既有权利设定

[1] Vgl. Köhler, BGB Allgemeiner Teil, 43. Aufl. 2019, § 5 Rn. 12.

[2] Vgl. Klunzinger, Einführung in das Bürgerliche Recht, 16. Aufl. 2013, S. 94.

[3] Vgl. BGHZ 101, 24, 26.

负担为内容的法律行为,而纯粹的权利取得(如通过先占来取得动产所有权,德国民法典第 958 条第 1 款)则不属于这里所说的处分。

(2)外延

具体来说,处分行为的外延包括:[1]

第一,某一项既有权利的转让。在德国民法上,通过转让某一项既有权利进行的处分又叫作"让与",其相应的德文术语是 Veräußerung。[2]

动产所有权的转让(通过"关于动产所有权转移的合意",德国民法典第 929 条至第 931 条)即属于转让某一项既有权利的处分,其法律效果的发生有赖于"交付"这一事实行为。土地所有权的转让(通过"关于土地所有权转移的合意",德国民法典第 873 条、第 925 条)也属于转让某一项既有权利的处分,其法律效果的发生有赖于"登记"。此外,债权让与(德国民法典第 398 条)也属于转让某一项既有权利的处分。可以说,动产所有权的转让、土地所有权的转让和债权让与是最重要的三种处分行为。[3]

转让某一项既有权利的处分的具体例子:动产所有人 V 将作为买卖物的动产的所有权通过"关于动产所有权转移的合意"转让给了买受人(取得人)K(德国民法典第 929 条第 1 句)。由于该处分行为,再加上"交付"这一事实行为,买卖物所有权由原所有人 V 转移给了取得人 K。

第二,某一项既有权利的废止。债务免除(使狭义的债务关系即债权归于消灭,德国民法典第 397 条第 1 款)、动产所有权的抛弃(德国民法典第 959 条)均属于废止某一项既有权利的处分。

案例 4-28 | 债务免除合同

债权人 G 对债务人 H 享有一项金额为 200 欧元的价款支付请求权。G 以合同免除了 H 所欠金额为 200 欧元的债务。

问:该合同是何种法律行为?

答:该合同是德国民法典第 397 条第 1 款所规定的债权人与债务人之间的免除合同。它使债务关系归于消灭,导致债权人 G 的某一项既有权利(债权)消灭,因而是废止某一项既有权利的处分行为。[4]

须指出的是,在德国民法上,某一项债权不能以单方法律行为予以抛弃。债务免除必须以合同(作为处分合同的债务免除合同)为之。[5]

[1] 参见[德]迪特尔·施瓦布:《民法导论》,郑冲译,法律出版社 2006 年版,第 319~320 页。

[2] Vgl. Creifelds Rechtswörterbuch, 23. Aufl. 2019, S. 1540.

[3] Vgl. Rüthers/Stadler, Allgemeiner Teil des BGB, 18. Aufl. 2014, § 16 Ⅲ 2 Rn. 12.

[4] Vgl. Brox/Walker, Allgemeiner Teil des BGB, 43. Aufl. 2019, § 5 Rn. 2.

[5] 参见[德]维尔纳·弗卢梅:《法律行为论》,迟颖译,法律出版社 2013 年版,第 160、169 页。

第三，某一项既有权利的内容的变更。例如，变更土地债务利率的法律行为即属于变更土地所有权内容的处分行为。又如，使用租赁合同的出租人（享有租金请求权的债权人）与承租人（担负租金支付义务的债务人）依照德国民法典第311条第1款所达成的关于降低租金的有溯及力的协议，即属于变更债权内容的处分行为。

案例4－29 ｜变更债权内容的合同

E依买卖合同对F享有一项金额为500欧元的价款支付请求权。由于债务人F无支付能力，E依照德国民法典第311条第1款与债务人F订立了一个变更债权内容的合同：根据该合同，E将取得债务人F的旧电视机，以此来代替500欧元的清偿。

问：该合同是何种法律行为？

答：该合同是变更某一项既有权利的内容的处分行为。此处的既有权利系指债权（狭义的债务关系）。[1]

第四，对某一项既有权利设定负担。例如，出质（对动产所有权设定负担，见德国民法典第1205条第1款）、设定用益权（对动产所有权或土地所有权设定负担，见德国民法典第1030条）、设定土地债务（对土地所有权设定负担，见德国民法典第1191条第1款、第873条）即属于对某一项既有权利设定负担的处分。

在某一项既有权利上设定负担的处分的例子：C为了D的利益而在自己的金戒指上设定了一项质权（德国民法典第1204条第1款、第1205条第1款）。虽然C仍旧是金戒指所有人，但在金戒指所有权上产生了一项为D所享有的质权，它使所有人C的金戒指所有权的部分权能为质权人D所享有。[2]

（3）处分的方式——以合同或单方法律行为处分

在通常情形下，处分以当事人之间的合同（叫作“处分合同”）进行。在做出物权法上的处分时，对处分来说为必要的意思表示的一致叫作“合意”（Einigung，见德国民法典第873条、第929条、第1205条）。仅在例外情形下，处分始以单方法律行为进行（如动产所有人对动产所有权的抛弃，见德国民法典第959条；质权人对质权的抛弃，见德国民法典第1255条第1款）。

以处分合同进行处分的例子：在关于摩托车买卖的案例中，所有人（出卖人）V通过与取得人（买受人）K达成的关于动产所有权转移的合意和交付使摩托车所有权转移给了K（德国民法典第929条第1句）。双方所达成的关于摩托车所有权应

〔1〕 Vgl. Brox/Walker, Allgemeiner Teil des BGB, 43. Aufl. 2019, § 5 Rn. 2.

〔2〕 Vgl. Brox/Walker, Allgemeiner Teil des BGB, 43. Aufl. 2019, § 5 Rn. 2.

由所有人 V 转移给取得人 K 的合意就是一个处分合同。

案例 4－30 | 债权让与合同

债权人 X 将他对债务人 K 享有的价款支付请求权通过 X 与 Y 之间的合同转让给了 Y。

问：该债权让与合同是何种合同？

答：根据该合同，债权应由 X 转移给 Y。这个由债权人 X 与受让人 Y 订立的合同叫作债权让与合同（德国民法典第 398 条第 1 句）。在该债权让与合同订立时，新债权人 Y 取得了原债权人 X 的地位（德国民法典第 398 条第 2 句）。该债权让与合同是一个处分合同，因为它使一项既有权利（在这里指债权）被由一人转让给了另一人。[1]

案例 4－31 | 手表所有权的抛弃

E 欲抛弃其有缺陷的手表。

问：为此，E 必须做什么？

答：为了抛弃手表（属于动产）的所有权，E 必须做出抛弃手表所有权的意思表示，且抛弃对手表的占有。抛弃动产所有权的行为是以单方法律行为进行的处分行为（德国民法典第 959 条）。

（4）存在处分行为的民法领域

处分行为既可以存在于物权法领域，也可以存在于债法领域。物权法上的处分行为的典型例子是动产所有权的转让（德国民法典第 929 条及以下）和土地所有权的转让（德国民法典第 873 条、第 925 条）。债法领域的处分行为的例子如债权人与受让人之间的债权让与（德国民法典第 398 条）、债权人和债务人之间的债务免除（德国民法典第 397 条第 1 款）。[2]

须指出的是，物权法领域的"处分行为"（包括"处分合同"）在德文里经常被表述为 dingliches Rechtsgeschäft，甚至被缩略成 dingliches Geschäft。后者被许多中国民法学者误称为"物权行为"，本书作者也曾犯过类似错误。事实上，所谓"物权行为"在德国民法上根本不存在。确切地说，一部分中国民法学者（包括一部分曾留学过德国的民法学者）所称"物权行为"只是物权法领域的处分行为而已。然而，处分行为（包括处分合同）不仅存在于物权法领域，也存在于其他领域，因为除所有权

---

〔1〕 Vgl. Brox/Walker, Allgemeiner Teil des BGB, 43. Aufl. 2019, § 5 Rn. 3.

〔2〕 Vgl. Brox/Walker, Allgemeiner Teil des BGB, 43. Aufl. 2019, § 5 Rn. 2; Lange, BGB Allgemeiner Teil, 1952, § 41 Ⅳ 2.

外,处分的对象还可以是某一项债权或其他无体的权利。[1] 本书作者认为,"物权行为"实际上系"物权法上的处分行为"(或"物权法领域的处分行为")之误,而"物权合同"则应理解成"物权法上的处分合同"(或"物权法领域的处分合同")。

3. 负担行为与处分行为的区别

第一,负担行为与处分行为的法律效果不同。对负担行为中的请求权人来说,负担行为只是为之创设了一项或多项给付请求权,但对某一项既有权利的归属并没有直接影响;对义务人来说,负担行为使之担负给付义务,在效果上使义务人的负债(债务)有所增加,但并不使其资产(权利)有所减少。例如,在上述关于摩托车买卖的案例中,买受人 K 因买卖合同而取得要求转让摩托车所有权的请求权和交付请求权,但并未取得摩托车所有权;出卖人 V 则负有转让摩托车所有权和交付摩托车的义务。而处分行为则不同,因为处分行为通过转让、废止、变更内容或设定负担等方式直接对某一项既有权利施加影响,从而使该项既有权利发生变动。相应地,原权利人的法律地位因处分行为而发生变化;[2] 换言之,处分行为在效果上使处分人的资产(权利)有所减少。摩托车原所有人 V 和取得人 K 依照德国民法典第 929 条第 1 句所达成的关于摩托车所有权应由原所有人 V 转移给取得人 K 的合意即属于处分行为,它旨在使摩托车(动产)所有权发生变动。在该处分行为的效果发生时,原所有人失去动产所有权,其资产(权利)因此而有所减少。[3]

第二,立法者对负担行为和处分行为的内容的要求有所不同。对于负担行为,德国民法典实行"内容自由"原则:在不与强行法相抵触且不违背善良风俗的限度内,有缔约能力的双方当事人原则上可以随意确定负担行为的内容。例如,在上述关于摩托车买卖的案例中,出卖人 V 可以与买受人 K 就交付时间、交付地点和瑕疵责任做出较关于买卖合同的任意法规定更为详细的约定。不仅如此,出卖人 V 还可以向除 K 以外的多个买受人出卖同一辆摩托车,即同时订立多个买卖合同,即便 V 只能履行其中一个买卖合同亦然。相比之下,出于保障法的安定性的考虑,立法者精确地确定了处分行为的内容和方式,以使关于各式各样的标的(物或权利)的法律关系易于为第三人所识别,表现在物权法领域就是"物权法定主义"。例如,就对物权设定负担的处分行为而言,存在所谓"类型强制"(德文 Typenzwang),这意味着当事人只能对法定的物权类型(如所有权、质权、抵押权、土地债务、役权)设定负担,而不能凭自己的意思增加任何物权类型。[4] 又如,在上述关于摩托车买卖的案例中,摩托车所有权的转让只能以法律所规定的方式(德国民法典第 929 条至第 931 条)为之。

---

〔1〕 Vgl. Bork, Allgemeiner Teil des Bürgerlichen Gesetzbuchs, 4. Aufl. 2016, Rn. 451.

〔2〕 参见[德]维尔纳·弗卢梅:《法律行为论》,迟颖译,法律出版社 2013 年版,第 167 页。

〔3〕 Vgl. Bork, Allgemeiner Teil des Bürgerlichen Gesetzbuchs, 4. Aufl. 2016, Rn. 452.

〔4〕 Vgl. Bork, Allgemeiner Teil des Bürgerlichen Gesetzbuchs, 4. Aufl. 2016, Rn. 454.

第三，负担行为和处分行为的效力范围不同。负担行为仅在双方当事人之间发生相对效力，其法律效果仅限于合同双方当事人之间的关系。而处分行为则发生绝对效力，它所引起的某一项既有权利的变动（如所有权的变动）对一切人发生效力。

第四，处分行为适用特定性原则（Spezialitätsgrundsatz 或 Spezialitätsprinzip），负担行为则不适用。就处分行为而言，处分的对象（客体）必须十分确定，以使某一项既有权利的变动在法律上的往来中易于清晰地为第三人所辨认。虽然多个标的（物或权利）可以成为同一负担行为的内容，但就每一个具体标的而言，只能分别做出处分：有多少个标的，就必须做出多少项处分。[1] 例如，在上述关于摩托车买卖的案例中，虽然摩托车买卖和头盔买卖可以成为同一买卖合同的内容，但对该买卖合同的履行来说，如系现金买卖，则除了作为价款的现金的所有权的转让（属于处分行为）外，还必须另外实施两项关于动产所有权转让的处分行为，分别是摩托车所有权的转让和头盔所有权的转让。[2]

第五，在权限问题上，负担行为和处分行为也有所不同。负担行为中的义务人将来是否能够履行所约定的给付，原则上对于给付义务的设立无关紧要。某人可以就某一项特定的给付多次担负义务，比如订立多个相互抵触的劳动合同，或者作为出卖人向多个买受人出卖同一动产，亦即与多个买受人订立关于同一动产的多个买卖合同，即便出卖人只能履行其中一个买卖合同亦然。处分行为则不同，它使某一项既有权利发生变动。原则上，只有权利人才享有处分权，即通过法律行为来对某一项既有权利进行转让、废止、变更内容或设定负担的法律上的权力。[3] 如果权利人处分某一项既有权利（如通过所有权的转让来处分某一项所有权），则权利人也将失去处分权，因为处分权随该项既有权利（如所有权）一起转移给了取得人。故权利人原则上只能就一项既有权利处分一次，其他与之相抵触的处分行为均不生效力。因此，处分行为适用优先性原则（德文 Prioritätsprinzip），负担行为则不适用：在数项相互抵触的处分行为中，原则上只有最先实施的那一项处分行为发生效力（见德国民法典第 185 条第 2 款第 2 句）；而在有数项负担行为的情形下，所有负担行为均发生效力，债务人可以自主地选择履行哪一个债法上的合同，即便其只能履行其中一个债法上的合同亦然。[4]

第六，大部分处分行为适用特别的公示性原则（德文 Publizitätsprinzip），而负担行为则不适用。原则上，作为负担行为的债法上的合同可以不要式地或默示地订

---

〔1〕 关于特定性原则，参见［德］迪特尔·施瓦布：《民法导论》，郑冲译，法律出版社 2006 年版，第 332～334 页。Vgl. auch Köhler, BGB AT kompakt, 3. Aufl. 2012, Rn. 8.

〔2〕 Vgl. Köhler, BGB Allgemeiner Teil, 43. Aufl. 2019, § 5 Rn. 13.

〔3〕 参见［德］维尔纳·弗卢梅：《法律行为论》，迟颖译，法律出版社 2013 年版，第 167 页。

〔4〕 Vgl. Bork, Allgemeiner Teil des Bürgerlichen Gesetzbuchs, 4. Aufl. 2016, Rn. 455.

立，甚至可以秘密地订立。然而，立法者在规定物权法上的处分行为的构成要件时，往往附以特别的公示性要件，以使对一切人发生效力的某一项既有权利的变动也易于为一切人所辨认。例如，在转让动产所有权和对之设定负担的情形下，原则上动产必须被交付给取得人（见德国民法典第 929 条第 1 句、第 1032 条第 1 句、第 1205 条第 1 款第 1 句）；在转让土地所有权和对之设定负担的情形下，原则上必须登记于土地登记簿（见德国民法典第 873 条第 1 款）。应注意的是，公示性原则并不是关于处分行为的一项普遍适用的无例外的原则。例如，一项债权可以依德国民法典第 398 条第 1 句单单因债权让与合同（属于处分行为）而得以转让，而债权的出质（属于处分行为）则必须由债权人依德国民法典第 1280 条通知债务人后始有效力（公示性原则）。〔1〕

第七，处分行为（处分）的对象永远是某一项既有权利，而不是物。在这方面，连德国民法典的用语也偶有不够严谨、不够准确之处。例如，德国民法典第 1204 条第 1 款是关于质权的法定定义的规定，〔2〕但它关于动产被设定负担的表述是不准确的，因为被设定负担的是动产所有权而不是动产。〔3〕

4. 处分行为与负担行为的分离原则以及处分行为在有效性方面的无因性原则

（1）分离原则

在德国立法者、法官和民法学者看来，既然处分行为（如买卖物所有权的转让）和负担行为（如买卖合同）是两种截然不同的法律行为，那么它们在民法上必须彼此严格分离。这就是关于处分行为与负担行为的分离原则（德文 Trennungsprinzip）。

按照分离原则，即便负担行为和处分行为这两种不同的法律行为从经济的角度看属于同一事件（如日常生活中的现金买卖），它们也必须彼此严格分离。通常，负担行为是处分行为的基础和法律上原因。某人之所以处分，是因为他在法律上负有处分义务。已故著名民法学家、慕尼黑大学原教授梅迪库斯（Dieter Medicus，1929～2015 年）指出，处分行为和负担行为的这种分离经常与未受过德国民法训练的外行人的法律感受相抵触：外行人看不出，为什么在负担行为（如买卖合同）之外，还必须实施独立的处分行为（如买卖物所有权的转让）。相应地，日常生活中的人们常常不准确地说：某物被买受人所取得是“因买卖”而不是“因买卖物所有权的转让”。〔4〕

然而，在德国民法学者看来，分离原则的好处在所有权保留的情形下显而易

〔1〕 Vgl. Bork, Allgemeiner Teil des Bürgerlichen Gesetzbuchs, 4. Aufl. 2016, Rn. 458.

〔2〕 德国民法典第 1204 条第 1 款规定：“某一动产可以为担保债权而以债权人有权就该动产寻求受清偿的方式，被设定负担（质权）。”

〔3〕 Vgl. Bork, Allgemeiner Teil des Bürgerlichen Gesetzbuchs, 4. Aufl. 2016, Rn. 450.

〔4〕 Vgl. Medicus, Grundwissen zum Bürgerlichen Recht, 6. Aufl. 2004, Rn. 36.

见:在所有权保留的情形下,作为动产出卖人的原所有人将动产所有权保留到买卖价款被完全支付之时,所有权以支付全部买卖价款为停止条件而被转让。债法上的买卖合同的成立是不附条件的,而物权法上的所有权转让则以“支付全部买卖价款”为停止条件,故仅在买卖价款被完全支付时始发生所有权的转移(德国民法典第449条第1款)。正因为买卖合同成立的时间及其他条件不同于所有权的转让发生物权法上的效果(所有权转移)的时间及其他条件,所以必须在法律上对二者予以区别对待。[1]

案例4-32 | 负担行为与处分行为的分离

K在汽车经销商V处与后者订立了以停放在V的营业所的一辆豪华大型汽车为标的、以100,000欧元为价款的买卖合同。

问:(1)该买卖合同订立后,汽车所有权是否已发生转移?为什么?(2)为使K成为汽车所有人,V和K尚需实施何种法律行为?(3)现金(价款)的所有权如何发生变动?(4)在K和V各自履行其义务后,其给付请求权的命运如何?(5)在这笔交易中,V和K一共订立了几个合同?

答:在K和V订立以那辆豪华大型汽车为标的、以100,000欧元为价款的买卖合同时,他们因该买卖合同而各自担负了给付义务:出卖人V有义务将汽车所有权转让给买受人K并向后者交付汽车(德国民法典第433条第1款),而买受人K则有义务支付价款(德国民法典第433条第2款)。相应地,买受人K因该买卖合同而取得了要求出卖人V将汽车所有权转让给自己的请求权以及交付请求权,而出卖人V则因该买卖合同而取得了价款支付请求权。可见,该买卖合同是使出卖人V和买受人K各自担负给付和对待给付义务并因此而为对方当事人创设给付请求权的法律行为,属于负担行为。

然而,该买卖合同只是使出卖人V和买受人K各自担负给付和对待给付义务,同时为对方当事人创设了给付请求权而已,对于汽车所有权本身却不能直接施加影响。作为一项既有权利,汽车所有权的变动尚有赖于处分行为的实施。所谓处分行为,是指通过转让、废止、变更内容或设定负担等方式直接对某一项既有权利施加影响的法律行为。就本案而言,为使K成为汽车所有人,汽车原所有人V(同时也是出卖人)和取得人K(同时也是买受人)还必须实施德国民法典第929条第1句所规定的处分行为,亦即达成关于动产(汽车)所有权转移的合意。如果原所有人V和取得人K达成了此种合意,且完成了交付(属

[1] 关于分离原则的更加详细的讨论,参见[德]迪特尔·梅迪库斯:《德国民法总论》,邵建东译,法律出版社2000年版,第174~176页。Vgl. auch Medicus, Allgemeiner Teil des BGB, 9. Aufl. 2006, Rn. 220-223.

于事实行为),则 K 已成为汽车所有人。

现金(100,000 欧元价款)的所有权也属于动产所有权,其变动也同样有赖于处分行为的实施。如果现金原所有人 K(同时也是买受人)和取得人 V(同时也是出卖人)实施了德国民法典第 929 条第 1 句所规定的处分行为,亦即达成关于动产(现金)所有权转移的合意,且完成了交付(属于事实行为),则 V 已成为现金所有人。

根据德国民法典第 362 条第 1 款,如果所负担的给付被向债权人履行,则(狭义的)债务关系(债权)消灭。在 V 向 K 转让了汽车所有权并交付了汽车的情形下,V 就履行了其因买卖合同(属于负担行为)而发生的给付义务,K 的给付请求权(要求 V 将汽车所有权转让给自己的请求权以及交付请求权,均系债权)即消灭。同样,在 K 向 V 转让了现金所有权并交付了现金的情形下,K 就履行了其因买卖合同(属于负担行为)而发生的给付义务,V 的给付请求权(价款支付请求权,亦为债权)即消灭。[1]

因此,在这笔交易中,V(出卖人、汽车原所有人、现金所有权的取得人)和 K(买受人、汽车所有权的取得人、现金原所有人)一共订立了三个合同,债法上的买卖合同(属于负担行为),外加两个物权法上的处分合同(分别是汽车所有权的转让和现金所有权的转让,均属于处分行为)。前者和后两者是完全不一样的法律行为,必须在法律上严格地予以分离(分离原则)。

(2)处分行为在有效性方面的无因性原则

①概说

分离原则在德国民法上得到了最彻底的贯彻,以致在法律上的有效性方面,处分行为和负担行为这两种法律行为也彼此独立。这就是说,其中任何一个法律行为的有效性必须在完全不考虑另一个法律行为的有效性的情况下加以判断;其中一个法律行为之不成立、不生效力或被撤销,不影响另一个法律行为的有效性。既然处分行为(如买卖物所有权的转让)的有效性不以负担行为(如买卖合同)的有效性为前提,而负担行为又往往是处分行为的法律上的原因,那么,**处分行为的有效性就不取决于法律上原因之有无**。这就是处分行为在有效性方面的**无因性原则**

[1] Vgl. Bork, Allgemeiner Teil des Bürgerlichen Gesetzbuchs, 4. Aufl. 2016, Rn. 446.

(Abstraktionsprinzip)。[1]

处分行为在有效性方面的无因性原则是19世纪德国学说汇纂法学(潘德克吞法学)的一项重要成果。萨维尼在其出版于1840年的《当代罗马法体系》第3卷中,系统地提出并阐发了该原则。[2] 在萨维尼学说的影响下,它在19世纪的德国民法上得到了最彻底的贯彻,从此成为德国民法的一个突出特征。自1900年1月1日起施行至今的德国民法典相当一部分规定就是建立在无因性原则之上的。

无因性原则的目标之一是保护法律上的往来和交易安全。该原则使欠缺负担行为(如买卖合同)的法律效果仅仅在特定的合同当事人之间发生,而不能贯彻到与一切第三人之间的法律关系中,因为根据该原则,负担行为(原因行为)的欠缺并不影响处分行为的有效性,而后者在有效性方面完全独立。在这方面,德国立法者所做出的一些规定(如德国民法典关于动产善意取得的第932条和关于土地登记簿公信力的第892条),明显地有利于信赖让与人的权利外观的善意取得人,而不利于无法律上的原因而做出处分的让与人。[3] 此种规定为了保护法律上的往来和交易安全而舍弃了罗马法上关于"没有人能向他人转让比自己所拥有的权利更多的权利"(拉丁文 *Nemo plus iuris ad alium transferre potest quam ipse habet.*)[4]的原则。[5] 显而易见,此种规定有利于财产流转,并在一定程度上可促进商品交换,因为买受人可以不必担心出卖人在法律上是否有出卖商品的权限,进而被鼓励更加自由地购买商品。

然而,无因性原则也经常受到一些人的批评。最常见的两项指责可归结如下:首先,通过在债法上的合同和它所生债务的履行之间增设另一项特别合意(处分合同),无因性原则使对所有权转让来说为必要的法律行为要素被双重化。对两种不同法律行为的这种系统化区分,往往不符合将一宗交易看作一个统一体的买卖合同双方当事人的日常心理感受(至少在现金买卖的情形下是这样的),从而显得不够贴近生活。其次,在取得人善意取得动产的场合,无因性原则使原所有人仅在取得人有清偿债务的能力且仍占有动产的情形下,始得依债法上的不当得利返还请

---

〔1〕 关于无因性原则的更加深入且详细的讨论,参见[德]迪特尔·施瓦布:《民法导论》,郑冲译,法律出版社2006年版,第329~332页;[德]迪特尔·梅迪库斯:《德国民法总论》,邵建东译,法律出版社2000年版,第176~180页;徐国建:《德国民法总论》,经济科学出版社1993年版,第82、87~90页。Vgl. auch Kropholler, Studienkommentar BGB, 10. Aufl. 2007, § 929 Rn. 2; Medicus, Allgemeiner Teil des BGB, 9. Aufl. 2006, Rn. 224–230; Medicus, Grundwissen zum Bürgerlichen Recht, 6. Aufl. 2004, Rn. 37.

〔2〕 Vgl. Friedrich Carl von Savigny, System des heutigen römischen Rechts, Band 3, Berlin 1840, § 140, S. 312 f.

〔3〕 Vgl. Bork, Allgemeiner Teil des Bürgerlichen Gesetzbuchs, 4. Aufl. 2016, Rn. 480.

〔4〕 参见陈卫佐:《拉丁语法律用语和法律格言词典》,法律出版社2009年版,第232页。

〔5〕 Vgl. Köhler, BGB Allgemeiner Teil, 43. Aufl. 2019, § 3 Rn. 7–10.

求权向取得人请求返还无法律上的原因而被让与的动产，而不再能够依所有人对占有人的物的返还请求权请求返还动产。可见，无因性原则有时会使原所有人陷于不利的境地，尤其在原所有人只对单个特定物有利益时更是如此。[1]

②是否承认处分行为在有效性方面的无因性的立法例

以下以买卖合同与动产所有权转让的关系为考察对象，对承认和不承认处分行为在有效性方面的无因性的立法例作具体介绍：

第一，承认处分行为在有效性方面的无因性的立法例。在比较法上，承认处分行为在有效性方面的无因性的立法例主要有德国民法典、希腊《民法典》、爱沙尼亚《民法典》和1929年至1930年公布的中华民国《民法》(1949年以后在中国大陆被废止，在中国台湾地区历经多次修改，至今仍在施行)。[2] 在动产所有权的转让问题上，南非民法也采无因性原则。此外，苏格兰法虽然也被认为在动产所有权的转让问题上采无因性原则兼交付主义，但由于1979年《货物买卖法》(Sale of Goods Act，适用于英格兰、威尔士和苏格兰)，苏格兰法在货物买卖合同法领域采合意主义。[3]

第二，不承认处分行为在有效性方面的无因性的立法例。许多国家的民法不在法律上赋予处分行为以独立性，也不承认处分行为在有效性方面的无因性。在物权法领域，由于它们不承认处分行为在有效性方面独立于负担行为(如买卖合同、互易合同、赠与合同)，所以买卖、互易、赠与等债法上的合同之不成立、不生效力或被撤销，会影响到所有权的转让。[4] 为方便讨论，以下行文仅限于动产买卖合同与动产所有权转让的关系，而不及于互易、赠与等债法上的合同与动产所有权转让的关系。

这些不采取处分行为在有效性方面的无因性原则的国家的民法，在买卖物所有权的转让问题上所采取的原则并不一致，其中一些国家的民法采"交付主义"(也叫"交付原则"，英文 tradition principle，德文 Traditionsprinzip)，另一些国家的民法采"合意主义"(也叫"合意原则"，英文 consent principle，德文 Konsensualprinzip)。须注意的是，在动产所有权的转让问题上，前一类国家的民法所采取的交付主义实际上是"要因的交付主义"，从而不同于上文所提及的德国民法典、希腊《民法典》、爱沙尼亚《民法典》和南非民法等。德国民法典、希腊《民法典》、爱沙尼亚《民法典》和南非民法虽也规定动产所有权的转让效果的发生以交付为必要，亦即采交付

---

〔1〕 See Franco Ferrari, *Transfer of Titel* (*Movable Goods*), in Jürgen Basedow et al. eds., The Max Planck Encyclopedia of European Private Law, Volume Ⅱ, Oxford University Press, Oxford 2013, p. 1678 – 1679.

〔2〕 Vgl. Rüthers/Stadler, Allgemeiner Teil des BGB, 18. Aufl. 2014, § 16 Ⅳ 2 Rn. 19.

〔3〕 See Lars van Vliet, *Transfer of movable property*, in Jan M. Smits ed., Elgar Encyclopedia of Comparative Law, Edward Elgar Publishing Limited, Cheltenham 2006, p. 730, 735.

〔4〕 参见梁慧星：《物权变动与无权处分——合同法第五十一条的解释适用》，载梁慧星：《为中国民法典而斗争》，法律出版社2002年版，第248页。

主义，但因为它们都承认处分行为在有效性方面的无因性原则，所以在动产所有权的转让问题上系采“不要因的交付主义”。此外，苏格兰法除了在货物买卖合同领域的动产所有权转让问题上采合意主义外，在货物买卖合同领域以外的动产所有权的转让问题上也采不要因的交付主义。[1] 鉴于上文已讨论过采无因性原则的立法例，本书在此集中地讨论要因的交付主义和合意主义这两种不采无因性原则的立法例。

其一，要因的交付主义。奥地利、瑞士（1929 年以后）、荷兰、西班牙、土耳其和俄罗斯等国家的民法均属于采要因的交付主义的立法例。以 1811 年的奥地利《一般民法典》为例，其第 1053 条第 3 句和第 4 句规定：动产所有权的“取得仅因买卖标的物的交付”才发生，且“到交付时为止，出卖人保有所有权”。[2]

在这些国家的民法中，西班牙民法因受关于所有权转让的名义（titulus）和方式（modus）的传统学说的影响而区分债法上的基础合同（如买卖合同）和独立的所有权转让行为（交付），使所有权发生转移的是交付而不是买卖合同。[3] 奥地利、瑞士、荷兰等国家的民法也区分所有权转让行为和使所有权转移正当化的法律上的原因，即基础合同，且都不在有效性方面赋予所有权转让行为以无因性：除了作为转让动产所有权的必要条件的交付之外，它们不仅要求所有权转让行为必须是有效的，而且要求基础合同（它是使所有权转移正当化的法律上的原因）也必须是有效的；[4] 如果基础合同（如买卖、互易、赠与等）不成立或不生效力，则所有权转让行为亦不成立或不生效力。而在所有权转让行为不成立、不生效力或被撤销的情形下，动产所有权视为从未转移给买受人，出卖人仍可基于其所有权而请求买受人返还动产。[5]

其二，合意主义。法国、意大利、比利时、卢森堡、波兰、葡萄牙和日本[6] 等国的民法属于采合意主义的立法例。此外，英格兰、威尔士和苏格兰也因 1979 年《货物买卖法》而在货物买卖合同法领域采合意主义。[7] 对这些国家（地区）的民法来说，动产所有权的转让不以买卖标的物的交付为必要。按照合意主义，买卖合同只

---

〔1〕 See Lars van Vliet, op. cit., p. 730, 735.

〔2〕 Vgl. Werner Doralt (Hrsg.), KODEX des Österreichischen Rechts, Bürgerliches Recht 2008/09, 36. Auflage, Lexis Nexis Verlag, Wien 2008, S. 115.

〔3〕 See Christian Eckl, *Código civil*, in Jürgen Basedow et al. eds., The Max Planck Encyclopedia of European Private Law, Volume Ⅰ, Oxford University Press, Oxford 2013, p. 228.

〔4〕 See Franco Ferrari, op. cit., p. 1678.

〔5〕 See Lars van Vliet, op. cit., p. 730 – 732.

〔6〕 日本民法在买卖合同与动产物权转让的关系问题上不仅采合意主义，而且规定动产物权的转让必须经过交付才能以之对抗第三人（见日本《民法》第 178 条）。参见孙宪忠：《物权变动的原因与结果的区分原则》，载《法学研究》1999 年第 5 期。

〔7〕 See Lars van Vliet, op. cit., p. 735.

需有效地成立即可引起动产所有权的转移。例如,根据法国《民法典》第 1583 条,一旦双方当事人就标的物和价款达成协议,即使标的物尚未交付、价款尚未支付,买卖合同也于此时在双方当事人之间成立,且标的物所有权于此时在法律上由出卖人转移给买受人。[1] 这使得在采合意主义的国家,其民法往往不像德国民法典那样泾渭分明地区分物权法和债法。这些国家的民法实行"统一性原则",即对所有权转移来说为必要的双方当事人意思表示的一致(合意),视为已包含于买卖合同自身。这方面的一个显著例子是在动产所有权的转让问题上体现了合意主义的意大利《民法典》第 1376 条:[2] 它并不是规定在关于所有权的第三编,而是规定在关于债的第四编。[3]

然而,合意主义也同样受到了批评。归结起来,主要有以下三点批评意见:[4] 首先,根据法国《民法典》第 1138 条第 2 款的规定,交付标的物的债务,自标的物应交付时起,即使尚未进行标的物的实际移交,也使债权人成为标的物所有人,并使之承担标的物的风险。[5] 这样一来,买卖合同标的物意外灭失的风险并不是在交付时才转移,而是在买卖合同有效成立时即已转移。由于买受人在买卖合同成立时即已成为标的物所有人,并承担标的物意外灭失的风险,故在标的物发生意外灭失的情形下,无论标的物是否已被实际交付给买受人,买受人都必须支付价款。其次,合意主义还可能助长从非所有人处善意取得动产所有权。设买受人乙从出卖人甲处购买某一特定物,尚未发生标的物的实际交付。乙在买卖合同成立时已成为所有人。虽然甲已不再是所有人,但由于标的物尚未实际交付,另一买受人丙善意地信赖作为标的物占有人的甲是标的物所有人,丙完全有可能根据他与甲之间订立的买卖合同而成为标的物所有人(善意取得人)。在采交付主义(无论是不要因的交付主义还是要因的交付主义)的国家(地区)的民法上,这种风险绝不会发生,因为按照这些国家(地区)的民法,只要标的物尚未实际交付,甲就仍旧是所有人,从而不发生丙对标的物所有权的善意取得。最后,合意主义还有一个弊端是,它只适用于以特定物为标的的买卖,所以很难得到彻底的贯彻,而尚未被分离且未被特定化的种类物的买卖以及尚不存在的将来之物的买卖,则因标的物所有权无法在买卖合同成立时转移而不得不容许众多例外情形的存在。[6]

---

〔1〕 Voir Code civil 2006, 105e édition, Dalloz, Paris 2006, p. 1495.

〔2〕 意大利《民法典》第 1376 条规定:"在以某一特定物的所有权的转让……为标的的合同的情形下,所有权……因双方当事人合法地表达的合意而被转让和取得。"Vgl. Filippo Ranieri, Europäisches Obligationenrecht, 3. Auflage, Springer Verlag, Wien/New York 2009, S. 1078.

〔3〕 参见《意大利民法典(2004 年)》,费安玲、丁玫、张宓译,中国政法大学出版社 2004 年版,第 332 页。

〔4〕 See Franco Ferrari, op. cit., p. 1679 – 1680.

〔5〕 参见《拿破仑法典(法国民法典)》,李浩培、吴传颐、孙鸣岗译,商务印书馆 1979 年版,第 152 页。

〔6〕 Vgl. Rüthers/Stadler, Allgemeiner Teil des BGB, 18. Aufl. 2014, § 16 Ⅳ 1 Rn. 15 – 17.

5. 分离原则和无因性原则的后果

现将关于摩托车买卖的案情稍加改变,分三种情形就分离原则和无因性原则的后果略做探讨。[1]

(1)负担行为无效,但处分行为有效

案例4-33 | 负担行为的无效性是否影响处分行为的有效性

未成年人K在经营摩托车买卖的V处看到一辆标价为2000欧元的摩托车,遂在未得到父母的事前同意的情况下,与V签订了关于摩托车买卖的合同。买受人K的父母拒绝追认这笔交易。

问:买卖合同是否已发生效力?所有权转让的有效性是否受到影响?

答:在本案中,在订立买卖合同时尚未成年的买受人K并不因买卖合同而纯获法律上的利益,其未经父母(法定代理人)必要的允许(事前的同意,见德国民法典第183条第1句法定定义)而订立的合同的有效性,取决于父母的追认(事后的同意,见德国民法典第184条第1款的法定定义)。由于其父母拒绝追认这笔交易,所以买卖合同不生效力(德国民法典第107条、第108条第1款)。这是就负担行为的有效性来说的。按照分离原则和处分行为在有效性方面的无因性原则,对处分行为的有效性必须分开来判断。

另外,摩托车所有权的转让纯粹给未成年人K以法律上的利益,故K无须得到其父母(法定代理人)的允许(德国民法典第107条)。因此,所有人V(作为出卖人)和取得人K(作为买受人)之间所进行的摩托车所有权转让(关于摩托车所有权应由所有人V转移给取得人K的合意)是有效的。

可见,买卖合同(属于负担行为)之不生效力并不影响买卖物所有权的转让(属于处分行为)的有效性。这也是处分行为在有效性方面的无因性原则合乎逻辑的效果。在双方已达成关于摩托车所有权应由所有人V转移给取得人K的合意且已交付的情形下,K已成为摩托车所有人(德国民法典第929条第1句)。

在上述案例中,如果负担行为(买卖合同)不生效力,处分行为(买卖物所有权的转让)有效,则意味着处分是在没有相应义务的情形下做出的。具体来说,所有人V(作为出卖人)使取得人K(作为买受人)取得了摩托车所有权,而V在法律上并没有这样做的义务。

在此种情形下,可考虑事后让负担行为被有效地实施,如通过未成年人的法定代理人事后的同意(追认)使买卖合同生效,且追认的效力追溯到合同订立之时(德

[1] Vgl. Köhler, BGB Allgemeiner Teil, 43. Aufl. 2019, § 5 Rn. 14.

国民法典第184条第1款),亦即使合同双方当事人自合同订立之时起就因合同而享有权利和担负义务。然而,在这样做不可能或者为当事人所不愿时,假如停留在既有权利状况,将会是不公平的。此时,没有义务而履行了给付的当事人对于重新获得其给付有值得保护的利益。一部好的民法典理应含有关于在此种情形下平衡当事人利益的规定。

德国民法典关于不当得利返还义务的第812条就是这样一种旨在平衡当事人利益的规定。德国民法典第812条第1款第1句第1种情形规定了所谓“因给付而发生的不当得利返还请求权”:无法律上的原因,因他人的给付……而自己取得利益的人,有义务向该他人返还所取得的利益。作为一条赋予某人以请求权的法律规范(请求权规范),德国民法典第812条第1款第1句第1种情形的构成要件有三:第一,请求权的相对人取得了利益;第二,请求权的相对人所取得的利益以请求权人的给付为基础;第三,给付是在无法律上的原因的情况下提供的。其法律效果是:请求权的相对人有义务向请求权人返还所取得的利益;换言之,请求权人享有一项要求相对人返还所取得的利益的请求权。

从构成要件上分析,就摩托车买卖而言,“无法律上的原因”,是指没有转让摩托车所有权的法律上的义务。换言之,负担行为构成了给付的“法律上的原因”。德国民法学家借用了罗马法上的一个概念 *causa*(“法律上的原因”),把这一情形下的负担行为称为原因行为(Kausalgeschäft)。

在上述摩托车买卖的案例中,买受人K取得了利益,因为他作为取得人取得了摩托车所有权和对摩托车的直接占有。在这里,利益的取得是通过他人的给付来进行的。什么是“给付”?按照德国联邦普通法院的司法判例,给付是指“一切有目的的和有意识的使他人财产增加的行为(包括作为和不作为)”[1]。摩托车原所有人V知道,随着动产所有权的转让和直接占有的取得,取得人K的财产有所增加;V之转让动产所有权和直接占有也是有目的和有意识的,他为了履行他与K之间被误认为有效的买卖合同而向后者转让了动产所有权并转移了直接占有。此外,这一给付还是在“无法律上的原因”的情形下进行的,因为买卖合同不生效力。根据德国民法典第812条第1款第1句第1种情形所规定的法律效果,K对V负有返还所取得的利益(摩托车所有权和对摩托车的直接占有)的义务。换言之,V对K享有一项“因给付而发生的不当得利返还请求权”。

因此,如果负担行为(原因行为)不生效力,但处分行为有效,那么,不当的权利取得或其他利益将依照德国民法典第812条第1款第1句第1种情形关于“因给付而发生的不当得利返还请求权”的规定得以均衡。[2]

---

〔1〕 BGHZ 69, 186, 188, 189.

〔2〕 Vgl. Köhler, BGB Allgemeiner Teil, 43. Aufl. 2019, § 5 Rn. 15.

(2)处分行为无效,但负担行为有效

案例4-34 | 处分行为的无效性是否影响负担行为的有效性

未成年人K在得到父母事前同意的情况下,与经营摩托车买卖的V订立了以一辆价值2000欧元的摩托车为标的的买卖合同。出卖人V在订立买卖合同时有完全行为能力,但在转让摩托车所有权时患有间歇性精神病。

问:买卖合同是否有效?买卖合同的有效性是否受到所有权转让的有效性的影响?

答:在本案中,虽然未成年人K并不因买卖合同而纯获法律上利益,但他得到了其父母(法定代理人)事前的同意(允许,见德国民法典第183条第1句的法定定义)。由于出卖人V在订立买卖合同时有完全行为能力,所以他与未成年人K之间的买卖合同有效。这是就负担行为而言的。根据分离原则和处分行为在有效性方面的无因性原则,对处分行为(摩托车所有权的转让)的有效性必须另外加以判断。

另外,由于所有人V在转让摩托车所有权时患有间歇性精神病,根据德国民法典第105条第2款,V所做出的关于摩托车所有权转让的意思表示无效,V和K所达成的关于摩托车所有权应由所有人V转移给取得人K的合意(属于处分行为)亦无效。根据分离原则和处分行为在有效性方面的无因性原则,摩托车所有权转让(属于处分行为)的无效性对买卖合同(属于负担行为)的有效性没有影响。尽管如此,只要买卖合同有效,出卖人V就负有转让摩托车所有权的义务,买受人K对该项给付的请求权就依然存在。但出卖人V可以通过其代理人(德国民法典第164条)来履行该项义务。

由此案例可见,如果负担行为有效,而为了履行该负担行为所生义务而实施的处分行为无效或不生效力,则履行始终没有发生。结果是:债权(狭义的债务关系)并未因履行而消灭(德国民法典第362条第1款)——只要负担行为仍旧有效,债权人对所负担的给付的请求权就依然存在。[1]

(3)负担行为和处分行为由于同一个原因而无效

负担行为和处分行为还可能有同一个无效性原因。[2]

举例来说,假设出卖人V在订立买卖合同时即已丧失行为能力且在转让摩托车所有权时仍旧处于无行为能力的状态,则根据德国民法典第104条第2项、第105

〔1〕 Vgl. Köhler, BGB Allgemeiner Teil, 43. Aufl. 2019, § 5 Rn. 17.

〔2〕 Vgl. Medicus, Allgemeiner Teil des BGB, 9. Aufl. 2006, Rn. 231-241. 另见[德]迪特尔·梅迪库斯:《德国民法总论》,邵建东译,法律出版社2000年版,第181~185页。

条第 1 款，负担行为（买卖合同）和处分行为（摩托车所有权的转让）均无效。

结果是：如果负担行为和处分行为由于同一个原因而无效，那么，从负担行为方面来说，给付义务和与之相应的给付请求权均不成立；从处分行为方面来说，不发生直接影响某一项既有权利的法律效果（如使动产所有权发生转移）。

案例 4－35 | 自行车买卖和自行车所有权转让

V 于 2019 年 3 月 16 日向 K 出卖了一辆自行车。双方当事人于 2019 年 3 月 30 日依照德国民法典第 929 条第 1 句达成了关于自行车所有权应由所有人 V 转移给取得人 K 的合意，并完成了交付。不久以后，V 发现自己在订立买卖合同时存在一个表示错误：他原本想以 650 欧元为价款向 K 出卖这辆自行车，却因打字错误而表示成了 560 欧元，遂以表示错误为理由而依德国民法典第 119 条第 1 款第 2 种情形的规定撤销了自行车买卖合同。

问题 1：该项撤销具有何种法律效果？

问题 2：V 和 K 于 2019 年 3 月 30 日就自行车所有权所实施的处分行为是否受到 V 之撤销买卖合同的影响？

问题 3：V 是否可以依德国民法典第 119 条第 1 款撤销他和 K 就自行车所有权所实施的处分行为？

问题 4：谁是自行车的现时所有人？

问题 5 和问题 6：设 K 与第三人 D 于 2019 年 5 月 1 日达成了关于自行车所有权应由 K 转移给 D 的合意，并完成了交付。

问题 7：谁是自行车的新所有人？新所有人对自行车所有权的取得是否适用德国民法典关于从无权利人处善意取得动产所有权的规定？

答：V 和 K 于 2019 年 3 月 16 日订立了以那辆自行车为标的、以 560 欧元为价款的买卖合同。由于 V 在订立自行车买卖合同时存在一个表示错误（误将 650 欧元表示成了 560 欧元），V 可以依德国民法典第 119 条第 1 款第 2 种情形的规定撤销自行车买卖合同。在本案中，V 行使了该项撤销权（属于形成权）。根据德国民法典第 142 条第 1 款，如果可撤销的法律行为已被撤销，则它必须被视为自始无效。因此，V 的撤销表示的法律效果是使自行车买卖合同被视为自始无效。

按照德国民法所特有的分离原则和处分行为在有效性方面的无因性原则，作为负担行为的自行车买卖合同和作为处分行为的自行车所有权的转让（关于自行车所有权应由所有人 V 转移给取得人 K 的合意）是两个截然不同的法律行为，其中任何一个法律行为的有效性必须在完全不考虑另一个法律行为的情况下加以判断；其中一个法律行为之不成立、不生效力或被撤销，不影响另一个法律行为的有效性。因此，即便 V 因行使了撤销权而使买卖合同被视为自始无效(德国民法典第 142 条第 1 款),作为处分行为的自行车所有权的转让(关于自行车所有权应由所有人 V 转移给取得人 K 的合意)的有效性也不受影响。

因为 V 和 K 达成了关于自行车所有权应由所有人 V 转移给取得人 K 的合意,表明所有人 V 不仅内心有使取得人 K 成为自行车所有人的意思,而且将这一意思无瑕疵地表示了出来,所以 V 在做出将自行车所有权转让给取得人 K 的表示时并未发生错误,他不能依德国民法典第 119 条第 1 款撤销他和取得人 K 就自行车所有权所实施的处分行为。

由于 V 和 K 达成了关于自行车所有权应由所有人 V 转移给取得人 K 的合意并完成了交付,且根据处分行为在有效性方面的无因性原则,该合意(属于处分行为)的有效性并不因买卖合同(属于负担行为)被撤销而受影响,所以取得人 K 依照德国民法典第 929 条第 1 句成为自行车的现时所有人。

由案情可知,已成为自行车所有人的 K 于 2019 年 5 月 1 日与 D 达成了关于自行车所有权应由 K 转移给 D 的合意。尽管我们无从得知这一关于自行车所有权转让的处分行为的原因行为为何(如买卖合同、赠与合同),但按照分离原则和处分行为在有效性方面的无因性原则,该处分行为的有效性必须在完全不考虑其原因行为的情况下加以判断。在具备了关于动产所有权应由所有人 K 转移给取得人 D 的合意和交付这两个前提的情况下,D 依照德国民法典第 929 条第 1 句成为自行车的新所有人。由此可见,取得人 D 对自行车所有权的取得是从自行车所有人 K 处取得的,属于从权利人处取得的情形,从而不适用关于从无权利人处善意取得动产所有权的德国民法典第 932 条及以下的规定,因为从无权利人处善意取得动产所有权的前提之一是动产不属于让与人。[1]

6. 处分行为并不等于"物权行为"——揭开"物权行为"的神秘面纱

(1)"物权行为"的由来

处分行为概念在被民国时期的中国民法学者继受的过程中发生了一些偏差和变异,逐渐演化为"物权行为"的提法。

史尚宽先生在其所著《民法总论》第四章"法律行为"第一节"概说"第三目"法律行为之种类"中,提到了"债权行为"、"物权行为"与"准物权行为":"债权行为,谓以债权之发生为内容之法律行为,例如买卖、租赁等。非债权行为中,以直接发生物权的变动,即以物权的发生、变更、消灭为内容之法律行为,谓之物权行为。以物权以外之权利之移转、变更、消灭为直接的内容之法律行为,谓为准物权行为。准物权行为,不发生预定履行之债权,而直接发生法律上变动之点,与物权相同。例如债

[1] Vgl. Bork, Allgemeiner Teil des Bürgerlichen Gesetzbuchs, 4. Aufl. 2016, Rn. 481.

权、股东权、无体财产权等之让与、设质、抛弃。"[1] 在这里,史尚宽先生将法律行为分为债权行为和非债权行为,并将其中的非债权行为进一步分为物权行为和准物权行为。但这种划分法不无问题。第一,这里所说的"债权行为"虽然在名称上与德国民法上的法律行为学说所称"负担行为"不同,但在本质上与后者无异。第二,史尚宽先生所称"非债权行为"是否包括除"物权行为"和"准物权行为"以外的其他法律行为,仍不无疑问。就"物权行为"和"准物权行为"而言,如果用德国民法上的法律行为学说来衡量,它们无疑均属于处分行为的范畴,因为它们都是"通过转让、废止、变更内容或设定负担等方式直接对某一项既有权利施加影响的法律行为"。也就是说,史尚宽先生所称"非债权行为"包括但不一定限于处分行为,而"物权行为"和"准物权行为"均属于处分行为。第三,史尚宽先生将属于处分行为的法律行为分成了"物权行为"和"准物权行为"。其中的"物权行为"只是物权法上的处分行为,但将关于债权、股东权、无体财产权等权利之"让与、设质、抛弃"的处分行为统称为"准物权行为"未免牵强附会,因为这些权利固然也可以被转让、废止、变更内容和设定负担,但它们与物权有本质上的不同,且往往与"物"毫无关联。例如,作为处分行为的债权让与就根本不涉及物和物权。第四,史尚宽先生在同一部著作中还有关于"处分行为"与"义务行为"的划分:"处分行为(Verfügungsgeschäft),谓直接使权利移转、变更或消灭之行为。义务行为(Verpflichtungsgeschäft),谓非直接处分权利,而生为其处分之义务之行为。"他还进一步解释说:"故处分行为为物权行为及准物权行为而表现,义务行为为债权行为而表现。"[2] 在这里,他大体上采用了德国民法上的法律行为学说关于处分行为和负担行为的划分法,同时表明了他认为处分行为的外延包括"物权行为"和"准物权行为"、"义务行为"就是"债权行为"的看法。

民国时期的中国民法学者将法律行为划分为"债权行为"与"非债权行为"(后者又包括"物权行为"和"准物权行为")的做法,被 1949 年以后中国台湾地区的民法学者所沿袭。[3] 中国台湾地区"民法"第 758 条规定:"不动产物权,以法律行为取得、设定、丧失及变更者,非经登记,不生效力。"第 761 条规定:"动产物权之让与,非将动产交付,不生效力;但受让人已占有动产者,于让与合意时,即生效力。"对于这两条规定,许多民法学者认为它们体现了"物权行为"的无因性,且系继受德国民法学说的结果。[4] 不可否认的是,20 世纪 70 年代末以来,特别是在改革开放

---

[1] 史尚宽:《民法总论》,中国政法大学出版社 2000 年版,第 320 页。

[2] 史尚宽:《民法总论》,中国政法大学出版社 2000 年版,第 320 页。

[3] 例如,王泽鉴:《民法学说与判例研究》(第 1 册),中国政法大学出版社 1998 年版,第 254 ~ 273 页,特别是第 257 页;刘得宽:《民法总则》(增订 4 版),中国政法大学出版社 2006 年版,第 168 ~ 169 页。

[4] 参见梁慧星:《我国民法是否承认物权行为》,载《法学研究》1989 年第 6 期。

之初，中国台湾地区民法学者的著作对大陆民法理论产生了相当大的影响，以致今天人们很少质疑“物权行为”和“准物权行为”等提法的科学性、妥当性。

按照德国民法上的法律行为学说，处分行为的外延既包括以转让某一项既有权利给他人为内容的法律行为，也包括以废止某一项既有权利、变更某一项既有权利的内容或对某一项既有权利设定负担为内容的法律行为。作为处分行为的对象的“某一项既有权利”不仅可以是所有权和除所有权外的某一项特定的用益物权或担保物权（如质权、抵押权），而且可以是某一项债权、股东权、无体财产权等其他权利。然而，史尚宽先生等民国时期的中国民法学者却将处分行为理解成“物权行为”和“准物权行为”，这种提法至今仍被许多民法学者习以为常地接受和使用，以致人们往往只关注“物权行为”与“债权行为”的区分，而忽略了更具一般意义且更值得关注的处分行为与负担行为的区分。

（2）“物权行为”提法的诸多弊端和不当之处

首先，处分行为（处分）的对象永远是某一项既有权利。作为处分行为的对象的某一项既有权利，最典型、最重要的是所有权。除所有权外，某一项特定的用益物权或担保物权（如质权、抵押权）、债权、股东权、无体财产权等其他既有权利也可以是处分行为的对象。我们不否认有相当一部分处分行为是关于所有权和除所有权以外的某一项特定的用益物权或担保物权（如质权、抵押权）的转让、废止、变更内容和设定负担的，但把这部分处分行为统称为“物权行为”就发生了严重偏差。本来，关于所有权和某一项特定的用益物权或担保物权（如质权、抵押权）的转让、废止、变更内容和设定负担的处分行为的目的和功能均十分明了、清晰，而一旦改称“物权行为”就变得模糊不清了。用形象一点的话来说，按照处分行为的“特定性原则”，每一项处分行为的对象总是某一项特定的既有权利（如动产所有权），而一旦改称“物权行为”，其所对应的就不是某一项特定的既有权利，而是作为不特定的“一束权利”或“权利群”的物权了。由于物权不仅包括所有权这种“非限制性物权”，还包括作为“限制性物权”的用益物权和担保物权，如将物权法上的处分行为统称为“物权行为”就会使人看不清处分的对象到底是所有权还是某一项特定的用益物权抑或担保物权（如质权、抵押权），徒增问题的复杂性、概念的模糊性和词语的歧义性。既然物权法上的处分行为中最典型、最重要的是关于所有权的处分行为，倒不如直接将物权法上的处分行为称为关于所有权的转让、废止、变更内容和设定负担的处分行为，与关于除所有权以外的某一项限制性物权（如质权、抵押权）的转让、废止、变更内容和设定负担的处分行为来得清晰、明朗和不易引起歧义，[1]前者又可进一步细分为关于转让所有权的处分行为、关于废止所有权的处分行为、

---

〔1〕 由此可见，虽然中国台湾地区“民法”第758条所称不动产物权之依法律行为而取得、设定、丧失及变更，以及第761条所称“动产物权之让与”都可归为处分行为之列，但因它们以笼统的“不动产物权”和“动产物权”为处分行为的对象而不十分妥当。

关于变更所有权内容的处分行为和关于对所有权设定负担的处分行为等。这是“物权行为”提法的第一个不妥当之处。

其次，许多中文著作所称“债权行为”在本质上与德国民法上的法律行为学说所称“负担行为”无异，只不过这两种提法的着眼点不同罢了，一个着眼于给付请求权（债权）的产生，另一个着眼于给付义务的创设。在区分处分行为与负担行为并承认处分行为在有效性方面的无因性的国家和地区（如德国、希腊、爱沙尼亚和中国台湾地区），这两种不同法律行为的对峙不仅存在于物权法领域，而且存在于债法领域。由于债法领域的一些处分行为（如债权让与和债务免除）与物和物权毫无关联，无论是用“物权行为”还是“准物权行为”来概括它们都显得牵强。因此，真正与“债权行为”（负担行为）相对的，是处分行为而不是“物权行为”。处分行为比“物权行为”更具有一般性，更能体现在效果上使所有权、除所有权以外的某一项限制性物权（如质权、抵押权）、债权、股东权、无体财产权等既有权利发生变动的处分的本质。

最后，正因为“物权行为”的提法本身并不科学、不妥当，所以关于中国民法应否承认“物权行为”的争论向来莫衷一是。反对者自然很容易发现并指摘“物权行为”的种种弊端，支持者也往往由于使用了不科学、不妥当的“物权行为”概念而难以自圆其说，把本来清晰、明确的民法问题人为地复杂化，以致不少人（包括最高国家权力机关的常设机关相关工作部门的一些工作人员）一听到“物权行为”就极度反感，认为那是德国学者在 19 世纪臆想出来的一套理论，不适合中国国情。殊不知，许多学者所坚决抵制的是他们从民国时期的民法学者和 1949 年以后中国台湾地区的民法学者那里得知的所谓“物权行为”，与德国民法上的法律行为学说之处分或处分行为相去甚远；而许多学者所极力鼓吹的“物权行为”本身并不是正宗的“德国货”，而是在继受的过程中“变了味”的理论。

（3）揭开“物权行为”的神秘面纱

物权法上的“处分行为”（包括“处分合同”）在德文里经常被表述为 dingliches Rechtsgeschäft，甚至被缩略成 dingliches Geschäft。其中，dingliches Geschäft 被许多中国民法学者误译为“物权行为”。事实上，所谓“物权行为”在德国民法上根本就不存在。在这里，dingliches Geschäft 实际上是 dingliches Rechtsgeschäft 的简称。前者可理解成“与物有关的行为”或“物权法上的行为”，[1]但这样的信息显然不够全面。使用该表述的德国人都明白，它是“与物有关的法律行为”或“物权法上的法律行为”（dingliches Rechtsgeschäft）的简称。[2]　但“与物有关的法律行为”或“物权法上的法律行为”这样的表述仍不够全面、准确，因为法律行为有“处分行为”和“负担

---

〔1〕　参见谢怀栻、程啸：《物权行为理论辨析》，载《法学研究》2002 年第 4 期。

〔2〕　也有学者将 dingliches Rechtsgeschäft 翻译成“物权行为”。参见米健：《法以载道——比较法与民商法文汇》，商务印书馆 2006 年版，第 415 页。

行为”之分。显而易见，德国人在使用 dingliches Rechtsgeschäft 这一词组时，都明白它绝不可能是指使人担负给付义务的法律行为，因为他们总是在处分行为的语境下使用该词组。因此，准确地说，它指的是 dingliches Verfügungsgeschäft，即“与物有关的处分行为”、“物权法上的处分行为”或“物权法领域的处分行为”。例如，德国联邦宪法法院原法官布罗克斯与其弟子瓦尔克合著的《德国民法总论》2019 年德文第 43 版第 2 编第 1 章第 5 节是关于“负担行为与处分行为、原因行为与无因行为”的，其第 1 分节是“负担行为”，第 2 分节是“处分行为”（Verfügungsgeschäft）。在第 2 分节页边数码为 104 的正文中，出现了该书唯一的 dingliches Geschäft 表述，[1] 但根据该表述所处的关于处分行为的第 2 分节以及上下文不难推断，它指的是“与物有关的处分行为”、“物权法上的处分行为”或“物权法领域的处分行为”。而如果将它翻译成“物权行为”则将偏离原义，甚至是误导性的。

许多中国学者在将 dingliches Geschäft 翻译成“物权行为”时，将限定词 dinglich 翻译成“物权”。这同样是不准确的。事实上，限定词 dinglich 在德国民法上是指“与物有关的”（“与有体标的有关的”[2]）或“与物权有关的”，[3] 甚至可以理解成“物权法上的”或“物权法领域的”。

迄今为止，不少中国学者以为“物权行为”理论最早是由萨维尼在 19 世纪创立的。[4] 事实果真如此吗？萨维尼本人到底有没有说过“物权行为”？答案是否定的。按照德国萨尔大学欧洲民法和欧洲近代法史荣休教授拉涅里（Filippo Ranieri）先生的解释，在以法律行为转让动产所有权的问题上，萨维尼创立了 Theorie des abstrakten dinglichen Rechtsgeschäfts，即“无因的、与物有关的法律行为的学说”或“无因的、物权法上的法律行为的学说”。如上所述，这一语境下的法律行为只能理解成处分行为，因为按照萨维尼的这一学说，就所有权的取得而言，只需双方当事人达成“与物有关的合意”或“物权法上的合意”（dingliche Einigung），即所有人和取得人之间达成以转让某一项既有权利为目的的意思的一致即已足够。该项合意之所以是“无因的”，是因为其与物有关的效果（或物权法上的效果）并不取决于构成

---

〔1〕 该书作者同时指出，dingliches Geschäft 这一表述本身具有误导性。Vgl. Hans Brox/Wolf - Dietrich Walker, Allgemeiner Teil des BGB, 43. Auflage, Verlag Franz Valen, München 2019, § 5 Rn. 2.

〔2〕 德国蒂宾根大学克布勒教授对 dinglich 一词的释义是“与有体标的有关的”（einen körperlichen Gegenstand betreffend）。Vgl. Gerhard Köbler, Juristisches Wörterbuch für Studium und Ausbildung, 17. Auflage, Verlag Franz Vahlen, München 2018, S. 104.

〔3〕 《杜登德语词典》对 dinglich 一词的释义是“与物权有关的”（das Reht an Sachen betreffend）。Vgl. Duden Deutsches Universalwörterbuch, 3. Auflage, Dudenverlag, Mannheim 1996, S. 346.

〔4〕 参见孙宪忠：《物权行为理论探源及其意义》，载《法学研究》1996 年第 3 期；朱庆育：《物权行为的规范结构与我国之所有权变动》，载《法学家》2013 年第 6 期。

其基础的债法上的原因行为的有效性。[1] 因此,如果把萨维尼所创立的 Theorie des abstrakten dinglichen Rechtsgeschäfts 理解成"无因的、与物有关的处分行为的学说"或"无因的、物权法上的处分行为的学说",则所得出的结论是:萨维尼本人并没有说过什么"物权行为"。依同样道理,萨维尼在《当代罗马法体系》第 3 卷中所提到的"dinglicher Vertrag"[2]也不应译为"物权合同"[3]或"物权契约",[4]而应理解成"与物有关的处分合同"、"物权法上的处分合同"(dinglicher Verfügungsvertrag)或"物权法领域的处分合同"。

在本书作者看来,一部分中国民法学者(包括一部分曾留学过德国的民法学者)所称"物权行为"无非是物权法上的处分行为而已。[5] 然而,处分行为(包括处分合同)不仅存在于物权法领域,也存在于债法等其他领域,因为除所有权外,处分的对象还可以是某一项债权和其他无体的权利,如专利权、商标权和著作权。[6]

总之,"物权行为"和"物权合同"("物权契约")都是不妥当的提法。"物权行为"实际上系"物权法上的处分行为"(或"物权法领域的处分行为")的误译;而"物权合同"则应理解成"物权法上的处分合同"(或"物权法领域的处分合同")。

7. 关于中国民法应否承认处分行为无因性的立法论见解

上文揭示了处分行为的本质。作为"通过转让、废止、变更内容或设定负担等方式直接对某一项既有权利施加影响的法律行为",处分行为的对象是民法上的某一项既有权利,如动产和不动产所有权、某一项限制性物权、债权、股东权和无体财产权。可见,处分行为对于以法律行为(包括合同和单方法律行为)使民法上的某一项既有权利发生变动具有极其重要的意义。处分行为通常采取合同的方式,但

---

[1] Vgl. Filippo Ranieri, Europäisches Obligationenrecht, 3. Auflage, Springer Verlag, Wien/New York 2009, S. 1056.

[2] Vgl. Friedrich Carl von Savigny, System des heutigen römischen Rechts, Band 3, Berlin 1840, § 140, S. 312 – 313.

[3] 参见米健:《法以载道——比较法与民商法文汇》,商务印书馆 2006 年版,第 517 页。

[4] 参见孙宪忠:《德国当代物权法》,法律出版社 1997 年版,第 60 页;田士永:《物权行为理论研究——以中国法和德国法中所有权变动的比较为中心》,中国政法大学出版社 2002 年版,第 24 页;陈华彬:《外国物权法》,法律出版社 2004 年版,第 52、91 页。

[5] 有学者曾在一篇译文中将德文 Verfügungsgeschäft 和 Verpflichtungsgeschäft 分别译成"物权行为"和"债权行为",这是值得商榷的。本书作者认为,这两个术语应分别译成"处分行为"和"负担行为"(后者即许多中文著作所称"债权行为"),而如果将本应译成"处分行为"的 Verfügungsgeschäft 译成"物权行为",则将大大偏离该词的原意。参见赫尔穆特·克勒(Helmut Köhler):《〈德国民法典〉的过去与现在》,孙宪忠译,载梁慧星主编:《迎接 WTO——梁慧星先生主编之域外法律制度研究集》(第 2 辑),国家行政学院出版社 2000 年版,第 405 页。Vgl. auch Helmut Köhler, Einführung, in: Bürgerliches Gesetzbuch, 84. Auflage, Deutscher Taschenbuch Verlag, München 2019, S. XIX.

[6] Vgl. Bork, Allgemeiner Teil des Bürgerlichen Gesetzbuchs, 4. Aufl. 2016, Rn. 451.

此种合同的实质是对所有权、某一项限制性物权、债权、股东权和无体财产权等既有权利进行诸如转让、废止、内容变更和设定负担等处分,旨在使某一项既有权利发生变动,故属于"处分合同",而非债法上的合同。处分行为与创设给付义务以及相应的给付请求权(债权)的负担行为(所谓"债权行为")有着本质上的不同。

如上所述,如果承认处分行为与负担行为的区别、处分合同与债法上的合同的区别,则完全不必再提"物权行为"与"债权行为"的区别、"物权合同"与"债权合同"的区别,因为所谓"物权行为"无非是物权法上的处分行为而已,而所谓"物权合同"的实质也不过是物权法上的处分合同罢了。严格地说,许多中国学者所称"物权行为"、"准物权行为"和"物权合同"在德国民法上根本就不存在。因此,对于容易使人一叶蔽目的"物权行为"、"准物权行为"和"物权合同"等提法,应予以彻底的摈弃。

在揭开了"物权行为"的神秘面纱之后,本书作者认为,如果用"处分行为"去置换迄今为止许多中国民法学者所称"物权行为",用"处分合同"去置换他们所称"物权合同",用作为处分的对象的"某一项既有权利"去置换他们所称"物权",则长期以来困惑中国民法学者的许多理论难题将迎刃而解。中国民法典虽也使用像"处分"和"处分权"这样的术语,[1]却往往不够严谨、科学和准确,以致引发了诸多观点分歧和理论纷争。总之,在中国民事立法中,甚有必要严格地区分两种在目的、性质和功能上均不相同的合同——一种是"通过转让、废止、变更内容或设定负担等方式直接对某一项既有权利施加影响"的处分合同,另一种是以产生债权债务关系为目的的债法上的合同。它们各自所对应的上位概念(属概念)分别是处分行为和负担行为这两种不同的法律行为。一言以蔽之,中国民事立法应当更加重视处分行为,并在未来的民事立法中给处分行为以一席之地。

至于中国民法应否以及如何在立法上承认处分行为在有效性方面的无因性原则,则是一个必须由立法者做出选择的重大问题,牵涉到整个法律体系的价值判断和利益衡量,故应在有理、有据、充分、透彻的科学论证的基础上审慎行事、决定取舍。然而,中国立法者若要在立法上明确地承认处分行为在有效性方面的无因性,则应铭记:在使用像"处分""处分行为""处分权"这样的民法术语时,一定要严谨、科学、前后一贯,尤其不应忘记的是,处分(或处分行为)的对象永远是某一项既有权利。只有这样,才能使制定出来的民事法律规定具有必要的科学性、合理性、妥当

---

[1] 见《中华人民共和国民法典》第35条第1款第2句、第221条第1款第2句、第232条、第240条、第255条、第256条、第263条、第269条第1款、第272条第1句、第301条、第311条第1款和第2款、第312条第2句和第3句、第356条、第357条、第395条第1款、第417条第2句、第431条、第440条、第538条、第597条第1款、第642条第1款第3项、第753条、第954条、第957条第2款、第1133条第1款、第1154条第5项、第1157条。

性和可操作性。正本清源,是为了回归事物的本原。在摈弃遮蔽视野、搅乱思维的不正确、不科学、不妥当的“物权行为”提法的同时,人们所收获的将是对处分或处分行为的本质的准确把握以及对民法上某一项既有权利因处分或处分行为而得以变动的深刻认识。[1]

---

〔1〕 参见陈卫佐:《处分行为理论之正本清源》,载《政治与法律》2015 年第 7 期。

第五章　合同的订立

第一节　合同概说

一、合同的意义

合同(Vertrag)是由至少两个在内容上相互一致的意思表示(通常为要约和承诺)构成的多方法律行为。

单个的权利主体为了达到一定的目标和满足一定的利益,往往需要借助于各种各样的合同对彼此间的生活关系进行在法律上有约束力的调整。私人生活和经济生活领域的合同,多半以财产交换为目的。德国民法典债法分则(第433条至第853条)所规定的买卖合同(第433条及以下)、互易合同(第480条)、贷款合同(第488条及以下)、使用租赁合同(第535条及以下)、用益租赁合同(第581条及以下)、雇佣合同(第611条及以下)、劳动合同(第611a条)以及承揽合同(第631条及以下)的共同之处在于它们都是有偿的双务合同:[1]合同当事人一方许诺提供给付,是因为另一方承担了给付义务,如以货物或劳务换取金钱。

但合同不仅仅对于财产的相互交换有意义。有时,即便只有一方担负义务,也必须订立合同(单务合同,如德国民法典第518条所规定的赠与许诺、德国民法典第765条及以下所规定的保证)。例如,民法上的赠与以一个单务合同为前提,它使赠与人一方担负给付义务,而受赠人一方则无须给付。对此,德国民法典第516条要求“双方当事人达成关于无偿地进行给予的合意”,亦即订立赠与合同(德国民法典第516条及以下)。[2]

二、“合同”的外延

本书所称“合同”,德文作Vertrag。该词在德国民法上的外延极其广泛,除通常所说的债法领域的合同(如买卖合同,德国民法典第433条;使用租赁合同,德国民

---

〔1〕 Vgl. Creifelds Rechtswörterbuch, 19. Aufl. 2019, S. 579.

〔2〕 Vgl. Brox/Walker, Allgemeiner Teil des BGB, 43. Aufl. 2019, § 4 Rn. 1 – 13; Bork, Allgemeiner Teil des Bürgerlichen Gesetzbuchs, 4. Aufl. 2016, Rn. 655 – 659.

法典第 535 条；承揽合同，德国民法典第 631 条）外，还可以指物权法上的处分合同（如德国民法典第 873 条第 1 款所称关于土地物权变更的合意、第 929 条第 1 句所称关于动产所有权转移的合意、第 1205 条第 1 款第 1 句所称设定质权的合意）。不仅如此，“Vertrag”一词还可以指家庭法上的合同（如夫妻财产合同，德国民法典第 1408 条第 1 款；亲属之间订立的扶养合同）或继承法上的合同（如关于抛弃法定继承权的合同，德国民法典第 2346 条第 1 款第 1 句；继承合同，德国民法典第 1941 条、第 2274 条以下）。此外，还有社团法和公司法上的合同（旨在设立社团和公司）。[1] 在德国私法以外，还存在公法上的合同。

中国台湾地区“民法”和日本《民法》在这一意义上叫“契约”而不叫“合同”，与德文里“Vertrag”一词的外延大体上一致。然而，按照《现代汉语词典》第 7 版的释义，“契约”是指“证明买卖、抵押、租赁等关系的文书”；“合同”是指“两方面或几方面在办理某事时，为了确定各自的权利和义务而订立的共同遵守的条文”。[2] 中国民法典第 464 条第 1 款给“合同”下的定义是：“合同是民事主体之间设立、变更、终止民事法律关系的协议”。可见，在《现代汉语词典》里，“契约”仅指范围有限的某些文书，其外延反而不如“合同”的外延广；而从“合同”条目的释义里“条文”的字眼又可以知道，《现代汉语词典》里的“合同”只是书面的合同，其外延又不如中国民法典里的合同的外延广，因为中国民法典里的合同既可以是书面的合同，也可以是使用口头形式和其他形式的合同（中国民法典第 469 条第 1 款），这恰恰比较接近德文里 Vertrag 的外延。[3]

为了反映现代汉语的新面貌，照顾中国现行的法律用语习惯，避免引起不必要的误解，本书作者所译注的德国民法典仍采用“合同”的叫法，仅在称“契约自由”时例外。

三、契约自由

作为德国私法最重要的渊源，德国民法典的基本原则之一是契约自由。契约自由是在宪法上得到保障的一般性行动自由的具体化（《德意志联邦共和国基本法》第 2 条第 1 款），也是私法自治原则的必然要求。在内容上，契约自由包括缔约自由、形成自由和形式自由。[4]

（一）缔约自由

单个的权利主体有权自主地决定是否缔结合同以及与谁缔结合同，该项自由

---

〔1〕 Vgl. Köhler, BGB Allgemeiner Teil, 43. Aufl. 2019, § 8 Rn. 1.

〔2〕 中国社会科学院语言研究所词典编辑室编：《现代汉语词典》（第 7 版），商务印书馆 2016 年版，第 525、1035 页。

〔3〕 Vgl. Creifelds Rechtswörterbuch, 23. Aufl. 2019, S. 1591 ff.

〔4〕 Vgl. Klunzinger, Einführung in das Bürgerliche Recht, 16. Aufl. 2013, S. 7.

叫作"缔约自由"。具体来说,权利主体是否以及向谁出卖、出租自己的物品或劳动力,是其自己的事情,他人无权干涉。仅在法律有特别要求的例外情形下,权利主体始有义务订立合同,如关于供应电力或天然气的合同,这就是"缔约的强制"。[1] 所谓"缔约的强制"(Kontrahierungszwang 或 Abschlusszwang),又叫"缔约义务"(Abschlusspflicht),是指依照法律而存在的、与他人订立其所希望的合同的义务。[2]

(二)形成自由

缔约双方可以自由地形成合同的内容(如自由地约定给付和对待给付),并自由地变更或取消因合同而成立的以权利义务为内容的法律关系。该项自由叫作"形成自由",也叫"内容自由"。德国民法典第 311 条第 1 款就体现了形成自由原则。[3] 该项自由典型地体现于债法上的合同,而较少地体现于物权法、家庭法和继承法上的合同。例如,在买受人与出卖人订立的关于汽车买卖的合同中,缔约双方可以约定买受人分期付款,排除买受人因瑕疵而发生的请求权,买受人有权在 8 天之内解除合同等。相比之下,在 X 与 Y 之间缔结的婚姻中,缔约双方不得通过合同来排除配偶的某些权利义务,如不得排除配偶在性生活方面的权利义务,不得赋予夫以休妻的权利等。

此外,德国民法典债法分则所规定的广义的债务关系(如买卖合同、使用租赁合同等)只是典型合同的例子而已;双方当事人原则上可以自由地偏离这些任意法规定,订立所谓"非典型合同"(atypischer Vertrag),或者结合若干个典型合同的要素,订立所谓"混合合同"(gemischter Vertrag)。例如,所谓"医院合同"(Krankenhausvertrag)就是一种"混合合同",它结合了以疾病治疗为内容的雇佣合同、以病床租用为内容的使用租赁合同和以膳食供应为内容的买卖合同的要素。[4] 又如,关于在饭店里进餐的合同也是一种"混合合同",它结合了买卖合同(食物)、使用租赁合同(餐具)和雇佣合同(服务)的要素。[5]

应注意的是,形成自由(内容自由)只存在于任意法的范围内。有时,法律通过强行法对形成自由设定了界限,即便是债法上的合同亦然。例如,违反法定禁止的合同、违背善良风俗的合同均无效(德国民法典第 134 条、第 138 条)。[6] 根据德国民法典第 311b 条第 2 款、第 4 款第 1 句的规定,使一方当事人有义务转让其将来的

---

〔1〕 Vgl. Köhler, BGB AT kompakt, 3. Aufl. 2012, Rn. 2.

〔2〕 Vgl. Köhler, BGB Allgemeiner Teil, 43. Aufl. 2019, § 8 Rn. 44.

〔3〕 德国民法典第 311 条第 1 款规定:"对于以法律行为成立债务关系以及变更债务关系的内容,当事人之间的合同是必要的,但以法律不另有规定为限。"

〔4〕 Vgl. Creifelds Rechtswörterbuch, 23. Aufl. 2019, S. 1591 ff.

〔5〕 Vgl. Brox/Walker, Allgemeines Schuldrecht, 38. Aufl. 2014, § 4 Rn. 13.

〔6〕 Vgl. Brox/Walker, Allgemeiner Teil des BGB, 43. Aufl. 2019, § 4 Rn. 8.

财产或其将来的财产的一部分或以用益权对之设定负担的合同无效；关于仍生存的第三人的财产处理的合同亦无效。此外，德国民法典第305条至第310条关于一般交易条款的规定也在一定程度上限制了形成自由。

（三）形式自由

除法律有特别规定外，订立合同原则上无须使用特别的形式。仅在例外情形下，法律始规定合同必须使用某一特定形式始为有效（如德国民法典第873条第1款、第925条第1款第1句、第1311条第1句、第2276条第1款第1句）。该项自由叫作“形式自由”。[1]

第二节　要约和承诺

在通常情形下，合同因要约和对要约的承诺而成立。可见，合同由要约和承诺这两个在内容上相互一致的意思表示构成。

德国民法典第一编“总则”第三章“法律行为”第三节“合同”（德国民法典第145条至第157条）专门就合同的成立做出了总则性规定。它们是德国立法者运用类似于数学上提取公因式的“提取共同规定”的立法技术，从债务关系法编、物权法编、家庭法编和继承法编的合同中抽象而得出的共同规定，所以也适用于一切债法上的合同、物权法上的合同、家庭法上的合同以及继承法上的合同。[2]

一、要约

（一）要约的概念

要约（Antrag、Angebot 或 Offerte）是以订立合同为目的的须予受领的意思表示，通过该意思表示，某人向他人以这样的方式建议订立合同，即合同成立与否完全取决于该意思表示的受领人是否无保留地予以赞同。[3] 通过该意思表示建议订立合同的人叫作“要约人”，该意思表示的受领人叫作“受要约人”。

1. 要约生效的时间

作为须予受领的意思表示，要约并不是在做出时就发生效力，而是在到达受领人时才发生效力（德国民法典第130条第1款第1句）。到要约到达受领人时为止，

---

〔1〕 Vgl. Musielak, Grundkurs BGB, 8. Aufl. 2003, Rn. 98 – 101; Bork, Allgemeiner Teil des Bürgerlichen Gesetzbuchs, 4. Aufl. 2016, Rn. 660 – 663.

〔2〕 参见徐国建：《德国民法总论》，经济科学出版社1993年版，第131～132页。

〔3〕 Vgl. Bork, Allgemeiner Teil des Bürgerlichen Gesetzbuchs, 4. Aufl. 2016, Rn. 704.

要约可以被撤回（德国民法典第130条第1款第2句）。

2. 要约的确定性或可确定性

在内容上，要约必须是可确定的，以致他人只需无保留地赞同（只需说一声"Ja"[1]）即可予以承诺。[2] 为了做到这一点，要约必须包含各"合同重要的点"（拉丁文 *essentialia negotii*），[3]如合同双方当事人、给付和对待给付等。例如，对买卖合同来说，要约必须包含出卖人、买受人、买卖标的和价款。

无论如何，要约必须至少在内容上是可确定的。在此情形下，可以由受要约人或第三人确定（德国民法典第315条及以下）。

例1：一个股份公司聘请一位法学教授撰写专家意见书。即使双方没有谈及报酬，也存在一个订立合同的要约，因为一旦法学教授接受了要约，就可以依据德国民法典第316条[4]行使确定对待给付范围的权利[5]。

例2：如果A把他的坏表交给钟表匠U修理，即使双方没有谈到报酬，也存在一个订立承揽合同的要约，因为一旦钟表匠U接受了要约，就视为默示地就通常的报酬达成了协议（德国民法典第632条）。

案例5－1 |《帕兰特德国民法典评注》

书商B写信给他的客户K称，他向后者提供"最新版《帕兰特德国民法典评注》，货到即交"。客户K在收到B的要约函后回信说，他接受该要约，并请求交货。K的承诺函已到达B。（按：《帕兰特德国民法典评注》2022年已出到第81版）

问题1：K是否有请求交货的请求权？

问题2：假如书商B所提供的是"旧版《帕兰特德国民法典评注》"，且客户K接受了，情况又如何？

答：在问题1的情形下，K是否有请求交货的请求权取决于在K和书商B之间以最新版《帕兰特德国民法典评注》为标的、以某一金额为价款的买卖合同是否已成立，因为如果这样的合同已成立，则K根据德国民法典第433条第1款享有要求书商B转让该书所有权和交付该书的请求权。在本案中，书商B在写给其客户K的信中虽未提及价款，但该价款仍系可确定的，因为双方的意思是按现时零售价进行买卖。这样一来，关于以现时零售价买卖最新版《帕兰特

---

[1] 德语"Ja"表示"是的"。

[2] Vgl. Lange, BGB Allgemeiner Teil, 1952, § 39 Ⅲ 1 b.

[3] 参见陈卫佐：《拉丁语法律用语和法律格言词典》，法律出版社2009年版，第52页。

[4] 德国民法典第316条规定，"为给付而约定的对待给付的范围不确定的，有疑义时，确定权属于有权请求对待给付的一方"。

[5] Vgl. Köhler, BGB Allgemeiner Teil, 43. Aufl. 2019, § 8 Rn. 8.

德国民法典评注》的合同已在 B 和 K 之间成立，故客户 K 有请求交货的请求权。

相反，在问题 2 的情形下，看不出书商 B 所提供的是哪个版本的《帕兰特德国民法典评注》以及价格几何，因而不存在有效的要约。由于欠缺有效的要约，买卖合同没有成立，所以书商 B 不能向客户 K 请求支付价款。

在通常情形下，一个要约如果能够为相对人所辨认，即为足够确定。有时，要约人不愿意使其相对人特定化，从而不可能向相对人发出个人化的要约。在此情形下，对不特定人群的表示可理解成“针对不特定人的”（拉丁文 *ad incertas personas*）〔1〕要约。

按照德国民法学者的通说，将自动售货机陈列在公共场所，意味着向每一个投了所要求的钱币的人发出以自动售货机里现有的存货为限的订立买卖合同的要约。而按规定程序往自动售货机里投钱币并按了相应的确认键的人，则以可推断出来的行为承诺了该要约，从而使他与自动售货机陈列者之间的买卖合同成立。做这样的解释的前提是：自动售货机里的存货足够，且自动售货机运转正常。朗格（Heinrich Lange）、拉伦茨、沃尔夫、布罗克斯、瓦尔克、施瓦布（Dieter Schwab）、克伦钦格等德国学者支持此通说。〔2〕

但也有德国学者把自动售货机的陈列仅仅看成要约邀请，顾客将钱币投入机器才是发出订立买卖合同的要约，正常运转的自动售货机对此所做出的回应则为承诺。在慕尼黑大学荣休教授克勒看来，如果自动售货机“罢工”（运转不灵），则买卖合同没有成立，顾客依照德国民法典第 812 条第 1 款第 1 句享有请求返还钱币的不当得利返还请求权，而不是依照德国民法典第 433 条第 1 款第 1 句享有交付货物的请求权。慕尼黑大学原教授梅迪库斯也持类似观点。〔3〕

最后，通说认为，有轨电车的运营是向一切人发出的订立运送合同的要约。

3. 要约邀请不同于要约

要约邀请（拉丁文 *invitatio ad offerendum*）〔4〕不是要约，而是要求他人发出要约的邀请。要约邀请人可以承诺或拒绝向其发出的要约。要约邀请区别于要约的

---

〔1〕 参见陈卫佐：《拉丁语法律用语和法律格言词典》，法律出版社 2009 年版，第 11 页。

〔2〕 Vgl. Larenz/Wolf, Allgemeiner Teil des Bürgerlichen Rechts, 8. Aufl. 1997, § 29 Rn. 22; Brox/Walker, Allgemeiner Teil des BGB, 43. Aufl. 2019, § 8 Rn. 4; Staudinger – Bork, § 145 Rn. 8; Klunzinger, Einführung in das Bürgerliche Recht, 16. Aufl. 2013, S. 103. 另见［德］迪特尔 · 施瓦布：《民法导论》，郑冲译，法律出版社 2006 年版，第 386 页。

〔3〕 Vgl. Köhler, BGB Allgemeiner Teil, 43. Aufl. 2019, § 8 Rn. 10; Medicus, Allgemeiner Teil des BGB, 9. Aufl. 2006, Rn. 362. 另见［德］迪特尔 · 梅迪库斯：《德国民法总论》，邵建东译，法律出版社 2000 年版，第 271 页。

〔4〕 参见陈卫佐：《拉丁语法律用语和法律格言词典》，法律出版社 2009 年版，第 79 页。

地方在于:要约是有约束力的意思表示,而要约邀请则连意思表示都不是,更不必说约束力了。

在这一问题上,本书作者所持观点不同于《中华人民共和国合同法》(已失效)第15条第1款第1句的规定。原《中华人民共和国合同法》第15条第1款规定:"要约邀请是希望他人向自己发出要约的意思表示。寄送的价目表、拍卖公告、招标公告、招股说明书、商业广告等为要约邀请。"本书作者认为,把要约邀请界定为一种"意思表示"有失妥当,是中国立法者曾有过的一个错误做法。若要约邀请是意思表示,则该法第15条第1款所列举的"寄送的价目表、拍卖公告、招标公告、招股说明书、商业广告等"都应是意思表示,但实际上,它们根本不能算作意思表示,且因欠缺表示意识和法律效果意思而没有法律上的约束力。

中国民法典第473条第1款和第2款规定:"要约邀请是希望他人向自己发出要约的表示。拍卖公告、招标公告、招股说明书、债券募集办法、基金招募说明书、商业广告和宣传、寄送的价目表等为要约邀请。商业广告和宣传的内容符合要约条件的,构成要约。"

在回答一个人是否发出了旨在订立合同的有约束力的要约这一问题时,关键看其行为是否有表示意识和法律效果意思。通过报刊上的促销广告、所递送的印刷品、商品目录、价目表、橱窗里商品的陈列、餐馆里的菜单、戏剧演出的预告向公众表达的意愿,因欠缺表示意识(从而也必定欠缺法律效果意思)而不是法律意义上的要约。它们只是向潜在的订约者发出的要约邀请。若它们都是要约,就会有无数人通过承诺它们而使合同成立;而所谓的"要约人"或许只能履行一个合同,他相对于其他人则因不履行合同而负有损害赔偿义务。这显然是不合理的。事实上,也没有任何商家甘愿冒这种无法预见、无法控制的风险。[1]

例如,在橱窗里陈列商品,即便标明了价格,也不宜理解成顾客只需加以承诺即可的有约束力的要约。商店主人通常都将橱窗做一番装饰,以至于将商品从橱窗里取出来需费过巨,而这是商店主人所不情愿做的。只有将橱窗里商品的陈列理解成向潜在的顾客(潜在的买受人、订约人)发出的要约邀请才比较符合交易习惯,因为这样一来,对于某一顾客所发出的要约,商店主人可以自主地决定到底是承诺还是拒绝该要约。

---

〔1〕 Vgl. Soergel-Wolf, § 145 Rn.7; Musielak, Grundkurs BGB, 8. Aufl. 2003, Rn.112; Medicus, Allgemeiner Teil des BGB, 9. Aufl. 2006, Rn.358-359. 另见[德]迪特尔·梅迪库斯:《德国民法总论》,邵建东译,法律出版社2000年版,第269~270页。

案例 5－2 ｜橱窗里的大衣

出卖人 V 在他的橱窗里陈列了一件标价为 1500 欧元的女式大衣的样品。A 女士看了这件大衣后，便打电话给 V 说，她买这件衣服。出卖人 V 回答说，他将把大衣寄给 A 女士。不久之后，B 女士也看到了这件大衣，她马上走进商店向出卖人 V 表示她要买这件大衣。出卖人 V 说："很抱歉，衣服已经出卖了。"B 女士请求交付大衣，理由是她已承诺了出卖人 V 在橱窗里发出的要约。

问：B 女士是否有请求权？

答：在本案中，B 女士是否有请求权，取决于在 B 女士和出卖人 V 之间以那件大衣为标的、以 1500 欧元为价款的买卖合同是否已成立，因为如果这样的买卖合同已成立，则 B 女士可以以德国民法典第 433 条第 1 款第 1 句为请求权基础，向出卖人 V 请求交付大衣。但事实上，这样的合同并没有成立，因为橱窗里商品的陈列仅仅是要约邀请而不是要约。[1] 真正的要约是由 B 女士在商店里发出的，但它被出卖人 V 拒绝了。根据德国民法典第 146 条第 1 种情形，该要约因被拒绝而消灭。

相反，通过 A 女士给出卖人 V 打的电话（要约）和出卖人 V 无保留的赞同（承诺），在 A 女士和出卖人 V 之间关于那件大衣的买卖合同业已成立。如果橱窗里商品的陈列是要约，则通过 A 女士在电话中的表示和 B 女士在商店里的表示，以那件大衣为标的的买卖合同已分别成立；而出卖人 V 显然只能履行其中一个买卖合同。

结论：B 女士没有请求权。

此外，要约和要约邀请的区别在标错价格的情况下也能起一定的作用。假设出卖人 V 在橱窗里陈列女式大衣的样品时，错误地把 1500 欧元的标价写成 1200 欧元。如果橱窗里商品的陈列是要约，那么，一位顾客购买这件大衣的表示就是承诺，以 1200 欧元为价款的买卖合同就成立了。出卖人 V 只能根据德国民法典第 119 条第 1 款撤销这一错误的意思表示。但实际上，橱窗里商品的陈列并不是要约，顾客以 1200 欧元为价款购买这件大衣的表示才是要约，而出卖人 V 可以拒绝该要约。这样一来，合同并没有成立；出卖人 V 无须撤销自己的意思表示。

案例 5－3 ｜标错价的钻石戒指

珠宝商店的主人 L 在将商品陈列于橱窗时，错误地将 45 欧元的价格标在一枚极为名贵的钻石戒指旁边，该钻石戒指的价值达 4500 欧元以上。行人 A 发现

[1] Vgl. dazu BGH NJW 1980, 1388.

这一情形后兴奋地走入商店并对L说:“我付45欧元购买那枚戒指。”
问:买卖合同是否已成立?
答:买卖合同是否已成立,取决于在L和A之间是否存在关于订立以那枚特定的钻石戒指为买卖标的、以45欧元为价款的买卖合同之要约和对该要约的无保留的承诺,且这样的要约和承诺均已发生效力。
前已述及,珠宝商店的主人L在橱窗里陈列钻石戒指只能理解成发出了要约邀请,而A只不过是发出了订立以那枚特定的钻石戒指为买卖标的、以45欧元为价款的买卖合同之要约而已,这是珠宝商店的主人L无论如何也不会承诺的,即便该要约已发生效力亦然。
结论:买卖合同没有成立。[1]

按照德国民法学者的通说,在自选商场里陈列商品并不等于发出了要约,因为商家有很好的理由不向某一特定顾客出售自己所摆好的商品,尤其不以顾客所希望的数量出售之(如在特价商品的情形下)。多数德国民法学者认为,顾客将商品出示于收银台始为发出要约,而将应收款项进行记账则为承诺。[2]

案例5-4 | 自选商场里商品的陈列:要约还是要约邀请

食品供应商A以3欧元的低廉价格出售一种畅销商品——某著名品牌的香槟酒。某饭店店主B打算利用这一机会大量购买该特价商品,遂装了满满三辆购物车的香槟酒。当他这样来到收银台跟前时,A拒绝向B一个人出售这么多数量的该品牌的香槟酒,不然其众多其他顾客将得不到好处,其特价处理商品的意义将大打折扣。B认为购买了就是购买了,并扬言如果A不向他出售这么多数量的香槟酒,他将主张损害赔偿请求权。
问:A和B谁有道理?
答:如果关于这么多瓶香槟酒的有效的买卖合同业已成立,则B就是有道理的。因为那样的话,A就不能再要求B交出这些香槟酒,而必须在B支付价款的同时向B转让香槟酒的所有权。
在顾客于自选商场选购商品的情形下,对于买卖合同何时成立并非没有分歧。一种观点认为,将商品陈列于自选商场就已经是发出有约束力的要约了,而顾客将商品出示于收银台则为承诺。《慕尼黑德国民法典评注》以及慕尼黑大学

[1] Vgl. Musielak, Grundkurs BGB, 8. Aufl. 2003, Rn. 111.
[2] Vgl. Köhler, BGB Allgemeiner Teil, 43. Aufl. 2019, § 8 Rn. 11. 另见徐国建:《德国民法总论》,经济科学出版社1993年版,第136~137页。

原教授梅迪库斯赞同此说。[1] 而另一种观点则认为,将商品陈列于自选商场仅仅是要约邀请(拉丁文 *invitatio ad offerendum*)。真正的要约是由出示商品于收银台的顾客发出的,商家(或作为其代理人的售货员)通过确定应付款项(入账)而承诺该要约。原则上,对商人来说并不存在“缔约的强制”(依照法律而存在的、与他人订立其所希望的合同的义务)[2],所以商人可以拒绝顾客所发出的要约。后一种观点是德国的通说,《帕兰特德国民法典评注》和多数德国民法学者赞同此说。[3]

按照该通说,本案中的 A 有道理。德国民法学家、慕尼黑大学荣休教授克勒也以之为是。[4] 他认为,在个案中究竟是存在有约束力的要约还是仅仅存在要约邀请,必须通过解释加以澄清。民法上的解释必须根据利益状况断定以下问题:过早地发生约束力对于做出表示的人是否有不利益,而这对相对人来说是否是看得出来的? 按照这一标准,对在自选商场里陈列商品的商家来说,假如他因此就已受到约束而不能再另行处置其商品,那将是一种不利益;而这对顾客来说也是看得出来的。因此,有必要认为仅仅存在要约邀请而已。

结论:A 有道理。[5]

(二)要约的法律效果

1. 要约的约束力、已生效要约的不可撤回性

德国民法典第 145 条规定:“向他人发出订立合同的要约的人,受要约的约束,但要约人已排除要约的约束力的除外。”

要约原则上对要约人有约束力。要约的约束力同时意味着一个已生效的要约是不可撤回的。当然,要约不可撤回性的前提是该要约不仅做出了,而且已到达受领人,因为它作为须予受领的意思表示,在到达受领人时才发生效力(德国民法典第 130 条第 1 款第 1 句)。直到到达受领人时为止,该意思表示可以被撤回(德国民法典第 130 条第 1 款第 2 句)。这意味着,要约在到达受要约人以后不可再予以撤回。

2. 要约约束力的排除

根据德国民法典第 145 条末尾,要约人可以排除要约的约束力。这样做的前提

[1] Vgl. MünchKomm/Kramer § 145 Rn. 8; Medicus, Allgemeiner Teil des BGB, 9. Aufl. 2006, Rn. 363. 另见[德]迪特尔·梅迪库斯:《德国民法总论》,邵建东译,法律出版社 2000 年版,第 271 ~ 272 页。

[2] Vgl. Köhler, BGB Allgemeiner Teil, 43. Aufl. 2019, § 8 Rn. 44.

[3] Vgl. Palandt Ellenberger, BGB, 69. Aufl. 2010, § 145 Rn. 8. 另见[德]迪特尔·施瓦布:《民法导论》,郑冲译,法律出版社 2006 年版,第 393 页。

[4] Vgl. Köhler, BGB Allgemeiner Teil (Prüfe dein Wissen 1), 23. Aufl. 2004, S. 149 – 150.

[5] Vgl. Köhler, BGB Allgemeiner Teil (Prüfe dein Wissen 1), 23. Aufl. 2004, Fall 96.

是，要约本身包含着对约束力的排除（如在发出要约的同时附加“无约束力”“可随时更改”“不负任何责任”等字样），或者排除约束力的表示（如撤回的通知）最迟与要约同时到达受领人（德国民法典第130条第1款第2句）。

案例5－5 ｜歌德的信

古董商A以书面向收藏家S提供德国大文豪、诗人约翰·沃尔夫冈·冯歌德（1749～1832年）的一封信的原件，[1]要价为12,000欧元。要约函于2006年2月1日到达S。第二天，A找到了一个愿意出更高价的感兴趣者。于是，他打电话给S，说他的要约在此期间已“自行了结”了。

问：S还能以其承诺表示使合同成立吗？

答：S是否还能以其承诺表示使合同成立，取决于A向S发出的要约是否已发生效力并使要约人A受到约束。在本案中，古董商A向收藏家S发出了一个以订立买卖合同为目的的要约，它在内容上是确定的：出卖人和买受人分别为A和S，买卖标的是歌德的一封信的原件，价款为12,000欧元。该要约不仅做出了，而且已于2006年2月1日到达相对人S。根据德国民法典第130条第1款第1句，作为须予受领的意思表示，该要约在到达相对人S时发生效力。根据德国民法典第145条前半句，要约人A应受该已生效要约的约束；但根据同条后半句“但书”的规定，要约人受要约的约束以他没有排除要约的约束力为前提。

在本案中，如果A确已排除了要约的约束力，他就可以不受其要约的约束。但从案情中看不出这一点，所以A仍受其要约的约束。虽然A也发出了撤回的通知，如果该撤回的通知先到达相对人或同时到达相对人，它也可以起到排除要约的约束力的作用（德国民法典第130条第1款第2句），但它却是在要约到达（2006年2月1日）之后的第二天才到达的，所以该撤回的通知没有效力。因此，只要该要约未依照德国民法典第147条第2款归于消灭，相对人S就仍然可以有效地承诺它，从而使买卖合同成立。[2]

（三）要约的消灭

德国民法典第146条规定：“要约被向要约人拒绝，或要约未被依第147条至第149条向要约人适时地承诺的，要约消灭。”

1. 要约被拒绝

向要约人拒绝要约的表示是须予受领的意思表示，因而可以适用德国民法典

---

〔1〕 人们已习惯于称之为“歌德”而不是“冯歌德”。

〔2〕 Vgl. Köhler, BGB Allgemeiner Teil, 43. Aufl. 2019, § 8 Rn. 13.

第130条及以下的规定。

德国民法典第150条第2款规定："在对要约扩张、限制或做其他变更的情况下进行的承诺，视为拒绝原要约，连同发出新要约。"可见，在对要约扩张、限制或做其他变更的情况下进行的承诺，在法律上已不被看作承诺，而被视为拒绝原要约，连同发出一个新要约。

案例5－6｜关于花瓶的要约和承诺

出卖人V在写给买受人K的一封信中发出了以900欧元为价款的关于一只花瓶的买卖要约。这封信于6月1日发出，6月3日到达K。K在6月4日晚写了一封信给V，表示他对要约予以承诺；这封信于6月6日到达V。

问题1：买卖合同是否已成立？

问题2：如果K在6月4日上午给V打电话通知说，他将以800欧元购买该花瓶，但V对此没有答应，情况又如何？

答：在问题1的情形下，买卖合同是否已成立取决于V和K之间是否存在订立以那只花瓶为标的、以某一金额为价款的买卖合同的要约和承诺，以及这样的要约和承诺是否均已发生效力。V向K发出的订立以900欧元为价款的关于一只花瓶的买卖合同的要约在6月3日到达K时发生效力（德国民法典第130条第1款第1句）。K适时地对V的要约无保留地予以赞同，亦适时地进行了承诺，其承诺表示于6月6日到达V时发生效力。买卖合同在此时成立。

在问题2的情形下，买卖合同是否已成立同样取决于V和K之间是否存在订立以那只花瓶为标的、以某一金额为价款的买卖合同的要约和承诺，以及这样的要约和承诺是否均已发生效力。V向K发出的订立以900欧元为价款的关于那只花瓶的买卖合同的要约，在6月3日到达K时发生效力（德国民法典第130条第1款第1句）。但K在电话中称他只想以800欧元购买那只花瓶。这是在对V的要约加以变更的情况下进行的"承诺"。根据德国民法典第150条第2款，其法律效果是应被"视为拒绝原要约，连同发出新要约"。V的要约因被K拒绝而消灭（德国民法典第146条第1种情形）。同时，K也发出了一个新要约。但K的这一新要约被V在电话中拒绝了。因此，买卖合同没有成立。

2. 未被适时地承诺

如果要约未被适时地承诺，则该要约消灭。

（1）适时的承诺

有时，要约人已就要约的承诺指定了期间（叫作"承诺期间"）。在此情形下，承诺只能在该期间内为之（德国民法典第148条）。要约人可以在要约中指定某一时刻为承诺的最后时限（如到6月10日24时为止），或者将某一时段指定为承诺表示即将被受领的时段(如在周末期间)。

如果要约人没有指定承诺期间,则由法律定之。根据德国民法典第147条第1款第1句和第2句的规定,向在场者发出的要约以及借助于电话或其他技术设备(如"视频会议"或"聊天"系统)以对话方式发出的要约,都只能立即予以承诺。对于这种要约,受领人必须立即做出决定;如果他不对要约立即予以承诺,则要约消灭。

根据德国民法典第147条第2款的规定,向不在场者发出的要约,只能到要约人在通常情事下得期待收到答复时为止,予以承诺。在计算该期间时,要考虑要约到达受领人、受领人考虑和答复以及回信到达要约人通常所需时间等因素,具体地说就是:使用所选择的运送方式通常所需时间(如邮递所需时间)、要约在不工作的周末时间到达工作场所、适当的处理期间和考虑期间[1]等。

(2)迟延到达的承诺表示、迟延的承诺

根据德国民法典第149条的规定,如果迟延到达要约人的承诺表示已被以这样的方式发送,即在通常的运送之下,该意思表示会适时地到达要约人,且要约人应当认识到这一情况(如要约人根据邮戳应当认识到这一情况),则要约人必须在受领该意思表示后,不迟延地将迟延通知承诺人;但要约人事先已将迟延通知承诺人的除外(德国民法典第149条第1句)。所谓"不迟延地",是指"在没有有过错的迟延的情况下"(见德国民法典第121条第1款第1句的法定定义)。如果要约人迟延发出通知,则承诺视为未迟延到达(合同即告成立,德国民法典第149条第2句)。[2]

德国民法典第150条第1款规定:对要约的迟延的承诺,视为新要约。如果承诺迟延到达,则必须查明承诺是否应依照德国民法典第149条例外地视为不迟延到达。如其不然,则迟延到达的承诺不能发生使合同成立的效果,因为要约业已消灭(德国民法典第146条)。在此情形下,承诺表示应理解成新要约(德国民法典第150条第1款)。

案例5-7 | 毕加索的画

古董商A通过其2007年3月1日的信函向B发出了订立以著名画家毕加索(1881~1973年)的一幅画为买卖标的、以10,000欧元为价款的买卖合同的要约。A补充说,他必须最迟于2007年3月15日收到关于B是否购买这幅画的回音。过了这一期日,他将把这幅画交付拍卖。A的这封信于2007年3月3日到达B。B通过其2007年3月5日的信函答复说:他购买这幅画。这封当天就邮寄出去的信迟至2007年3月17日才到达A。在此期间,另一个感兴趣者

[1] 参见[德]迪特尔·施瓦布:《民法导论》,郑冲译,法律出版社2006年版,第388~389页。
[2] 参见[德]迪特尔·施瓦布:《民法导论》,郑冲译,法律出版社2006年版,第390页。

C 向 A 出价 12,000 欧元,所以 B 的回信的迟延正中 A 的下怀。A 将这幅画卖给了 C,且在时隔数日之后才通知 B 说:“很遗憾,那幅画已被出卖了。”B 从 C 那里得知了事情的真相。

问:关于该画的买卖合同是否已在 B 和 A 之间成立了?

答:以那幅特定的画为买卖标的、以 10,000 欧元为价款的买卖合同是否已在 B 和 A 之间成立,取决于他们之间是否存在已发生效力的要约以及对该要约的已发生效力的承诺(无保留的赞同)。

在本案中,A 为其要约的承诺指定了期间,即最迟于 2007 年 3 月 15 日到达的承诺才是适时的承诺(德国民法典第 148 条)。当 B 的承诺函于 2007 年 3 月 17 日到达 A 时,该期间已过,所以是迟延的承诺。依照德国民法典第 150 条第 1 款,迟延的承诺视为新要约。根据这一规定,似乎可以得出这样的结论,即 A 可以不受拘束地决定到底是向 B 还是向 C 出卖那幅画。但是,德国民法典第 150 条第 1 款的这一原则却为德国民法典第 149 条所限制和修改。根据德国民法典第 149 条的规定,一个被这么早地发送以至于在通常的运送的情形下会适时地到达的迟延的承诺表示,虽然也是第 150 条第 1 款所称“迟延的承诺”,但是,要约人可以看出这一定是由于运送上的原因才出现的不合常规的迟延,所以要约人必须在受领该承诺表示后,“不迟延地”将迟延通知承诺人。如果要约人不这样做,则承诺视为未迟延到达(德国民法典第 149 条第 2 句),也就是说,合同视为已成立。

在本案中,要约人 A 无任何理由而让几天时间白白过去才通知承诺人 B。

结论:以那幅特定的画为买卖标的、以 10,000 欧元为价款的买卖合同已在 B 和 A 之间成立了。这样一来,A 以同一幅画为标的订立了两个买卖合同,而他却只能履行一次。[1]

3. 要约人的死亡或丧失行为能力通常不构成要约消灭的原因

根据德国民法典第 153 条前半句的规定,合同的成立,原则上不因要约人在承诺前死亡或丧失行为能力而受妨碍。这是对德国民法典第 130 条第 2 款所规定的原则的补充。[2] 因此,即使要约人死亡或丧失行为能力,要约仍然可以被承诺,而无论死亡或丧失行为能力是在要约到达之前还是之后发生的。在此情形下,承诺必须向死者的继承人或无行为能力人的法定代理人为之。

仅在例外情形下,如要约人“另有其他意思”,即要约人有让其要约在其死亡或

[1] Vgl. Musielak, Grundkurs BGB, 8. Aufl. 2003, Rn. 117 – 118.

[2] 德国民法典第 130 条第 2 款规定:“表意人在做出意思表示之后死亡或丧失行为能力的,不影响意思表示的有效性。”

丧失行为能力时消灭的意思,要约始在其死亡或丧失行为能力时消灭(德国民法典第153条后半句)。[1]

二、承诺

(一)承诺的概念

1. 含义

承诺(Annahme 或 Akzept)是对订立合同的要约的无保留的赞同。[2] 它原则上是须予受领的意思表示,受要约人通过它而表达对订立合同的赞同。有时,承诺也可以默示为之(如对所收到的未经预订的商品进行消费)。

案例 5-8 | 买面包者的默示承诺

K走进一家面包店,对面包商B说:"请给我10个小面包。"K同时将10个小面包的价款交付给B。B一言不发地将10个小面包装进袋子里并交付给K。

问:买卖合同是否已成立?

答:买卖合同是否已成立,取决于在K和B之间是否存在关于以10个小面包为买卖标的、以某一金额为价款的要约和对该要约的无保留的赞同即承诺,以及这样的要约和承诺是否均已发生效力。

当K对B说"请给我10个小面包",并将10个小面包的价款交付给B的时候,他向B发出了一个订立买卖合同的要约。这是一个有约束力的要约,因为K有通过做出该表示使自己受约束的法律效果意思,所采取的方式是K将享有因所拟订立的买卖合同而发生的权利,并担负相应的义务。这一要约在内容上也是十分确定且具体的(它包括出卖人和买受人、买卖标的和价款等买卖合同所不可欠缺的条款),以至于B只需说一声"是的",即为做出承诺表示。这一要约是K明示地做出的须予受领的意思表示,并已发生效力。

对于这一要约,B并没有用言词答复。但是,当他将10个小面包装进袋子里并交付给K时,即以其行为表示他希望引起某一法律效果,即买卖合同的成立。这样一来,B通过其默示的(可推断出来的)行为也同样做出了一个须予受领的意思表示,即对K的要约无保留地加以赞同的承诺表示,并已发生效力。

结论:买卖合同业已成立。[3]

---

[1] 参见徐国建:《德国民法总论》,经济科学出版社1993年版,第137~141页。

[2] Vgl. Köbler, Juristisches Wörterbuch, 13. Aufl. 2005, S. 21; Köhler, BGB Allgemeiner Teil, 43. Aufl. 2019, § 8 Rn. 21.

[3] Vgl. Eisenhardt, Einführung in das Bürgerliche Recht, 4. Aufl. 2004, S. 31.

从意思表示的主观构成要件来看，承诺表示不可欠缺法律效果意思，即希望合同成立的意思。

既然承诺人以承诺来表达其对要约的无保留的赞同，承诺表示就必须在内容上与要约完全一致，否则就不存在合意。不仅如此，承诺表示还必须与要约相关联；如果要约函与“承诺”函在中途互相错过，则合同没有成立。

案例 5－9｜关于花瓶的买卖合同是否已成立

V 写信给 K 说：“我以 300 欧元为价款向您出售曾经令您爱不释手的那只花瓶。”K 答复 V 的来信说：“我赞同购买花瓶，但只支付 250 欧元。”

问：关于花瓶的买卖合同是否已成立？

答：关于花瓶的买卖合同是否已成立取决于在 V 和 K 之间是否存在关于以该花瓶为买卖标的、以某一金额为价款的买卖合同的要约和承诺，以及这样的要约和承诺是否均已发生效力。要约和承诺的内容必须完全一致，换言之，V 和 K 必须就买卖标的和价款达成合意；只是一个愿卖、一个愿买是不够的。在本案中，所欠缺的恰恰是关于价款的合意，而如果没有关于像价款这样的“合同重要的点”的合意，则买卖合同不能成立。

从要约和承诺来看，V 写给 K 的信包含着在他们之间订立以那只花瓶为标的、以 300 欧元为价款的买卖合同的要约，且该要约已发生效力。但 K 对 V 的答复并不是对该要约的无保留的赞同，因为它将该要约中的价款变更为 250 欧元。根据德国民法典第 150 条第 2 款，此种在对要约进行变更的情况下所为的“承诺”并不是真正的承诺，在法律效果上应视为拒绝原要约，连同发出新要约。V 的原要约因被 K 拒绝而消灭（德国民法典第 146 条第 1 种情形）。因此，K 只是向 V 发出了一个在他们之间订立以那只花瓶为标的、以 250 欧元为价款的买卖合同的新要约。它虽然已发生效力，但是否被承诺尚取决于 V 是否对它无保留地予以赞同。

结论：关于花瓶的买卖合同没有成立。[1]

案例 5－10｜关于小型摩托车的买卖合同是否已成立

M 对 F 说：“我愿意花 300 欧元购买你的小型摩托车。”F 回答说：“一言为定！”

问题 1：关于小型摩托车的买卖合同是否已成立？

问题 2：如果 M 说：“我愿意花 300 欧元购买你的小型摩托车。”F 回答说：“你付 400 欧元我才把它卖给你。”情况又如何？

---

〔1〕 Vgl. Brox/Walker, Allgemeiner Teil des BGB, 30. Aufl. 2006, Rn. 70, 79; 43. Aufl. 2019, § 4 Rn. 11.

答:在问题1的情形下,关于小型摩托车的买卖合同是否已成立,取决于在M和F之间是否存在订立以F的小型摩托车为买卖标的、以300欧元为价款的合同的要约和承诺,以及这样的要约和承诺是否均已发生效力。M向相对人F发出了一个订立以后者的小型摩托车为买卖标的、以300欧元为价款的买卖合同的要约,且该要约已发生效力。F的答复表明他无保留地赞同该订立买卖合同的要约,因而构成了承诺,并已发生效力。这两个意思表示在内容上完全一致,所以有效的买卖合同业已成立。当然,这是以该买卖合同的有效性不因其他原因(如一方当事人无行为能力)而被否定为前提的。

在问题2的情形下,关于小型摩托车的买卖合同是否已成立,取决于在M和F之间是否存在订立以F的小型摩托车为买卖标的、以某一金额为价款的合同的要约和承诺,以及这样的要约和承诺是否均已发生效力。M向相对人F发出了一个订立以后者的小型摩托车为买卖标的、以300欧元为价款的买卖合同的要约,但F就买卖合同的一个重要的点(价款)有不同的意思:他希望价款为400欧元。这是对M所发出要约的变更,依照德国民法典第150条第2款应视为对原要约的拒绝,连同发出一个订立以F的小型摩托车为买卖标的、以400欧元为价款的买卖合同的新要约。M所发出的原要约因被拒绝而消灭(德国民法典第146条第1种情形)。因此,关于以F的小型摩托车为买卖标的、以300欧元为价款的买卖合同并没有成立。而关于以同一辆小型摩托车为标的、以400欧元为价款的买卖合同是否已成立,则取决于M是否无保留地赞同F所发出的新要约。[1]

案例5-11 | 在中途互相错过的要约函与“承诺”函

V写信给K说:“我以300欧元为价款向您出售您所喜欢的那只花瓶。”在V给K写的信被邮递期间,K在不知道V的信的情况下写道:“您可能已经意识到,我很喜欢您的那只花瓶。我愿意出300欧元购买它。”

问:买卖合同是否已成立?

答:买卖合同是否已成立,取决于在V和K之间是否存在关于订立以那只花瓶为买卖标的、以300欧元为价款的买卖合同的相互一致的意思表示——要约和承诺,以及二者是否已发生效力。在本案中,V给K的信所包含的意思表示和K给V的信所包含的意思表示是两个毫不相关的意思表示(两个要约)。由德国民法典第146条及以下可知,要约是必须予以承诺的,否则合同就没有成立。两个无任何关联的意思表示,即使它们在内容上相互一致,对合同的订立来说

---

〔1〕 Vgl. Musielak, Grundkurs BGB, 8. Aufl. 2003, Rn. 85-89.

也还是不够的。
结论:合同没有成立。[1]

2. 承诺表示的生效时间

(1)通常的情形

就生效时间而言,作为原则上须予受领的意思表示,承诺表示通常在到达要约人时发生效力(德国民法典第130条第1款第1句)。到到达时为止,承诺人可以撤回其意思表示(德国民法典第130条第1款第2句)。

(2)无须向相对人表示的承诺

德国民法典第151条明确规定了无须对要约人表示的承诺,即在例外情形下,承诺表示无须到达。如果根据交易习惯,对要约人的表示系不可期待的,或要约人已放弃对此种表示到达的要求,则合同因对要约的承诺而成立,而该项承诺无须对要约人予以表示(德国民法典第151条第1句)。在这里,必须有一个明确地向外表现的承诺意思;仅仅有内心的承诺意思是不够的。该意思无须加以表示,而只需实现它即可。

首先,如果根据交易习惯,不能期待对要约人表示承诺,则承诺表示无须到达,如短期预订旅馆房间、订立赠与合同的要约。如果受要约人以某一行为来实现其承诺意思,如旅馆的经营者将客人通过电报所预订的房间准备好,受要约人在连同订立赠与合同的要约一起寄给自己的书上画线或作批注,则合同业已成立,而要约人对此可以完全不知晓。在预订旅馆房间的情形下,如果房客不入住,为预订者腾空房间的旅馆主人可以要求预订者支付住宿费用(保护受要约人)。同时,预订者根据已订立的合同享有使用所预订房间的请求权;如果旅馆主人把房间租给了他人,预订者因此而不得不住更贵的房间,则预订者可以请求损害赔偿(保护要约人)。[2]

案例5-12 | 旅馆房间的短期预订

A通过传真向旅馆主人B预订了一个带浴室的双人房间,租期为2007年5月12日至14日。A的这一预订房间的意思表示被B登记在一个专用的本子上。当A如期抵达B的旅馆时,发现所预订的房间已被错误地租给他人。为此,A不得不承租另一家旅馆的品质相同的房间,但房租比B的旅馆多出了整整50欧元。

---

[1] Vgl. Brox/Walker, Allgemeiner Teil des BGB, 30. Aufl. 2006, Rn. 70, 80, 179; 43. Aufl. 2019, § 4 Rn. 12, § 8 Rn. 19.

[2] Vgl. Medicus, Allgemeiner Teil des BGB, 9. Aufl. 2006, Rn. 382–384. 参见[德]迪特尔·梅迪库斯:《德国民法总论》,邵建东译,法律出版社2000年版,第280~281页;徐国建:《德国民法总论》,经济科学出版社1993年版,第142~143页。

问:A是否有向B请求赔偿多支付的房租的请求权?
答:A是否有权向B请求赔偿多支付的房租,取决于有效的合同(住宿合同)是否已在A和B之间成立,因为如果合同已成立,旅馆主人B不履行其合同义务,则应承担损害赔偿责任(德国民法典第280条第1款第1句)。
在本案中,A发给旅馆主人B的预订房间的传真包含着以订立合同为目的的要约,且该要约已在到达受要约人B时发生效力(德国民法典第130条第1款第1句)。通过将A的这一预订房间的意思表示登记在专用的本子上,B默示地承诺了该要约。尽管B并没有将承诺通知A,但依照德国民法典第151条第1句,这对合同的成立并无任何改变。根据交易习惯,短期预订旅馆房间的意思表示无须由旅馆主人明示确认,故有效的住宿合同已在A和B之间成立。
结论:既然有效的住宿合同已在A和B之间成立,A就有权向B请求赔偿多支付的房租。[1]

其次,如果要约人已放弃对承诺表示到达的要求,则承诺表示也无须到达。例如,由于某些商品价格变动较大,买受人想加急预订而放弃对承诺表示到达的要求,那么,承诺就表现为履行行为(如商品的包装、发送等),合同因此而成立。在这种情形下,由于合同在商品包装时即已成立,受要约人不得再把商品向他人出售。预订者根据买卖合同享有一项交付请求权(保护要约人)。如果商品于发送后在运送途中丢失,则出卖人享有价款支付请求权,因为此时风险已转移给买受人(德国民法典第447条第1款)。要约人不能以承诺表示未到达为理由而主张其要约未被受要约人承诺,因为买卖合同在商品发送时即已成立(保护受要约人)。

为了使要约人不过久地受其要约的约束,德国民法典第151条第2句规定:"要约消灭的时点,根据须由要约或情事中推知的要约人意思予以确定。"

(3)在做成公证证书的情形下的承诺

如果合同系在双方当事人不同时在场的情况下被做成公证证书,则在承诺被依德国民法典第128条做成证书时,而不是在到达时,合同即已成立(以不另有规定为限,德国民法典第152条第1句)。这一规则符合所推知的要约人意思,旨在加速合同的订立,但它以"不另有规定"为前提。[2]

(4)在拍卖的情形下的承诺

在拍卖的情形下,合同只有经过拍定才成立(德国民法典第156条第1句)。出价人的出价是要约,拍定是承诺,而且是无须予以受领的承诺。即使出价人在拍定之前离开拍卖现场并对拍定一无所知,合同亦已成立。

---

〔1〕 Vgl. Musielak, Grundkurs BGB, 8. Aufl. 2003, Rn. 124.
〔2〕 参见[德]迪特尔·施瓦布:《民法导论》,郑冲译,法律出版社2006年版,第387页。

拍卖人的出售行为只是要约邀请。如果更高的出价被提出(出价人发出要约),或者拍卖不经拍定而结束,则原出价消灭(德国民法典第156条第2句)。

(二)承诺的法律效果

如果承诺在内容上与要约完全一致,且在要约消灭之前发生效力,则合同成立。合同一旦成立,就为双方当事人创设相应的权利义务。这意味着当事人受已成立的合同约束,且必须善意地予以遵守。“契约必须信守”(拉丁文“*Pacta sunt servanda.*”)是一项古已有之的原则。[1]

如果承诺系在对要约进行扩张、限制或做其他变更的情况下所为,表明表意人不同意或至少不完全同意要约。因此,其意思表示不应被理解成承诺,而应被理解成对要约的拒绝。根据德国民法典第150条第2款,此种意思表示视为新要约,相对人可以承诺它,也可以拒绝它。如果相对人保持沉默,则其沉默通常不能被理解成赞同,因而也不能被理解成对新要约的承诺。同时,原要约因视为被拒绝而视为已消灭(德国民法典第150条第2款结合第146条第1种情形)。

案例5-13 | 分期付款的意思表示

在V写给K的信中,V表示愿意以5000欧元为价款出卖一台机器。K回信说,他同意这一要约,但坚持把价款分成5等份,分5个月支付。

问:合同是否已成立?

答:合同是否已在V和K之间成立,取决于在他们之间是否存在已发生效力的要约和对该要约的无保留的赞同(承诺)。在本案中,V向K发出了一个订立买卖合同的要约。它的内容如此确定和具体(包括出卖人、买受人、买卖标的和价款等买卖合同所不可欠缺的条款),以至于K只需说一声“是的”即可予以承诺。该要约已发生效力。

但问题在于K是否已承诺了该要约。K想分期支付价款,但从V的要约中是否可以得出K享有分期支付价款的权利呢?这就需要解释V的意思表示(德国民法典第133条)。在通常情形下,就V而言,分期支付价款较之一次性地支付全部价款是一种不利益,仅凭V在要约中未提及如何支付价款尚不能推导出他有让K分期支付价款的真意。[2] 可见,K的意思表示与V的要约不相符。K的意思表示是对V的要约的变更,应视为对V的要约的拒绝(德国民法典第150条第2款)。V的要约因视为被拒绝而视为已消灭(德国民法典第146条第1种情形)。但是,K在拒绝V的要约的同时,又发出了一个新要约,

---

[1] 参见陈卫佐:《拉丁语法律用语和法律格言词典》,法律出版社2009年版,第241页。

[2] 笔者在这里采纳了杨芳教授(中国政法大学法学博士)和陈龙江教授(中国政法大学法学博士)的宝贵意见,谨表谢忱。

即K自己作为买受人，以5000欧元为价款向V购买那台机器，并将价款分成5等份，分5个月支付。对于这一新要约，V可以承诺或拒绝。
结论：合同尚未成立。

三、要约和承诺的特殊情形

（一）合同是否可以因“社会典型行为”而成立

在现代社会的往来中，给付在许多情形下是按照面向公众的、经常包含于官署所批准的规章里的条件提供的，如公共交通工具的运送、停车场的出租，以及电、气、水的供应等。这就提出了一个问题：合同是否仅仅因有关当事人利用了此种给付而成立？

在德国，曾经有过一种学说认为：在现代社会的往来中，合同的成立不是因要约和承诺，而是因有关当事人事实上利用了给付。按照该学说，合同仅仅因有关当事人事实上的行为即已成立，而不论当事人的法律效果意思如何。举例来说，该学说认为：仅仅登上有轨电车的行为就足以使运送合同成立，仅仅把汽车停放在被保管的停车场的行为也足以使保管合同成立，以至于有轨电车或停车场的使用者有义务支付按价目表确定的报酬（对待给付）。

这一学说叫作“社会典型行为学说”。它主要在以下两个方面不能自圆其说：首先，未经法定代理人必要的允许（事前的同意，见德国民法典第183条第1句的法定定义）而利用了给付（如登上有轨电车）的限制行为能力的未成年人，因此而负有提供对待给付（如支付车费）的义务。其次，利用了给付（如在停车场停汽车）的完全行为能力人，即使在利用给付时明确地表示他既不想获得给付、也不想提供对待给付，也仍然负有对待给付义务（如支付费用的义务）。例如，某个驾驶人说他虽然想停车，但不愿意将自己的车交付保管，因而也不想支付保管费。按照社会典型行为学说，他仍然有支付保管费的合同义务，纵使他根本没有订立合同的法律效果意思，且明确地表示不愿意订立合同亦然。这岂不有悖于（消极的）契约自由？

A将自己的汽车开进了德国汉堡市一个标明必须交保管费的停车场。该停车场是汉堡市市政部门于1953年托付B实施保管并收费的。A将他的车停在那里，并对一名保管员说，他不希望其汽车被保管，也拒绝支付保管费，因为他有权在公共场地停车。B向A请求支付通常的保管费，A坚决拒绝支付。于是B作为原告向法院提起了以A为被告的民事诉讼。该案最后由德国有权审理民事和刑事案件的级别最高的法院——联邦普通法院审理。该法院于1956年做出了判决，被告A被判支付停车费。[1]

---

〔1〕 Vgl. BGHZ 21, 319.

然而,联邦普通法院在"汉堡停车场案"中所表达的这种深受"社会典型行为学说"影响的观点在今天已被大多数德国民法学者所否定,并被认为在法律上欠缺依据,因为法律要求订立合同必须借助于要约和承诺。批评者认为,在多数情形下,对给付的利用可以看成一个(可推断出来的)承诺表示。例如,登上有轨电车并支付车费可以理解成对订立有偿运送合同的要约的承诺。这样一来,社会典型行为学说就成为不必要的了。

按照今天大多数德国民法学者的通说,未经父母必要的允许(事前的同意)和追认(事后的同意)而利用了他人给付的限制行为能力的未成年人,不能有效地订立合同(见德国民法典第108条),所以不能依合同要求他们支付交通费,否则就有违德国民法典关于未成年人保护的规定。[1] 对利用了他人给付的未成年人,可以考虑行使不当得利返还请求权(德国民法典第812条)或损害赔偿请求权(德国民法典第823条、第828条第3款、第829条)。

利用了他人给付的完全行为能力人,必须承认其行为的合于交易的意义——有时可以理解成承诺,即便他(如同"汉堡停车场案"中的停车人那样)明确地表示不愿意提供对待给付亦然。一个拿起餐馆的桌子上摆放着的小面包并当场食用的人,即便以其未订立任何合同为由而声称自己将不付款,也无济于事。[2] 依照德国民法典第242条,其违背诚信原则的"与行为相抵触的抗议"(拉丁文"*protestatio facto contraria*")无关紧要。相应的拉丁语法律格言为:*Protestatio facto contraria non valet*。意思是:[3] 与行为相抵触的抗议不起作用。[4]

(二)作为承诺的沉默

原则上,对要约的沉默(纯粹的不作为)不视为承诺而视为拒绝。仅在例外情形下,沉默始视为承诺,前提是当事人就此有所约定或法律就此有所规定,如德国民法典第516条第2款第2句("相对人不在期间届满前拒绝赠与的,在期间届满后,视为接受赠与")、德国《商法典》第362条第1款第1句[5]("为他人处理事务系由商人之经营营业引起,而关于此种事务的处理的要约从与之有交易关系的某

---

[1] Vgl. Klunzinger, Einführung in das Bürgerliche Recht, 16. Aufl. 2013, S.108.

[2] 参见[德]维尔纳·弗卢梅:《法律行为论》,迟颖译,法律出版社2013年版,第89、115~116页。

[3] 参见陈卫佐:《拉丁语法律用语和法律格言词典》,法律出版社2009年版,第136、246页。

[4] Vgl. Musielak, Grundkurs BGB, 8. Aufl. 2003, Rn.153-156; Brox/Walker, Allgemeiner Teil des BGB, 43. Aufl. 2019, § 8 Rn.39-44; Medicus, Allgemeiner Teil des BGB, 9. Aufl. 2006, Rn. 245-252. 关于社会典型行为,另见[德]迪特尔·梅迪库斯:《德国民法总论》,邵建东译,法律出版社2000年版,第191~196页;徐国建:《德国民法总论》,经济科学出版社1993年版,第143~145页。

[5] 参见《德国商法典》,杜景林、卢谌译,中国政法大学出版社2000年版,第172页。

人到达该商人的，该商人有义务不迟延地答复；其沉默视为对该要约的承诺”）。[1]

案例 5－14 | 法史学家与古书收藏者

对19世纪德国私法史尤其感兴趣的法史学家R打电话给古书收藏者A，问在后者所收藏的古董里是否有完好无损的著名法学家温德沙伊德所著三卷本《学说汇纂教科书》（《潘德克吞教科书》）。A回答说有，并对R说，他建议先向R邮寄这三卷书，以便R可以从容不迫地翻阅之。A遂通过包裹将这些书寄给了R，并附上写给R的信函如下：“尊敬的R先生：我以包裹向您邮寄您想要的书。如果您对购买它们有兴趣，恳请您最迟在2007年10月2日告知我。价款为105欧元。”

R于2007年9月22日即已收到并阅读上述书函，却迟至2007年10月4日才下决心购买这些书，并在一封信里将这一决定告知A。该信于2007年10月6日到达A。A阅读了该信并通知R，尽管该信已经迟延，他仍旧接受R的决定；R可以将105欧元汇至A的账户。R意识到他自己的信已经迟延了，认为自己还可以另做考虑，尤其是他还嫌价格过高，于是R将这些书寄回并拒绝支付价款。

问：A是否有依照德国民法典第433条第2款向R要求支付105欧元价款的请求权？

答：古书收藏者A是否可以依照德国民法典第433条第2款向法史学家R请求支付105欧元价款，取决于在他们之间以那套温德沙伊德所著三卷本《学说汇纂教科书》（《潘德克吞教科书》）为标的、价款为105欧元的买卖合同是否已有效地成立。

首先，该买卖合同成立的前提是，以订立买卖合同为目的的要约业已发出。

要约是想要订立特定合同的人向他人发出的须予受领的意思表示，它如此确定和具体地提出所需规定的合同条款，以至于相对人无须做任何内容上的更改而只需说一声“是的”就可以表示承诺并以此使合同成立。在通常情形下，一个订立买卖合同的要约必须指明双方当事人，说明出卖人的给付（转让买卖标的的所有权和交付）和买受人的对待给付（支付价款）。

问题是，R是否在向A进行电话咨询的时候就已发出有约束力的订立买卖合同的要约了。R想先弄清楚A是否收藏有他所需的那套教科书以及其存在的状况如何。可见R并没有以订立合同为目的的表示意识，更不可能有法律效果意思。此外，R的电话表示并没有详细及于买卖合同所需规定的所有的点，

---

[1] Vgl. Brox/Walker, Allgemeiner Teil des BGB, 43. Aufl. 2019, § 8 Rn. 42－43; Musielak, Grundkurs BGB, 8. Aufl. 2003, Rn. 106－110; Medicus, Allgemeiner Teil des BGB, 9. Aufl. 2006, Rn. 387. 另见［德］迪特尔·梅迪库斯：《德国民法总论》，邵建东译，法律出版社2000年版，第283页。

因为他没有提及价款。
同样地,在A建议先将那套三卷本的教科书邮寄给R供其翻阅的时候,A也没有发出有约束力的要约,而是想听凭R自己嗣后发出要约。
然而,A写给R的那封信或许包含着以订立买卖合同为目的的有约束力的要约。A在信中提到了所寄的书和以105欧元为数额的价款。所以该信包含着关于买卖标的和价款的具体内容。不仅如此,在体现于这封写给R的信的表示中,A还将R作为潜在的买卖合同当事人。由此可以看出买卖合同应在谁与谁之间成立。
因此,在A的信中,提到了所有需予规定的买卖合同条款。可见,这封信包含着一个由A发出的订立以温德沙伊德所著三卷本《学说汇纂教科书》(《潘德克吞教科书》)为买卖标的、以105欧元为价款并分别以A和R为出卖人和买受人的买卖合同的要约。该要约作为须予受领的意思表示在它到达相对人(受要约人)R之时(2007年9月22日)发生效力(德国民法典第130条第1款第1句)。
其次,就买卖合同的有效成立而言,R还必须已承诺该要约。
R在他写给A的信中说,他想购买这些书。他以此向A表示了对要约的承诺。买卖合同有可能就这样成立了。
但有疑问的是,R是否已适时地承诺了A的要约。A在自己的信中明确地请求R最迟于2007年10月2日答复。但R的回信却迟至2007年10月6日才到达。这可能导致A的要约在此时(2007年10月6日)已依照德国民法典第146条和第148条消灭。
A通过指定期间表达了这样的意思,即R只能最迟于2007年10月2日承诺。所以A的要约在2007年10月6日业已消灭,R不能再有效地承诺它。
可是,由于A告知R,他仍然接受R迟到的决定,买卖合同或许业已成立。根据德国民法典第150条第1款,一个迟延的承诺视为向原要约人发出的新要约。这样一来,R的迟延的承诺就他自己方面来说是以订立所追求的买卖合同为目的的新要约。在A告知R,他接受R的迟到的决定的时候,即向R表明他有让买卖合同成立的意思。所以A向R表示了对R所发出的新要约的承诺,亦即对该新要约的无保留的赞同。据此,在A和R之间关于温德沙伊德所著三卷本《学说汇纂教科书》(《潘德克吞教科书》)的有效的买卖合同业已成立。
结论:A有权依照德国民法典第433条第2款向R请求支付105欧元价款。[1]

〔1〕 Vgl. Eisenhardt, Einführung in das Bürgerliche Recht, 4. Aufl. 2004, S.41, 439, 440.

第三节 合意与不合意

一、合意

（一）合意的概念

所谓合意（德文 Einigung 或 Konsens；拉丁文 *consensus*〔1〕），是指订立合同的双方当事人意思表示的一致。在德国民法上，合同以订立合同的双方当事人相互一致的意思表示为前提。双方当事人必须就他们想要订立的合同的内容达成合意。换句话说，仅在要约和承诺这两个意思表示相互一致的情形下，合同始成立；反之，意思表示的不一致（不合意）则阻碍合同的订立。

德国民法典第 150 条第 2 款规定："在对要约扩张、限制或做其他变更的情况下所为的承诺，视为拒绝原要约，连同发出新要约。"可见，只有在内容上与要约完全一致的意思表示才是承诺（对订立合同的要约的无保留的赞同）；一个意思表示要成为承诺，哪怕只有一点不同于要约也不行。〔2〕

作为订立合同的双方当事人的意思表示的一致，合意是指（内心的）意思的一致，还是（外在的）表示的一致，抑或表示的客观意义的一致？只有对意思表示进行解释，才能得出正确的答案。关于意思表示的解释，德国民法典第 133 条有一条解释规则："解释意思表示时，必须探究真意，不得拘泥于词句的字面意义。"

如果解释要约和承诺的结果表明，两个表意人相互一致的意思存在于表示的背后，则存在合意，因为内心意思的一致意味着他们所意欲的完全一致。在此情形下，即使双方所表示的不同于他们内心所意欲的亦无妨。所以，在判断是否存在合意时，必须首先查明两个表意人的真意。如果它们相互一致，则存在合意。至于所表示的是什么则没有关系。（拉丁文格言为："*Falsa demonstratio non nocet.*"意思

---

〔1〕 该拉丁文名词的动词形式是 *consentire*，意思是相一致、相符。

〔2〕 Vgl. Medicus, Allgemeiner Teil des BGB, 9. Aufl. 2006, Rn. 430. 另见［德］迪特尔·梅迪库斯：《德国民法总论》，邵建东译，法律出版社 2000 年版，第 327 页。

是:“错误的名称没有妨碍。”或译:“错误的称谓亦无妨。”[1])

案例 5-15 | 鲨鱼肉还是鲸鱼肉

出卖人 V 与买受人 K 达成了关于 V 向 K 出卖若干吨名为 Haakjöringsköd 的鱼肉的合意。Haakjöringsköd 是一个挪威语名词,意为鲨鱼肉。但实际上二人都心照不宣:他们所说的 Haakjöringsköd 不是指鲨鱼肉,而是指鲸鱼肉。

问:所成立的是关于鲨鱼肉的买卖合同还是关于鲸鱼肉的买卖合同?

答:在本案中,V 的意思和 K 的意思完全一致,他们都想订立以鲸鱼肉为买卖标的、以某一金额为价款并分别以 V 和 K 为出卖人和买受人的买卖合同。该买卖合同已按此条件成立了。他们所使用的错误称谓(将鲸鱼肉张冠李戴地称为 Haakjöringsköd)对此没有丝毫的改变。[2]

案例 5-16 | 书写错误(案情 1)

V 打算把自己的油画以 980 欧元为价款出卖。他写信给 K 说,他愿意向后者以 890 欧元为价款提供自己的油画。K 知道 V 对这幅画想收 980 欧元,K 自己对此也予以赞同,于是他回复 V 说,他想以 98 欧元为价款购买这幅画。V 在收到并阅读 K 的回信时发现了书写错误。

问:买卖合同是否已成立?

答:买卖合同是否已成立,取决于在 V 和 K 之间是否存在关于以那幅油画为买卖标的、以某一金额为价款的买卖合同之相互一致的意思表示(要约和承诺),以及这样的要约和承诺是否均已发生效力。

在本案中,V 的意思和 K 的意思完全一致:他们都想订立以那幅油画为买卖标的、以 980 欧元为价款并分别以 V 和 K 为出卖人和买受人的买卖合同。相应的要约和承诺均已发生效力,故合同已按这些条件有效地成立。他们所做出的错误表示(一个误将 980 欧元表示成 890 欧元,另一个误将 980 欧元表示成

---

〔1〕 陈卫佐:《拉丁语法律用语和法律格言词典》,法律出版社 2009 年版,第 205 页。

〔2〕 Vgl. RGZ 99, 147. 这是帝国最高法院曾审理过的一个真实案件的简化形式。原案情是:出卖人 V 向买受人 K 出卖 214 桶 Haakjöringsköd,装载于某货轮上。挪威语 Haakjöringsköd 意为“鲨鱼肉”(德文 Haifischfleisch),桶内所装的也确实是鲨鱼肉。但是,出卖人 V 和买受人 K 都曾一致认为(曾达成过合意):Haakjöringsköd 这个词的意思是“鲸鱼肉”(德文 Walfischfleisch);而所应出卖的也正是鲸鱼肉。但出卖人 V 实际上所交付的却是 214 桶鲨鱼肉。买受人 K 对此不予接受,并诉请损害赔偿。帝国最高法院将关于鲸鱼肉的买卖合同视为已成立并判决买受人 K 胜诉。Vgl. Medicus, Allgemeiner Teil des BGB, 9. Aufl. 2006, Rn. 327. 另见[德]迪特尔·梅迪库斯:《德国民法总论》,邵建东译,法律出版社 2000 年版,第 243 页;徐国建:《德国民法总论》,经济科学出版社 1993 年版,第 164 页。

98 欧元）对此没有丝毫的改变。相应的拉丁文格言是：*Falsa demonstratio non nocet*。译作："错误的名称没有妨碍"或"错误的称谓亦无妨"。

如果解释的结果表明，要约人的意思和承诺人的意思不一致，则必须从受领人的视角对两个表示进行解释，以查明每一个表示的意义究竟是什么。如果两个表示的意义相互一致，则存在合意，即便双方当事人事实上的意思不一致亦然。

案例 5－17 | 书写错误（案情 2）

V 打算把自己的油画以 980 欧元为价款出卖。他写信给 K 说，他愿意向后者以 890 欧元为价款提供自己的油画。K 答复 V 的来信说，他完全赞同此要约。在这里，K 对于要约函里的书写错误一无所知，并且也无从得知 V 的真意是以 980 欧元为价款。

问：买卖合同是否已成立？

答：买卖合同是否已成立，取决于在 V 和 K 之间是否存在关于以那幅油画为买卖标的、以某一金额为价款的买卖合同之相互一致的意思表示（要约和承诺），以及这样的要约和承诺是否均已发生效力。

在本案中，V 想以 980 欧元为价款出卖那幅油画，K 想以 890 欧元为价款购买那幅油画，可见双方当事人内心的意思并不一致。但对 V 来说，发生了德国民法典第 119 条第 1 款第 2 种情形所规定的表示错误，因为他在做出要约的意思表示时，根本无意做出以 980 欧元为价款出卖那幅油画的表示。既然 K 对于要约函里的表示错误一无所知，且无从得知 V 的真意是以 980 欧元为价款，在从受领人的视角对要约进行解释的情形下，V 必须承担自己的表示（以 890 欧元为价款出卖那幅油画）的后果，也就是承认该要约对自己的约束力（德国民法典第 145 条）。K 的承诺表示（以 890 欧元为价款购买那幅油画）与此相一致。因此，解释的结果是，K 和 V 之间存在合意。不仅如此，V 的要约和 K 的承诺均已发生效力。

结论：以那幅油画为买卖标的、以 890 欧元为价款的买卖合同业已成立，但它是一个因表示错误而可撤销的法律行为。

（二）法律效果

在存在合意的情形下，合同已有效成立，每一方当事人均可以向相对方主张其自己依照合同所享有的请求权，同时必须履行其因合同而担负的义务。双方必须善意遵守已生效的合同,这也是“契约必须信守”(拉丁文“*Pacta sunt servanda.*”)[1]这一古老的法律原则所要求的。

如果合意的基础是真意的一致,则任何一方当事人都不能以错误为理由而撤销其意思表示。

在案例“书写错误”的案情1中,买卖合同按照双方当事人所意欲的条件(以那幅油画为买卖标的、以980欧元为价款)成立了,任何一方当事人都不能撤销其有错误的(有瑕疵的)意思表示。

如果以受领人的视角对两个表示进行解释,查明他们的意义是一致的,进而得出存在合意的结论,则其中一方当事人必须承担与他所意欲的不同的表示的后果,但他可以依照德国民法典第119条第1款撤销其表示。在案例“书写错误”的案情2中,以那幅油画为买卖标的、以890欧元为价款的买卖合同已在V和K之间成立。但是,由于V内心另有不同意思,他可以以表示错误为理由,依照德国民法典第119条第1款撤销其意思表示。[2]

二、不合意

(一)要件

所谓不合意(德文Dissens;拉丁文*dissensus*[3]),是指意思表示的不一致。

如果双方当事人的意思表示没有共同之处,则存在不合意。例如,V向K表示,他愿意向后者以1000欧元为价款出卖一幅画。K回答说,他愿以900欧元为价款购买这幅画。由于双方当事人就价款(属于买卖合同不可缺少的点)尚未达成协议,所以买卖合同并未成立。

如果当事人的表示在客观上是多义的,则也不存在合意,即便两个表示在外表上一致亦然。

例如,两个当事人分别在中国香港做出了订立以一台机器为买卖标的、以1000 Dollar为价款的买卖合同的要约和承诺的表示,如果其中一个当事人内心想的是美元(US Dollar),另一个当事人内心想的是加元(Canadian Dollar),虽然他们的表示一致,但由于欠缺意思的一致,真正的合意并不存在,合同实际上并未成立。

类似的案件还有“法郎案”。在欧盟成员国使用欧元作为统一的货币单位之前,一个法国人与一个瑞士人在德国用德语订立了一项买卖合同。双方均表示以法郎(德文Franken)作为计算价款的货币单位,但法国人内心想的是法国法郎(französischer Franken),瑞士人内心想的却是瑞士法郎(Schweizer Franken)。由于

---

[1] 参见陈卫佐:《拉丁语法律用语和法律格言词典》,法律出版社2009年版,第241页。

[2] Vgl. Köhler, BGB Allgemeiner Teil, 43. Aufl. 2019, § 8 Rn. 37.

[3] 该拉丁文名词的动词形式是*dissentire*,意思是意见不一致、相矛盾。

欠缺意思的一致,他们之间没有合意,合同实际上并未成立。

(二)明显的和隐蔽的不合意

1. 明显的不合意

如果双方当事人都知道他们并未达成一致,则他们之间存在“明显的不合意”(offener Dissens,见德国民法典第154条)。例如,如果V向K发出以一台机器为买卖标的、以5000欧元为价款的买卖要约,而K回答说,他只想支付4500欧元,则他们之间就存在明显的不合意,因为K的答复等于拒绝V的要约,连同发出一个新要约(德国民法典第150条第2款)。

只要双方当事人尚未就“合同重要的点”(拉丁文 *essentialia negotii*)达成一致,合同就没有成立。在这里,重要的是那些依照法律使合同类型得以确定的情形,如买卖合同中买卖标的和价款的确定(德国民法典第433条)、使用租赁合同中租赁物和租金的确定(德国民法典第535条)。

如果双方当事人只是就“合同次要的点”(拉丁文 *accidentalia negotii*)或枝节问题没有达成一致,则合同是否成立取决于当事人的意思是愿意把合同视为已订立,还是愿意把合同视为尚未订立,因为关于“合同次要的点”的协议有时可以影响整个合同的有效性(如关于给付时间或地点的协议、关于运输费用的承担的协议),有时则对双方当事人来说无关紧要。

双方当事人的意思必须通过解释予以查明。如果解释没有结果,则适用德国民法典第154条第1款第1句的**解释规则**:只要双方当事人未就合同所有各点达成一致,而按照哪怕仅只一方当事人的表示,应就所有各点达成协议的,有疑义时,合同就未被订立。这一解释规则的立法目的在于保护消极的契约自由(die negative Vertragsfreiheit):任何当事人都不应受其所不欲的合同约束。[1]

案例5-18 | “合同次要的点”

V以980欧元为价款向K发出了买卖一幅油画的要约。K表示他接受该要约,但必须分期付款。V回答说,他对此予以同意,并期待着关于分期付款方式的建议。

问:买卖合同是否已成立?

答:在本案中,K在答复V时加上了分期付款的条件,是对V的要约的变更(扩张),应看成拒绝V的要约,连同发出新要约(德国民法典第150条第2款),即以同一幅油画为买卖标的、以分期支付的980欧元为价款购买。这一新要约被V承诺了。

但是,双方当事人没有就“合同次要的点”(这里指分期付款的方式)达成合意。

---

〔1〕 Vgl. Köhler, BGB Allgemeiner Teil, 43. Aufl. 2019, § 8 Rn. 38 – 40.

这时,就要通过解释来查明双方当事人是否愿意把合同视为已订立。例如,作为买卖合同的履行之转让油画所有权和交付,就是双方当事人有这一意思的迹象。如果解释没有得出这样的结果,则适用上述德国民法典第154条第1款第1句的解释规则,买卖合同未被订立。[1]

2. 隐蔽的不合意

如果双方当事人都错误地以为他们已达成协议,而实际上并不存在合意,则他们之间存在为他们所不知的“隐蔽的不合意”(verdeckter Dissens)。就此,德国民法典第155条规定:在双方当事人认为合同已被订立的情形下,双方本应就某一点达成协议,而实际上并未就此点达成一致的,以须认为合同纵无关于此点的条款也会被订立为限,所做约定有效。

例如,数个打算设立普通商事合伙的人以书面形式订立了合伙合同并签了字。他们认为合同已订立,最终却忘记就合伙的终止做出规定。他们之间存在隐蔽的不合意。

如果双方当事人尚未就“合同重要的点”达成合意,那么,如同明显的不合意那样,合同尚未成立。

案例5-19 | 关于“合同重要的点”的隐蔽的不合意

A给B发电报说:“50台海尔电视,单价:500欧元。”B用电报回答说:“同意。”后来发现,A和B都想以500欧元为单价出卖50台海尔电视,他们都把对方当事人看成买受人。

问:买卖合同是否已成立?

答:买卖合同是否已成立,取决于在A和B之间是否存在关于订立以50台海尔电视为买卖标的、以500欧元为价款的在内容上完全一致的买卖合同的要约和承诺,以及这样的要约和承诺是否均已发生效力。在本案中,两个当事人都使用了表面上看似互相合拍的话语,但实际上存在隐蔽的不合意,因为每一个当事人的真意都是以自己为出卖人、以对方为买受人。即便从受领人的视角进行解释,在通常情形下也无法从电报的只言片语中看出谁是出卖人、谁是买受人。[2] 所以,在A和B之间存在关于“合同重要的点”的隐蔽的不合意,买卖合同并未成立。

---

〔1〕 Vgl. Klunzinger, Einführung in das Bürgerliche Recht, 16. Aufl. 2013, S. 108.

〔2〕 Vgl. RGZ 104, 266.

无独有偶，在帝国最高法院曾经审理过的“酒石酸案”（Weinsteinsäure – Fall）[1]中，也存在这种关于“合同重要的点”的隐蔽的不合意：双方当事人都认为自己是出卖人、对方是买受人，却都没有在电报里清楚表明。结果自然也是买卖合同不成立。[2]

如果双方当事人尚未就“合同次要的点”达成合意，在存在隐蔽的不合意的情形下，必须考虑双方当事人认为合同业已成立这一点。由于双方当事人信赖合同有效，德国民法典第155条的解释规则应起到拯救无错误的其他合同内容的作用：在双方当事人认为合同已被订立的情形下，双方本应就某一点做出约定，而实际上并未就此点达成合意的，以须认为合同纵无关于此点的条款也会被订立为限，所做的约定有效。[3] 根据该解释规则，声称合同有效的人应说明并证明：在双方当事人看来，所未规定的点对于合同的成立是不重要的。

至于双方当事人是否已在未规定“合同次要的点”的情形下订立了合同，则必须通过解释予以查明。例如，在未就普通商事合伙的终止达成合意的情形下，如果必须认为双方当事人已订立合同，则他们所做的约定（所达成的协议）仍然有效。[4]

第四节 订立合同的意思表示的撤回

一、一般撤回权

原则上，对任何一个已做出意思表示的人来说，只要其意思表示尚未到达，他就享有一项撤回权。这是由德国民法典第130条第1款第2句直接得出的结果。这一原则也适用于订立合同的意思表示——要约和承诺：到要约到达受要约人时为止，要约人可以撤回其要约；到承诺到达要约人时为止，受要约人可以撤回其承诺。

但是，上述原则是有例外的。受欧盟法的影响，德国立法者制定了一系列旨在

---

〔1〕 Vgl. RGZ 104, 265.

〔2〕 Vgl. Medicus, Allgemeiner Teil des BGB, 9. Aufl. 2006, Rn. 438. 另见［德］迪特尔·梅迪库斯：《德国民法总论》，邵建东译，法律出版社2000年版，第332页。

〔3〕 Vgl. Klunzinger, Einführung in das Bürgerliche Recht, 16. Aufl. 2013, S. 110.

〔4〕 Vgl. Medicus, Allgemeiner Teil des BGB, 9. Aufl. 2006, Rn. 434 – 439; Köhler, BGB Allgemeiner Teil, 43. Aufl. 2019, § 8 Rn. 38 – 43; Brox/Walker, Allgemeiner Teil des BGB, 43. Aufl. 2019, § 11 Rn. 1 – 16. 另见［德］迪特尔·梅迪库斯：《德国民法总论》，邵建东译，法律出版社2000年版，第329～333页；徐国建：《德国民法总论》，经济科学出版社1993年版，第147～150页。

保护消费者的新规定，使消费者即使在其订立合同的意思表示已经到达的情形下，仍可在一定期间内撤回意思表示。[1] 这意味着即使合同因要约和承诺而有效成立了，在特殊情形下，消费者仍享有在一定期间内撤回其意思表示的权利，从而使自己不再受合同约束。

二、旨在保护消费者的撤回权

(一)消费者与经营者的概念

消费者和经营者的概念源于欧盟法。德国立法者通过使用“提取共同规定”的立法技术，把它们规定于德国民法典之首（德国民法典第一编第一章第一节的标题是“自然人、消费者、经营者”），并在德国民法典第13条和第14条第1款分别给出了它们的法定定义。

根据德国民法典第13条，“消费者是指既非主要以其营利活动为目的，亦非主要以其独立的职业活动为目的而缔结法律行为的任何自然人”。由该法定定义可知，消费者只能是自然人，而不能是法人（如社团或有限责任公司）。这是消费者在外延上区别于经营者（见德国民法典第14条第1款）的地方，因为经营者既可以是自然人，也可以是法人甚至有权利能力的合伙；即使是自然人，也只有在他们所缔结的法律行为系出于私人目的而非主要以营利活动或独立的职业活动为目的时，才能享受法律所给予消费者的保护。举例来说，一个为自己购买一套打算在工作时穿的工作服的工人，就属于这里所说的消费者，而一个为自己添置一件律师袍的自己开业的律师则不然，因为后者是在从事其独立的职业活动过程中实施买卖行为的。[2]

德国民法典第14条第1款规定，经营者[3]“是指在缔结法律行为时，在从事其营利活动或独立的职业活动中实施行为的自然人或法人或有权利能力的合伙[4]”。按照该法定定义，经营者（Unternehmer）既可以是自然人、法人，也可以是有权利能力的合伙。经营者可以分为两类：一类是在缔结法律行为时，在从事营利活动过程中实施行为的自然人或法人或有权利能力的合伙，如商人（个体商人、有限责任公司、股份公司、普通商事合伙、有限商事合伙等）、手工业者、作为经营营利事业者的农场主等；另一类是在缔结法律行为时，在从事独立的职业活动过程中实施行为的

---

〔1〕 Vgl. Köhler, BGB Allgemeiner Teil, 43. Aufl. 2019, § 8 Rn. 36.

〔2〕 参见［德］迪特尔·施瓦布：《民法导论》，郑冲译，法律出版社2006年版，第87页。

〔3〕 Vgl. Münchener Kommentar zum BGB – Micklitz, 4. Aufl. 2001, § 14 Rn. 1 – 28; Palandt – Ellenberger, BGB, 69. Aufl. 2010, § 14 Rn. 1 – 5; Jauernig, Bürgerliches Gesetzbuch, 10. Aufl. 2003, § 14 Rn. 2; Bamberger/Roth – Schmidt – Raentsch, Kommentar zum BGB, 2003, § 14 Rn. 1 – 4; Köhler, BGB Allgemeiner Teil, 43. Aufl. 2019, § 5 Rn. 20.

〔4〕 关于有权利能力的合伙，参见德国民法典第14条第2款的法定定义。

自然人或法人或有权利能力的合伙，如自由职业者（自己开业的医生、律师、建筑师、会计师、税务顾问以及从事自由创作的艺术家等）。凡具备上述要件的任何自然人或法人或有权利能力的合伙，即使不是德国《商法典》意义上的商人或未登记于商业登记簿，也是经营者。可见，经营者的外延比商人的外延要广得多。此外，根据德国民法典第 14 条第 1 款的法定定义，从事非独立的职业活动的人，如受雇人、职员、公务员等，不是经营者。[1]

值得一提的是，德国民法典第一编第一章第一节的标题是“自然人、消费者、经营者”，第二节的标题是“法人”。这在体系上和逻辑上是不严密的，因为由德国民法典第 14 条第 1 款的措辞可知，经营者可以是自然人、法人或有权利能力的合伙。这样一来，法人既出现在关于自然人、消费者和经营者的第一节，又出现在专门规定法人的第二节，似有重叠之嫌。[2]

（二）法定撤回权及其行使、撤回的法律效果

1. 法定撤回权

德国民法典和《函授课程参加者保护法》规定了一系列旨在保护消费者的各不相同的撤回权。它们的要件规定在关于各种消费者合同的条款里。所谓消费者合同，是指“经营者和消费者之间的合同”（见德国民法典第 310 条第 3 款的法定定义）。

具体地说，凡是订立了以下类型的消费者合同的消费者，均被赋予在具备相应条款所规定的要件时撤回旨在订立消费者合同的意思表示的权利：（1）订立于营业场所外的合同（德国民法典第 312b 条结合第 312g 条）；（2）异地交易合同（德国民法典第 312c 条结合第 312g 条）；（3）分时居住权合同、长期休假产品合同、媒介合同或互易系统合同（德国民法典第 485 条第 1 款）；（4）消费者贷款合同（德国民法典第 495 条第 1 款）；（5）分期供应合同（德国民法典第 510 条第 2 款）；（6）函授课程合同（《函授课程参加者保护法》第 4 条第 1 款）。

在具备上述撤回权的要件时，消费者原则上可以依照德国民法典第 355 条第 1 款第 1 句行使其撤回权。德国民法典第 355 条至第 361 条还统一规定了旨在保护消费者的撤回权的行使及法律效果。仅在消费者已被别处的规定赋予撤回权时，始适用这些条款。[3]

2. 撤回的表示与撤回期间

撤回的表示是须予受领的意思表示。德国民法典第 355 条第 1 款第 2 句至第 4 句规定：“该项撤回，以对经营者的表示为之。由该表示必须能够清楚地看出消费

---

〔1〕 参见《德国民法典》（第 5 版），陈卫佐译注，法律出版社 2020 年版，第 8 ~ 9 页，注解 20。

〔2〕 Vgl. Bork, Allgemeiner Teil des Bürgerlichen Gesetzbuchs, 4. Aufl. 2016, Rn. 167 – 170.

〔3〕 Vgl. Musielak, Grundkurs BGB, 8. Aufl. 2003, 141; Brox/Walker, Allgemeiner Teil des BGB, 43. Aufl. 2019, § 9 Rn. 5.

者撤回合同的决心。该项撤回,无须包含任何对理由的说明。对于期间的遵守,适时地发送商品即已足够。”

至于撤回期间,德国民法典第 355 条第 2 款第 1 句和第 2 句规定:“撤回期间为 14 日。以不另有规定为限,撤回期间自合同订立时起算。”

3. 撤回的法律效果

德国民法典第 355 条第 1 款第 1 句规定了撤回权行使的法律效果:如果消费者被法律赋予德国民法典第 355 条第 1 款所规定的撤回权,且消费者已在规定的期间内撤回其意思表示,那么,消费者和经营者即不再受其旨在订立合同的意思表示的约束。这意味着合同先是有效地成立了,但消费者可以通过撤回而不再受该合同约束;从这一时刻起,合同不复存在。[1]

此外,德国民法典第 355 条第 3 款规定:在撤回的情形下,所受领的给付必须予以归还。法律规定了归还的最长期间的,该期间就经营者而言自撤回的表示到达时起算,就消费者而言自撤回的表示被做出时起算。消费者因适时地发送商品而遵守了该期间。在撤回的情形下,经营者负担寄回商品的风险。[2]

第五节　一般交易条款

一、一般交易条款的概念和意义

(一)概念

一般交易条款(allgemeine Geschäftsbedingungen, AGB),是指所有为数量多的合同而预先拟定好的、由合同当事人一方(使用人)在合同订立时向合同当事人另一方提出的合同条款(德国民法典第 305 条第 1 款第 1 句)。这一法定定义包含以下四个要件:(1)合同条款;(2)预先拟定好;(3)数量多的合同;(4)由使用人在合同订立时单方面地向另一方提出。[3] 它包含以下四个要件:

1. 合同条款。由上述法定定义的措辞可知,合同条款(Vertragsbedingungen)是一般交易条款的上位概念(属概念),凡一般交易条款都是合同条款。至于一

[1] Vgl. Eisenhardt, Einführung in das Bürgerliche Recht, 4. Aufl. 2004, S. 29.

[2] Vgl. Köhler, BGB Allgemeiner Teil, 43. Aufl. 2019, § 8 Rn. 36a; Brox/Walker, Allgemeiner Teil des BGB, 43. Aufl. 2019, § 9 Rn. 5 – 25.

[3] 参见《德国民法典》(第 5 版),陈卫佐译注,法律出版社 2020 年版,第 109 页,注解 2。Vgl. auch Köhler, BGB Allgemeiner Teil, 43. Aufl. 2019, § 16 Rn. 4 – 8.

般交易条款按照什么要件成为合同的组成部分，则规定于德国民法典第305条第2款、第305a条。所谓合同条款，是指与合同的订立或内容有关的合同规定。[1]可见，虽然德文词Geschäftsbedingungen和Vertragsbedingungen都是由其他词与Bedingungen复合而成的，但其中的Bedingungen既不是指日常生活中所说的“条件”，也不是指德国民法典第158条意义上的“条件”，而是指“条款”（为了遵循形式逻辑的同一律，本书原则上只在德国民法典第158条意义上使用“条件”这一概念）。所以，不宜把allgemeine Geschäftsbedingungen译成“一般交易条件”。[2]

至于这些条款是否构成表面上分开的合同组成部分或被收进合同书本身，它们有多大范围，用何种字体拟订，以及合同使用何种形式，均在所不问（德国民法典第305条第1款第2句）。

2. 预先拟定好。一般交易条款必须是预先拟定好的。这意味着它们不是使用人与合同当事人另一方在订立合同时草拟的。常见的是由公司（如银行、保险公司）的法律顾问或某一行业协会预先拟定好的一般交易条款。

3. 数量多的合同。一般交易条款必须是为数量多的合同而拟定的。

4. 由使用人在合同订立时单方面地向另一方提出。这些合同条款必须是由使用人在订立合同时单方面地向合同当事人另一方提出的。反之，只要合同当事人双方详细地商谈合同条款，就不存在一般交易条款（德国民法典第305条第1款第3句）。

（二）意义

在现代经济生活中，合同当事人一方（使用人）在订立合同时向另一方提出的预先拟定好的、其内容往往未经双方磋商的一般交易条款具有特殊作用。一般交易条款之所以被广泛使用，是因为德国民法典关于各种合同类型的规定只是以极为一般的方式考虑了订立合同的当事人的利益，而一般交易条款却包含顾及当事人特殊利益的特别规定，且无须每一次都就同样类型的合同拟定包罗广泛且内容复杂的条款。但也存在这样的风险：一般交易条款的使用人单方面地拟定于己有利的条款，而相对人却无从对条款的内容施加影响；事实上，相对人除了完全接受这些条款外，已别无选择。[3]

为了防止发生此种滥用风险，德国立法者于1976年将此前在司法判例中确立的规则加以编纂，于1976年12月19日通过了《一般交易条款法》，自1977年4月1

---

〔1〕 Vgl. BGHZ 104, 99; BGH NJW 1996, 2574, 2575; NJW 2009, 1337 Rn. 11.

〔2〕 参见《德国民法典》（第5版），陈卫佐译注，法律出版社2020年版，第109页，注解3。Vgl. auch Köhler, BGB Allgemeiner Teil, 43. Aufl. 2019, § 16 Rn. 4.

〔3〕 参见[德]卡尔·拉伦茨：《德国民法通论》，王晓晔等译，法律出版社2003年版，第79～80页。

日起施行。[1] 自2002年1月1日起施行的《债法现代化法》又将《一般交易条款法》的大部分内容(第1条至第11条)在稍加更改后纳入德国民法典中,成为新的德国民法典第305条至第310条;[2]《一般交易条款法》同时被废止。

二、一般交易条款之纳入合同

一般交易条款不同于法律规范,因为前者的效力总是以法律行为为基础的。为了使一般交易条款成为合同的内容,必须有合同当事人意思的一致。换句话说,合同当事人的另一方必须赞同适用一般交易条款,它们才成为合同的组成部分。根据德国民法典第305条第2款,仅在符合下列条件时,一般交易条款始成为合同的组成部分:

1. 明示地提示一般交易条款,或以明显可见的招贴提示一般交易条款。使用人必须在合同订立时向合同当事人另一方明示地提示一般交易条款(德国民法典第305条第2款第1项第1种情形)。例外地,如果因合同订立的种类,唯有克服过巨困难始可能明示地提示一般交易条款,则以在合同订立地明显可见的招贴(如在停车场、洗车设施等处关于停车、洗车等的一般交易条款的招贴)中提示一般交易条款即已足够(德国民法典第305条第2款第1项第2种情形)。

2. 可合理期待的知悉的可能性。在合同订立时,使用人必须使合同当事人另一方有可能以可合理期待的方式知悉一般交易条款的内容,而该方式也适当考虑了使用人可看出的合同当事人另一方身体上的残疾(德国民法典第305条第2款第2项)。

3. 合同当事人另一方的赞同。除上述条件外,合同当事人另一方还必须赞同适用一般交易条款,它们才成为合同的组成部分。[3]

三、个别约定的优先

个别的合同约定,优先于一般交易条款(德国民法典第305b条)。

案例5-20 | 交货期日

A向汽车经销商B购买一辆新汽车。双方签署了一份关于该新汽车的买卖合同,其中有一个条款明确规定交货期日为2006年4月1日。但汽车经销商B向买受人A提供的一般交易条款却明确写着"交货期日无约束力"的字样。

问:B是否必须遵守此交货期日?

---

[1] 参见徐国建:《德国民法总论》,经济科学出版社1993年版,第294~298页。

[2] Vgl. Musielak, Grundkurs BGB, 8. Aufl. 2003, Rn. 157.

[3] Vgl. Klunzinger, Einführung in das Bürgerliche Recht, 16. Aufl. 2013, S. 112.

答:B 是否必须遵守此交货期日(在 2006 年 4 月 1 日交货),取决于 B 与买受人 A 所签订的买卖合同关于以 2006 年 4 月 1 日为交货期日的条款是否对 B 有约束力。由于该条款相对于一般交易条款属于个别的合同约定,根据德国民法典第 305b 条,它作为个别的合同约定优先于一般交易条款。故尽管 B 向买受人 A 提供的一般交易条款明确写着“交货期日无约束力”的字样,B 与买受人 A 所签订的买卖合同关于以 2006 年 4 月 1 日为交货期日的条款也应优先适用并对 B 有约束力。
结论:B 必须遵守此交货期日,即在 2006 年 4 月 1 日交货。[1]

四、出人意料的条款、多义的条款

(一) 出人意料的条款

如果根据情事,特别是根据合同外观,一般交易条款中的条款不同寻常,以致使用人的合同相对人无须考虑它们,则它们不成为合同的组成部分(德国民法典第 305c 条第 1 款)。

(二) 多义的条款

如果解释一般交易条款时有疑义,则做对使用人不利的解释(德国民法典第 305c 条第 2 款)。这条规则的目的在于保护一般交易条款使用人的合同相对人,而后者通常是作为经济上的较弱方当事人的消费者。[2]

五、不纳入和不生效力时的法律效果

如果一般交易条款全部或部分地没有成为合同的组成部分或不生效力,则合同的其余部分仍然有效(德国民法典第 306 条第 1 款)。

案例 5-21 | 咖啡机与咖啡

家庭妇女 H 购买了一台咖啡机。按照出卖人印得很小的一般交易条款,买受人必须每月从出卖人处购买一定数量的咖啡。后来,这位家庭妇女 H 得知了其购买咖啡的义务。这完全出乎其意料,因为她压根不想从出卖人处购买咖啡。她甚至想把咖啡机也退掉。
问:她可以这样做吗?
答:在本案中,家庭妇女 H 订立了以咖啡机为买卖标的的买卖合同。按照一般交易条款,她担负了每月从出卖人处购买一定数量咖啡的义务,这是德国民法

[1] Vgl. Köhler, BGB Allgemeiner Teil, 43. Aufl. 2019, § 16 Rn. 23.
[2] Vgl. Klunzinger, Einführung in das Bürgerliche Recht, 16. Aufl. 2013, S. 116.

典第305c条第1款所称“出人意料的条款”，因为根据情事，特别是根据买卖合同的外观，该条款如此不同寻常，以致（作为使用人的合同相对人的）家庭妇女H无须考虑它。在法律效果上，“出人意料的条款”不成为合同的组成部分（德国民法典第305c条第1款）。因此，家庭妇女H没有义务从出卖人处购买咖啡。

根据德国民法典第306条第1款，在一般交易条款没有成为合同组成部分的情形下，合同的其余部分仍然有效。因此，以咖啡机为买卖标的的买卖合同有效，买受人H虽然可以拒绝购买咖啡，但不能解除以咖啡机为买卖标的的买卖合同。[1]

六、内容控制

如果一般交易条款中的条款违背诚实信用原则，不适当地使使用人的合同相对人受不利益，则它们不生效力（德国民法典第307条第1款第1句）。德国民法典第307条第1款第1句是一条一般条款。

根据德国民法典第307条第1款第2句和第307条第2款，不适当的不利益存在于下列三种情形：

1. 违反“透明性原则”。根据德国民法典第307条第1款第2句，不适当的不利益，也可以因条款不明白和不易懂而发生。这就是说，如果某一条款“不明白和不易懂”，那么它将因违反“透明性原则”的要求而不生效力。

2. 与所偏离的法律规定的重要的基本思想相抵触。根据德国民法典第307条第2款第1项，如果某一条款与所偏离的法律规定的重要的基本思想相抵触，则有疑义时，必须认为有不适当的不利益。其后果是，该条款不生效力。

3. 限制重要的权利或义务。根据德国民法典第307条第2款第2项，如果某一条款限制因合同性质而产生的重要权利或义务，致使危及合同目的的达到，则有疑义时，必须认为有不适当的不利益。其后果也同样是该条款不生效力。例如，对于一些排除一般交易条款的使用人责任的免责协议，由于相关条款限制了重要的权利或义务，致使危及合同目的的达到，德国司法判例认定它们不生效力。这方面的例子有：规定免除停车场经营者违反看管义务的责任的条款，规定免除银行违反答询义务和咨询义务的责任的条款等。[2]

---

〔1〕 参见徐国建：《德国民法总论》，经济科学出版社1993年版，第302～303页。

〔2〕 Vgl. Klunzinger, Einführung in das Bürgerliche Recht, 16. Aufl. 2013, S. 117 f.

第六章　法律行为的有效性要件

第一节　行为能力

一、行为能力的概念

行为能力是指有效地做出和受领意思表示并因此而参与法律上的往来的能力。

行为能力区别于权利能力。权利能力是指作为享有权利并担负义务者的资格。由德国民法典第 1 条可知,一切自然人都有权利能力,即便是刚出生的婴儿也不例外。举例来说,一个 4 岁的未成年人有权利能力,因而可以成为土地所有人或某项债权的债务人。但他是无行为能力人,不能有效地实施法律行为,所以不能订立诸如以儿童玩具车为买卖标的的买卖合同。

行为能力还区别于侵权责任能力。婴儿或非暂时性精神病患者无须就其所实施的侵权行为负责任,因为其没有侵权责任能力。[1] 在德文里,行为能力(Geschäftsfähigkeit)和侵权责任能力(Deliktsfähigkeit)的共同上位概念(属概念)是"实施在法律上有意义的行为的能力"(Handlungsfähigkeit)。中国台湾地区有学者称"实施在法律上有意义的行为的能力"为"行动能力",[2] 似有不妥。

二、无行为能力

(一)无行为能力的要件

未满 7 岁的人是无行为能力人(德国民法典第 104 条第 1 项)。

处于不能自由决定意志的精神错乱状态的人,也是无行为能力人,但以该状态按其性质来说不是暂时的状态为限(德国民法典第 104 条第 2 项)。这意味着,仅仅处于暂时的精神错乱状态(如高烧、醉酒)的人不是无行为能力人;对他们来说,无行为能力只存在于精神错乱期间,而他们在"神志清醒的瞬间"(拉丁文:

---

〔1〕 Vgl. Brox/Walker, Allgemeiner Teil des BGB, 43. Aufl. 2019, § 12 Rn. 1 – 5. 另见[德]迪特尔·施瓦布:《民法导论》,郑冲译,法律出版社 2006 年版,第 118 ~ 119 页。

〔2〕 参见台湾大学法律学研究所编译:《德国民法》,1965 年自版,第 108 页。

“*lucidum intervallum*”)[1]则是有行为能力的。[2]

案例 6－1 | 精神分裂症患者的买卖

长期患有精神分裂症的 K 用 5000 欧元从完全行为能力人 V 处购买了一幅油画。K 是在“神志清醒的瞬间”实施行为的。

问:买卖合同是否已成立?

答:买卖合同是否已成立,取决于在 V 和 K 之间是否存在以那幅油画为买卖标的、以 5000 欧元为价款的相互一致的两个意思表示——要约和承诺,且这样的要约和承诺均已发生效力。在本案中,无论 V 的意思表示是要约还是承诺,它都已发生效力,因为 V 是完全行为能力人。故问题的关键在于 K 的意思表示是否已发生效力。

德国民法典第 104 条第 2 项所称无行为能力人是处于不能自由决定意志的精神错乱状态的人,但以该状态按其性质来说不是暂时的状态为限。

在本案中,K 因患有精神分裂症而处于精神错乱状态,且这一状态是长期的而不是短暂的。

然而,由于 K 是在“神志清醒的瞬间”实施行为的,他在此刻并非“不能自由决定意志”:他能够理解他所做出的意思表示的意义并按照这一理解来实施行为。因此,他在此刻有行为能力。[3] 其意思表示业已发生效力。

结论:买卖合同已有效地成立。

(二)无行为能力的后果

首先,无行为能力人的意思表示无效(德国民法典第 105 条第 1 款)。因此,无行为能力人不能有效地实施法律行为;意思表示也不能有效地到达无行为能力人:以无行为能力人为相对人做出的意思表示,在到达法定代理人之前不发生效力(德国民法典第 131 条第 1 款)。在上述案例中,如果 K 在订立合同时因患精神疾病而无行为能力,则他既不能发出买卖要约(德国民法典第 105 条第 1 款、第 104 条第 2 项),也不能受领 V 的买卖要约(德国民法典第 131 条第 1 款、第 104 条第 2 项)。但例外见于德国民法典第 105a 条所规定的成年无行为能力人可用价额不高的资金来履行的日常生活行为,因为在此情形下,给付和对待给付一经履行,该成年无行

---

〔1〕 参见陈卫佐:《拉丁语法律用语和法律格言词典》,法律出版社 2009 年版,第 101 页。

〔2〕 Vgl. Köhler, BGB Allgemeiner Teil, 43. Aufl. 2019, § 10 Rn. 3.

〔3〕 Vgl. Faust, Bürgerliches Gesetzbuch Allgemeiner Teil, 1. Aufl. 2005, S. 142; Medicus, Allgemeiner Teil des BGB, 9. Aufl. 2006, Rn. 543. 另见[德]迪特尔·梅迪库斯:《德国民法总论》,邵建东译,法律出版社 2000 年版,第 413 页。

为能力人所订立的合同即视为有效力。

其次，因为无行为能力人有权利能力，所以他必须借助于他人来参与他自己所不能参与的法律上的往来。无行为能力人的法定代理人为之实施法律行为。未成年人的法定代理人通常是其父母（德国民法典第 1629 条第 1 款第 2 句），患有精神疾病的成年人的法定代理人通常是其照管人（德国民法典第 1902 条）。如果法定代理人以无行为能力人的名义实施行为，则其法律效果归于被代理的无行为能力人（德国民法典第 164 条第 1 款第 1 句）。

喝醉酒的人并不是德国民法典第 104 条第 2 项所称无行为能力人，因为醉酒的状态是一种暂时的精神错乱状态（见德国民法典第 105 条第 2 款）。毒瘾发作和癫痫病发作也属于这种暂时的精神错乱状态。意思表示可以有效地到达这类人（喝醉酒的人、毒瘾发作者和癫痫病发作者等），这是他们区别于无行为能力人的地方。但是，依照德国民法典第 105 条第 2 款，在丧失知觉或暂时的精神错乱的状态下做出的意思表示亦无效。[1] 据此，如果一个喝醉酒的人将 100 欧元赠与他人，则其赠与意思表示无效。同样，如果一个在餐馆里喝得酩酊大醉的人将其汽车出卖给他人，则其出卖自己汽车的意思表示亦无效。但喝醉酒的人的行为能力并不因此而受到影响。一旦其不再处于此种状态，其所做出的意思表示就是完全有效的。[2]

（三）德国民法典第 105a 条的特别规定

根据德国民法典新增加的第 105a 条，如果成年的无行为能力人从事可用价额不高的资金来履行的日常生活行为，那么，一旦给付和对待给付被履行了，该无行为能力人所订立的合同即视为有效（德国民法典第 105a 条第 1 句）。这一规定是德国民法典第 105 条第 1 款的例外，它的立法目的并不在于保护法律上的往来的安定性，而在于增强无行为能力人的自我责任和便利他们从事简单的日常生活行为。[3]

属于此类简单的日常生活行为的例子有：简单的、以快速消费为用途的食品、牙膏、报纸或纺织品的买卖，关于简单的劳务提供的合同（如理发、包裹的邮递、博物馆的入场券），近距离的客运合同，等等。[4]

然而，在成年的无行为能力人本人或其财产有遭到损害的显著危险时，不适用德国民法典第 105a 条第 1 句的规定（德国民法典第 105a 条第 2 句）。例如，一个酗酒成癖的成年的无行为能力人购买酒精饮料，或者一个 80 多岁的无行为能力人一次购买 5 件大衣，而实际上其只需要 1 件大衣，均属于该无行为能力人的人身或财

〔1〕 Vgl. Medicus, Allgemeiner Teil des BGB, 9. Aufl. 2006, Rn. 544. 另见［德］迪特尔·梅迪库斯：《德国民法总论》，邵建东译，法律出版社 2000 年版，第 413 ~ 414 页。

〔2〕 Vgl. Lange, BGB Allgemeiner Teil, 1952, § 22 Ⅵ 2 c.

〔3〕 Vgl. Zerres, Bürgerliches Recht, 5. Aufl. 2005, S. 79.

〔4〕 Vgl. Faust, Bürgerliches Gesetzbuch Allgemeiner Teil, 1. Aufl. 2005, S. 143.

产有显著危险的情形,[1]不适用第1句的规定,也就是说,不发生第1句的法律效果,该无行为能力人所订立的合同仍旧不生效力。[2]

三、限制行为能力

限制行为能力人可以在一定范围内自己有效地做出意思表示(实施法律行为)。为此,限制行为能力人原则上必须得到其法定代理人(事前或事后)的同意。限制行为能力人的法定代理人通常是其父母(德国民法典第1626条)或监护人(德国民法典第1793条)。

(一)要件

满7岁的未成年人,即介于7岁和18岁之间的人,是限制行为能力人(德国民法典第106条结合第2条)。如无特别说明,下文所称"未成年人"是指限制行为能力人。

1992年1月1日以前,德国民法典上还存在限制行为能力的成年人,主要是因精神衰弱、挥霍无度、酗酒或吸毒而被宣告禁治产的成年人。但1990年通过、自1992年1月1日起施行的《照管法》第1条第3项废止了原德国民法典第114条关于禁治产的规定。[3] 从此,德国民法典上不再有限制行为能力的成年人:成年人要么无行为能力(德国民法典第104条第2项),要么有完全行为能力。

案例6-2 | 照管人的允许

德国照管法院为长期患有精神分裂症的K的一切财产事务选任了照管人B,且规定对于K在财产事务中的任何意思表示,均必须得到照管人B的允许(事前的同意,见德国民法典第183条第1句的法定定义),即进行了"允许之保留"(德国民法典第1903条)。[4] K用5000欧元从完全行为能力人V处购买了一幅油画。

问:买卖合同是否已成立?

答:买卖合同是否已成立,取决于在V和K之间是否存在以那幅油画为买卖标

---

[1] 例子参见 Palandt - Ellenberger, BGB, 69. Aufl. 2010, § 105a Rn. 5。另见《德国民法典》(第5版),陈卫佐译注,法律出版社2020年版,第39页,注解3。

[2] Vgl. Brox/Walker, Allgemeiner Teil des BGB, 43. Aufl. 2019, § 12 Rn. 6 - 12.

[3] Vgl. Medicus, Allgemeiner Teil des BGB, 9. Aufl. 2006, Rn. 359 - 360. 另见[德]迪特尔·梅迪库斯:《德国民法总论》,邵建东译,法律出版社2000年版,第411页;[德]迪特尔·施瓦布:《民法导论》,郑冲译,法律出版社2006年版,第122页;徐国建:《德国民法总论》,经济科学出版社1993年版,第170~172页。

[4] 关于"允许之保留",参见[德]迪特尔·施瓦布:《民法导论》,郑冲译,法律出版社2006年版,第124页;[德]迪特尔·梅迪库斯:《德国民法总论》,邵建东译,法律出版社2000年版,第414~415页。Vgl. auch Medicus, Allgemeiner Teil des BGB, 9. Aufl. 2006, Rn. 547.

的、以5000欧元为价款的相互一致的意思表示——要约和承诺,且要约和承诺均已发生效力。在本案中,无论V的意思表示是要约还是承诺,它都已生效,因为V是完全行为能力人。故问题的关键在于K的意思表示是否已生效。
在本案中,照管法院为K的一切财产事务选任了照管人。但照管人的选任对被照管人的行为能力没有影响。所以重要的不是K是否有行为能力。只要其照管人B未给予允许,K所做出的意思表示就因德国民法典第1903条所规定的"允许之保留"而不生效力,即便K有行为能力亦然。
结论:买卖合同是否已成立,取决于K的照管人B是否已给予允许。

(二)无须得到同意的法律行为

如果未成年人因某一意思表示而纯获法律上的利益,那么,未成年人自己可以有效地做出该意思表示或实施相应的法律行为;如果未成年人因某一意思表示并不纯获法律上的利益,那么,就该意思表示而言,必须得到其法定代理人的允许〔1〕(德国民法典第107条)。

关键的问题是,在什么情形下存在纯粹的法律上利益?判断是否存在纯粹的法律上利益,须依法律上的效果而不是依交易的经济上利益或是否便宜而定。即使未成年人做成了一笔特别便宜的买卖(如只花10欧元就买到一辆新的登山自行车),但对于买卖合同,该未成年人在法律上亲自担负义务(支付价款的义务,德国民法典第433条第2款),其也是一种法律上的不利益,并非纯获法律上的利益。〔2〕总之,只有那些唯独使未成年人的法律地位得到改善的意思表示,才是使未成年人纯获法律上的利益的意思表示;〔3〕反之,如果意思表示的做出使未成年人担负任何义务,则是一种法律上的不利益。

1. 使未成年人纯获法律上利益的负担行为

如果未成年人只会从某一负担行为中取得请求权而不必承担任何法律行为上的义务,则该负担行为使未成年人纯获法律上利益。这方面的例子如:以未成年人为相对人的赠与许诺(德国民法典第518条)、债务许诺(德国民法典第780条)或债务承认(德国民法典第781条)。就此种负担行为的实施而言,未成年人无须得到其法定代理人的同意。但如果以未成年人为相对人的赠与许诺系在保留解除权(德国民法典第346条)的情况下进行的,则此种赠与许诺仍须得到其法定代理人

〔1〕 允许(Einwilligung)是指事前的同意。见德国民法典第183条第1句的法定定义。

〔2〕 参见《德国民法典》(第5版),陈卫佐译注,法律出版社2020年版,第39页,注解4。关于法律上的利益,详见[德]迪特尔·梅迪库斯:《德国民法总论》,邵建东译,法律出版社2000年版,第432~428页;[德]迪特尔·施瓦布:《民法导论》,郑冲译,法律出版社2006年版,第508~509页。Vgl. auch Medicus, Allgemeiner Teil des BGB, 9. Aufl. 2006, Rn. 560–566.

〔3〕 Vgl. Lange, BGB Allgemeiner Teil, 1952, § 44 Ⅱ 1.

的同意,因为未成年人在行使解除权时,有可能担负价额补偿或损害赔偿义务(德国民法典第346条第2款至第4款)。[1] 此外,在单务合同的情形下,只有一方缔约人担负义务。因此,如果未成年人不是担负义务的缔约人,则是纯获法律上利益的。

案例6-3 | 父母的赠与

父母E想向他们15岁的儿子S赠与并转让一块宅基地的所有权。这块土地价值20万欧元,设有数额为15万欧元的抵押权。

问:儿子S是否可以有效地承诺父母E做出的关于转让土地所有权的赠与要约?

答:在本案中,父母E与儿子S之间的债法上的赠与合同是使儿子S纯获法律上利益的,因为他无须担负任何法律上的义务即获得了一项要求转让土地所有权的请求权。至于抵押权,只有基于将土地所有权转让给S的处分行为才能使S成为抵押人。因此,儿子S可以有效地承诺父母E所做出的关于转让土地所有权的赠与要约。

但是,如果父母是在附负担的情形下做出赠与的(如儿子S必须在他们死后护理他们的坟墓),则该项赠与是在法律上给S带来不利益的。

值得注意的是,下列负担行为都不是使未成年人纯获法律上利益的:

首先,一切双务合同,如买卖合同、互易合同、使用租赁合同、承揽合同、雇佣合同(包括劳动合同),都不是使未成年人纯获法律上利益的,因为双务合同总是使未成年人担负义务的。例如,以500欧元为价款购买一幅名画、以一只足球换一本书、以300欧元为租金承租一个房间,都不是使未成年人纯获法律上利益的,因为未成年人在所有这些情形里都担负了给付义务,即便交易对该未成年人来说在经济上极其有利亦然。

其次,不完全的双务合同(如委托合同、使用借贷合同、寄托合同)的一方缔约人总是担负义务的,而另一方仅在一定前提下担负义务。未成年人要么在订立合同时即已在法律上担负义务,要么在其他前提下担负义务。因此,对任何一方缔约人来说,不完全的双务合同都不是使未成年人纯获法律上利益的。例如,未成年人A在去国外度假期间将他的狗无偿地寄托于B处(德国民法典第688条)。虽然A无须为寄托而提供对待给付(寄托合同不是双务合同),但A负有向B偿还必要费用(如喂养狗的费用)的义务(德国民法典第693条)。由于这一法律行为上的义务,该合同对未成年人A来说并不是使之纯获法律上利益的。

---

[1] Vgl. Köhler, BGB Allgemeiner Teil, 43. Aufl. 2019, § 10 Rn. 13.

2. 使未成年人纯获法律上利益的处分行为

如果一项权利为未成年人的利益而被转让、废止、变更或设定负担，则处分行为是使之纯获法律上的利益的。

在上述案例中，将土地所有权转让给S的处分行为是使之纯获法律上的利益的，因为他将取得土地所有权。S虽然因该项处分行为而成为抵押人，但该项处分行为并不因此而给S带来法律上的不利益。S并不以自己的其他个人财产对抵押权负责，而是以土地对抵押权负责。S最终将取得价额为5万欧元的所有权（减去了抵押权所担保的债务）。在极其不利的情形下，如果抵押权的价额超出了土地的价额，则土地所有权的取得既不带来法律上的利益，也不带来法律上的不利益。[1]

根据处分行为在有效性方面的无因性原则，负担行为和处分行为在法律上的有效性方面是彼此独立的；处分行为的有效性，必须在完全不考虑作为其基础的原因行为的有效性的情况下加以判断，即便处分行为被用来履行原因行为亦然。

案例6-4 轻型摩托车所有权已发生转移，限制行为能力的买受人是否负有返还义务

17岁的K违背其父母的明确意思，用500欧元向成年人V购买了一辆轻型摩托车。该轻型摩托车的所有权被立即转让给了K，所有人V和取得人K还完成了交付，但K不愿意支付价款。V遂请求返还轻型摩托车。物的返还请求权规定于德国民法典第985条（“所有人可以向占有人请求返还物”）。

问：K是否对V负有返还轻型摩托车的义务？

答：K是否对V负有返还轻型摩托车的义务，取决于是否存在所谓“因给付而发生的不当得利返还请求权”的构成要件。因为德国民法典第812条第1款第1句第1种情形规定：“无法律上的原因，因他人的给付……而自己取得利益的人，对该他人负有返还的义务”。

在本案中，17岁的未成年人K是限制行为能力人（德国民法典第2条、第106条）。他与成年人V之间根据德国民法典第929条第1句所进行的动产所有权转让是无须得到父母的允许（事前的同意，见德国民法典第183条第1句的法定定义）而有效的处分行为，因为动产所有权的转让是纯粹给K带来法律上的利益的。由于该处分行为是有效的处分行为，且V和K完成了交付，因此，K已成为轻型摩托车所有人。V不再享有德国民法典第985条所规定的物的返还请求权。

然而，一切双务合同都不是使未成年人纯获法律上的利益的。成年人V与未成年人K订立的买卖合同是双务合同的一种，它并不使未成年人K纯获法律

[1] Vgl. BGHZ 15, 168; BayObLGZ 1979, 53.

上的利益,且因既未得到 K 的父母的允许(事前的同意,见德国民法典第 183 条第 1 句的法定定义),亦未得到 K 的父母的追认(事后的同意,见德国民法典第 184 条第 1 款的法定定义)而不生效力(德国民法典第 107 条)。这样一来,K 无法律上的原因(没有有效的买卖合同),因他人的给付(因 V 向他转让了轻型摩托车所有权)而自己取得了利益(取得了轻型摩托车所有权和对它的直接占有)。德国民法典第 812 条第 1 款第 1 句第 1 种情形所规定的构成要件因之而得以具备。法律效果是,K 必须依照德国民法典第 812 条第 1 款第 1 句第 1 种情形返还轻型摩托车。

结论:K 对 V 负有返还轻型摩托车的义务。

3. 中性行为

既不给未成年人带来法律上的利益也不给其带来法律上的不利益的法律行为,叫作"中性行为"。中性行为可以由未成年人实施而无须得到其法定代理人的允许,因为既然该法律行为不给其带来法律上的不利益,未成年人就没有受保护的需要。一般地说,仅对他人发生法律效果而对未成年人无法律效果的行为,属中性行为。

例如,根据德国民法典第 317 条第 1 款,给付的确定可以托付给第三人。所以未成年人可以作为不参加买卖合同的第三人确定买卖合同的价款(中性行为)。又如,未成年人作为他人的代理人所实施的法律行为(德国民法典第 165 条)也属于中性行为,因为未成年人既不因之而享有权利,也不因之而担负义务。[1]

案例 6-5 | 中性行为

某人在订立买卖合同时,让一个未成年人代理自己。

问:该未成年人作为代理人所实施的法律行为是不是中性行为?

答:虽然该未成年人所做出的是他自己的意思表示(这是他作为代理人不同于使者的地方),但担负义务的,唯被代理人而已(见德国民法典第 164 条第 1 款第 1 句)。该中性行为并不使该未成年人受任何法律上的不利益,因而无须得到其法定代理人的同意(德国民法典第 165 条)。

结论:该未成年人作为代理人所实施的法律行为是中性行为。[2]

---

〔1〕 Vgl. Köhler, BGB Allgemeiner Teil, 43. Aufl. 2019, § 10 Rn. 20.

〔2〕 Vgl. dazu Klunzinger, Einführung in das Bürgerliche Recht, 16. Aufl. 2013, S. 135; Medicus, Allgemeiner Teil des BGB, 9. Aufl. 2006, Rn. 567–568. 另见[德]迪特尔·梅迪库斯:《德国民法总论》,邵建东译,法律出版社 2000 年版,第 428~429 页。

（三）必须得到同意的多方法律行为——合同

1. 必须得到未成年人的法定代理人允许的意思表示

原则上，对于未成年人因之而非纯获法律上利益的意思表示，必须得到其法定代理人的允许（德国民法典第 107 条）。允许是指事前的同意（德国民法典第 183 条第 1 句的法定定义）。

如果未成年人得到其法定代理人关于订立合同的允许，则未成年人所做出的合同意思表示有效。但到法律行为实施时为止，允许是可撤回的（德国民法典第 183 条第 1 句）。允许（事前的同意）的给予及其撤回，既可以向未成年人表示，也可以向其相对人表示（德国民法典第 182 条第 1 款、第 183 条第 2 句）。例如，如果父母给其未成年的儿子 K 购买自行车的钱，则包含着对 K 购买自行车的允许；K 就可以因此而与商贩订立有效的购买自行车的买卖合同。如果父母改变了主意并在合同订立前就打电话给商贩表示撤回允许，则 K 不能做出有效的关于订立合同的意思表示。

2. 法定代理人对未经其必要的允许而订立的合同的追认

未成年人未经法定代理人必要的允许而订立的合同的有效性，取决于法定代理人的追认（德国民法典第 108 条第 1 款）。追认是指事后的同意（德国民法典第 184 条第 1 款的法定定义）。在这里，“必要的允许”的措辞意味着第 108 条第 1 款不及于未成年人因之而纯获法律上利益的合同，因为此类合同依德国民法典第 107 条、第 131 条第 2 款第 2 句第 1 种情形就已发生效力了。[1]

到给予追认或拒绝追认时为止，合同处于**效力未定**状态（schwebend unwirksam）。但合同因法定代理人给予追认而发生效力。追认既可以向未成年人表示，也可以向其合同相对人表示（德国民法典第 182 条第 1 款）。除法律另有规定外，**追认的效力追溯到法律行为实施之时**（见德国民法典第 184 条第 1 款）。也就是说，原先处于效力未定状态的合同，因法定代理人追认而视为自合同订立时起（拉丁文 *ex tunc*，意思是“自那时起”）[2] 发生效力。这意味着合同双方当事人自合同订立之时起就因合同而享有权利并担负义务；如果法定代理人拒绝追认，则合同确定地不生效力。[3]

举例来说，如果买卖合同并未得到未成年人的父母的必要的同意，且不具备德国民法典第 110 条（“零用钱条款”）的要件，则买卖合同处于一种效力未定状态，其生效与否取决于父母的追认。[4] 如果父母事后对未成年人或合同相对人表示追

---

〔1〕 Vgl. Faust, Bürgerliches Gesetzbuch Allgemeiner Teil, 1. Aufl. 2005, S. 137.

〔2〕 陈卫佐：《拉丁语法律用语和法律格言词典》，法律出版社 2009 年版，第 55 页。

〔3〕 Vgl. Lange, BGB Allgemeiner Teil, 1952, § 44 Ⅳ 1.

〔4〕 德国民法典第 108 条第 1 款规定：“未成年人未经法定代理人必要的允许而订立合同的，合同的有效性取决于法定代理人的追认。”

认,则买卖合同有溯及力地发生效力,双方当事人自买卖合同订立之时起就因买卖合同而享有权利并担负义务;如果父母拒绝追认,则买卖合同确定地不生效力。

此外,如果未成年人已成为完全行为能力人,则其追认即代替代理人的追认(德国民法典第108条第3款)。这意味着从这一时刻起,只有他自己可以给予追认或拒绝追认;合同相对人也只能催告他就追认做出表示。

3. 另一方对追认的催告

对于处于效力未定状态的合同之是否生效,未成年人的合同相对人是有利益的。为了缩短效力未定的期间以获得法的明晰性,合同相对人可以催告法定代理人就追认做出表示。德国民法典第108条第2款第1句规定:“另一方催告法定代理人就追认做出表示的,该表示只能向另一方为之;在催告前向未成年人表示的追认或对追认的拒绝即失去效力。”这是因为:通过催告这一准法律行为,未成年人的法定代理人重新获得了做出决定的自由,即便他此前已向未成年人表示过追认或拒绝亦然。

但法定代理人的追认,“只能到受领催告后满两个星期时为止,予以表示;不表示追认的,视为已拒绝追认”(德国民法典第108条第2款第2句)。如果合同已被拒绝追认,则确定地不生效力。值得注意的是,德国民法典第108条第2款第2句的后半句乃是一个将沉默视为意思表示(法律上的拟制)的例子。

例如,在成年的出卖人V与未成年的买受人K订立买卖合同的情形下,如果父母已向未成年人K就买卖表示追认,而合同相对人(“另一方当事人”)V对此一无所知并催告父母做出追认的表示,且父母到受领催告后满2个星期时为止未表示追认,则视为已拒绝追认,买卖合同自始不生效力。

4. 另一方的撤回权

只要未成年人与其相对人之间的合同处于效力未定状态,合同就对未成年人没有最终的约束力,直到其法定代理人表示追认或拒绝追认之时。因此,到合同对未成年人发生约束力时为止,合同相对人对于自己之不受合同约束是有利益的。于是,德国民法典第109条第1款第1句规定:“到合同被追认时为止,另一方有权撤回。”该项撤回既可以向未成年人的法定代理人表示,“也可以向未成年人表示”(德国民法典第109条第1款第2句)。[1]

如果另一方知道其相对人是未成年人,则另一方原则上无须得到保护,因而也就没有撤回权。但这一原则不是绝对的。根据德国民法典第109条第2款,如果另一方知道未成年的事实,则仅在未成年人违背实情地声称已得到法定代理人的允许时,另一方始得撤回;另一方在合同订立时知道允许之欠缺的,即使在未成年人

---

[1] Vgl. Medicus, Allgemeiner Teil des BGB, 9. Aufl. 2006, Rn. 569 – 574. 另见[德]迪特尔·梅迪库斯:《德国民法总论》,邵建东译,法律出版社2000年版,第430~432页;[德]迪特尔·施瓦布:《民法导论》,郑冲译,法律出版社2006年版,第514~515页。

违背实情地声称已得到代理人的允许的情形下，另一方也不得撤回。[1]

例如，在成年的出卖人 V 与未成年的买受人 K 订立买卖合同的情形下，如果未成年人 K 的相对人 V 不知道 K 是未成年人，那么，到父母追认时为止，V 可以撤回。如果父母仅仅对 K 表示了追认，且 V 催告父母向 V 自己做出追认的表示（见德国民法典第 108 条第 2 款），则 V 仍然可以撤回，因为：通过 V 的催告，父母重新获得了做出决定的自由，且未成年人 K 不受合同的约束。

（四）必须得到允许的单方法律行为

未成年人未经法定代理人必要的允许而实施的单方法律行为，不生效力（德国民法典第 111 条第 1 句）。在这里，“必要的允许”的措辞意味着：第 111 条第 1 句不及于未成年人因之而纯获法律上利益的单方法律行为，因为此种单方法律行为（依德国民法典第 107 条）无须得到其法定代理人的允许即已发生效力。不仅如此，第 111 条第 1 句也不及于法定代理人已表示允许的单方法律行为，因为（同样依德国民法典第 107 条）此种单方法律行为是发生效力的。

对德国民法典第 111 条第 1 句所称“未成年人未经法定代理人必要的允许而实施的单方法律行为”来说，即使法定代理人给予追认（事后的同意，见德国民法典第 184 条第 1 款的法定定义），该单方法律行为也不生效力。

原则上，德国民法典第 111 条第 1 句不仅适用于无须予以受领的意思表示（如悬赏广告，德国民法典第 657 条；动产所有权的抛弃，德国民法典第 959 条），也适用于须予受领的意思表示（如撤销、通知终止、撤回）。

德国民法典第 111 条第 1 句的立法目的在于法的明晰性。因为单方法律行为的实施常常伴随形成权（通知终止权、撤销权、德国民法典第 355 条所规定的在消费合同的情形下的法定撤回权、合同解除权等）的行使，如其生效则会直接使权利发生变更；因该单方法律行为而有利害关系却又不参与实施该单方法律行为的人（如通知终止的表示的受领人），必须即时弄清楚该单方法律行为到底生不生效。

案例 6－6 | 未成年的小学生通知终止住房使用租赁关系

未成年的小学生 M 住在经其父母允许而承租的带家具的住房里。在父母不知情的情况下，他以书面通知终止了他与出租人 V 之间的使用租赁合同。

问：该小学生通知终止住房使用租赁关系的行为是否生效？

答：在本案中，未成年的小学生 M 通知终止住房使用租赁关系的行为系单方法律行为。它不属于未成年人因之而纯获法律上利益的单方法律行为。对于它所包含的意思表示，未成年人必须得到其法定代理人的允许（德国民法典第

[1] Vgl. Lange, BGB Allgemeiner Teil, 1952, § 44 Ⅳ 4.

107 条)。然而,它因未得到法定代理人必要的允许而依照德国民法典第 111 条第 1 句不生效力,纵使其法定代理人事后予以追认也不生效力。
结论:该小学生通知终止住房使用租赁关系的行为不生效力。

此外,如果未成年人经法定代理人允许对他人实施单方法律行为,而未成年人未以书面形式出示该项允许,且相对人由于这一原因而不迟延地[1]拒绝,则该法律行为不生效力(德国民法典第 111 条第 2 句)。在这里,未成年人所实施的单方法律行为包含一个须予受领的意思表示,是有相对人的,而第 111 条第 2 句正是要保护不知道未成年人所声称的允许是否可以信赖的相对人。但如果未成年人的法定代理人已将该项允许告知相对人,则该项拒绝即被排除(德国民法典第 111 条第 3 句),因为在此情形下,相对人确定无疑地知道法定代理人业已允许。[2]

案例 6-7 | 未成年人通知终止贷款合同

未成年人 G 对 S 享有一项生息的数额为 1000 欧元的金钱消费借贷债权。根据贷款合同(见德国民法典第 488 条至第 498 条),合同当事人可以遵守一个月的通知终止期间,以每个月的第一天为终止期通知终止贷款合同。G 不经其父母允许而在 4 月 30 日以下一个期日为终止期通知终止合同。6 月 1 日那一天,G 向 S 请求偿还贷款。
问:G 能否在 6 月 1 日向 S 请求偿还贷款?如果未成年人 G 经父母允许而于 4 月 30 日通知终止合同,但未以书面形式向债务人 S 出示该项允许,且 S 在未成年人 G 于 6 月 1 日请求偿还贷款时才就 G 未以书面形式出示该项允许提出异议,情况又如何?
答:在本案中,未成年人 G 通知终止贷款合同的行为是单方法律行为。它不属于未成年人因之而纯获法律上利益的单方法律行为。对于它所包含的意思表示,未成年人必须得到其法定代理人的允许(德国民法典第 107 条)。然而,它因未经父母(法定代理人)必要的允许(事前的同意,见德国民法典第 183 条第 1 句的法定定义)而不生效力(德国民法典第 111 条第 1 句)。因此,G 不能在 6 月 1 日向债务人 S 请求偿还贷款。
如果未成年人 G 经父母允许而于 4 月 30 日通知终止合同,但未以书面形式向债务人 S 出示该项允许,且 S 在未成年人 G 于 6 月 1 日请求偿还贷款时才就 G

〔1〕“不迟延地”(unverzüglich),是指“在没有有过错的迟延的情况下”。见德国民法典第 121 条第 1 款第 1 句的法定定义。

〔2〕Vgl. Köhler, BGB Allgemeiner Teil, 43. Aufl. 2019, § 10 Rn. 28 – 29, § 14 Rn. 6. 另见徐国建:《德国民法总论》,经济科学出版社 1993 年版,第 181 ~ 182 页。

未以书面形式出示该项允许提出异议,则 G 享有偿还请求权。因为根据德国民法典第 111 条第 2 句,如果相对人由于未成年人未以书面形式出示该项允许而不迟延地予以拒绝,则通知终止合同的单方法律行为不生效力。所谓“不迟延地”,是指“在没有有过错的迟延的情况下”(见德国民法典第 121 条第 1 款第 1 句的法定定义)。但是,S 在一个月以后才于 6 月 1 日予以拒绝,不能谓之“不迟延地”。所以未成年人 G 通知终止合同的单方法律行为有效,他可以向债务人 S 请求偿还贷款。

在例外情形下,即使没有法定代理人的允许也不适用德国民法典第 111 条,这就是:如果单方法律行为的利害关系人知道行为人是限制行为能力的未成年人,且同意该法律行为的有效性取决于法定代理人的追认。例如,在上述案例中,如果 S 同意 G 在 4 月 30 日实施的通知终止合同的单方法律行为,且知道 G 是未成年人并同意该法律行为的有效性取决于法定代理人的追认,则 S 无须得到保护。如果 G 的父母在 5 月 15 日对通知终止合同的单方法律行为予以追认,则追认的效力追溯到通知终止合同的单方法律行为实施之时(4 月 30 日)。G 可以在 6 月 1 日请求偿还贷款。[1]

(五)一般性允许

1. 允许的范围

法定代理人可以就某一特定法律行为给予允许,也可以就有限范围内的法律行为给予允许。例如,未成年的寄宿学校生每月从父母那里获得支付一切费用的 600 欧元,可以理解成允许该未成年人实施对于满足生活需要和完成学业来说为必要的一切法律行为。因此,该未成年人可以独立购买生活用品和书籍。

2. “零用钱条款”

根据德国民法典第 110 条,如果未成年人已用金钱履行合于合同的给付,而该金钱系法定代理人或经法定代理人同意的第三人为此目的或为供任意处分而交给未成年人的,则未成年人未经法定代理人同意而订立的合同视为自始有效。这就是德国民法典上有名的“零用钱条款”。可以认为,父母或经其同意的第三人(如未成年人的姑姑)在给未成年人“零用钱”时,父母即已给予关于订立合同的可推断出来的允许。

德国民法典第 110 条的“零用钱条款”要求未成年人已事实上履行了合于合同的给付;该给付必须是完全履行了的。[2]

---

[1] Vgl. Brox/Walker, Allgemeiner Teil des BGB, 43. Aufl. 2019, § 12 Rn. 13 – 32.

[2] Vgl. dazu Klunzinger, Einführung in das Bürgerliche Recht, 16. Aufl. 2013, S. 138.

案例 6－8 ｜用零用钱购买的收音机

16 岁的未成年人 K 在其父母完全不知情的情况下，从完全行为能力人 V 处购买了一台价格为 60 欧元的收音机。他用自己的零用钱支付了 20 欧元；其余价款他打算分 4 期在 4 个月内付讫。

问：K 和 V 订立的买卖合同有效吗？

答：K 和 V 订立的买卖合同不属于未成年人因之而纯获法律上的利益的法律行为。对于它所包含的意思表示，未成年人 K 必须得到其法定代理人的允许（德国民法典第 107 条）。它是未经法定代理人必要的允许而订立的，其有效性通常取决于法定代理人的追认（德国民法典第 108 条第 1 款）。但如果它符合德国民法典第 110 条所规定的“零用钱条款”的要件，则视为自始有效。因此，它是否有效取决于两个要件：一是 16 岁的未成年人 K 已用金钱履行了合于合同的给付；二是该金钱是法定代理人或经法定代理人同意的第三人为此目的或为供任意处分而交给未成年人的。由于 K 的零用钱属于法定代理人或经法定代理人同意的第三人为此目的或为供任意处分而交给未成年人的金钱，所以关键是看 K 是否已事实上履行了合于合同的给付，且必须是完全履行了该给付。

在本案中，K 在与 V 订立买卖合同时并未完全履行合于合同的给付，因而买卖合同并未有效地成立。[1] 从立法目的上说，德国民法典第 110 条只是保护未成年人已用零用钱完全履行了的那些交易的安全，分期交易显然不在保护之列。然而，假如父母对这笔交易一无所知，且 K 支付了全部 4 期价款，则买卖合同依照德国民法典第 110 条而在最后一期价款支付时有溯及力地发生效力（“视为自始有效”），因为 K 在此时完全履行了其合于合同的给付。[2]

3．给予一般性允许的两种特殊情形

德国民法典第 112 条、第 113 条分别规定了法定代理人给予一般性允许的两种特殊情形，其法律效果是使未满 18 岁的未成年人例外地有完全行为能力。相对于德国民法典第 107 条至第 111 条的规定，这两条规定属于特别规定。根据“特别规定优于一般规定”的原则，它们有优先适用的效力。

根据德国民法典第 112 条第 1 款，如果法定代理人（经家事法院批准）授权未成年人独立经营营业，则就营业的经营所引起的法律行为而言，未成年人有完全行为能力。但法定代理人须为之得到家事法院的批准的法律行为除外。

---

〔1〕 参见徐国建：《德国民法总论》，经济科学出版社 1993 年版，第 180～181 页。

〔2〕 Vgl. Brox/Walker, Allgemeiner Teil des BGB, 30. Aufl. 2006, Rn. 259, 280－283; 43. Aufl. 2019, § 12 26－29.

根据德国民法典第113条第1款，如果法定代理人授权未成年人提供劳务或从事劳动，则就涉及结成或取消所许可种类的雇佣或劳动关系或履行因此种关系而发生的义务的法律行为而言，未成年人有完全行为能力。但法定代理人须为之得到家事法院的批准的合同除外。[1]

案例6-9 | 17岁未成年人的珠宝买卖

17岁的未成年人M在父母完全不知情的情况下，与作为完全行为能力人的珠宝商J订立了关于一枚价格为300欧元的戒指的买卖合同。J和M达成了关于戒指所有权应由所有人J转移给取得人M的合意，J当即将戒指交付给了M。M打算把这枚戒指赠送给其16岁的女朋友F。M每月从父母那里获得40欧元零用钱，但他偷偷地积攒了下来，所以一共有200欧元现款。他把这200欧元作为价款的一部分支付给了珠宝商J。珠宝商J与M平时就很熟，于是双方约定由M以分期付款方式支付余下的价款，每月支付20欧元，在5个月内清偿完毕。M当天就把戒指赠送给了女朋友F。M和F也达成了关于戒指所有权应由M转移给F的合意，并完成了交付。M的父母得知此事后，既不同意M和J之间的这笔买卖，也不同意M的赠送行为和处分行为，并要求M取消所有这些行为。

问题1：谁是戒指的现时所有人？

问题2：珠宝商J对未成年人M享有什么样的请求权？

答：在问题1的情形下，戒指最初的所有人是珠宝商J。他有可能因按照德国民法典第929条第1句的规定将戒指所有权转让给未成年人M而失去其所有权，前提是他已将戒指交付给M，且双方达成了戒指所有权应由所有人J转移给取得人M的合意。

事实上，戒指被交付给了M。J和M也达成了戒指所有权应由所有人J转移给取得人M的合意。

J和M之间关于戒指所有权应由所有人J转移给取得人M的合意的有效性可能受到M是17岁的未成年人，从而依照德国民法典第106条为限制行为能力人的影响。根据德国民法典第107条，纯粹给限制行为能力人带来法律上利益的意思表示，可以单独由限制行为能力人做出而无须得到其法定代理人的允许（事前的同意，见德国民法典第183条第1句法定定义）。如果M所做出的以所有权的转让为目的的意思表示使他纯获法律上的利益，则该意思表示有效

[1] Vgl. Medicus, Allgemeiner Teil des BGB, 9. Aufl. 2006, Rn. 583–586; Lange, BGB Allgemeiner Teil, 1952, § 44 V 1–3. 另见[德]迪特尔·梅迪库斯：《德国民法总论》，邵建东译，法律出版社2000年版，第436~438页。

(德国民法典第 107 条)。

在回答未成年人是否纯获法律上的利益时,只看具体交易的法律上的效果而不看其经济上的效果。只有那些只会使未成年人的法律地位得到改善的意思表示,才是使未成年人纯获法律上利益的;反之,如果意思表示的做出使未成年人担负任何义务,则是一种法律上的不利益。

因按照德国民法典第 929 条第 1 句的规定进行的戒指所有权的转让,未成年人 M 可能会取得戒指所有权和对戒指的直接占有却无须因此而担负任何义务。因此,M 所做出的以所有权的转让为目的的意思表示是使他纯获法律上利益的,它不经 M 的法定代理人(父母)的允许即为有效。

所以,J 和 M 就戒指所有权的转移有效地达成了合意。

这样一来,M 依照德国民法典第 929 条第 1 句的规定从 J 处取得了戒指所有权,从而成为戒指所有人。

然而,M 也可能因按照德国民法典第 929 条第 1 句的规定将戒指所有权转让给其 16 岁的女朋友 F 而失去其戒指所有权。

M 将戒指交付给了 F。双方也达成了关于戒指所有权应由 M 转移给 F 的合意(属于处分合同)。

M 和 F 之间关于戒指所有权应由 M 转移给 F 的合意的有效性可能受到 M 是限制行为能力人的影响(德国民法典第 106 条)。如果 M 对 F 做出的意思表示并不使 M 纯获法律上的利益,则必须得到其法定代理人(父母)的允许(事前的同意,见德国民法典第 183 条第 1 句的法定定义);如果 M 未经父母必要的允许而订立了合同,则合同的有效性取决于父母的追认(德国民法典第 107 条、第 108 条第 1 款)。将戒指所有权转让给 F 会导致 M 失去戒指所有权的后果。这将意味着对 M 的法律上的不利益。所以 M 对 F 做出的意思表示并不使 M 纯获法律上的利益。在此情形下,合同的有效性取决于父母的追认。如果父母给予事后的同意(追认),则其效力追溯到法律行为实施之时(德国民法典第 184 条第 1 款)。在本案中,父母并没有事后同意 M 的赠送行为和处分行为,可以理解成父母已拒绝予以追认。因此,M 和 F 之间的处分合同并未有效地成立。

既然处分合同并未在 M 和 F 之间有效地成立,戒指所有权并未依照德国民法典第 929 条第 1 句从 M 转移给 F。

结论:M 是戒指的现时所有人。

答:在问题 2 的情形下,J 可以根据德国民法典第 433 条第 2 款向 M 请求支付余下的 100 欧元,前提是在他们之间买卖合同已有效地成立。

J 和 M 都愿意订立买卖合同。由于 17 岁的未成年人 M 依照德国民法典第 106 条为限制行为能力人,他为订立合同而做出的必要的意思表示的有效性可能受到影响。如果M为订立合同而做出的必要的意思表示并不使M纯获法律上的利益,则必须得到其父母的允许(德国民法典第107条);如果M未经父母必要的允许而订立了合同,则合同的有效性取决于父母的追认(德国民法典第108条第1款)。只有那些只会使未成年人的法律地位得到改善的意思表示,才是使未成年人纯获法律上的利益的;反之,如果意思表示的做出使未成年人担负任何义务,则是一种法律上的不利益。在有效的买卖合同订立时,M不但可能取得依照德国民法典第433条第1款要求转让戒指所有权的请求权,而且可能依照德国民法典第433条第2款担负支付价款的义务。由于这一支付义务,M与珠宝商J订立的买卖合同并不是使M纯获法律上的利益的。M为订立该买卖合同而做出的意思表示必须得到其父母的允许(德国民法典第107条)。
然而,如果M已用父母给他自己的零用钱完全履行了合于合同的给付,而该零用钱是父母为此目的或为供任意处分而交给M的,则M未经父母同意而订立的合同视为自始有效(德国民法典第110条)。
在本案中,M并没有支付全部价款,因而尚未完全履行合于合同的给付。第110条的"零用钱条款"不予适用。
M未经其父母必要的允许而订立的买卖合同的有效性,取决于其父母的追认(德国民法典第108条第1款),但它因父母拒绝给予追认而确定地不生效力。
既然买卖合同并未在J和M之间有效地成立,J就不能根据德国民法典第433条第2款向M请求支付余下的100欧元。
不过,由于戒指所有权是在买卖合同不生效力的情形下由J转让给M的,M无法律上的原因而取得了戒指所有权,根据德国民法典第812条第1款第1句第1种情形("无法律上的原因,因他人的给付……而自己取得利益的人,对该他人负有返还的义务"),J对M享有一项"因给付而发生的不当得利返还请求权"。J可以向M请求返还戒指。
结论:珠宝商J对未成年人M享有要求返还戒指的不当得利请求权。[1]

第二节 法律行为的形式

一、形式自由原则

"契约自由"是德国民法典的基本原则之一,而形式自由是契约自由的重要内

[1] Vgl. Eisenhardt, Einführung in das Bürgerliche Recht, 4. Aufl. 2004, S. 84, 441-443.

容,它的意思是除法律或法律行为另有规定外(如德国民法典第 311b 条关于使一方当事人负有转让或取得土地所有权义务的合同的规定、第 2371 条关于遗产买卖合同的规定),当事人订立合同是不要式的。这意味着在通常情形下,订立合同不仅可以明示地(如用书面形式、口头形式)为之,而且可以默示地(通过可推断出来的行为)为之。进一步而言,法律行为原则上无须使用特别的形式即可生效;法律行为以什么形式实施,原则上是表意人的自由。仅在例外情形下,法律行为的实施始需要使用特定形式。

形式自由原则服务于便利交易的目的。

二、法律行为的形式的功能

法律行为的形式既可以是法定的,也可以是约定(意定)的。它们服务于各种不同的目的,发挥着不同的功能。[1]

首先,一定的形式可以使法律行为具有明晰性,使第三人明了合同是否已订立以及按何种条件订立,从而避免产生关于双方当事人是仅仅进行了缔约前的磋商还是已订立了合同以及合同的内容为何等方面的争执。

其次,证明功能:法律行为的形式可以充当法律行为的凭证。例如,根据德国民法典第 550 条第 1 句及第 578 条第 1 款,合同期长于 1 年的土地使用租赁合同必须使用书面形式。在这里,书面形式就起到一种证明合同内容的作用;在出租人转让土地所有权而取得人加入原出租人的权利义务的情形下(见德国民法典第 566 条),书面形式的证明作用尤其显得突出。

再次,咨询功能。例如,通过将法律行为做成公证证书,当事人可以向作为法律专业人员的公证人咨询有关法律行为的影响与效果。例如,德国民法典第 1410 条规定:夫妻财产合同,必须[2]在双方当事人同时在场并由公证人记录的情况下予以订立。

最后,告诫功能。关于法律行为的形式的规定往往可以告诫当事人(特别是实施重要法律行为的当事人)勿轻率从事,而应三思而行。例如,根据德国民法典第 766 条第 1 句,保证人的保证表示必须使用书面形式。这是为了保护保证人,使其在担负保证义务时审慎行事。又如,根据德国民法典第 311b 条第 1 款第 1 句,以土

---

〔1〕 Vgl. dazu Klunzinger, Einführung in das Bürgerliche Recht, 16. Aufl. 2013, S. 142; Medicus, Allgemeiner Teil des BGB, 9. Aufl. 2006, Rn. 612 – 615. 另见[德]迪特尔·梅迪库斯:《德国民法总论》,邵建东译,法律出版社 2000 年版,第 461 ~ 462 页;徐国建:《德国民法总论》,经济科学出版社 1993 年版,第 229 ~ 230 页。

〔2〕 德国民法典第 1410 条属于“必须的规定”(Mussvorschrift),如果违反,将导致夫妻财产合同无效。这表明夫妻财产合同是典型的要式合同。关于“必须的规定”,参见本书作者为德国民法典第 26 条第 1 款第 1 句加的注解。参见《德国民法典》(第 5 版),陈卫佐译注,法律出版社 2020 年版,第 12 页,注解 26。

地为买卖标的的买卖合同必须做成公证证书。这样既可以告诫土地所有人和取得人不要轻率从事，又可以使他们听取公证人的法律咨询意见，在有些情形下还可以避免关于合同是否已订立以及合同内容为何的争执。[1]

三、法律行为的形式的种类

在德国民法上，法律行为的形式可以大致分为法定形式和约定形式两类。

法定形式是包括德国民法典在内的法律所规定的形式。德国民法典第 126 条、第 126a 条、第 126b 条、第 128 条和第 129 条规定了几种主要的法定形式，分别是书面形式、电子形式、文本形式、公证认证和公证证书的做成。其中，最严格的是公证证书的做成，最不严格的是文本形式。

约定形式是当事人基于意思自治、通过法律行为自由地约定的形式（见德国民法典第 127 条）。但在多数情形下，当事人所约定的是法定形式中的一种，只不过有时在严格程度上低于法定形式。[2]

（一）书面形式

1. 法定的书面形式

德国民法典第 126 条规定了书面形式（Schriftform 或 schriftliche Form），亦即法定的书面形式。它要求由做成证书的人以亲笔签名或借助于经公证认证[3]的画押来签押证书（德国民法典第 126 条第 1 款）。[4]

首先，必须将意思表示做成证书。但证书的正文无须由表意人亲自做成；表意人可以打印，可以用打字机或电脑来写，也可以手写。在这里，书面形式区别于自书遗嘱；根据德国民法典第 2247 条第 1 款，自书遗嘱必须由被继承人亲笔书写并签名。

其次，做成证书的人必须通过**亲笔签名**或（在其为文盲的情形下）借助于经公证认证的**画押**来签押证书（德国民法典第 126 条第 1 款）。用机器方式复制的签名和通过电报、电传、传真、电子邮件来传达的签名都不符合亲笔签名的要求，因而不能算作法定的书面形式。

可见，德国民法典上的法定的书面形式仅指经过签押的书面形式（以亲笔签名或经公证认证的画押为必要），范围比较窄，与中国民法典所称书面形式有所不同。中国民法典第 469 条第 2 款规定："书面形式是合同书、信件、电报、电传、传真等可

[1] Vgl. Köhler, BGB Allgemeiner Teil, 43. Aufl. 2019, § 5 Rn. 2.

[2] Vgl. Faust, Bürgerliches Gesetzbuch Allgemeiner Teil, 1. Aufl. 2005, S. 76.

[3] 关于公证认证，见德国民法典第 129 条。

[4] Vgl. Köhler, BGB Allgemeiner Teil, 43. Aufl. 2019, § 12 Rn. 6 – 9; Creifelds Rechtswörterbuch, 23. Aufl. 2019, S. 545 – 547.

以有形地表现所载内容的形式。"[1]

案例 6－10 ｜用电报通知终止住房使用租赁合同

住房的使用出租人通过电报向使用承租人通知终止住房使用租赁合同。

问：该意思表示有效吗？

（提示：请参阅德国民法典第 568 条第 1 款："通知终止使用租赁关系的意思表示，必须使用书面形式。"）

答：出租人向承租人通知终止住房使用租赁合同的意思表示，是向不在场人做出的须予受领的意思表示。在通常情形下，它只有到达受领人才发生效力（德国民法典第 130 条第 1 款第 1 句）。

但到达仅仅是该意思表示生效的要件之一。根据德国民法典第 568 条第 1 款，通知终止使用租赁关系的意思表示，必须使用书面形式。如上所述，法定的书面形式要求做成证书的人通过亲笔签名或借助于经公证认证的画押来签押证书。通过电报传达的签名未达到这一要求，因而不符合法定的书面形式的要求。尽管电报底稿符合了亲笔签名的要求，但到达承租人的是电报而不是电报底稿。

结论：出租人以电报向承租人通知终止住房使用租赁合同的意思表示，因不符合法定的书面形式的要求而无效。[2]

最后，就必须使用书面形式的合同而言，双方当事人的签押必须在同一证书上进行。如果合同被做成两份以上内容相同的证书，则只需当事人任何一方在为另一方而指定的证书上签押即已足够（德国民法典第 126 条第 2 款）。

举例来说，德国民法典在下列条文里规定了书面形式：

总则编：第 32 条第 2 款、第 37 条第 1 款、第 81 条第 1 款、第 111 条第 2 句；

债务关系法编：第 368 条、第 410 条第 2 款、第 416 条第 2 款、第 550 条第 1 句及第 578 条第 1 款（合同期长于 1 年的土地使用租赁合同必须使用书面形式）、第 623 条（通知终止劳动关系必须使用书面形式）、第 766 条第 1 句（保证的表示必须以书面做出）、第 780 条、第 781 条、第 793 条；

物权法编：第 1154 条。

---

〔1〕 关于此区别的具体论述，还可参见《德国民法典》（第 5 版），陈卫佐译注，法律出版社 2020 年版，第 46 页，注解 30。

〔2〕 参见徐国建：《德国民法总论》，经济科学出版社 1993 年版，第 232 页。

案例 6－11 | 以书信方式做出的承诺表示

当事人 V 通过将有自己亲笔签名的合同草稿寄给当事人 M 的方式,向后者发出订立 5 年期的关于土地使用租赁的合同的要约。当事人 M 用书信方式做出了承诺表示。

问:合同是否已有效地成立?

答:前已述及,合同期长于 1 年的土地使用租赁合同必须使用书面形式(德国民法典第 550 条第 1 句及第 578 条第 1 款)。在本案中,当事人 V 对合同草稿的亲笔签名和当事人 M 对自己的回信的亲笔签名分别只及于要约和承诺,却不能覆盖全部合意。双方当事人的亲笔签名必须在同一证书(同一份合同)上进行才算遵守了法定的书面形式。如果合同被做成两份以上内容相同的证书,则只需当事人任何一方在为另一方而指定的证书上签押即已足够(德国民法典第 126 条第 2 款)。

结论:合同尚未有效地成立。

2. 约定的书面形式

须指出的是,德国民法典第 126 条所称书面形式是指法定的书面形式。在德国民法典上,除了法定的书面形式以外,还有约定的书面形式(法律行为所定的书面形式,见德国民法典第 127 条第 1 款)。有疑义时,关于法定的书面形式的规定,也适用于约定的书面形式;但当事人完全可以约定不如法定的书面形式那么严格的书面形式。例如,对于遵行法律行为所定的书面形式,以不能认为有相反意思为限,只需电信传达(如传真、电子邮件)即已足够;并且在合同的情形下,只需书信往来即已足够(德国民法典第 127 条第 2 款第 1 句)。

(二)电子形式

根据德国民法典第 126a 条第 1 款,法定的书面形式可以由电子形式(elektronische Form)代替。做出意思表示的人必须将其名字附加于意思表示,并依照《签名法》将合格的电子签名加到电子文件(如电子邮件)上。但德国民法典明确规定某些意思表示的做出不得使用电子形式。例如,德国民法典第 766 条第 2 句规定:"不得以电子形式做出保证的表示。"

在合同的情形下,双方当事人必须以德国民法典第 126a 条第 1 款所称方式分别对内容相同的文件进行电子签名(德国民法典第 126a 条第 2 款)。可见,就以法定的电子形式订立的合同而言,仅在要约或承诺上进行电子签名是不够的。

须指出的是,德国民法典第 126a 条所规定的电子形式是法定的电子形式。关于约定的电子形式,即法律行为所定的电子形式,见德国民法典第 127 条第 1 款、第 3 款。当事人可以约定不如法定的电子形式那么严格的电子形式。

(三)文本形式

1. 法定的文本形式

德国民法典第 126b 条规定了文本形式(Textform),亦即法定的文本形式。它要求意思表示必须在证书中做出,或以其他适合于用文字持续地复制的方式做出,必须提到表意人自身,并通过复制签名的方式或其他方式使意思表示的终结可被辨认出来。

首先,在法定的文本形式的情形下,意思表示必须在证书中做出,或以其他适合于用文字(in Schriftzeichen)持续地复制的方式做出。证书是意思表示的书面表现形式,如复印件、传真或电报等书面文件;以其他适合于用文字持续地复制的方式的意思表示,是指那些可以(借助于软盘、只读光盘的存储器或硬盘等)储存于电子文件的意思表示。就这一点来说,电子邮件也符合文本形式的要求,因为受领人有可能将电子邮件储存于硬盘并持续地加以复制。

其次,在法定的文本形式的情形下,必须提到表意人自身,并通过复制签名的方式或其他方式使意思表示的终结可被辨认出来。例如,由证书的正文得知表意人是谁,通过复制签名的方式或通过注明时间、地点而使意思表示的终结能够被辨认出来。

对文本形式来说,可以使用复制签名的方式而无须由表意人亲笔签名(德国民法典第 126b 条)。因此,通过传真、电子邮件来做出意思表示并复制签名即已足够。可见,德国民法典第 126b 条所规定的文本形式,区别于第 126 条所规定的以亲笔签名或经过公证认证的画押为必要的书面形式。本书作者认为,文本形式所强调的是正文(区别于签名,因为签名的作用恰恰在于使正文里意思表示的终结能够被辨认出来),而法定的书面形式所强调的是签名或画押。[1]

第 126b 条关于法定的文本形式的规定,是因 2001 年 7 月 13 日的法律第 1 条(《联邦法律公报》,2001 年,第一部分,第 1542 页)而被加进德国民法典中的。由于文本形式不要求表意人亲笔签名,所以,相对于德国民法典第 126 条所规定的书面形式,文本形式是一种在实践中具有重要意义的形式上的简化。相应地,文本形式的证明功能和告诫功能都较差。德国立法者仅在一些准法律行为(如德国民法典第 355 条第 2 款所规定的撤回的说明、第 558a 条第 1 款所规定的提高使用租赁租金的请求)或意义不大的法律行为的场合规定了文本形式。[2] 此外,德国立法者还在下列条款中要求使用文本形式:德国《民法典施行法》第 246 条第 3 款第 1 句(在消费者合同的情形下撤回的说明);德国民法典第 312h 条(对通知终止继续性债务

---

〔1〕 Vgl. dazu Der Brockhaus Recht, 2002, S. 476; Creifelds Rechtswörterbuch, 23. Aufl. 2019, S. 545–547; Zerres, Bürgerliches Recht, 5. Aufl. 2005, S. 74. 另见《德国民法典》(第 3 版),陈卫佐译注,法律出版社 2010 年版,第 46 页,注解 37。

〔2〕 参见[德]迪特尔·施瓦布:《民法导论》,郑冲译,法律出版社 2006 年版,第 367~368 页。

关系的意定代理权授予)、第556a条第2款、第556b条第2款、第557b条第3款、第559b条第1款和第560条(某些与租金的提高有关的表示)。[1]

正因为文本形式是要求最低的一种形式,所以遵守了其他任何一种形式(如书面形式、电子形式、公证认证以及公证证书的做成),也就同时遵守了文本形式。[2]

2. 约定的文本形式

德国民法典第126b条所规定的文本形式,是法定的文本形式(德国民法典关于提高使用租赁租金的请求的第558a条第1款等条款里规定了文本形式)。关于约定的文本形式,即法律行为所定的文本形式,见德国民法典第127条第1款(当事人可以约定不如法定的文本形式那么严格的文本形式)。

(四)公证认证

如果法律规定对表示进行公证认证(öffentliche Beglaubigung),则该表示必须以书面做成,且表意人的签名必须由公证人加以认证(德国民法典第129条第1句)。如果表示由表意人借助于画押来画记号,则必须由公证人对画押加以认证(德国民法典第129条第2句)。[3] 可见,公证人所认证的只是表意人的签名或画押的真实性,而不是意思表示的内容或证书的正文。公证认证的形式经常被用于那些向某一机关(官署,如作为土地登记处的区法院)做出的意思表示。

根据德国民法典第129条第2款,公证认证可以由将表示做成公证证书代替。这是因为公证证书的做成是德国民法典所规定的形式中最为严格的一种,自然可以代替公证认证。举例来说,德国民法典在下列条文中规定了公证认证:第77条第1句(社团登记簿的各项登记申请,必须由董事会成员以及在这方面有权代理社团的清算人借助于经公证认证的表示而做出);第403条第1句(在债权让与的情形下,原债权人必须根据请求向新债权人出具经公证认证的让与证书);第1154条第1款(在债权让与的情形下,原债权人必须根据新债权人的请求,以自己的费用让人将让与表示进行公证认证);第1355条第3款第2句(关于确定婚姻姓氏的表示系在婚后做出的,必须进行公证认证);第1560条第2句(有关登记于登记簿的申请,

---

[1] Vgl. Köhler, BGB Allgemeiner Teil, 43. Aufl. 2019, § 12 Rn. 9b.

[2] Vgl. Brox/Walker, Allgemeiner Teil des BGB, 43. Aufl. 2019, § 13 Rn. 3.

[3] 德文 öffentliche Beglaubigung 直译是"公的认证"。在今日的德国,除本条所规定的由公证人对表意人的书面意思表示中的签名或画押加以认证外,还可以由根据州法律有管辖权的行政机关或有管辖权的公务员进行认证。按照王宠惠博士在一个多世纪以前出版的、世界上最早的德国民法典英译本(Chung Hui Wang, D. C. L., The German Civil Code, 1907)的注解,当时的德国就已经存在有管辖权的行政机关的认证、有管辖权的公务员的认证和公证人的认证这三种"公的认证"(参见王宠惠1970年译注的英译本第29页,字母h和字母i之下的注解)。然而,由于现行德国民法典第129条第1款只规定了由公证人进行认证这一情形,在德国民法典的意义上,原则上可以把 öffentliche Beglaubigung 理解成由公证人加以认证;但也存在例外,如第1617a条、第1617b条、第1617c条、第1618条。参见《德国民法典》(第5版),陈卫佐译注,法律出版社2020年版,第49页,特别是译注者为德国民法典第129条加的注解。

必须以公证认证的形式提出）；第 1945 条第 1 款（遗产的拒绝接受，以对遗产法院的表示为之；该表示必须以遗产法院的记录或以公证认证的形式做出）；[1] 第 2198 条第 1 款第 2 句后半句（第三人指定遗嘱执行人的表示，必须以公证认证的形式做出）。

（五）公证证书的做成

公证证书的做成（notarielle Beurkundung）指的是合同的全部条文由公证人做成证书。有关做成公证证书的详细规定，见于《公证证书做成法》。概括地说，就是双方当事人在经过咨询公证人的意见后，在公证人面前做出意思表示，由公证人做成记录，并当着双方的面逐条朗读，得到双方的首肯后，由双方签名，最后由公证人签名并加上特制的公证印记。[2]

公证证书的做成是德国民法典所规定的最为严格的形式，一般用于特别重要的合同，如使一方当事人负有转让或取得土地所有权的义务的合同（德国民法典第 311b 条第 1 款第 1 句）、使一方当事人有义务转让其现有财产或其现有财产的一部分或以用益权对之设定负担的合同（德国民法典第 311b 条第 3 款）、赠与许诺的做出（德国民法典第 518 条第 1 款）、共同继承人中之一人据以处分其应有部分的合同（德国民法典第 2033 条第 1 款第 2 句）、关于抛弃法定继承权的合同（德国民法典第 2348 条）、遗产买卖（德国民法典第 2371 条）。

如果法律规定将合同做成公证证书，则只需公证人先将要约做成公证证书，再将承诺做成证书即已足够（德国民法典第 128 条）。如果双方当事人无相反协议，则合同在将承诺做成公证证书时即已成立，而不是在承诺表示到达时才成立（德国民法典第 152 条第 1 句）。

此外，请特别注意区别公证认证和公证证书的做成这两种不同的形式：公证认证只涉及公证人对当事人的签名或画押的真实性的认证，而公证证书的做成则是由公证人把合同的全部条款做成证书，是德国民法典所规定的最为严格的形式。也正因如此，公证证书的做成可以代替公证认证以及书面形式（见德国民法典第 126 条第 4 款、第 129 条第 2 款）。[3]

---

〔1〕 Vgl. Köhler, BGB Allgemeiner Teil, 43. Aufl. 2019, § 12 Rn. 10.

〔2〕 为了弄清公证证书的做成（notarielle Beurkundung）的含义，本书作者曾在留学德国之初的 1999 年，到当时的住所地萨尔州苏尔兹巴赫（Sulzbach）市的一家公证人事务所向时任公证人助理的一位德国法学博士请教，20 余年已过，记忆犹新。

〔3〕 Vgl. dazu Lange, BGB Allgemeiner Teil, 1952, § 42 Ⅰ 4; Klunzinger, Einführung in das Bürgerliche Recht, 16. Aufl. 2013, S. 145; Faust, Bürgerliches Gesetzbuch Allgemeiner Teil, 1. Aufl. 2005, S. 76 – 79; Zerres, Bürgerliches Recht, 5. Aufl. 2005, S. 72 – 75.

四、不遵守形式的法律效果

(一)不遵守法定形式的法律效果

1. 原则上无效

不使用法律所规定的形式的法律行为原则上无效(德国民法典第125条第1句)。举例来说,使用出租人通知终止住房使用租赁合同的意思表示,如不使用德国民法典第568条第1款所要求的书面形式则无效。(德国民法典第568条第1款规定:“通知终止使用租赁关系的意思表示,必须使用书面形式。”)

案例6-12 | 关于分期支付买卖土地的价款的口头协议

V以做成公证证书的买卖合同将其一块土地出卖给K。与此同时,双方当事人达成了关于K可以分期支付价款的口头协议。

问:该口头协议是否有效?买卖合同是否有效?

答:当事人V和K之间订立的是使一方当事人负有转让土地所有权的义务的合同,按照德国民法典第311b条第1款第1句的规定,这种合同必须做成公证证书。在本案中,买卖合同已做成公证证书。然而双方在订立买卖合同的同时,还达成了关于K可以分期支付价款的口头协议。此种协议可以理解成土地买卖合同的附属协议,它必须采取土地买卖合同所须使用的形式,亦即必须做成公证证书。但本案中的附属协议却只是口头协议,它因不使用法律所规定的形式而无效(德国民法典第125条第1句)。实际上,做成公证证书的并不是整个买卖合同,而是买卖合同的主要部分。

接下来的问题是:作为买卖合同一部分的附属协议无效,是否导致整个买卖合同也无效?对于这个问题,德国民法典第139条的规定或许能提供答案:“法律行为的一部分无效,且不能认为除去无效的部分,该法律行为仍会被实施的,整个法律行为无效。”如果当事人V和K在知道分期支付价款的附属协议无效的情况下不会订立买卖合同,即他们认为非分期付款就不做这笔交易,那么,依照德国民法典第139条,即使买卖合同的主要部分遵守了法律所规定的形式(做成公证证书),整个买卖合同也无效。

通过上述案例可以得出这样的结论:如果一个要式法律行为的附属协议未使用该法律行为所应使用的形式,而该法律行为的主要部分却使用了所要求的形式,则整个法律行为的有效性应依照德国民法典第139条加以判断:如果不能认为除去(因未使用该法律行为所须使用的形式而无效的)附属协议,该法律行为仍会被实施,则整个法律行为无效。

此外,要式法律行为的变更原则上也是要式的;如果不使用相应的形式,则变更无效。但是,如果变更的结果是使因某一形式而受到保护的人的义务有所限缩,则变更是有效的,因为此时他恰恰不需要得到保护。例如,德国民法典第766条第1句规定:“为使保证合同有效,必须以书面做出保证的表示。”这一关于书面形式的规定的立法目的,是保护担负保证义务的保证人。举例来说,如果因保证合同而担负保证义务的保证人所负责的是1000欧元债务的履行,而该保证合同被变更成保证人负责1500欧元债务的履行,那么,扩张的约定也必须使用书面形式。反之,如果保证义务被限缩到700欧元,则保证人对义务限缩的同意无须使用书面形式。原因很简单:保证人的义务有所限缩,因而无须得到保护。[1]

2. 形式瑕疵的补正

在例外情形下,某些要式法律行为的形式瑕疵可以因履行而得到补正。

例1:德国民法典第311b条第1款第1句要求“使一方当事人负有转让或取得土地所有权的义务的合同,必须做成公证证书”。但该款第2句又同时规定:如果关于土地所有权转移的合意已达成,[2]且已登记于土地登记簿,则未遵守这一形式而订立的合同,依其全部内容成为有效的。

例2:根据德国民法典第518条第2款规定,赠与许诺的形式瑕疵因履行所约定的给付而被补正。

例3:德国民法典第766条第3句规定:“保证人履行主债务的,形式的瑕疵被补正”。

上述规定的共同点是:如果所约定的给付在未使用法定形式的情形下已被履行,则形式的瑕疵(例外地)得以补正,因为在给付被履行的情形下,法定形式的告诫功能和证明功能已变得不必要了。这也是德国立法者让这些要式法律行为的形式瑕疵得以补正的原因。

(二)不遵守约定形式的法律效果

当事人可以以法律行为约定某一形式,而该形式完全可以不如法定形式那么严格。当事人的该项权利是以私法自治为基础的。因此,不遵守约定形式的法律效果也应依当事人的意思而定。当事人的意思必须通过解释予以查明。如果通过解释仍不能确定当事人的意思,则适用德国民法典第125条第2句的规定:“有疑义时,法律行为所定的形式的欠缺同样导致无效”[3]。在这里,法律行为所定的形式就是约定形式;“有疑义时”(im Zweifel)的字眼表明这是一条解释规则,指的是在双方当事人不另有约定,或者当事人的意思不明,或者不能依照情事做出另外的解

---

〔1〕 参见徐国建:《德国民法总论》,经济科学出版社1993年版,第235~236页。

〔2〕 关于土地所有权转移的合意(Auflassung)是对转让土地所有权来说为必要的让与人和取得人之间的物权合意。见德国民法典第925条第1款第1句的法定定义。

〔3〕 德国民法典第125条是形式自由原则的例外,是对形式自由原则的限制。

释时，就发生该条文所规定的法律效果。[1] 所以，如果某法律行为不遵守约定形式，而当事人又无相反意思，则该法律行为无效。

第三节 法律行为内容上的界限

私法自治原则赋予了权利主体以广泛的、通过法律行为来形成私法上的法律关系的自由（“形成自由”，也叫“内容自由”）。这意味着权利主体可以自由地形成法律行为的内容，并自由地变更或取消因法律行为而成立的以权利义务为内容的法律关系。然而，这些法律行为在内容上并非没有界限：当权利主体所实施的多方法律行为（特别是合同）或单方法律行为违背了法律秩序的某些基本原则时，出于维护订立合同的一方当事人的利益或公共利益的考虑，“形成自由”或“内容自由”应受到限制；此时，这些法律行为无效。[2] 法定禁止和善良风俗是法律行为在内容上不可逾越的两个界限。

一、法定禁止

德国民法典第134条规定：“法律不另有规定的，违反法定禁止的法律行为无效。”

（一）禁止性法律

首先，必须存在禁止性法律。根据德国《民法典施行法》第2条，德国民法典和《民法典施行法》意义上的“法律”是指一切法律规范，包括法律（如德国民法典）、行政法规、自治法规、欧盟法及习惯法规范。至于法律规范属于哪一法律部门则在所不问：既可以是刑法规范，也可以是其他公法规范或经济法规范等。总之，禁止性法律就是一切禁止性法律规范，如德国《刑法典》第259条关于禁止购买赃物的规定、第284条第1款关于禁止从事未经许可的赌博的规定、第334条第1款关于禁止以贿赂公务员为目的而赠与的规定。[3]

（二）违反禁止性法律的法律效果

从德国民法典第134条的措辞来看，并不是一切违反禁止性法律规范的法律行为都无效。只有在（禁止性）法律不另有规定的情形下，违反禁止性法律规范的法律行为才无效。因此，有必要解释有关禁止性法律规范的目的，以判断违反该禁止

---

〔1〕 参见《德国民法典》（第5版），陈卫佐译注，法律出版社2020年版，第45页，注解25。
〔2〕 Vgl. Klunzinger, Einführung in das Bürgerliche Recht, 16. Aufl. 2013, S.153.
〔3〕 参见徐国建：《德国民法总论》，经济科学出版社1993年版，第244页。

性法律规范的某一法律行为是否无效。[1]

一般地说，如果禁止性法律规范所针对的是法律行为的内容，则违反该禁止性法律规范的法律行为无效；反之，如果该禁止性法律规范所针对的是法律行为成立的方式或外部情事（如时间、地点、某一圈子内的人），则违反该禁止性法律规范的法律行为就不是无效的。

案例 6-13 | 商店营业时间以外的买卖

B 打算在晚上宴请几位宾客。当他按响他所熟悉的商品零售商 L 的门铃时，已是 22 点钟，L 的商店早已关门。在 B 的催促下，L 向 B 出售了商店里的不同食品。B 随即把这些食品带走，但因身上没有现钱而未当场支付。后来，B 援引德国《关于停止营业时间的法律》，主张所进行的买卖因违反了该法的禁止性规定而无效。

问：L 有要求支付价款的请求权吗？

（提示：《关于停止营业时间的法律》第 3 条规定，销售机构或个人不得在下列营业时间以外与顾客进行业务上的往来："……星期一至星期五从 6 点到 20 点……"）

答：L 是否有要求支付价款的请求权，取决于在 L 和 B 之间有效的买卖合同是否已成立，因为如果在 L 和 B 之间有效的买卖合同已成立，则 L 就可以根据德国民法典第 433 条第 2 款向 B 请求支付食品买卖的价款。在本案中，双方都做出了对订立买卖合同来说为必要的意思表示——要约和承诺，且要约和承诺均已发生效力，买卖合同因之而成立。

但是，该买卖合同有可能因违反《关于停止营业时间的法律》第 3 条的禁止性规定而无效。这就有必要对该禁止性规定的立法目的进行解释。它之所以要求销售活动只能在一定的营业时间内进行，是出于保护受雇人的考虑，属于营业秩序方面的规定。可见，它所针对的是买卖合同成立的方式或外部情事（时间）而不是买卖合同的内容，因而并不排除在该营业时间以外缔结的食品买卖合同的有效性。所以，违反《关于停止营业时间的法律》第 3 条的禁止性规定并不导致买卖合同无效。

结论：L 可以根据德国民法典第 433 条第 2 款向 B 请求支付食品买卖的价款。[2]

此外，如果禁止性法律规范所针对的是法律行为的内容，那么，违反该禁止性

[1] Vgl. Köhler, BGB Allgemeiner Teil, 43. Aufl. 2019, § 13 Rn. 13.

[2] Vgl. Eisenhardt, Einführung in das Bürgerliche Recht, 4. Aufl. 2004, S. 84, 95-443.

法律规范原则上仅仅导致负担行为无效。为了履行该无效的负担行为而做出的处分(处分行为)仍旧有效(处分行为在有效性方面的无因性原则)。例如,在一次货币改革之前,德国法律为了维护货币的稳定而禁止抬高物价。如果 V 将一件工艺美术品以非法的高价出卖,则买卖合同因违反货币规定而无效。尽管原因行为(买卖合同)无效,处分行为仍然有效,工艺美术品所有权的转让并不因此而受影响。

当然,如果禁止性法律规范不但针对法律行为的内容,而且禁止财产流转,那么,除负担行为无效外,处分行为亦无效。在此种情形下,就所有权做出了处分的人仍然是所有人,但他可能已失去对物的直接占有;他可以依据德国民法典第 985 条请求返还物。例如,曾经有一段时间,法律规定食品买卖必须凭配给证进行。为了保障供给,在许可范围以外进行的有关食品所有权的处分是法律所禁止的。如果无配给证而从事买卖,则不仅负担行为无效,处分行为亦无效。又如,如果 A 向税务官员 B 约定一笔金额,条件是 B 把 A 的税额定得很低,那么,根据德国民法典第 134 条,不仅 A 所担负的义务无效,金钱所有权的转让(属于处分行为)也依照德国《刑法典》第 333 条第 1 款关于禁止向公务员行贿的规定无效。

二、善良风俗

根据德国民法典第 138 条第 1 款这条有名的一般条款,违背善良风俗的法律行为无效。

(一)含义

什么是“善良风俗”? 德国民法典第一草案的“立法理由书”、《帝国最高法院民事裁判集》和《联邦普通法院民事裁判集》里的司法判例把善良风俗解释为“一切公平和正直地思考的人的礼仪感”(das Anstandsgefühl aller billig und gerecht Denkenden)[1]或“一切公平和正直地思考的人的正义感和礼仪感”(das Rechts - und Anstandsgefühl aller billig und gerecht Denkenden)。[2]

(二)构成要件

就德国民法典第 138 条第 1 款的构成要件而言,必须在客观上存在对善良风俗的违背;在主观上,行为人知道引起善良风俗之违背的情事。例如,某饭店主人需要一笔贷款,请求某啤酒厂帮忙。啤酒厂在给予贷款的同时,要求饭店主人担负在 30 年内专门从啤酒厂购买价格特别昂贵的啤酒的义务。(违背善良风险的啤酒认购合同,《联邦普通法院民事裁判集》中的案件[3])这一合同违背善良风俗。即使双

---

[1] Vgl. Motive zum Entwurf eines Bürgerlichen Gesetzbuches, Bd. Ⅱ, 727; RGZ 80, 221; BGHZ 69, 297; BGH NJW 1999, 2266, 2267.

[2] Vgl. Motive zum Entwurf eines Bürgerlichen Gesetzbuches, Bd. Ⅱ, 727; RGZ 48, 124; BGHZ 52, 20 ; BGH NJW 2004, 2668, 2670.

[3] Vgl. BGHZ 74, 293, 298; BGH NJW 1992, 2145.

方当事人认为该合同是正当的，它也违背善良风俗，因为他们都知道引起善良风俗之违背的情事。

如果法律行为是合同，则原则上必须双方当事人的行为都违背了善良风俗。例如，买受人向出卖人购买农药，为的是毒死自己的妻子。如果出卖人对买受人的图谋不知晓，则他们之间的买卖合同并没有违背善良风俗。但是，如果出卖人知道买受人要毒死妻子的计划，则他们在订立买卖合同的时候就违背了善良风俗。

在例外情形下，只要一方违背善良风俗就足以使合同违背善良风俗。如上述使饭店主人担负在 30 年内专门购买一家啤酒厂的啤酒的义务的合同即是如此。

在某些情形下，法律行为之违背善良风俗有时间性。例如，被继承人 E 在一份遗嘱里为了报答他的情人 G 与他之间的婚外性关系而将情人 G 指定为唯一继承人。该项死因处分违背善良风俗。如果被继承人 E 后来与该情人 G 结婚，那么，在被继承人死亡时，已无任何理由认为其指定 G（原来的情人、死亡时的妻子）为继承人的行为违背善良风俗。〔1〕

（三）法律效果

违背善良风俗的法律行为无效（德国民法典第 138 条第 1 款）。

原则上，无效的只是负担行为而不是处分行为。处分行为通常在价值上是中性的，因为处分行为通常只涉及财产归属的变更。但是，如果善良风俗的违背恰恰在于财产归属的变更，则处分行为亦无效。例如，银行 B 与其负债累累的顾客 K 约定：为了给贷款提供担保，K 应将其全部机器的所有权转让给 B，以使 B 的利益特别地得到保障（从而使其他债权人受不利益）。根据这一义务，K 将机器的所有权转让给了 B。这里，不但债法上的担保义务违背善良风俗，而且机器所有权的转让也违背善良风俗，因而都无效。因为债务人的所有权的丧失恰恰起到了使其他债权人受不利益的作用。〔2〕

又如，某市镇的行政首长 G 以大大低于交易价值的价款向其党内盟友 P 出卖该市镇的一块土地，并向后者转让了土地所有权。在这里，不仅买卖合同（负担行为）因违背善良风俗而无效，而且转让土地所有权的处分行为也因违背善良风俗而无效，因为土地所有权的转移恰恰会以不法的方式使市镇的财产有所减少（联邦普通法院审理过的案件）。〔3〕

此外，因违背善良风俗的行为而受损害的人，对加害人享有一项损害赔偿请求

---

〔1〕 Vgl. Medicus, Allgemeiner Teil des BGB, 9. Aufl. 2006, Rn. 692. 另见［德］迪特尔·梅迪库斯：《德国民法总论》，邵建东译，法律出版社 2000 年版，第 518～519 页；徐国建：《德国民法总论》，经济科学出版社 1993 年版，第 251 页。

〔2〕 Vgl. Köhler, BGB Allgemeiner Teil, 43. Aufl. 2019, § 13 Rn. 32.

〔3〕 Vgl. BGH NJW 1997, 860.

权。(德国民法典第 826 条规定:[1]“以违背善良风俗的方式故意加损害于他人的人,[2]有义务向该他人赔偿损害。”)

除上文所举的啤酒认购合同的例子外,还有违背善良风俗的法律行为的若干例子如下:

例 1:A 向 B 许诺,在 B 实施应受刑罚惩罚的行为(杀人、盗窃等)的情形下,B 将获得报酬。

例 2:某饭馆相对于自动售货机的设置者担负义务,在其他分店开张时再与之订立自动售货机设置合同(联邦普通法院审理过的案件)。[3]

例 3:某作家为了让出版社出版自己的处女作而担负未来将全部作品专门交给该出版社的义务;出版社决定是否发表这些作品(《联邦普通法院民事裁判集》中的案件)。[4]

例 4:某人通过遗嘱使其情妇受遗赠,为的是使他们继续维持婚外性关系。

例 5:配偶双方约定,在离婚的情形下放弃受扶养权(联邦普通法院审理过的案件)。[5]

例 6:一个刚刚成年的儿子承担其父亲所欠的债务,数额之大是他永远难以还清的。

(四)暴利行为

违背善良风俗的行为的特殊情形之一是暴利行为。德国民法典第 138 条第 2 款规定了暴利行为的构成要件和法律效果:“某人据以在利用他人处于急迫情势、无经验、欠缺判断力或意志显著薄弱的情况下,使之就某项给付向该人自己或向第三人许诺或给予与该项给付[6]明显地不相当的财产利益[7]的法律行为”,[8]“尤其无效。”

1. 构成要件

首先,在客观上,暴利行为以给付和对待给付“明显地不相当”为前提。例如,A 向经济上处于极度急迫情势的 B 提供贷款,月利息高达 20%,就是一个典型的暴利行为的例子。但暴利行为绝不仅仅限于许诺“高利贷”的贷款合同的情形,而是可以表现为给付和对待给付明显地不相当的一切双务合同,如买卖合同、使用租赁合同或承揽合同。

---

[1] 德国民法典第 826 条是典型的一般条款。

[2] 德国民法典第 826 条规定的赔偿损害义务,以故意为必要。

[3] Vgl. BGH NJW 1983, 159.

[4] Vgl. BGHZ 22, 347.

[5] Vgl. BGH NJW 1992, 3164.

[6] 如贷款。

[7] 如利息。

[8] Vgl. Creifelds Rechtswörterbuch, 23. Aufl. 2019, S. 1300 – 1301.

其次，在主观上，德国民法典第 138 条第 2 款要求暴利获取者"利用他人处于急迫情势、无经验、欠缺判断力或意志显著薄弱"。所谓"利用"，是指有意识地使用相对人的不利境地，以谋取超额利益。属于此种不利境地的有：

急迫情势：例如，月利息高达 12% 的贷款；一个在德国非法打工的外国人被住房的出租人要求支付每月高达 600 欧元的租金（使用租赁暴利，德国联邦普通法院审理过的案件）。[1]

无经验：欠缺生活或交易方面的经验。例如，一个对经济不熟悉的新手获得了来自 A 的月利息为 12% 的贷款作为"首次援助"。

欠缺判断力：例如，一个天真汉被说服购买一套 20 卷本的关于核物理的著作。又如，刚刚成年的 18 岁的 A 继承了一笔遗产，其中包括某著名画家的一幅油画。A 因不知道油画的实际价值而以极其低廉的价格向古董商 B 发出了买卖要约。B 以这一极其低廉的价格承诺了该买卖要约，亦即利用了 A 之欠缺判断力。[2]

意志显著薄弱：例如，一个吸毒上瘾的人因急需金钱购买新的毒品而接受了利息高达 50% 的贷款。[3]

2. 法律效果

暴利行为的法律效果是：该法律行为**尤其**无效。由德国民法典第 138 条第 2 款的措辞可知，不但负担行为无效，处分行为（如该他人转让动产所有权的行为）亦无效。

第四节　法律行为的部分无效、转换及认可

一个无效的法律行为从一开始时起就根本没有法律效力。问题是：法律行为的一部分无效是否导致原本有效的其余部分也无效，从而整个法律行为都无效，抑或其余部分有效？一个无效的法律行为是否可以转换成另一个有效的法律行为？无效的法律行为是否可以通过认可变成有效？

这就提出了法律行为的部分无效、转换及认可的问题。它们分别规定于德国民法典第 139 条、第 140 条、第 141 条。

---

[1] Vgl. BGH NJW 1982, 896.

[2] Vgl. Köhler, BGB Allgemeiner Teil, 43. Aufl. 2019, § 13 Rn. 37.

[3] 关于暴利行为，另见［德］迪特尔·梅迪库斯：《德国民法总论》，邵建东译，法律出版社 2000 年版，第 536 ~ 547 页；［德］迪特尔·施瓦布：《民法导论》，郑冲译，法律出版社 2006 年版，第 478 ~ 482 页；徐国建：《德国民法总论》，经济科学出版社 1993 年版，第 255 ~ 256 页。Vgl. auch Medicus, Allgemeiner Teil des BGB, 9. Aufl. 2006, Rn. 707 – 713.

一、部分无效

德国民法典第139条规定:“法律行为的一部分无效,且不能认为除去无效的部分,该法律行为仍会被实施的,整个法律行为无效。”对于这样一条解释规则,需要说明者如下:

首先,必须审查一下,统一的法律行为的一部分是否无效?其次,必须通过解释以查明:除去无效的部分,该法律行为的余下部分是否仍然有效,或者也跟着无效?如果这样的解释得不出清晰的图像,则整个法律行为无效。在解释时,必须查明:

第一,统一的法律行为必须存在。

第二,该统一的法律行为必须是可分的。例如,A、B、C三人订立了一个合伙合同,C的意思表示因其为无行为能力人而无效。合同可以在A和B之间存在,因为C的意思表示对合伙合同这一统一的法律行为来说是可分的(帝国最高法院审理过的案件)。[1]

第三,统一的法律行为的一部分必须是无效的。至于它因什么原因(如无行为能力、形式瑕疵、违反法定禁止或违背善良风俗)而无效,则无关紧要。

第四,如果法律行为部分无效,其余部分是否有效取决于当事人的意思。该意思必须通过解释予以查明。有时当事人预计到法律行为部分无效的情形,并针对这一情形做出了规定(或约定),如在范围广泛的合伙合同的末尾经常有这样的条款:“本合同部分无效的,本合同其余部分的有效性不受影响。”如果当事人未就此做出规定(或约定),则需要借助于补充性解释来查明当事人的意思。有决定性的是,当事人依照诚实信用原则并考虑交易习惯,会理智地做出什么样的决定?此时,必须考虑个案的所有情形,如动机、交易习惯、利益状况、所追求的目标等。例如,在上述A、B、C三人之间订立的合伙合同中,如果C的意思表示因他是无行为能力人而无效,且补充性解释的结论是,A、B只是考虑到C的高额出资才订立合伙合同,那么,整个合同无效。反之,如果补充性解释的结论是,C的参加对A和B来说不是决定性的,则A、B之间合伙合同的有效性仍然不受C的意思表示无效的影响。[2]

二、转换

德国民法典第140条规定:“无效的法律行为具备另一法律行为的要件,且须认为当事人在知道无效性时,会愿意该另一法律行为有效的,该另一法律行为有效。”

---

〔1〕 Vgl. RGZ 141, 108.

〔2〕 关于法律行为的部分无效,详见[德]迪特尔·梅迪库斯:《德国民法总论》,邵建东译,法律出版社2000年版,第378~393页。Vgl auch Medicus, Allgemeiner Teil des BGB, 9. Aufl. 2006, Rn. 497–515; Brox/Walker, Allgemeiner Teil des BGB, 43. Aufl. 2019, § 15 Rn. 2–14.

首先,必须存在一个无效的法律行为。至于该法律行为因什么原因(如无行为能力、形式瑕疵、违反法定禁止或违背善良风俗)而无效,则无关紧要。

其次,在无效的法律行为中,必须包含着一个有效的替代性行为。例如,根据德国民法典第1059条第1句,用益权不可转让,故用益权的转让行为无效。但是,在这个无效的法律行为中,包含着将用益权的行使托付给他人的行为的一切特征;根据德国民法典第1059条第2句,在退而求其次的情形下,将用益权的行使托付给他人的行为有效。

再次,必须认为当事人在知道一个法律行为的无效性时会愿意另一法律行为有效。也就是说,必须通过补充性解释查明:法律行为的转换符合当事人的意愿。[1]

最后,如果无效的法律行为具备上述转换的要件,则法律效果是:替代性行为(“另一法律行为”)依照法律的规定有效。

案例6-14 | 三人合伙

A、B和C三人成立了一个以共同经营医疗业务为目的的普通商事合伙。由于他们并未经营营利事业,故该普通商事合伙无效。

问:他们之间还存在合伙关系吗?

答:在本案中,以共同经营医疗业务为目的的普通商事合伙(offene Handelsgesellschaft)因不经营营利事业而无效,但这一无效的法律行为却具备了另一法律行为(自由职业者的合伙或民法上的合伙)的要件。自由职业者的合伙(Partnerschaftsgesellschaft)规定于《自由职业者合伙法》,民法上的合伙(Gesellschaft des bürgerlichen Rechts)规定于德国民法典第705条至第740条。由德国民法典第140条这一解释规则可知,重要的是通过补充性解释查明当事人的意思。换言之,必须通过解释查明:当事人在知道普通商事合伙无效时,是否会愿意自由职业者的合伙或民法上的合伙有效?

如果解释的结果是,当事人愿意将普通商事合伙转换为自由职业者的合伙或民法上的合伙,则他们之间尚存在合伙关系。

但另一种解释结果也是可能的:A、B和C三人只愿意成立普通商事合伙,在成立普通商事合伙不可能的情形下根本不愿意成立自由职业者的合伙或民法上的合伙。这样一来,他们之间不存在合伙关系。[2]

---

[1] Vgl. Medicus, Allgemeiner Teil des BGB, 9. Aufl. 2006, Rn. 516-528; Köhler, BGB Allgemeiner Teil, 43. Aufl. 2019, § 15 Rn. 9-14. 关于无效法律行为的转换,另见[德]迪特尔·梅迪库斯:《德国民法总论》,邵建东译,法律出版社2000年版,第394~403页;徐国建:《德国民法总论》,经济科学出版社1993年版,第282~286页。

[2] Vgl. Brox/Walker, Allgemeiner Teil des BGB, 43. Aufl. 2019, § 15 Rn. 15-20.

三、认可

德国民法典第141条第1款规定:“无效的法律行为被已实施它的人认可的,该项认可必须被判定为重新实施。”按照德国民法学家、慕尼黑大学荣休教授克勒(Helmut Köhler)先生的解释,“认可”是指当事人表示将某一无效的法律行为视为有效并愿意维持它,使之继续存在下去。[1]

(一)要件

首先,必须存在一个无效的法律行为。该无效的法律行为可能是无效的单方法律行为,也可能是无效的多方法律行为特别是合同。至于该法律行为因什么原因(如无行为能力、形式瑕疵、违反法定禁止或违背善良风俗)而无效,则无关紧要。由德国民法典第142条第1款可知,经撤销的法律行为被视同自始无效的法律行为。

其次,无效的法律行为必须已被认可。认可的意思是必不可少的。当事人必须知道该法律行为无效,或者至少对它的有效性有所怀疑,否则就没有认可的理由。[2] 认可的意思还必须予以表达;它是对法律行为的“重新实施”。例如,如果双方当事人知道合同无效而履行了其“合同”义务,则存在对无效合同的默示认可。根据联邦普通法院审理过的一起案件,[3]如果合同必须使用某一形式(如做成公证证书),则法律行为的重新实施也必须遵守该形式。

(二)法律效果

从法律效果上说,当事人可以通过认可而使无效的法律行为变得有效。在此情形下,必须把“认可”理解成法律行为的“重新实施”。

无效的法律行为并不因认可而有溯及力地自始生效。相反,自重新实施时起(拉丁文 *ex nunc*,意思是“从现在起”)[4],法律行为才发生效力。例如,如果一个无效的物权法上的处分行为(如德国民法典第929条所规定的动产所有权转让)被重新实施,那么,在该处分行为被重新实施之时,所有权才发生转移。

根据德国民法典第141条第2款,如果无效合同被双方当事人认可,那么,有疑义时(表明这是一条解释规则),双方有义务相互给予假如合同已自始有效双方所会有的一切,包括德国民法典意义上的物(德国民法典第90条),也包括权利、财产利益等不属于物的标的。[5] 这一规定通常符合合同当事人双方的利益。由于无效合同已被双方当事人认可,当初无效的协议应至少在他们的债法上的关系中具有

---

〔1〕 Vgl. Köhler, BGB Allgemeiner Teil, 43. Aufl. 2019, § 15 Rn. 16.

〔2〕 Vgl. BGH NJW 2012, 1570 Rn. 21.

〔3〕 Vgl. BGH NJW 1985, 2579, 2580.

〔4〕 陈卫佐:《拉丁语法律用语和法律格言词典》,法律出版社2009年版,第54页。

〔5〕 参见《德国民法典》(第5版),陈卫佐译注,法律出版社2020年版,第52页,注解51。

意义。如果一方当事人不愿意担负此义务,他必须在认可时表达出来,否则就适用德国民法典第141条第2款的解释规则("有疑义时")。[1]

案例6-15 | 使用租赁合同的认可

非暂时性精神病患者V于1月1日作为使用出租人与M订立了使用租赁合同。2月1日,V的照管人和M一致表示:该使用租赁合同应有效。

问:M必须支付1月的租金吗?

答:在本案中,V是无行为能力人(德国民法典第104条第2项),而无行为能力人的意思表示自始绝对无效(德国民法典第105条第1款)。因此,V与M于1月1日订立的使用租赁合同无效。

但是,该无效合同已被V的照管人和M认可。该项认可必须被判定为重新实施法律行为(德国民法典第141条第1款),即重新订立使用租赁合同。所以使用租赁合同已第一次于2月1日有效地成立。如当事人无相反约定(在"有疑义时"),则使用承租人M尚有义务支付1月的租金(德国民法典第141条第2款)。[2]

---

〔1〕 Vgl. Medicus, Allgemeiner Teil des BGB, 9. Aufl. 2006, Rn. 529 – 533; Köhler, BGB Allgemeiner Teil, 43. Aufl. 2019, § 15 Rn. 15 – 20. 关于无效法律行为的认可,另见[德]迪特尔·梅迪库斯:《德国民法总论》,邵建东译,法律出版社2000年版,第404~406页;徐国建:《德国民法总论》,经济科学出版社1993年版,第286~288页。

〔2〕 Vgl. Brox/Walker, Allgemeiner Teil des BGB, 43. Aufl. 2019, § 15 Rn. 21 – 24.

第七章　意思瑕疵

第一节　概　　说

一、无瑕疵的意思表示与有瑕疵的意思表示

前已述及，意思表示由意思和表示构成；它们分别是意思表示的主观构成要件和客观构成要件。当某人出于某一动机（或某些动机）而有引起特定法律效果的意思，并做出相应的表示时，意思表示就产生了。例如，K 想在 6 月 1 日他的女朋友过生日的那天送她一件礼物。他认为女朋友喜好首饰，并且他自己手头也有 500 欧元可供购买首饰。同时，他认为珠宝店的主人 V 给他看的戒指是纯金的。由于这些原因（动机），他打算以 500 欧元为价款购买这枚戒指。于是他向 V 表示："我以 500 欧元为价款向您购买这枚戒指。"如果 V 无保留地承诺了这一要约，那么一个以那枚戒指为买卖标的、以 500 欧元为价款的买卖合同就在 K 和 V 之间成立了。[1]

在通常情形下，表意人的内心真实意思与其外在的表示是一致的。这意味着不仅其意思的形成没有瑕疵，而且其法律效果意思也被无瑕疵地表示出来。这是一种理想的情形。此时表意人的意思表示是无瑕疵的意思表示。

然而，现实的法律上的往来中的意思表示并不总是在理想的情形下做出的。表意人的内心意思与其外在表示完全有可能不一致，因为在意思形成和表示的过程中均可能存在瑕疵：如表意人的表示欠缺相应的意思或意识，或者其决定自己意思的自由受到了侵害。此时，表意人的意思表示就可能是有瑕疵的意思表示。

二、意思瑕疵的类型及立法上的考量

（一）意思瑕疵的类型

早在 19 世纪下半叶，德国民法典的制定者已对意思瑕疵的主要表现形态有所认识，并对以下三组意思瑕疵进行了区分。

1. 意思形成时的瑕疵

如果表意人从错误的动机出发，则存在意思形成时的瑕疵。

---

〔1〕 Vgl. Brox/Walker, Allgemeiner Teil des BGB, 43. Aufl. 2019, § 16 Rn. 1.

例如,K 的女朋友在 12 月 1 日而不是他所想当然的那样在 6 月 1 日过生日;她并不喜爱珠宝;K 自己手头拮据,只有 300 欧元可供购买礼物;那枚戒指不是纯金的,而是镀金的。这些都是因动机错误而引起的意思形成时的瑕疵。

2. 表示时的瑕疵

如果表示与法律效果意思不一致,则存在表示时的瑕疵。此时存在为表意人所不知觉的意思与表示的不一致。

例如,K 本想花 500 欧元购买戒指,却因口误而说成:“我花 600 欧元购买这枚戒指。”在这里,K 所想的和他所表示的是两码事,而他自己对此并不知晓。

3. 欠缺法律效果意思的表示

表意人没有法律效果意思而做出了表示。虽然他的表示并没有瑕疵,而且他也表示了他所想表示的,但他并不想让他所表示的发生效力。此时存在为表意人所意识到的意思与表示的不一致。

例如,2007 年 4 月 1 日,K 在其女朋友在场的情况下对珠宝店的主人 V 说:“我想以 500 欧元为价款向您购买那枚戒指。”实际上,K 根本无意这样做。原来这是一个愚人节笑话。K 只是想给女朋友以深刻的印象而已。[1]

(二)立法上的考量

1. 两种可供选择的理论——“意思说”与“表示说”

有瑕疵的意思表示的法律效果问题,特别是意思瑕疵是否应予考虑以及在多大范围内应予考虑的问题,曾经是 19 世纪德国民法的两种理论——“意思说”和“表示说”所争论的问题。[2]

(1)“意思说”

“意思说”(Willenstheorie,又叫“意思主义”)所注重的是表意人的意思,认为一个与表意人的意思不一致的表示无任何法律效果。这一观点对表意人有利而对意思表示的受领人不利。

例如,按照“意思说”,如果 K 只想花 500 欧元购买那枚戒指,却因口误说成了 600 欧元,则 K 的表示无效。

(2)“表示说”

“表示说”(Erklärungstheorie,又叫“表示主义”)所注重的是表示,认为:所表示的是决定性的;即便表意人的意思与其表示不一致,所表示的也引起法律效果。这一观点对意思表示的受领人有利而对表意人不利。

例如,按照“表示说”,即使 K 只想花 500 欧元购买那枚戒指,却因口误说成了

---

〔1〕 Vgl. Brox/Walker, Allgemeiner Teil des BGB, 43. Aufl. 2019, § 16 Rn. 2 – 4.

〔2〕 参见徐国建:《德国民法总论》,经济科学出版社 1993 年版,第 99 ~ 100 页。

600 欧元,K 的表示也是有效的。[1]

2. 德国立法者的决定与当代德国民法学者和司法判例的通说

德国民法典的制定者并没有一边倒地追随上述两种理论中的任何一种,而是在衡量表意人和意思表示的受领人相互对立的利益的情况下,力求找到一个折中方案。作为妥协的产物,德国民法典关于意思瑕疵的主要条文(德国民法典第 116 条至第 124 条)规定了三种法律效果,分别是意思表示有效、意思表示无效和意思表示可撤销。[2]

须指出的是,"意思说"在 19 世纪为萨维尼(Friedrich Carl von Savigny)所主张,在过去曾经是德国民法的通说。但自德国民法典施行以来,以拉伦茨(Karl Larenz)为代表的当代德国民法学者和司法判例越来越倾向于采取"表示说",借以保护意思表示受领人的信赖,而对于表意人所未表达出来的意思则尽量不予考虑。渐渐地,"表示说"成了当代德国民法的通说。[3]

第二节 意思和表示的有意的不一致

意思瑕疵的第一种类型是意思和表示的有意的不一致,包括心里保留、虚伪行为、戏谑表示等情形。它们的特征是:表意人有意地表达了与他实际上所想的不同的东西。关于此种类型的意思瑕疵的规定见于德国民法典总则编之第 116 条至第 118 条。

一、心里保留

(一)构成要件

如果表意人已做出意思表示,并在心里做出对所表示的并不意欲的保留,则存在心里保留(geheimer Vorbehalt 或 Mentalreservation,德国民法典第 116 条第 1 句)。德国民法典第 116 条第 1 句适用于一切种类的意思表示,包括明示的意思表示和可推断出来的(默示的)意思表示、须予受领的意思表示和无须予以受领的意思表示。[4]

心里保留的要件之一是:表意人对所表示的并不意欲,且其所保留的恰恰是所表示的法律效果。

---

〔1〕 Vgl. Brox/Walker, Allgemeiner Teil des BGB, 43. Aufl. 2019, § 16 Rn. 5 – 6.

〔2〕 Vgl. Klunzinger, Einführung in das Bürgerliche Recht, 16. Aufl. 2013, S. 165 – 167.

〔3〕 Vgl. Köhler, BGB Allgemeiner Teil, 43. Aufl. 2019, § 7 Rn. 1.

〔4〕 Vgl. dazu Palandt – Ellenberger, BGB, 69. Aufl. 2010, § 116 Rn. 3.

就须予受领的意思表示而言,心里保留还有另一个要件,即表意人有相对人不知道该心里保留的意思。这里的相对人是须予受领的意思表示的受领人;表意人的动机(如欺骗相对人、安慰重病患者)无关紧要。如果表意人认为相对人将会看出该表示的无效性,则不是德国民法典第116条所规定的心里保留,而是第118条所规定的戏谑表示。

(二)法律效果

心里保留的法律效果取决于相对人是否知道这一保留,主要涉及以下两种具体情形:

首先,单方面的心里保留。在相对人不知道保留的情形下,意思表示为了不知道者的利益而有效(德国民法典第116条第1句)。表意人必须接受其表示对自己的效力。可见,其单方面的心里保留在法律上没有意义。有人称这种意思表示为"恶意的玩笑"。[1]

其次,为相对人所知的心里保留。在相对人(意思表示的受领人)知道保留的情形下,相对人无须得到保护。在此情形下,意思表示无效(德国民法典第116条第2句)。[2]

案例7-1 | 通知终止的表示是否有效

V以年末为终止期向M通知终止关于餐馆的使用租赁关系,虽然他实际上并不想这样做。V只不过是想让M屈服并向他恳求继续使用租赁关系。

问题1:通知终止的表示是否有效?

问题2:假如M在V通知终止之前已从第三人那里得知,V将向他通知终止使用租赁关系,但并不真正想结束使用租赁关系,情况又如何?[3]

答:在本案中,V并不想让相对人M看出心里保留。他只不过想捉弄一下M。这一"恶意的玩笑"满足了德国民法典第116条的构成要件。

就问题1而言,在相对人(意思表示的受领人M)不知道保留的情形下,通知终止的表示有效(德国民法典第116条第1句)。

就问题2而言,通知终止的表示是为相对人(意思表示的受领人M)所知的恶意玩笑。在此情形下,作为相对人的M无须得到保护。根据德国民法典第116条第2句,通知终止的表示无效。

---

[1] Vgl. Klunzinger, Einführung in das Bürgerliche Recht, 16. Aufl. 2013, S. 168-169.

[2] Vgl. Medicus, Allgemeiner Teil des BGB, 9. Aufl. 2006, Rn. 592-593. 关于心里保留,另见[德]迪特尔·梅迪库斯:《德国民法总论》,邵建东译,法律出版社2000年版,第444~446页;徐国建:《德国民法总论》,经济科学出版社1993年版,第102~103页。

[3] Vgl. Brox/Walker, Allgemeiner Teil des BGB, 30. Aufl. 2006, Rn. 392, 394-396; 43. Aufl. 2019, § 17 Rn. 2-5.

二、虚伪行为

（一）构成要件

如果须予受领的意思表示系表意人与相对人通谋，只是（为了装样子而）虚伪地做出的，则该意思表示为虚伪表示（Scheinerklärung）。德国民法典第 117 条第 1 款称之为“虚伪行为”（Scheingeschäft 或 simuliertes Geschäft）。

首先，意思表示必须是须予受领的意思表示（德国民法典第 117 条第 1 款所称“须以他人为相对人而做出的意思表示”），否则就会欠缺能够与表意人通谋的相对人。

其次，该意思表示是表意人与相对人通谋，只是（为了装样子而）虚伪地做出的，是假装的意思表示。表意人和相对人并不愿意他们所表示的内容生效，换言之，不愿意在法律上受约束。在多数情形下，虚伪表示是为了欺骗或影响第三人而做出的。

在虚伪行为的背后，往往隐藏着另一个表意人和相对人都愿意其发生效果的非假装的法律行为。例如，双方当事人做出了订立买卖合同的要约和承诺的表示，实际上他们所愿意订立的是使用租赁合同。

案例 7－2 | 虚伪表示

V 向 M 出租一幢房屋供 M 开餐馆。一天，V 来餐馆喝啤酒，并向 M 做出通知终止使用租赁关系的意思表示。实际上，出租人 V 系与承租人 M 通谋而做出通知终止使用租赁关系的意思表示的，是为了欺骗第三人 D，使 D 以为餐馆到年底将被腾空，因而立即与 V 订立使用租赁合同，并向 V 预付了租金。

问：V 的终止通知是否有效？D 享有什么样的请求权？

答：在本案中，V 的通知终止使用租赁关系的意思表示是须予受领的意思表示，但它系表意人 V 与相对人 M 通谋而只是虚伪地做出的。根据德国民法典第 117 条第 1 款，此虚伪表示无效。D 依照德国民法典第 823 条、第 826 条对 V 和 M 享有损害赔偿请求权。

（二）法律效果

虚伪行为无效（德国民法典第 117 条第 1 款）。这一规定对表意人有利而对相对人（意思表示的受领人）不利，但它是合理的，因为在相对人与表意人通谋而只是虚伪地做出意思表示的情形下，相对人并无受保护的必要。

在证明责任方面，主张虚伪行为无效的人，对虚伪行为的存在负证明责任。[1]

---

〔1〕 Vgl. Köhler, BGB Allgemeiner Teil, 43. Aufl. 2019, § 7 Rn. 9.

对于被隐藏的另一法律行为，须适用关于该被隐藏的法律行为的规定（德国民法典第117条第2款）。如果被隐藏的法律行为满足了所有有效性要件，则它是有效的。如果被隐藏的法律行为违反法定禁止（德国民法典第134条）、违背善良风俗（德国民法典第138条）或欠缺法律所规定的形式（德国民法典第125条），则被隐藏的法律行为亦无效。[1]

案例7-3 | 虚伪的土地买卖合同

V和K想订立一个以某块土地为买卖标的、以50万欧元为价款的买卖合同。在已做成公证证书的买卖合同里，只写明以40万欧元为价款。V和K想以此来节省费用和税金。

问：该买卖合同是否有效？

答：在本案中，V和K以他们并不意欲的40万欧元为价款订立了土地买卖合同，而他们真正意欲的价款是50万欧元。他们想以此来欺骗公证人、法院和财税局，以达到节省费用（如公证费）和税金的目的。这是典型的虚伪行为。它依照德国民法典第117条第1款无效。

V和K所意欲的是以50万欧元为价款的土地买卖合同。这是被隐藏的另一法律行为。它没有做成公证证书，欠缺法律所规定的必要形式，因而无效（德国民法典第125条第1句、第311b条第1款第1句）。

结论：该买卖合同无效。[2]

三、戏谑表示

（一）构成要件

根据德国民法典第118条，如果表意人之做出意思表示不是出于真意，且系"在真意的欠缺不致被人误解的期待中做出"的，则该意思表示为戏谑表示

---

〔1〕 Vgl. Klunzinger, Einführung in das Bürgerliche Recht, 12. Aufl. 2004, S. 169 – 170; Medicus, Allgemeiner Teil des BGB, 9. Aufl. 2006, Rn. 594 – 595. 关于虚伪行为，另见［德］迪特尔·梅迪库斯：《德国民法总论》，邵建东译，法律出版社2000年版，第446～447页；徐国建：《德国民法总论》，经济科学出版社1993年版，第103～104页。

〔2〕 Vgl. Brox/Walker, Allgemeiner Teil des BGB, 43. Aufl. 2019, § 17 Rn. 11 – 15. 值得注意的是德国民法典第311b条第1款第2句。尽管已做成公证证书的、以40万欧元为价款的买卖合同作为虚伪行为无效，且未做成公证证书的、以50万欧元为价款的土地买卖合同因欠缺法定形式而无效，但是，如果V和K之间关于土地所有权转移的合意已达成，且已登记入土地登记簿，则未做成公证证书的、以50万欧元为价款的土地买卖合同，就其全部内容来说是有效的。也就是说，形式的瑕疵得到了补正（德国民法典第311b条第1款第2句）。这样一来，买受人K作为取得人成了土地所有人。——本书作者按

(Scherzerklärung)。

首先,该意思表示的做出不是出于真意的。就这一点而言,戏谑表示与德国民法典第116条所规定的心里保留有相似之处;在心里保留的情形下,表意人对所表示的并不意欲。

其次,与德国民法典第116条所规定的心里保留不同的是,德国民法典第118条的另一个要件是表意人的意思表示系“在真意的欠缺不致被人误解的期待中做出”的,即表意人认为他人将看出真意的欠缺。至于说他人是否看出或至少能够看出真意的欠缺,则在所不问。

此外,表意人的动机为何(如开玩笑、说大话),是无关紧要的。唯一有决定性的是表意人没有欺诈的意图。

(二)法律效果

首先,一切戏谑表示均无效(德国民法典第118条)。即使他人对该意思表示信以为真,它也无效。

其次,对善意地信赖意思表示有效的他人(相对人或第三人)来说,戏谑表示产生了向表意人要求赔偿信赖损害的请求权,前提是:戏谑表示与他人的信赖损害之间有因果关系。所谓“信赖损害”,又叫“信赖利益”或“消极利益”,是请求权人(相对人或第三人)因信赖该意思表示有效而遭受的损害(德国民法典第122条第1款)。[1] 但如果该他人知道真意的欠缺,则这一损害赔偿请求权即被排除,因为在该他人知道真意的欠缺的情形下,他就没有信赖意思表示有效;不仅如此,如果该他人因过失(哪怕是轻微过失)而不知道(应当知道,见德国民法典第122条第2款的法定定义)真意的欠缺,则该他人也不享有损害赔偿请求权(德国民法典第122条第2款)。

最后,如果表意人看出其戏谑表示被他人信以为真,那么,依照诚实信用原则,表意人有义务不迟延地就真意的欠缺向该他人澄清事实(类推适用德国民法典第122条第1款)。否则,表意人以后就不得主张其意思表示系开玩笑而无效;反之,表意人必须承认其意思表示对自己自始发生效力。[2]

案例7-4 | 玩笑是否可以当真

V向M出租一幢房屋供M开餐馆。一天,V来餐馆喝啤酒,在对自己的种种

---

〔1〕 如包装费用和发送费用,以及因另一可能的行为不成立而遭受的损害。Vgl. Der Brockhaus Recht, 2002, S. 44.

〔2〕 Vgl. Klunzinger, Einführung in das Bürgerliche Recht, 13. Aufl. 2013, S. 170; Medicus, Allgemeiner Teil des BGB, 9. Aufl. 2006, Rn. 596. 关于戏谑表示,另见[德]迪特尔·梅迪库斯:《德国民法总论》,邵建东译,法律出版社2000年版,第447~448页;徐国建:《德国民法总论》,经济科学出版社1993年版,第105~106页。

"英雄行为"自吹自擂一番之后,V使着眼色开玩笑地向M做出通知终止使用租赁关系的意思表示。
问题1:V通知终止的表示有效吗?
问题2:M以为通知终止使用租赁关系的意思表示是真的,在报纸上登载了寻找其他餐馆场地的广告。M是否可以向V请求赔偿广告费?
问题3:如果V读了M在报纸上登载的广告,V该做些什么?
答:在本案中,V所做出的是戏谑表示,他期待M看出真意的欠缺。这是一个善意的玩笑,区别于前述案例中的恶意玩笑。根据德国民法典第118条,这一戏谑表示无效。
在问题2的情形下,对通知终止信以为真的M因信赖通知终止使用租赁关系的意思表示的有效性,支付了在报纸上登载广告的费用。但是,由于M因过失而不知道(应当知道)真意的欠缺,他不能请求赔偿广告费用(德国民法典第122条第2款)。在尽应有的注意的情况下,他本来能够知道V是开玩笑的(喝啤酒、说大话、使眼色)。
在问题3的情形下,如果V读了M在报纸上登载的广告,则V必须推断出M对于通知终止使用租赁关系一事信以为真。V有义务不迟延地就真意的欠缺向M澄清事实,否则,V以后就不得主张其意思表示系开玩笑而无效;反之,V必须承认其通知终止使用租赁关系的意思表示对V自己的效力。[1]

(三)评论

德国民法学家、慕尼黑大学荣休教授克勒(Helmut Köhler)先生指出,虽然德国民法典第118条规定了欠缺表示意识的意思表示的一种情形,但不能由此推导出一条一般性规则,谓凡欠缺表示意识的意思表示均无效。相反,德国民法典第118条应被理解成一条例外规则,仅适用于欠缺真意的善意的戏谑表示,并不具有普遍适用性。[2]

第三节 意思与表示的无意的不一致——错误

意思瑕疵的第二种类型是意思和表示的无意的不一致,这就是德国民法典所说的"错误"(der Irrtum)。关于此种类型的意思瑕疵的特别重要的规定见于德国民

〔1〕 Vgl. Brox/Walker, Allgemeiner Teil des BGB, 43. Aufl. 2019, Rn. 397 – 401.
〔2〕 Vgl. Köhler, BGB Allgemeiner Teil, 43. Aufl. 2019, § 7 Rn. 13.

法典总则编之第 119 条至第 122 条。

一、错误的构成要件

(一)表达意思时的错误

如果意思表示无意地与法律效果意思不一致,则存在意思表达时的错误。主要有表示错误、内容错误和误传三种情形。

1. 表示错误

如果表意人在做出意思表示时,“根本无意做出这一内容的表示”,则存在表示错误。(德国民法典第 119 条第 1 款第 2 种情形)表意人没有表示他所想表示的;他发生了口误、笔误、打字错误或拿错了等。[1] 例如,V 想向 K 出卖一幅价格为 700 欧元的画,却因笔误而写成了 600 欧元。又如,商人 A 在下订单时,用电脑键盘误将“100 件”打成了“1000 件”。再如,售货员在向顾客找钱时,误将一张 20 欧元的纸币当成了 10 欧元的纸币。[2]

2. 内容错误

如果表意人“在做出意思表示时,就其内容发生错误”,则存在内容错误。(德国民法典第 119 条第 1 款第 1 种情形)表意人虽然表示了他所想表示的,但就其表示的法律上意义发生了错误。

案例 7-5 | 庭院里的汽车

V 买了一辆簇新的“速腾”(Sagitar)牌汽车并打算把他的那辆旧车低价卖掉。他错误地以为旧车就停在自己家的庭院里,便对有兴趣购买旧车的 K 说:“您出 5000 欧元就可以将停在庭院里的那辆汽车马上开走。”V 压根不知道,此前他勤快的妻子已将旧车开走,并把新车停在庭院里。

问:V 该怎么办?

答:在这里,被出卖的是新车,但它是在 V 误以为是旧车的情况下被出卖的。V 可以依照德国民法典第 119 条第 1 款第 1 种情形以内容错误为理由,撤销其旨在订立买卖合同的要约。

---

〔1〕 Vgl. Medicus, Allgemeiner Teil des BGB, 9. Aufl. 2006, Rn. 746. 另见[德]迪特尔·梅迪库斯:《德国民法总论》,邵建东译,法律出版社 2000 年版,第 569 页;[德]迪特尔·施瓦布:《民法导论》,郑冲译,法律出版社 2006 年版,第 428 页。

〔2〕 Vgl. Lange, BGB Allgemeiner Teil, 1952, § 55 Ⅱ 1; Köhler, BGB Allgemeiner Teil, 43. Aufl. 2019, § 7 Rn. 16.

案例 7-6 | 目录中的错误

V 向他的顾客邮寄钟表和首饰的商品目录。顾客 K 挑选了排在第 55 号的一块手表。这块手表的价格在目录中被误写成 560 欧元;而正确的价格应为 650 欧元。K 写信给 V 说:"我预订第 55 号手表。"V 二话不说就将这块表寄给了 K。

问:买卖合同是可撤销的吗? 谁有撤销权? 为什么?

答:在本案中,V 向顾客邮寄的商品目录是要约邀请。K 的信是要约。可以说,K 是按照目录所标价格即 560 欧元来购买手表的。在 V 将手表寄出的行为中,包含着其承诺表示。它应被解释为"按照目录所标价格出卖该手表。"要约和承诺相互一致。以这块手表为买卖标的、以目录中的价格(560 欧元)为价款的买卖合同已在 V 和 K 之间成立。

V 在做出承诺表示时发生了内容错误:他赋予其表示以一个意义,即他是按 650 欧元的价格出卖手表的。实际上,其表示并无这一意义。V 在做出承诺表示时没有发生笔误。他表示了他所想表示的,但就其表示的法律上意义发生了错误,即内容错误。

结论:买卖合同是可撤销的。V 依照德国民法典第 119 条第 1 款第 1 种情形享有一项因内容错误而发生的撤销权。

内容错误和表示错误在德国民法典第 119 条第 1 款里被同等对待。在这两种情形下,均存在表示与法律效果意思的无意的不一致。[1]

3. 误传

在意思的误传的情形下,也存在表达意思时的错误。(德国民法典第 120 条)

为传达而被使用的人(使者)或机构(如邮局)不正确地传达意思表示,即为误传。为传达而被使用的人叫作使者(Bote),包括表示使者和受领使者。使者与代理人的最大不同之处在于:代理人是在代理权限内以被代理人的名义做出自己的意思表示,其效果归于被代理人,而使者只是传达他人的意思表示。正因如此,使者也可以是无行为能力人(如未满 7 岁的未成年人)。[2]

例如,V 委托他的使者 B 向 K 传达以下意思表示:V 愿意向 K 以 650 欧元为价款出卖那块手表。粗心的 B 错误地对 K 说成:"V 愿意以 560 欧元为价款出卖那块手表。"又如,V 想通过电报向 K 发出以 650 欧元为价款出卖那块手表的要约;他也

---

[1] Vgl. Klunzinger, Einführung in das Bürgerliche Recht, 12. Aufl. 2004, S. 172 - 173. 另见徐国建:《德国民法总论》,经济科学出版社 1993 年版,第 107 ~ 108 页。

[2] 参见[日]山田晟:《德语法律用语词典》,大学书林 1991 年版,第 109 ~ 110 页;《德国民法典》(第 5 版),陈卫佐译注,法律出版社 2020 年版,第 43 页,注解 17。Vgl. auch Der Brockhaus Recht, 2002, S. 151.

按照其意愿填写了电报单。由于邮局工作上的差错,到达 K 的电报所包含的价款是 560 欧元。在这两种情形下,V 都不想发出这一内容(560 欧元)的要约。

德国民法典像对待表示错误那样对待误传的意思表示(德国民法典第 120 条)。它们的共同之处在于都出现了意思和表示的相互不一致。在表示错误的情形下,表意人自己表示其意思(他发生了口误、笔误、打字错误或拿错了);在误传的情形下,表意人使用了使者或机构作为自己的表示工具,对于该使者或机构的不实传达,表意人必须接受其后果。所错误地表示的是有效的,但表意人可以撤销它。

在上述两例中,如果 K 无保留地赞同(承诺)了 V 的要约,则以那块手表为买卖标的、以 560 欧元为价款的买卖合同已在 V 和 K 之间成立。依照德国民法典第 120 条,V 可以撤销该买卖合同。

(二)意思形成时的错误

一个意思表示可以有各种各样的动机。某人购买食品可能是为了摄取营养,也可能是为了有备无患;订立旅行合同可能是为了休假,也可能是为了出差;从事交易可能出于营利目的;购买某一礼品可能是为了取悦于某人,如此等等,不一而足。

如果表意人错误地从对法律效果意思有意义的情况出发,则存在意思形成时的瑕疵,即动机错误。然而,假如意思形成时的每一个瑕疵都导致意思表示无效,那么交易的安全将受到危害。不仅如此,表意人的动机错误往往是善意地信赖意思表示的有效性的意思表示受领人看不出来的。为了保护交易的安全和意思表示受领人的信赖,必须原则上不考虑表意人的动机错误。结果是:意思表示不因动机错误而成为无效的。[1] 故此,动机错误原则上无关紧要。例如,A 错误地以为他可以在某一时间段里休假,便预订了该时间段里的一次休假旅行。在此情形下,旅行合同并不因 A 的这一动机错误而成为无效的。[2]

然而,德国民法典第 119 条第 2 款规定了这一原则的例外:[3]“关于在交易中被认为重要的人的资格或物的特性的错误”被视同内容错误,因而也使意思表示可撤销。德国民法的通说认为,这种关于人的资格或物的特性的错误是动机错误的一种特殊情形。[4] 意思和表示并无不一致的地方,但表意人在意思形成时发生了错误。例如,V 向 K 发出订立以一枚戒指为买卖标的、以 90 欧元为价款的买卖合同的要约。V 认为这枚戒指是镀金的,但实际上它是纯金的。假如 V 知道这一情况,他就不会只出 90 欧元的价,而是不出卖它或要求 500 欧元价款等。

---

〔1〕 Vgl. Brox/Walker, Allgemeiner Teil des BGB, 43. Aufl. 2019, Rn. 382.

〔2〕 Vgl. Köhler, BGB Allgemeiner Teil, 43. Aufl. 2019, § 7 Rn. 17.

〔3〕 Vgl. Medicus, Allgemeiner Teil des BGB, 9. Aufl. 2006, Rn. 744. 另见[德]迪特尔·梅迪库斯:《德国民法总论》,邵建东译,法律出版社 2000 年版,第 567 页。

〔4〕 Vgl. z. B. Larenz/Wolf, Allgemeiner Teil des Bürgerliches Rechts, 8. Aufl. 1997, § 36 Rn. 48.

德国民法典第119条第2款的前提是“关于在交易中被认为重要的人的资格或物的特性的错误”。

1. 人的资格

这里的“人”也可以是除实施行为的双方当事人以外的第三人（如第328条所称为第三人利益而订立的合同中的第三人、与住宅使用租赁合同的承租人同住的直系血亲等）；但法律行为必须与此种第三人相关。

就信贷业务而言，信用度、支付能力是德国民法典第119条第2款所称“在交易中被认为重要的人的资格”（但就现金业务而言，信用度、支付能力不是“在交易中被认为重要的人的资格”）；就劳动合同而言，年龄、性别是“在交易中被认为重要的人的资格”（但就买卖合同而言，年龄、性别不是“在交易中被认为重要的人的资格”）。[1] 在某些情形下，人的资格还可以是人的宗教信仰、政治观点、是否受过刑罚、职业能力、健康状况等。[2] 例如，某银行B向借款人D发放一笔贷款，是因为B错误地以为D的财产状况还过得去。但实际上，D的财产状况十分糟糕。在这里，银行B就D的信用度发生了错误。这是一个关于在交易中被认为重要的人的资格的错误。

2. 物的特性

在交易中被认为重要的物的特性是构成物的价值的一切要素和持久地影响物的有用性的情况。就一块土地而言，其坐落何处、四至边界、地面质地以及上面可否建筑房屋，都是该土地的特性。此外，油画是否为原件、机器的耐久性、钱币或首饰的含金量、二手汽车的使用年数等，均属于物的特性。[3]

但是，按照德国联邦普通法院的司法判例，[4] 物的价值或市场价格不是这里所说的物的特性。

3. 在交易中的重要性

关于人的资格或物的特性的错误，还必须是“在交易中被认为重要的”。

（三）因错误而撤销意思表示的要件

1. 错误

必须存在德国民法典第119条、第120条所称错误。

---

〔1〕 Vgl. Creifelds Rechtswörterbuch, 23. Aufl. 2019, S. 60 – 62.

〔2〕 参见《德国民法典》（第5版），陈卫佐译注，法律出版社2020年版，第42页，注解15。

〔3〕 Vgl. Zerres, Bürgerliches Recht, 5. Aufl. 2005, S. 69; Klunzinger, Einführung in das Bürgerliche Recht, 16. Aufl. 2013, S. 174 – 175. 另见《德国民法典》（第5版），陈卫佐译注，法律出版社2020年版，第42页，注解16。

〔4〕 Vgl. BGHZ 16, 57.

2. 错误与意思表示的做出之间的因果关系

错误必须构成了意思表示的做出的原因。

通过解释,"须认为其[表意人]在知悉实情和合理地评价情况时就不会做出该表示"(德国民法典第 119 条第 1 款后半句)。在这里,表意人必须证明:错误(对实情的不知悉)导致了意思表示的做出。这是就"错误的主观上的显著性"而言的。就"错误的客观上的显著性"而言,还必须是表意人在"合理地评价情况时"就不会做出意思表示。

例如,X 想在他所熟悉的旅馆预订 31 号房间以度假,却错误地将房号写成了"35 号房间"。这里存在一个表示错误。然而,如果 35 号房间的装备跟 31 号房间一样优良、一样价廉,且至少一样安静(X 是一个对噪音敏感的神经衰弱者),则 X 不能撤销合同。在此情形下,如果作为表意人的 X"知悉实情",则 X 也会做出关于预订 35 号房间的意思表示。

又如,X 想预订旅馆的 31 号房间,却将房号写成了"13 号房间"。[1] 出于迷信的原因,X 不愿意住进 13 号房间。对他来说,虽然存在一个主观上显著的表示错误,但由于欠缺错误的客观上的显著性,不属于德国民法典第 119 条第 1 款第 1 句所称表意人在"合理地评价情况时就不会做出该表示"的情形。X 不享有撤销权,因为对一个正常的、理智的人来说,房间号为 13 完全没有妨碍。[2]

再如,A 在不知道"慕尼黑雅各布 · 米勒"公司的商号持有人已不再是雅各布 · 米勒本人的情况下,继续向该公司预订商品。虽然 A 在这里就交易伙伴其人发生了错误(属于内容错误的一种),但 A 却不享有撤销权,因为该错误并未构成意思表示的做出的原因。在此情形下,表意人 A"在合理地评价情况时"仍会做出意思表示,其错误所欠缺的正是客观上的显著性。[3]

3. 撤销的表示

撤销必须被表示出来。撤销的表示是单方的、须予受领的意思表示(德国民法典第 143 条第 1 款)。它无须使用"撤销"的概念或表述;只要意思表示的受领人能够从中推断出表意人想以意思瑕疵为理由,而有溯及力地自始除去某一法律行为即可。例如,出卖人写信给买受人说:"因为我在发出买卖要约时写错了价格,特此宣告买卖合同无效。"

撤销权人必须向撤销相对人表示撤销。就因错误或误传而可撤销的意思表示而言,撤销权人是依照德国民法典第 119 条、第 120 条有权撤销因错误而被做出或被误传的意思表示的人。至于谁是撤销相对人,则必须依法律行为的种类定之。

---

[1] Vgl. Medicus, Allgemeiner Teil des BGB, 9. Aufl. 2006, Rn. 773. 另见[德]迪特尔 · 梅迪库斯:《德国民法总论》,邵建东译,法律出版社 2000 年版,第 584 ~ 585 页。

[2] Vgl. Brox/Walker, Allgemeiner Teil des BGB, 43. Aufl. 2019, Rn. 431.

[3] Vgl. Köhler, BGB Allgemeiner Teil, 43. Aufl. 2019, § 7 Rn. 17, 29.

“在合同的情形下，撤销相对人是合同当事人的另一方”（德国民法典第 143 条第 2 款）；“在须以他人为相对人而实施的单方法律行为[如通知终止——本书作者注]的情形下，该他人[如通知终止的表示的受领人——本书作者注]是撤销相对人”（德国民法典第 143 条第 3 款第 1 句）。“在其他种类的单方法律行为[如该单方法律行为所包含的唯一的意思表示是无须予以受领的意思表示——本书作者注]的情形下，撤销相对人是已因该法律行为而直接获得法律上的利益的任何人”（德国民法典第 143 条第 4 款第 1 句）。[1] 例如，X 想抛弃他的甲书的所有权却错误地将他的乙书以抛弃所有权的意图扔掉（放弃了对乙书的占有，见德国民法典第 959 条）。其意思表示是无须予以受领的意思表示。他可以因表示错误而撤销它。根据德国民法典第 143 条第 4 款第 1 句，撤销相对人是通过自主占有无主的乙书而取得乙书所有权的 Y（德国民法典第 958 条第 1 款），因为 Y 依法律行为直接获得了法律上的利益。反之，如果乙书所有权尚未被他人取得（仍然是无主动产），则 X 无须撤销；X 可以重新置乙书于自己的占有之下。[2]

4.“不迟延地”撤销

在意思表示因错误或因误传而可撤销的情形下，德国民法典赋予了表意人以在“让意思表示一仍其旧”和通过撤销使之“化为乌有”之间进行选择的可能性，于是，就意思表示的受领人而言，就产生了不确定性。这一不确定状态必须为了意思表示受领人的利益而尽早结束；其应尽快知道表意人所想要的结果为何。因此，法律规定撤销权人必须在一定的期间内行使其撤销权。[3]

根据德国民法典第 121 条第 1 款第 1 句的规定，在意思表示因错误或因误传而可撤销的情形下，撤销必须在撤销权人已知悉撤销原因后不迟延地为之。根据德国民法典第 121 条第 1 款第 2 句的规定，如果撤销的表示已被不迟延地发送，则以不在场者为相对人而为的撤销，视为已适时地为之。

依照德国民法典第 121 条第 1 款第 1 句的法定定义，“不迟延地”是指“在没有有过错的迟延的情况下”。在撤销权人确切地知悉撤销原因时（如撤销权人发现自己在要约中的笔误时），期间才起算。

此外，“不迟延地”并不等于“立即”。撤销无须“立即”进行，而是要评价个案的情事（尤其考虑到法律行为的重要性和复杂性），以决定在多长的适当期间内（包括适当的考虑时间、向律师咨询的时间等）撤销权人的撤销仍属于“不迟延地”为之。即便撤销权人可能需要数天时间才能做出决定，但只要是可合理地期待的，就

---

〔1〕 Vgl. Lange, BGB Allgemeiner Teil, 1952, § 49 Ⅱ 3; Medicus, Allgemeiner Teil des BGB, 9. Aufl. 2006, Rn. 717 – 721. 另见[德]迪特尔·梅迪库斯：《德国民法总论》，邵建东译，法律出版社 2000 年版，第 552 ~ 554 页。

〔2〕 Vgl. Brox/Walker, Allgemeiner Teil des BGB, 43. Aufl. 2019, Rn. 433 – 434.

〔3〕 Vgl. Brox/Walker, Allgemeiner Teil des BGB, 43. Aufl. 2019, Rn. 387.

仍属于“不迟延地”为之。[1] 因此，“不迟延地”既不等于“立即”，也不等于“毫不迟延地”。[2]

5. 无排除原因

自意思表示做出时起已经过 10 年的，该项撤销即被排除（德国民法典第 121 条第 2 款）。

可撤销的法律行为被撤销权人认可的，撤销即被排除（德国民法典第 144 条第 1 款）。这里的“认可”，是撤销权人的无须予以受领的意思表示，它使撤销权人抛弃其撤销权。它以知悉撤销原因为前提，且无须使用就法律行为而定的形式（德国民法典第 144 条第 2 款）。例如，K 与 V 订立了做成公证证书的土地买卖合同。尽管 K 刚刚发现他在订立合同时发生了内容错误，却仍然请求 V 与他达成关于土地所有权转移的合意。可以把 K 的请求理解成对可撤销的土地买卖合同的（默示的）认可。与无效法律行为的认可（德国民法典第 141 条第 1 款）不同的是，可撤销法律行为的认可不能判定为重新实施法律行为，因而无须使用任何形式。可撤销的法律行为一经认可，即不得予以撤销。

反之，如果 K 因内容错误而撤销了该土地买卖合同，则该合同被视为自始无效（德国民法典第 142 条第 1 款）。这时，无效法律行为的认可只有依照德国民法典第 141 条第 1 款，即通过重新实施方为可能。K 必须与 V 订立一个新的、做成公证证书的、关于土地的买卖合同（德国民法典第 311b 条第 1 款第 1 句）。[3]

二、因错误而撤销意思表示的法律效果

（一）使法律行为被视为无效

可撤销的法律行为一旦被有效地撤销，则必须视为自始无效（德国民法典第 142 条第 1 款）。

假如已被撤销的法律行为的无效性在撤销的表示做出时才发生，那么，到撤销的表示做出时为止，该法律行为仍然有效。但事实上，已被撤销的法律行为的无效性并不是自撤销的表示做出时起（拉丁文 *ex nunc*，意思是“从现在起”）才发生的。相反，撤销使得该法律行为从一开始就被销毁（溯及既往；拉丁文 *ex tunc*，意思是“从那时起”）[4]。已被撤销的法律行为被看成根本未被实施过。

撤销的另一个法律效果是，如果撤销已进行，则知道或应当知道（因过失而不知道，见德国民法典第 122 条第 2 款的法定定义）可撤销性的人被这样对待，恰如他已经知道或应当知道法律行为的无效性一样（德国民法典第 142 条第 2 款）。例

---

〔1〕 Vgl. Köhler, BGB Allgemeiner Teil, 43. Aufl. 2019, § 7 Rn. 30.

〔2〕 Vgl. Köhler, BGB Allgemeiner Teil, 43. Aufl. 2019, § 7 Rn. 36.

〔3〕 Vgl. Brox/Walker, Allgemeiner Teil des BGB, 43. Aufl. 2019, Rn. 436 – 437.

〔4〕 参见陈卫佐：《拉丁语法律用语和法律格言词典》，法律出版社 2009 年版，第 54 ~ 55 页。

如，如果已被撤销的法律行为是动产所有权的转让，则知道或应当知道该法律行为的可撤销性的第三人依照德国民法典第932条第2款、德国民法典第142条第2款是恶意的，故不得依照德国民法典第932条第1款第1句善意取得动产所有权。

案例7－7 | 大件家具

在德国许多城市，居民所抛弃的大件家具被有关机构或人员用车运走。A将一张旧椅子放在屋前的大街边上，期待它被人用车运走。A不知道，这张旧椅子是一件非常有价值的古董。一个从街边开车经过的古董收购商人H看到这张椅子，遂将它运走。后来，A在H的家中发现了这张旧椅子并得知了它的不菲价值。A遂向H请求返还那张旧椅子。

问：A有理由这样做吗？

答：A是否有道理这样做，取决于A是否有向H请求返还那张旧椅子的请求权。在本案中，旧椅子（动产）原所有人A出于抛弃动产所有权的意图而放弃了对旧椅子的占有，旧椅子因此而成为无主动产。A实施了德国民法典第959条所规定的动产所有权抛弃这一单方法律行为，它所包含的意思表示是无须予以受领的意思表示。

另外，古董收购商人H对已成为无主动产的旧椅子实施了自主占有，遂因先占而依照德国民法典第958条第1款取得了作为动产的旧椅子的所有权。

然而，A在做出意思表示时，就在交易中被认为重要的物的特性发生了错误，应视为内容错误（德国民法典第119条第2款）。由于这一错误具有主观上的显著性（A在知悉实情时就不会做出该表示），也具有客观上的显著性（A在合理地评价情况时就不会做出该表示），A依照德国民法典第119条第1款享有撤销权。由于A所实施的单方面抛弃动产的单方法律行为属于德国民法典第143条第4款第1句所称种类的单方法律行为，它所包含的唯一的意思表示是无须予以受领的意思表示，故撤销相对人是已因该单方法律行为而直接获得法律上的利益的H。

在本案中，A向H请求返还旧椅子，说明A有撤销其意思表示之意。A无须使用“撤销”的概念或表述，而只需向撤销的相对人H表明A自己想有溯及力地除去他所做出的意思表示（所实施的法律行为）即可。A向H做出了撤销的表示。根据德国民法典第142条第1款，撤销发生使可撤销的法律行为被视为自始无效的法律效果。其后果是，A被视为自始没有丧失对作为动产的旧椅子的所有权。相应地，H不能依照德国民法典第958条第1款取得对旧椅子的所有权。经过撤销，A被视为仍然是旧椅子所有人。A可以依照德国民法典第985条关于动产所有人可以向占有人请求返还物的规定，向旧椅子的现时占有人H

请求返还物。

结论:A 可以向 H 请求返还那张旧椅子。[1]

(二)撤销人的损害赔偿义务

如果表意人有效地撤销了其意思表示,并以此使法律行为有溯及力地“化为乌有”,那么,意思表示的受领人可能因信赖意思表示有效而遭受损失。因此,表意人原则上必须向意思表示的受领人赔偿其信赖损害(德国民法典第 122 条第 1 款)。例如,如果 V 应 K 的请求而通过邮局将一枚戒指寄给了 K,且意思表示被 K 以表示错误为理由而撤销,那么,K 必须向 V 赔偿邮费。因为 V 恰恰由于信赖买卖合同的有效性而通过邮局邮寄戒指,并因此而支付了邮费。[2]

如果意思表示依德国民法典第 118 条无效或已被依德国民法典第 119 条、第 120 条撤销,则在该意思表示须以他人为相对人而做出的情形下,表意人必须向相对人,在其他情形下,向任何第三人,赔偿相对人或第三人因信赖该意思表示有效而遭受的损害(信赖损害,也称信赖利益或消极利益),但不超过相对人或第三人就该意思表示之有效性所拥有的利益(履行利益,也称积极利益或履行损害)的数额(德国民法典第 122 条第 1 款)。

1. 义务人与权利人

损害赔偿义务人是做出了有瑕疵的意思表示的表意人。他负此项赔偿义务无须有过错。换言之,因德国民法典第 122 条而发生的责任,不以表意人的过错为前提。在须予受领的意思表示的情形下,权利人为相对人(意思表示的受领人);在其他意思表示的情形下,权利人为任何第三人。但受保护的只是因信赖该意思表示有效而受不利益的人。因此,知道或应当知道(因过失而不知道,见德国民法典第 122 条第 2 款的法定定义)可撤销意思表示的可撤销性原因或戏谑表示的无效性原因的人,不值得保护。按照德国民法典第 122 条第 2 款,在受害人知道或应当知道可撤销意思表示的可撤销性原因或戏谑表示的无效性原因的情形下,不发生损害赔偿义务。

2. 损害赔偿请求权的范围

首先,须予赔偿的是信赖损害而不是履行损害。前已述及,信赖损害又叫“信赖利益”或“消极利益”,是请求权人(相对人或第三人)因信赖该意思表示有效而遭受的损害(德国民法典第 122 条第 1 款)。[3] 请求权人必须被置于这样的地位,恰

---

[1] Vgl. Köhler, BGB Allgemeiner Teil, 43. Aufl. 2019, § 7 Rn. 79.

[2] Vgl. Brox/Walker, Allgemeiner Teil des BGB, 43. Aufl. 2019, Rn. 388.

[3] 如包装费用和发送费用,以及因另一可能的行为不成立而遭受的损害。Vgl. Der Brockhaus Recht, 2002, S. 44.

如他在从未听说过该法律行为的情形下所处的地位一样。

相比之下，履行损害无须予以赔偿。所谓“履行损害”，又叫“履行利益”或“积极利益”，是某人因他人不履行而遭受的损害。在履行损害被赔偿时，受害人必须被置于这样的地位，恰如他在给付已被履行的情形下所处的地位一样。

其次，信赖损害不超过相对人或第三人就该意思表示之有效性所拥有的利益（履行利益，也称积极利益或履行损害）的数额（德国民法典第 122 条第 1 款）。[1]

案例 7－8 | 信赖损害与履行损害

M 向 V 预订了一套度假住宅，为期一个月，租金为 1000 欧元。他想 7 月租用，但因笔误而写成了“6 月”。他发觉错误后，不迟延地撤销了其意思表示。V 向 M 请求损害赔偿，包括 6 欧元的邮费和 800 欧元。这 800 欧元是 V 因拒绝另一个愿意出 800 欧元在 6 月租用该住宅的感兴趣者而发生的费用；V 因此而错过了在 6 月找到使用承租人的机会。

问题 1：V 享有该项请求权吗？

问题 2：如果 V 因信赖他与 M 之间的使用租赁合同有效而拒绝了另一个愿意为 6 月支付 1200 欧元的感兴趣者，V 的损害赔偿金是多少？

答：在本案中，V 所支出的 6 欧元邮费属于信赖损害。800 欧元也属于信赖损害，因为它是 V 因信赖他与 M 之间的使用租赁合同有效而拒绝了他人为 6 月支付的 800 欧元租金才发生的损害。

如果 V 因信赖他与 M 之间的使用租赁合同有效而拒绝了另一个愿意为 6 月支付 1200 欧元的感兴趣者，则 V 的信赖利益（消极利益或信赖损害）本应为 1200 欧元。但它超过了 V 的履行利益（积极利益或履行损害），即 V 在他与 M 之间的使用租赁合同有效的情形下所会拥有的 1000 欧元。根据德国民法典第 122 条第 1 款，V 只能请求最高额为 1000 欧元的那部分信赖损害。[2]

---

〔1〕 Vgl. Zerres, Bürgerliches Recht, 5. Aufl. 2005, S. 69 – 70; Klunzinger, Einführung in das Bürgerliche Recht, 16. Aufl. 2013, S. 177 – 179; Medicus, Allgemeiner Teil des BGB, 9. Aufl. 2006, Rn. 783 – 786. 另见［德］迪特尔·梅迪库斯：《德国民法总论》，邵建东译，法律出版社 2000 年版，第 590 ~ 592 页；徐国建：《德国民法总论》，经济科学出版社 1993 年版，第 114 ~ 120 页。

〔2〕 Vgl. Brox/Walker, Allgemeiner Teil des BGB, 43. Aufl. 2019, Rn. 444 – 447.

第四节 恶意欺诈和不法胁迫

德国民法典总则编第123条和第124条含有关于恶意欺诈和不法胁迫的重要规定。其中,德国民法典第123条第1款规定:"因被恶意欺诈或被不法胁迫,致使做出意思表示的人,可以撤销该表示。"

一、恶意欺诈

根据德国民法典第123条第1款,如果动机错误是因恶意欺诈而引起的,则因错误而做出意思表示的人可以撤销其意思表示。

(一)欺诈行为

恶意欺诈,必须存在欺诈行为。所谓欺诈(Täuschung),是指有意识地(故意)引起、加强或维持某一关于事实真相的错误。[1]

欺诈行为可以是积极的作为,特别是(明示的或可推断出来的)关于重要情况的不符合真相的说法。例如,把出卖的汽车诈称为展示样车;把待出卖的汽车的里程表往前倒(本来已行驶60,000公里,但里程表所示为7000公里);在订立人寿保险合同时就关于疾病的问题做出错误的回答。

欺诈行为也可以是纯粹的不作为(沉默)。当然,不作为只有在当事人在法律上负有说明义务(Aufklärungspflicht)时才有意义。例如,在二手汽车的买卖中,出卖人有义务如实说清楚汽车到底行驶了多少公里,因为这对买受人来说有重要意义(尤其在价款方面)。关于该汽车是否出过事故的问题,在买受人问及的情形下,出卖人无论如何都有义务如实回答;[2]按照德国联邦普通法院的判决,[3]即使买受人没有问及,出卖人通常也有义务告知买受人汽车是否出过事故。

(二)欺诈行为与意思表示之间的因果关系

欺诈行为必须是意思表示做出的原因:欺诈导致(引起、加强或维持)了受骗者的错误,而受骗者的错误是意思表示做出的原因。

欺诈必须导致(引起、加强或维持)了受骗者的错误。例如,房屋使用承租人的支付能力方面的欺诈可以使受骗的使用出租人撤销关于该房屋的使用租赁合同。

---

〔1〕 Vgl. Medicus, Allgemeiner Teil des BGB, 9. Aufl. 2006, Rn. 788; Köhler, BGB Allgemeiner Teil, 43. Aufl. 2019, § 7 Rn. 36. 另见[德]迪特尔·梅迪库斯:《德国民法总论》,邵建东译,法律出版社2000年版,第594页。

〔2〕 Vgl. BGH NJW 1977, 1914, 1915.

〔3〕 Vgl. BGHZ 29, 150; 63, 386.

受骗者的错误必须是意思表示做出的原因。如果没有此错误，则受骗者可能根本不会做出意思表示，或不在此时做出意思表示，或以另外的内容做出意思表示。例如，如果买受人知道出卖人的二手汽车是出过事故的汽车，则买受人或许不会做这笔买卖，或者会要求较低的价钱。

（三）不法性

欺诈必须是不法的。从德国民法典第123条第1款的措辞（“恶意欺诈或不法胁迫”）看，欺诈不必是不法的，这一点与胁迫不同。

按照德国已故著名法学家、联邦宪法法院原法官布罗克斯（Hans Brox，1920～2009年）的观点，[1]德国立法者的出发点是认为恶意欺诈总是不法的，但立法者忽略了一点，那就是：在某些例外情形下，恶意欺诈也可以欠缺不法性，只不过此时不能再因恶意欺诈而撤销意思表示罢了。

（四）恶意

欺诈必须是恶意为之的。换言之，对恶意欺诈来说，故意是必不可少的。行为人必须故意说了假话，或不说实话，或隐瞒了实情。如果行为人不知道事情的真实状况，则即使其不知道系由重大过失所致，也不属于恶意。[2]例如，如果出卖人错误地以为买受人知道汽车出过事故，则出卖人没有欺诈的故意。

（五）欺诈人

根据德国民法典第123条第2款第1句，在意思表示是须予受领的意思表示的情形下，如果第三人进行欺诈，则只有在意思表示的受领人（“相对人”）知道或应当知道（因过失而不知道，见德国民法典第122条第2款的法定定义）的情形下，（对表意人来说）该意思表示才是可撤销的。例如，如果一个根本没有参与买卖的第三人欺骗买受人说，出卖人准备出卖的汽车是装饰华丽的展示样车，那么，只有在出卖人于订立买卖合同时知道或因过失而不知道该第三人欺骗了买受人，且第三人的欺诈与买受人的意思表示之间有因果关系的情形下，买受人才能撤销其意思表示（德国民法典第123条第2款第1句）。

根据德国民法典第123条第2款第2句，在意思表示是须予受领的意思表示且第三人进行欺诈的情形下，如果意思表示的受领人（“相对人”）以外的人因该意思表示而直接取得了权利，且知道或应当知道（因过失而不知道，见德国民法典第122条第2款的法定定义）欺诈，则该意思表示对该受益人来说是可撤销的。这一规定主要适用于为第三人利益而订立的合同（德国民法典第328条，如人寿保险合同）。[3] 例如，丈夫M与保险公司V订立了一个有利于其妻子F的人寿保险合同。

---

〔1〕 Vgl. Brox/Walker, Allgemeiner Teil des BGB, 43. Aufl. 2019, § 19 Rn.6.

〔2〕 Vgl. Köhler, BGB Allgemeiner Teil, 43. Aufl. 2019, § 7 Rn.43.

〔3〕 Vgl. Medicus, Allgemeiner Teil des BGB, 9. Aufl. 2006, Rn.800. 另见［德］迪特尔·梅迪库斯：《德国民法总论》，邵建东译，法律出版社2000年版，第603页。

在M的妻子F的疾病是否已治愈的问题上，一个未参与合同订立的第三人D欺骗了保险公司V。保险公司V因此而做出了与M订立人寿保险合同的意思表示。M的妻子F依照此人寿保险合同直接取得了一项权利。如果M的妻子F知道或应当知道(因过失而不知道，见德国民法典第122条第2款的法定定义)第三人D的欺诈行为，则保险公司V可以向M的妻子F撤销意思表示。

撤销的表示必须由受欺诈的表意人(撤销权人，如上例中的保险公司V)向受益人(如M的妻子F)做出，且对该受益人发生效力。

(六)证明责任

主张意思表示因恶意欺诈而可撤销的人，对恶意欺诈的存在负证明责任。他也必须证明：说明义务曾经存在过，但未被履行。为此，他只需驳倒相对人关于其已进行了说明的说辞即可。此外，恶意欺诈行为与意思表示的做出之间的因果关系，必须由受害人证明。[1]

二、不法胁迫

根据德国民法典第123条第1款，因受不法胁迫而做出意思表示的人，可以撤销该意思表示。

(一)胁迫

首先，必须存在胁迫。所谓胁迫(Drohung)，是指预告某一危害，而该危害是否成为现实可能取决于预告者的意志。[2] 威胁要向警方进行检举、扬言终止贷款的行为，均属于胁迫。

例如，出租人V不想让承租人M继续住在自己出租的房子，便对承租人M说，如果承租人M不同意立即终止使用租赁关系，就检举承租人M的偷窃行为。这属于胁迫他人做出意思表示的情形。又如，A开玩笑地对B说：若B不签字就检举他的偷窃行为。A实际上并不知道B有具体的偷窃行为，但做贼心虚的B为了不被检举而签了字。这也属于被胁迫做出意思表示的情形。但如果A将合同书放在B面前，B不愿意在上面签字，而A用强力抓住B的手迫使其签字，则B根本没有做出意思表示，更遑论因胁迫而做出的可撤销的意思表示，因为B欠缺行为意思。

(二)胁迫与意思表示的做出之间的因果关系

胁迫必须是被胁迫者的恐惧的原因，而其恐惧又是做出意思表示的原因。换言之，表意人是因不法胁迫才致使做出意思表示的。

---

[1] Vgl. Köhler, BGB Allgemeiner Teil, 43. Aufl. 2019, § 7 Rn. 48a.

[2] Vgl. Medicus, Allgemeiner Teil des BGB, 9. Aufl. 2006, Rn. 814. 另见[德]迪特尔·梅迪库斯：《德国民法总论》，邵建东译，法律出版社2000年版，第613页。

（三）胁迫的不法性

被胁迫者必须是被不法地以胁迫的方式促使做出意思表示的。[1] 胁迫的不法性可以具体表现为手段的不法性、目的的不法性以及手段与目的之关联的不法性。

1. 手段的不法性

胁迫者以不合法的行为相威胁，如以杀人、伤害身体、毁损物相威胁，即属于手段不合法的胁迫的情形。

例如，B 因过错而在一起交通事故中使 A 的身体受到伤害。受害人 A 拟好了一段包含以下意思表示的文字，要求肇事者 B 签字：本签字人承认自己因过错而造成交通事故，愿意承担损害赔偿义务。受害人 A 恫吓文弱的肇事者 B 说，如不签字就狠狠地揍 B 一顿。在这里，A 扬言要伤害 B 的身体，是手段不合法的胁迫。但是，如果 A 威胁说，如果 B 不签字，他就打电话叫警察来事故现场，而 B 因害怕警察查出自己酒后开车并会吊销驾照而签了字，则 A 所威胁采取的行为就不是非法的，不属于手段不合法的胁迫的情形，因为 A 完全有权利打电话叫警察来事故现场。又如，债权人威胁债务人说，如果债务人不在所出示的票据上签字，就放火烧掉债务人的房子。在这里，债权人扬言要纵火焚烧债务人的房子，也属于手段不合法的胁迫的情形。[2]

2. 目的的不法性

就目的的不法性而言，只需所追求的结果（待由被胁迫者做出的意思表示）本身不合法即已足够。较为典型的是，所追求的结果是法律所禁止的或违背善良风俗的。在这些情形下，所做出的意思表示（或所实施的法律行为）多半已依德国民法典关于违反法定禁止的第 134 条或关于违背善良风俗的第 138 条无效。

例如，在上述交通肇事案中，受害人 A 威胁肇事者 B 说，如果 B 不协助他诈骗保险公司，就向警察当局检举 B。在这里，A 所威胁采取的行为（向警察当局检举）虽然是合法的，但他所追求的结果（要 B 协助其诈骗保险公司）却是非法的，是目的不合法的胁迫。然而，如果一名劳动者在行窃的过程中被当场抓获，其雇主威胁说，要是该劳动者不对劳动合同关系的解除给予事前的同意，就以即时的效力解聘之，则这一目的本身并不是不合法的，因为在此情形下，作为胁迫者的雇主就被胁迫者的意思表示之做出有正当的利益。[3]

3. 手段与目的之关联的不法性

在有些情形下，虽然手段和目的各自单独予以考虑都是合法的，但它们的关联（此手段对此目的的意义）却是不合法的，用联邦普通法院的话来说，此种关联违背

---

〔1〕 Vgl. Medicus, Allgemeiner Teil des BGB, 9. Aufl. 2006, Rn. 815－820. 关于胁迫的不法性，另见［德］迪特尔·梅迪库斯：《德国民法总论》，邵建东译，法律出版社 2000 年版，第 613～619 页。

〔2〕 Vgl. Köhler, BGB Allgemeiner Teil, 43. Aufl. 2019, § 7 Rn. 55.

〔3〕 Vgl. Köhler, BGB Allgemeiner Teil, 43. Aufl. 2019, § 7 Rn. 56.

了“一切公平和正直地思考的人的礼仪感”或违背了诚实信用原则。[1] 在此种情形下，存在手段与目的之关联的不法性。[2]

例如，在上述交通肇事案中，受害人 A 要求肇事者 B 赔偿所造成的损害，否则就检举 B 在以前的一次交通肇事事件发生后驾车逃逸的行为。在这里，受害人 A 可以根据德国民法典第 823 条第 1 款请求肇事者 B 赔偿损害。不仅如此，受害人 A 还有权利检举 B 以前的犯罪行为。然而，将该手段（检举 B 以前的犯罪行为）与所追求的目的（损害赔偿金的支付）联系起来在法律上是不容许的，因为该损害赔偿请求权与 B 以前的肇事逃逸行为无任何关联。

（四）胁迫人

胁迫人既可以是意思表示的受领人，也可以是第三人。[3]

三、因恶意欺诈和不法胁迫而撤销意思表示

（一）可撤销性与撤销权人

撤销权人是因被恶意欺诈或被不法胁迫，致使做出了意思表示的人（德国民法典第 123 条第 1 款）。如果第三人进行了欺诈，则仅在相对人知道或应当知道（因过失而不知道，见德国民法典第 122 条第 2 款的法定定义）欺诈时，须予受领的意思表示始为可撤销的（德国民法典第 123 条第 2 款第 1 句）。以该表示的做出所须相对的人以外的人已因该表示而直接取得权利为限，如他知道或应当知道欺诈，则该表示对他来说是可撤销的（德国民法典第 123 条第 2 款第 2 句）。

（二）撤销相对人与撤销期间

撤销的表示是一个须予受领的意思表示。对它来说，适用德国民法典第 143 条。该条第 2 款和第 3 款规定了撤销相对人：在合同的情形下，撤销相对人是合同当事人的另一方；在德国民法典第 123 条第 2 款第 2 句的情形下，撤销相对人是因合同而直接取得了权利的人。在须予受领的单方法律行为（如通知终止）的情形下，撤销相对人是受领人（包括官署）；在其他种类的单方法律行为的情形下，撤销相对人是因法律行为而直接获得了法律上利益的人。

撤销的表示必须适时地做出。就因恶意欺诈而可撤销的意思表示而言，撤销期间是 1 年（德国民法典第 124 条第 1 款），自撤销权人发现欺诈时起算（德国民法典第 124 条第 2 款第 1 句第 1 种情形）。就因不法胁迫而可撤销的意思表示而言，撤销期间也是 1 年（德国民法典第 124 条第 1 款），自急迫情势停止时起算（德国民法典第 124 条第 2 款第 1 句第 2 种情形）。较之德国民法典第 121 条第 1 款所规定

---

〔1〕 Vgl. BGH NJW 2005, 2766, 2771.

〔2〕 Vgl. Köhler, BGB Allgemeiner Teil, 43. Aufl. 2019, § 7 Rn. 57.

〔3〕 Vgl. Köhler, BGB Allgemeiner Teil, 43. Aufl. 2019, § 7 Rn. 57.

的因错误和误传而撤销意思表示的撤销期间（“不迟延地”），第124条第1款所规定的因恶意欺诈或不法胁迫而撤销意思表示的撤销期间之所以更长，[1]是因为受骗者或被胁迫者必须被置于更好的地位，且恶意欺诈者或不法胁迫者不值得保护。

值得注意的是，德国民法典第124条第1款所规定的撤销期间属于除斥期间（Ausschlussfrist）。除斥期间一般适用于形成权（如撤销权、德国民法典第355条所规定的在消费者合同的情形下的法定撤回权、合同解除权、通知终止权等）。除斥期间届满后，形成权消灭。因此，就因恶意欺诈或不法胁迫而可撤销的意思表示而言，如果撤销权人不在1年之内（自发现欺诈或自急迫情势停止时起算）撤销该意思表示，则撤销权消灭。可见，除斥期间不同于消灭时效期间：消灭时效期间只适用于请求权，债务人在消灭时效期间届满后（消灭时效完成后）有权拒绝履行给付，但请求权并不因此而消灭。[2]

如果自意思表示做出时起已经过10年，则撤销被排除（德国民法典第124条第3款）。如果可撤销的法律行为被撤销权人认可，则撤销亦被排除（德国民法典第144条第1款）。换言之，如果撤销权人明确表示他想维持该法律行为，则不得撤销之。由于对可撤销的法律行为的确认并不被判定为重新实施法律行为，而是被判定为放弃撤销权，故该项认可无须使用就法律行为而定的形式（德国民法典第144条第2款）。

（三）撤销的法律效果

因受到恶意欺诈或不法胁迫而做出意思表示的人，可以对撤销相对人的意思表示撤销其所做出的有瑕疵的意思表示（德国民法典第143条第1款）。

可撤销的法律行为在被撤销前是有效的。但是，可撤销的法律行为一旦被撤销，则必须视为自始无效（德国民法典第142条第1款）。如撤销已进行，则知道或应当知道（因过失而不知道，见德国民法典第122条第2款的法定定义）可撤销性的人被这样对待，恰如他已经知道或应当知道法律行为的无效性一样（德国民法典第142条第2款）。

与因错误而可撤销的意思表示不同，因受到恶意欺诈或不法胁迫而做出意思表示的人，没有义务赔偿意思表示的受领人的信赖损害。这是合理的，因为在表意人因受到恶意欺诈或不法胁迫而做出意思表示的情形下，意思表示的受领人自己往往就是实施恶意欺诈或不法胁迫的人，或者是非为善意者。[3]

---

〔1〕 Vgl. Medicus, Allgemeiner Teil des BGB, 9. Aufl. 2006, Rn. 805. 另见［德］迪特尔·梅迪库斯：《德国民法总论》，邵建东译，法律出版社2000年版，第606页。

〔2〕 参见《德国民法典》（第4版），陈卫佐译注，法律出版社2015年版，第43页，注解23。

〔3〕 Vgl. Brox/Walker, Allgemeiner Teil des BGB, 43. Aufl. 2019, § 19 Rn. 1－32. 另见徐国建：《德国民法总论》，经济科学出版社1993年版，第120～130页。

第八章　须得到同意的、附条件的和附期限的法律行为以及期间和期日的计算

在通常情形下，法律行为的效力在它被实施的时候就立即发生了，但有些法律行为还必须得到第三人的同意才能发生效力。不仅如此，当事人可以使法律行为的效力取决于将来的、不确定的事件（附条件的法律行为），也可以使法律行为的效力取决于某一特定期日的到来（附期限的法律行为）。此外，本章还将附带地略述期间和期日的计算。

第一节　须得到同意的法律行为

一、概念

在通常情形下，法律行为在实施时即为有效。但法律有时使法律行为的有效性取决于第三人的同意。例如，根据德国民法典第 108 条第 1 款，未成年人未经其法定代理人必要的允许（事前的同意，见德国民法典第 183 条第 1 句的法定定义）而订立的买卖合同的有效性，取决于其法定代理人的追认（事后的同意，见德国民法典第 184 条第 1 款的法定定义）。

所谓须得到同意的法律行为，是指其有效性依照法律必须得到第三人的同意的法律行为。判断一个法律行为是否是须得到同意的法律行为，重要的标准是“依照法律”。因此，有学者称之为“法律上的条件”（Rechtsbedingung）。如果实施法律行为的双方当事人达成协议，使该法律行为的有效性取决于他人的同意，则是德国民法典第 158 条意义上的“条件”（Bedingung）。[1]

---

〔1〕 Vgl. Brox/Walker, Allgemeiner Teil des BGB, 43. Aufl. 2019, § 22 Rn. 2.

二、同意

(一)同意的种类

在德国民法典上,“同意”(Zustimmung)是一个上位概念(属概念),其下位概念(种概念)是“允许”和“追认”。[1]

按照德国民法典第 183 条第 1 句的法定定义,事前的同意叫作允许(Einwilligung);按照德国民法典第 184 条第 1 款的法定定义,事后的同意叫作追认(Genehmigung)。

(二)关于同意的规定

1. 一般规定

同意是单方的、须予受领的意思表示,故而适用关于意思表示的规定。例如,如果同意人因患精神疾病而不能做出有效的意思表示,则不存在同意;如果同意的表示被依照德国民法典第 119 条及以下有效地撤销,则视为自始不存在同意。

给予同意或拒绝同意的表示既可以向一方做出,也可以向另一方做出(德国民法典第 182 条第 1 款)。举例来说,如果这里所说的“一方”是限制行为能力人,“另一方”是合同相对人或单方法律行为所包含的意思表示的受领人,则同意的表示既可以对限制行为能力人做出,也可以对合同相对人或单方法律行为所包含的意思表示的受领人做出。给予同意或拒绝同意的表示“无须使用就法律行为而定的形式”(德国民法典第 182 条第 2 款)。

经权利人(如法定代理人)必要的允许而实施的法律行为,立即发生效力。未经权利人必要的允许而实施的法律行为,其效力处于未定状态;如果权利人拒绝予以追认,则该法律行为确定地不生效力。[2]

以上是关于同意的一般规定。

2. 特别规定

关于允许和追认,尚有若干特别规定。

对须得到同意的合同来说,有时法律规定其必须得到允许(事前的同意,见德国民法典第 183 条第 1 句的法定定义),如其未经允许而订立,则其有效性通常取决于追认(事后的同意,见德国民法典第 184 条第 1 款的法定定义),如德国民法典第 108 条第 1 款。

到法律行为实施时为止,事前的同意(允许)原则上是可撤回的,但以其他法律效果不因该项允许的给予所依据的法律关系(基础法律关系)而发生为限(德国民

---

〔1〕 Vgl. Musielak, Grundkurs BGB, 8. Aufl. 2003, Rn. 31, Fn. 16; Faust, Bürgerliches Gesetzbuch Allgemeiner Teil, 1. Aufl. 2005, S. 130.

〔2〕 Vgl. Lange, BGB Allgemeiner Teil, 1952, § 47 Ⅰ; Köhler, BGB Allgemeiner Teil, 43. Aufl. 2019, § 14 Rn. 2 – 3.

法典第183条第1句)。例外的情形如,当事人在基础法律关系(如委托合同关系、劳动合同关系)中,以法律行为排除撤回事前的同意(允许)的可能。此外,不可撤回性也可以基于法律得出。例如,德国民法典第876条、第1071条、第1178条、第1245条、第1255条、第1516条、第1517条、第1750条均包含关于事前的同意(允许)不可撤回的例外规定。[1] 撤回是须予受领的意思表示,它既可以向一方(如限制行为能力人)表示,也可以向另一方(限制行为能力人的合同相对人)表示(德国民法典第183条第2句)。

根据德国民法典第184条第1款,除另有规定外,事后的同意(追认)的效力追溯到法律行为实施之时(拉丁文[2] *ex tunc*,意思是"从那时起")。也就是说,追认是有溯及力的。然而,根据德国民法典第184条第2款,追认人在追认前就法律行为的标的所为的处分,或以强制执行或假扣押方式或由支付不能程序中的管理人所为的处分,不因追认的溯及力而失去效力。这样一来,在法律行为效力未定期间已从追认人处取得权利的第三人的利益就得到了保护。[3]

案例8-1 | 妻子对其全部财产的处分与丈夫的同意

妻子F与丈夫M采取法定的夫妻财产制(财产增加额共同制,见德国民法典第1363条至第1407条)共同生活。妻子F想将构成其全部财产的土地以8万欧元为价款出卖给K。依照德国民法典第1365条,对全部财产的处分属于须得到同意的法律行为。该条第1款要求,配偶一方只有经另一方允许(事前的同意,见德国民法典第183条第1句的法定定义),才能担负处分其自己的全部财产的义务;如该方不经另一方同意而担负义务,则只有经另一方允许,才能履行该义务。妻子F向她的律师咨询,并提出以下问题:丈夫M的(事前的)同意是否可以向她表示,或者也可以向K表示?根据德国民法典第311b条第1款第1句,土地买卖合同必须做成公证证书,但丈夫M的同意的表示是否也必须做成公证证书?丈夫M的同意是否必须在土地买卖合同订立时就表示?丈夫M在土地买卖合同订立后给予同意是否足够?

问题1:如果你是律师,你将如何回答上述问题?

问题2:妻子F与买受人K于2月1日订立买卖合同。丈夫M于3月1日同意妻子出卖土地。假如丈夫M自2月15日起患非暂时性精神疾病,买卖合同是

---

[1] Vgl. Palandt-Ellenberger, BGB, 69. Aufl. 2010, § 183 Rn.2; Köhler, BGB Allgemeiner Teil, 43. Aufl. 2019, § 14 Rn.5.

[2] 参见陈卫佐:《拉丁语法律用语和法律格言词典》,法律出版社2009年版,第55页。

[3] Vgl. Lange, BGB Allgemeiner Teil, 1952, § 47 Ⅱ; Klunzinger, Einführung in das Bürgerliche Recht, 16. Aufl. 2013, S.194-196.

否有效？假如妻子F自2月15日起患非暂时性精神疾病，情况又如何？
答：在本案中，就问题1涉及的几个问题而言，首先，丈夫M的（事前的）同意既可以向妻子F表示，也可以向买受人K表示（德国民法典第182条第1款）。其次，虽然德国民法典第311b条第1款第1句规定土地买卖合同必须做成公证证书，但同意的表示“无须使用就法律行为而定的形式”（德国民法典第182条第2款）。也就是说，丈夫M的同意是不要式的，他只需就关于同意的问题点点头即可。此外，丈夫M的同意在土地买卖合同订立之前或之后做出均可。在问题2的情形下，如果丈夫M自2月15日起患非暂时性精神疾病，则他不能在3月1日同意妻子F出卖土地，因为丧失了行为能力的他不能做出有效的意思表示。如果妻子F在买卖合同订立之后和丈夫M给予同意之前的2月15日患非暂时性精神疾病，则其行为能力之丧失对买卖合同的有效性来说无关紧要。重要的是她在买卖合同订立时是精神健全的，因为丈夫事后的同意（追认）的效力追溯到合同订立之时（德国民法典第184条第1款）。[1]

三、无权利人的处分

（一）无权利人

德国民法典第185条就“无权利人的处分”（Verfügung eines Nichtberechtigten）做出了规定。所谓处分，又叫处分行为，是指通过转让、废止、变更内容或设定负担等方式直接对某一项既有权利施加影响的法律行为。根据德国民法上有名的“分离原则”，处分行为是不同于负担行为的法律行为，二者必须严格地予以分离。例如，出卖人和买受人订立了关于某动产的买卖合同。因该买卖合同（属于负担行为），出卖人负有使买受人取得该动产的所有权的义务（德国民法典第433条第1款第1句）。但这是就负担行为而言的。而处分行为则有所不同：原则上，处分行为只能由权利人有效地实施。设若该动产不属于出卖人，尽管他可以担负转让动产所有权的义务，但他是否也能够履行该项义务，则取决于他是否有权利这样做，换言之，取决于他自己是否已取得该动产的所有权从而能够履行该项义务；如果他就他人的动产所有权做出了处分，则取决于真正有权做出处分的人（处分权人）是否同意他这样做。

因此，德国民法典第185条所称“无权利人”（Nichtberechtigter）并非在债法上的负担行为的意义上说的，而是在处分行为的意义上说的，可以理解成无权做出某

---

〔1〕 参见徐国建：《德国民法总论》，经济科学出版社1993年版，第270～275页。

一具体处分的人,即"无处分权人"。[1] 例如,甲把从乙那里借来的自行车的所有权转让给丙,如未得到乙的同意,则甲就是处分了不属于自己的动产之所有权的无权利人。此外,违反让与禁止而做出处分的人是无处分权人,也是无权利人。[2]

(二)无权利人的处分

1. 权利人允许

如果无权利人就某一标的所为的处分系经权利人允许(事前的同意,见德国民法典第183条第1句的法定定义)而为之的,则该项处分自始有效(德国民法典第185条第1款)。

案例8-2 | 无权利人就某一标的所为的处分已得到权利人的允许

某一幅特定的画的所有人E以法律行为明确允许H向他人转让这幅画的所有权。H在向K出卖这幅画的同时,还与K达成了关于这幅画的所有权应转移给K的合意并完成了交付。

问:谁是这幅画的现时所有人?

答:这幅画的原所有人E享有对这幅画的处分权,属于德国民法典第185条第1款所称"权利人",即处分权人。H虽不是这幅画的所有人,但H就这幅画的所有权所为的处分——关于这幅画的所有权应转移给K的合意——系经所有人E允许(事前的同意,见德国民法典第183条第1句的法定定义)而为之的,根据德国民法典第185条第1款,该项处分自始有效。换言之,该项处分在H将这幅画交付给K时发生法律效果,使得所有权由E转移给了K(德国民法典第929条第1句)。

结论:K已成为这幅画的现时所有人,而原所有人E则失去了这幅画的所有权。[3]

2. 权利人追认、处分人取得标的、处分人被权利人继承且权利人对遗产债务负无限责任

如果权利人追认(事后的同意,见德国民法典第184条第1款的法定定义)无权利人就某一标的所为的处分,或处分人取得该标的,或处分人被权利人继承且权利人对遗产债务负无限责任,则该项处分发生效力(德国民法典第185条第2款第1句)。细言之,有以下三种情形:

---

[1] Vgl. Creifelds Rechtswörterbuch, 23. Aufl. 2019, S. 1540 – 1541; Klunzinger, Einführung in das Bürgerliche Recht, 16. Aufl. 2013, S. 196 – 197.

[2] 参见[德]迪特尔·施瓦布:《民法导论》,郑冲译,法律出版社2006年版,第327～328、525页。

[3] Vgl. Brox/Walker, Allgemeiner Teil des BGB, 43. Aufl. 2019, § 5 Rn. 6.

首先,如果权利人追认无权利人就某一标的所为的处分,则处分发生效力(德国民法典第185条第2款第1句第1种情形)。在追认之前,无权利人就某一标的所为的处分处于效力未定状态。

其次,如果处分人取得标的,则处分发生效力(德国民法典第185条第2款第1句第2种情形)。在处分人取得标的的情形下,处分人从无权利人变成了权利人(如处分人作为单独继承人继承了权利人的全部遗产),因而处分发生效力。

最后,如果处分人被权利人继承且权利人对遗产债务负无限责任(德国民法典第185条第2款第1句第3种情形),则处分发生效力。在处分人被权利人继承且权利人对遗产债务负无限责任的情形下,处分人的全部遗产债务均由权利人承担,即便权利人是共同继承人中之一人亦然。无权利人就某一标的所为的处分之所以在此情形下发生效力,不是因为取得(故不同于第2种情形),而是责任使然。[1]在此情形下,权利人与处分人实际上已归于同一人。

案例8-3　被盗手表的出卖

V将一块从所有人E那里偷窃来的手表出卖给K并做出了将手表所有权转让给K的处分。

问:K如何才能成为这块手表的所有人?

答:在本案中,E是那块被盗窃的手表的原所有人。对E来说,V是无权利人。V作为无权利人对标的(被盗的手表)做出了处分。这时,可考虑德国民法典第932条第1款第1句关于从无权利人处善意取得的规定:"即使物不属于让与人,取得人也因依第929条所为的让与而成为所有人,但取得人在依该条的规定将会取得所有权时非为善意的除外。"而根据德国民法典第932条第2款,所谓"非为善意",是指取得人知道或因重大过失而不知道该物不属于让与人。然而,这一关于善意取得的规定是有例外的。依照德国民法典第935条第1款第1句的规定,丧失之物无善意取得可言:"物从所有人处被盗、遗失或以其他方式丧失的,不发生基于第932条至第934条的所有权取得。"

本案中的那块手表是处分人V从所有人E那里偷窃来的,故而不发生从V到K的善意取得。那么,K如何才能成为这块手表的所有人呢?

如果所有人E追认了无权利人V所做出的将手表所有权转让给K的处分,则K可以成为手表所有人(德国民法典第185条第2款第1句第1种情形)。

如果所有人E将手表所有权转让给了处分人V,从而使V合法、有效地取得标

---

〔1〕 Vgl. Medicus, Allgemeiner Teil des BGB, 9. Aufl. 2006, Rn. 1030－1035. 另见[德]迪特尔·梅迪库斯:《德国民法总论》,邵建东译,法律出版社2000年版,第771～774页。

的(取得手表所有权),或者处分人V作为单独继承人继承了所有人E,从而依照德国民法典第1922条成为手表所有人,则K也可以成为手表所有人(德国民法典第185条第2款第1句第2种情形)。在此情形下,在处分人V取得手表所有权时(拉丁文ex nunc,意思是:从现在起)[1],V先前作为无权利人所为的处分发生效力。

如果权利人(所有人E)嗣后继承了处分人V且权利人(所有人E)对遗产债务负无限责任,则权利人与处分人归于同一人。这时,处分人的处分发生效力,K也可以成为手表所有人(德国民法典第185条第2款第1句第3种情形)。

3. 两项以上相互抵触的处分的效力

在德国民法典第185条第2款第1句第2种情形和第3种情形下,如果对该标的做出两项以上相互抵触的处分,则只有最先的处分才发生效力(德国民法典第185条第2款第2句)。这是因为在这两种情形下,处分之发生效力是不溯及既往的;如果有两项以上处分,则它们会在同一时间发生效力;而如果它们相互抵触,则根本不可能在同一时间发生效力。通过规定时间在先的处分在效力的发生上具有优先地位,就可以避免这种现象的发生。

例如,在上述案例中,如果处分人V先后将属于所有人E的手表出让给了买受人K1和买受人K2,且处分人V从所有人E那里取得了手表所有权,则只有最先的处分才发生效力。结果是:买受人K1成为手表所有人,买受人K2则不然。[2]

第二节 附条件的法律行为

一、条件的含义

德国民法典第158条所称"条件"(德文Bedingung;拉丁文*condicio*[3])可以有两种含义:一是指当事人在法律行为中做出的使该法律行为的效力取决于将来的、不确定的事件的规定;二是指当事人用以决定某一法律行为的效力的将来的、不确

〔1〕 参见陈卫佐:《拉丁语法律用语和法律格言词典》,法律出版社2009年版,第54页。

〔2〕 Vgl. Klunzinger, Einführung in das Bürgerliche Recht, 16. Aufl. 2013, S. 196 – 198. 另见徐国建:《德国民法总论》,经济科学出版社1993年版,第275～277页。

〔3〕 参见陈卫佐:《拉丁语法律用语和法律格言词典》,法律出版社2009年版,第30页。

定的事件。[1] 本书一般在第二种含义上使用“条件”这一概念，即条件是指当事人用以决定某一法律行为的效力的将来的、不确定的事件。

可见，这里所说的条件既不同于法定条件，也不同于日常生活中所说的条件。附条件的法律行为包含着这样的规定，它使该法律行为的效力取决于将来的、不确定的事件。

例1：一个20岁的人未来的某个生日（如30岁生日）可以理解成条件，因为其是否能活到那一天是不确定的。

例2：A向B许诺说，要是B通过其硕士学位论文答辩，就把自己的“速腾”（Sagitar）牌小轿车赠与B。这是一个条件。

例3：A对B说，要是B重新犯罪，就必须返还礼物。这也是一个条件。

案例8-4 ｜是否是德国民法典第158条所称条件

A向B许诺说，如果B的父亲死亡，他将向B或B的继承人每月支付400欧元。

问：B的父亲的死亡是不是德国民法典第158条所称条件？设若A向B许诺说，“如果B的父亲在B之前死亡，A将向B每月支付400欧元”，A所说的是不是德国民法典第158条所称条件？

答：在这里，B的父亲的死亡虽然是将来的事件，但它是确定的，因为人必有一死，不确定的只是死亡的时刻。因此，B的父亲的死亡不是德国民法典第158条所称条件。

但是，假如A向B许诺说，“要是B的父亲在B之前死亡，A将向B每月支付400欧元”，那么，A的支付义务不仅取决于B的父亲的死亡，而且取决于B在其父亲之后死亡这一情形，所以A所说的是德国民法典第158条所称条件。

二、条件的种类

（一）停止条件

停止条件（德文 aufschiebende Bedingung 或 Suspensivbedingung；拉丁文 *condicio suspensiva*[2]）是指这样的条件，它使法律行为的生效取决于将来的、不确定的事件。

德国民法典第158条第1款规定：“法律行为系附停止条件而实施的，停止条件所决定的效力在条件成就时发生。”可见，在停止条件的情形下，到条件成就时（将

---

[1] Vgl. Köbler, Juristisches Wörterbuch, 13. Aufl. 2005, S. 53.

[2] 参见陈卫佐：《拉丁语法律用语和法律格言词典》，法律出版社2009年版，第30页。

来的、不确定的事件发生时)为止,法律行为的效力处于未定状态;只有在条件成就时(将来的、不确定的事件发生时),法律行为的效力才发生。

例1:在动产买卖合同附所有权保留而订立的情形下,动产出卖人将所有权保留到全部价款支付之时,买卖标的的所有权转让(属于处分行为)就是附支付全部价款的停止条件的。在条件成就时(如最后一次分期付款完毕时),所有权转让的效果就发生(德国民法典第449条第1款);只要条件不成就(只要买受人还没有支付全部价款),所有权转让的效果就不发生。[1] 关于所有权保留,德国民法典第449条第1款规定:"动产出卖人已将所有权保留到价款被支付时为止的,有疑义时,必须认为所有权系以买卖价款被全部支付为停止条件而转让的(所有权保留)。"[2]

例2:在试验买卖或检验买卖的情形下,买受人可以随意认可买卖标的。有疑义时,试验买卖合同或检验买卖合同是附买受人认可的停止条件而订立的(德国民法典第454条第1款)。

案例8-5 买卖合同是附什么条件的法律行为

V向K推销一辆标价为5000欧元的汽车。K很想购买这辆汽车,但苦于囊中羞涩,便与V在星期六下午订立了买卖合同,"条件是K在今天的数码抽彩的开奖活动中至少赢得5000欧元"。果不其然,K在开奖时知道自己抽中了6位数码,得到一笔较5000欧元多得多的钱。

问:该买卖合同是附什么条件的法律行为?

答:在本案中,K想先确切地知道自己中了大奖才担负支付价款的义务,因为他暂时还拿不出购买汽车的钱。他本来可以等到确切地知道自己中奖与否时再与V订立一个(不附条件的)买卖合同。但是,K想通过预先订立好的(附条件的)买卖合同来阻止V事后反悔。到条件成就时(将来的、不确定的事件发生时,即K中奖时)为止,买卖合同的效力处于未定状态,K无须支付价款;在条件成就时(K中奖时),买卖合同的效力才发生,K才有义务支付价款,而V则有义务立即将汽车所有权转让给K。

结论:这个以K中奖为条件而订立的买卖合同是附停止条件的法律行为。

案例8-6 分期付款的电视机买卖

V想向K出卖一台价格为1500欧元的电视机。按照双方的协议,K可以分期付款,每月支付100欧元,并立即获得对电视机的占有。但V又想在K不将分

[1] 参见《德国民法典》(第5版),陈卫佐译注,法律出版社2020年版,第57~58页,注解67。

[2] 在所有权保留的情形下,买受人取得对买卖物的一种物权法上的期待权。

期支付款进行到底的情况下要回电视机。

问:V 和 K 如何达到他们的目的?

答:在本案中,V 和 K 可以订立一个附条件的买卖合同。V 也将按照德国民法典第 929 条第 1 句通过关于动产所有权转移的合意和交付将电视机所有权转让给 K;但电视机所有权只有在 K 支付了最后一期款项的情形下才转移给 K。所以 V 和 K 之间的物权法上的处分合同(关于电视机所有权转移的合意)是附有完全支付价款的停止条件的(见德国民法典第 449 条第 1 款关于附所有权保留的买卖的规定)。通过这一方式,到最后一期款项支付时为止,V 仍然是电视机所有人,从而获得充分的保障;假如 K 不支付最后一期款项,那么 V 可以根据德国民法典第 985 条向 K 请求返还电视机。反之,最后一期款项一经支付,条件就成就,电视机所有权就转移给 K。

(二)解除条件

解除条件(德文 auflösende Bedingung 或 Resolutivbedingung;拉丁文 *condicio resolutiva*)是指这样的条件,它使法律行为的继续有效取决于将来的、不确定的事件的不发生。

德国民法典第 158 条第 2 款规定:"法律行为系附解除条件而实施的,该法律行为的效力在条件成就时终止;原先的法律状态于此时恢复。"可见,在解除条件的情形下,法律行为的效力业已发生,但其效力在条件成就时(将来的、不确定的事件发生时)终止。例如,A 向 B 转让自己的汽车的所有权。双方约定:如果 A 向 B 偿还由 B 发放的贷款,汽车所有权就应自动回复于 A。在这里,汽车所有权的转让就是附偿还贷款的解除条件的。又如,在法律行为实施时订有所谓"再婚条款"(Wiederverheiratungsklausel)的情形下,法律行为是附解除条件而实施的。在条件成就时(生存的配偶一方再婚时),法律行为的效力就终止。[1]

三、条件的成就与落空

(一)条件的成就

如果将来的、不确定的事件发生,那么,在停止条件的情形下,法律行为的效力即发生,在解除条件的情形下,法律行为的效力即终止。

因条件的成就而会受不利益的当事人违背诚实信用原则,阻止条件成就的,条件视为已成就(德国民法典第 162 条第 1 款)。该法律效果符合这样一个一般法律思想:任何人不得从自身违反诚信义务的行为中取得权利。例如,出卖人按照完全支付价款的停止条件将买卖物所有权转让给买受人。假设买受人共需支付 24 期款

---

〔1〕 参见《德国民法典》(第 5 版),陈卫佐译注,法律出版社 2020 年版,第 58 页,注解 68。

项，且已支付 23 期，但出卖人无缘无故地对买受人所支付的最后一期（第 24 期）款项不予受领。根据德国民法典第 162 条第 1 款，条件视为已成就，买受人自动地成为买卖物所有人。[1]

（二）条件的落空

条件的落空是指将来的、不确定的事件不再能发生。例如，条件是在一定的期间内支付一定的金额，如果期间已届满但金额尚未支付，则条件不再能成就。又如，条件是 A（孙子）比 B（儿子）后死亡，但结果是 A（孙子）比 B（儿子）先死亡，则条件不再能成就。

如果停止条件落空，则法律行为不再能生效；如果解除条件落空，则法律行为的效力就继续到底。因条件的成就而会受利益的当事人违背诚实信用原则，促成条件成就的，条件视为未成就（德国民法典第 162 条第 2 款）。

四、条件的可准许性

原则上，法律行为均可以附条件；这既适用于负担行为，也适用于处分行为。

但是，如果法律或法律行为本身排除了附条件的可能性，则不得附条件。根据德国民法典，某些法律行为特别是家庭法上的某些法律行为是不准许附条件的，如结婚（德国民法典第 1311 条第 2 句）、收养时必要的允许的给予（德国民法典第 1750 条第 2 款）、关于土地所有权转移的合意（德国民法典第 925 条第 2 款）、遗产的接受或拒绝接受（德国民法典第 1947 条）。此外，在行使形成权（如撤销权、德国民法典第 355 条所规定的在消费合同的情形下的法定撤回权、合同解除权及通知终止权）时所做出的意思表示也不得附条件。[2]

第三节 附期限的法律行为

一、附期限的法律行为的含义

附期限（Befristung）的法律行为包含这样的规定，它使该法律行为的效力取决

---

〔1〕 Vgl. Köhler, BGB Allgemeiner Teil, 43. Aufl. 2019, § 14 Rn. 20. 另见徐国建：《德国民法总论》，经济科学出版社 1993 年版，第 265 页。

〔2〕 Vgl. Klunzinger, Einführung in das Bürgerliche Recht, 16. Aufl. 2013, S. 189 – 193; Medicus, Allgemeiner Teil des BGB, 9. Aufl. 2006, Rn. 827 – 843. 关于附条件的法律行为，另见［德］迪特尔・梅迪库斯：《德国民法总论》，邵建东译，法律出版社 2000 年版，第 637 ~ 638 页；［德］迪特尔・施瓦布：《民法导论》，郑冲译，法律出版社 2006 年版，第 462 ~ 465 页。

于某一特定期日的到来（德国民法典第163条）。与附条件的法律行为不同的是，附期限的法律行为取决于某一将来的、确定的事件的发生，如某一历日的到来、某人死亡之日的到来。

二、始期与终期

附期限的法律行为可以规定该法律行为从某一特定时刻起有效，也可以规定到某一特定期日止有效。因此，期限可以分为始期的限定与终期的限定。

始期使法律行为的生效取决于某一将来的、确定的事件的发生。就效力而言，始期与停止条件有平行之处，因而关于停止条件的规定也就准用于限定始期的情形（德国民法典第163条）。

终期使法律行为的效力的终止取决于某一将来的、确定的事件的发生。就效力而言，终期与解除条件有平行之处，因而关于解除条件的规定也就准用于限定终期的情形（德国民法典第163条）。[1]

例如，V与M于2月1日订立了一个关于一台机器的使用租赁合同，合同的效力始于4月1日，终于10月31日。又如，雇主和劳动者订立了一个劳动合同，合同期为4月1日至4月30日。

三、期限的可准许性

原则上，法律行为均可以附期限；这既适用于负担行为，也适用于处分行为。但在例外情形下，不准许附期限。一般地说，不得附条件的法律行为原则上也不得附期限。[2]

根据德国民法典，某些法律行为特别是家庭法上的某些法律行为是不准许附期限的，如结婚（德国民法典第1311条第2句）、收养时必要的允许的给予（德国民法典第1750条第2款）、关于土地所有权转移的合意（德国民法典第925条第2款）、遗产的接受或拒绝接受（德国民法典第1947条）。此外，在行使形成权（如撤销权、德国民法典第355条所规定的在消费者合同的情形下的法定撤回权、合同解除权及通知终止权）时所做出的意思表示也不得附期限。

---

〔1〕 Vgl. Medicus, Allgemeiner Teil des BGB, 9. Aufl. 2006, Rn. 844 – 845. 关于附期限的法律行为，另见［德］迪特尔·梅迪库斯：《德国民法总论》，邵建东译，法律出版社2000年版，第627～637页；徐国建：《德国民法总论》，经济科学出版社1993年版，第267～269页。

〔2〕 BGH NJW 2004, 284, 285.

第四节 期间和期日的计算

出于法的明晰性的考虑，德国民法典在第 187 条至第 193 条就期间和期日的计算做出了若干规定。这些解释规则适用于法律、法院处分或法律行为中所包含的期间和期日的确定（德国民法典第 186 条）。

对于期间的起算，如以某一事件或一日当中的某一时点为准，则在计算期间时，该事件或时点所在当日不算入（德国民法典第 187 条第 1 款）。例如，如果 A 在 1 月 15 日向 B 指定了一个为期 5 天的期间，则该期间在 1 月 20 日 24 时届满。[1]

如果某日的开始（凌晨 0 时整）系期间起算的作准时点，则在计算期间时，将该日算入（德国民法典第 187 条第 2 款第 1 句）。在计算年龄时，出生日期亦同（德国民法典第 187 条第 2 款第 2 句）。这意味着在计算年龄时，将生日的那天算入。例如，根据德国民法典第 2 条，满 18 岁即为达到成年年龄。这条规范的法律效果是使已成年的人有完全行为能力。所谓满 18 岁，按照德国民法典第 187 条第 2 款第 2 句的计算方法，是指一个人 18 岁生日的前一天结束时。按照这种算法，一个在 1980 年 1 月 15 日出生的人，在其 18 岁生日的前一天（1998 年 1 月 14 日）的 24 时，也就是其 18 岁生日的当天（1998 年 1 月 15 日）的凌晨 0 时整成年，并成为完全行为能力人。[2]

按日而定的期间，在期间的最后一日的日末（24 时整）终了（德国民法典第 188 条第 1 款）。

半年是指 6 个月的期间，1 季度是指 3 个月的期间，半个月是指 15 日的期间（德国民法典第 189 条第 1 款）。

如果某一时段系以它无须连续经过的方式，按月或按年而定，则每月按 30 日计算，每年按 365 日计算（德国民法典第 191 条）。例如，一个依照合同在 1 年之内须演出 3 个月的歌唱演员，只需演唱 90 天即可。[3]

如果某一意思表示或某项给付须在特定之某日或某一期间内做出或履行，且该特定之某日或该期间的最后一日恰为星期日或者在表意地或履行地经国家承认的一般性节日或星期六，则以下一个工作日代替这样的日（德国民法典第 193 条）。然而，在延长期间的情形下，新的期间自前一期间届满时起算（德国民法典第 190 条）。

---

〔1〕 Vgl. Lange, BGB Allgemeiner Teil, 1952, § 48 Ⅱ 2 a.

〔2〕 Vgl. Köhler, BGB Allgemeiner Teil, 43. Aufl. 2019, § 14 Rn. 24.

〔3〕 Vgl. Lange, BGB Allgemeiner Teil, 1952, § 48 Ⅳ.

第九章　代　　理

在通常情形下,表意人是为自己而做出意思表示(实施法律行为)的。但在现代经济生活中,人们往往由于事实上或法律上的原因而不能或不必事必躬亲地做出意思表示(实施法律行为)。这就需要由他人来为自己做出意思表示(实施法律行为)。例如,一个大百货商场的经营者不可能一个人亲自采购所有商品,于是他选任了一位采购员来为自己实施采购行为;这位经营者也不可能亲自出售商场内的所有商品,于是他雇用了100名售货员。又如,一个从父母那里继承了一幢房屋的无行为能力人在法律上不能自己将该房屋进行使用租赁,因为他不能做出有效的意思表示。诸如使用租赁等方面的法律行为,则由法定代理人(父母、监护人、照管人)为之实施。

德国民法典第164条至第181条关于代理和意定代理权的规定提供了一人为他人实施法律行为的可能性。

第一节　代理的含义、要件及效力

一、代理的含义

(一)代理人的意思表示的效力

以下为德国民法典第164条第1款至第3款的译文(德国立法者为它加的官方小标题是"代理人的表示的效力"):

(1)某人在其代理权限内以被代理人的名义所做出的意思表示,直接发生对被代理人有利和不利的效力。该意思表示是否明示地以被代理人的名义为之,或情事是否表明该意思表示应系以被代理人的名义为之,并无区别。

(2)以他人名义实施行为的意思并不明显地显现出来的,以自己名义实施行为的意思的欠缺,不予考虑。[1]

---

〔1〕 在此情形下,所实施的行为不论有利或不利,均对代理人自身发生法律效力。实际上是代理人实施其自己的行为,且自己担负义务。Vgl. Zerres, Bürgerliches Recht, 7. Aufl. 2013, S.78.

(3)须以他人为相对人而做出的意思表示,[1]系向其代理人为之的,准用第1款的规定。

德国民法典第164条第1款第1句以精确、凝练的语言揭示了代理法律关系的本质:某人(作为代理人)在其代理权限内以被代理人的名义所做出的意思表示(所实施的法律行为),直接发生对被代理人有利和不利的效力。例如,B授权H以他的名义将他的手表出卖。如果H以B的名义与第三人D订立了一个以这块手表为买卖标的、以100欧元为价款的买卖合同,那么,H就是在其代理权限内以B的名义为之实施法律行为的。B本人是买卖合同的当事人;根据德国民法典第433条第1款、第2款的规定,B有义务将手表所有权转让给买受人D(不利的效力),同时有权利向买受人D请求支付价款(有利的效力)。

(二)内部关系与外部关系

在代理法律关系中,被代理人与代理人之间的法律关系叫作"内部关系"。它是代理人的行为的理由和法律上的原因。在有偿的情形下,内部关系多半表现为雇佣合同关系、劳动合同关系、有偿事务处理合同关系或承揽合同关系;在无偿的情形下,则表现为委托合同关系。

代理人与第三人之间的法律关系叫作"外部关系"。代理人有效地为被代理人实施行为的法律上的权力叫作"代理权"。代理权有法定代理权和意定代理权之分。

(三)积极代理与消极代理

德国民法典第164条第1款第1句所规定的是由代理人(积极地)做出意思表示(实施法律行为)这样一种最常见的代理,叫作"积极代理"。

除此之外,代理人还可以(消极地)受领第三人的意思表示。这就是德国民法典第164条第3款所规定的"须以他人为相对人而做出的意思表示,系向其代理人为之"的情形,叫作"消极代理"或受领代理。所谓"须以他人为相对人而做出的意思表示",是须予受领的意思表示。

根据德国民法典第164条第3款规定,消极代理准用关于积极代理的规定,即该款所说的"准用[德国民法典第164条]第1款的规定"。

例如,V授权他的雇员A在第三人D处购买一台机器。A以V的名义向D发出了购买这台机器的要约(积极代理)。买卖合同因D承诺了该要约而在被代理人V和第三人D之间成立了。又如,H以B的名义向第三人D发出了以100欧元出卖那块手表的要约(积极代理)。H以B的名义受领了D的承诺表示(消极代理)。再如,H以B的名义通知终止了B与第三人D订立的使用租赁合同(积极代理)。

---

〔1〕 须以他人为相对人而做出的意思表示,是须予受领的意思表示。

H以B的名义受领了D所做出的撤销合同的意思表示（消极代理）。[1]

二、代理的有效性要件

（一）代理必须是法律所准许的

原则上，法律行为均准许代理，尤其在债法和物权法领域。但在例外情形下，德国法律排除了代理的可能性，家庭法和继承法领域的某些高度个人化的法律行为尤其如此。

例如，被继承人只能亲自立遗嘱（德国民法典第2064条），且只能亲自订立继承合同（德国民法典第2274条）。又如，对结婚意思表示来说，不但不得附条件或附期限做出，而且结婚当事人双方还必须在同时在场的情况下亲自做出（德国民法典第1311条）。

然而，在比较法上，某些法律体系的法律曾准许过结婚当事人通过代理人来缔结婚姻，且至今仍有这方面的实践。[2]

（二）代理人的意思表示

1. 代理人必须至少是限制行为能力人。代理人自己实施法律行为，所以，如果代理人是无行为能力人，那么，由代理人做出和以代理人为相对人而做出的意思表示均无效（德国民法典第105条、第131条第1款）。但是，代理人不必是完全行为能力人，只需是限制行为能力人即可。为此，德国民法典第165条规定："由代理人做出或以代理人为相对人而做出的意思表示的有效性，不因代理人为限制行为能力人而受妨害。"

2. 代理人必须做出自己的意思表示。代理人与使者的最大区别，在于代理人是在其代理权限内以被代理人的名义做出代理人自己的意思表示，而使者只是传达他人的意思表示。正因如此，使者也可以是无行为能力人（如未满7岁的未成年人）。[3]

使者可以积极地或消极地行事：当他（作为话筒）传达他人的意思表示时，为表示使者（Erkärungsbote）；而当他（作为听筒）受领他人的意思表示时，则为受领使者

---

〔1〕 Vgl. Klunzinger, Einführung in das Bürgerliche Recht, 16. Aufl. 2013, S. 201 – 204; Brox/Walker, Allgemeiner Teil des BGB, 43. Aufl. 2019, § 23 Rn. 1.

〔2〕 Vgl. Köhler, BGB Allgemeiner Teil, 43. Aufl. 2019, § 11 Rn. 6.

〔3〕 Vgl. Medicus, Allgemeiner Teil des BGB, 9. Aufl. 2006, Rn. 886; Lange, BGB Allgemeiner Teil, 1952, § 46 Ⅰ 2. 另见［德］迪特尔·梅迪库斯：《德国民法总论》，邵建东译，法律出版社2000年版，第673～674页；［德］迪特尔·施瓦布：《民法导论》，郑冲译，法律出版社2006年版，第534～535页。

(Empfangsbote)。[1]

例如,凭着母亲事先写好的购物字条和所交给的欧元,6 岁的幼童可以为其母亲在住宅附近的一家面包店购买早餐所需的羊角面包和牛奶。该幼童只是作为表示使者传达了他人(母亲)的意思表示,并作为受领使者传达了他人(面包店所有人)的意思表示。又如,6 岁的幼童 F 来到报刊亭所有人 Z 跟前,说:"我爸爸让我向您问好。他想买一份《星期日图片报》。"在 F 交足了买报纸所需钱币后,Z 将当天的《星期日图片报》递给了 F。显然,F 是作为其父亲的使者行事的:就父亲的意思表示而言,F 是表示使者;就报刊亭所有人 Z 的意思表示而言,F 是受领使者。至于 F 是无行为能力人,则无关紧要。故 Z 和 F 的父亲所实施的法律行为均有效。[2]

(三)代理的显著性

代理人必须"以被代理人的名义"做出意思表示(德国民法典第 164 条第 1 款第 1 句),这就是代理的显著性原则(Offenkundigkeitsprinzip)。其立法目的主要是保护第三人的利益,因为第三人必须知道谁是自己的交易伙伴。

代理的显著性既可以表现为意思表示系"明示地以被代理人的名义为之"(如代理人 H 说:"我以 B 的名义购买这本书"),也可以表现为"情事……表明该意思表示应系以被代理人的名义为之"的(德国民法典第 164 条第 1 款第 2 句)。[3]

案例 9－1　|　谁是顾客所订立合同的对方当事人

在 B 所经营的百货商场里,女售货员 H 对顾客 D 说:"我向您提供本店现存最好的一台'索尼'牌数码相机。"顾客 D 承诺了该要约。

问:谁是顾客 D 所订立合同的对方当事人?

答:在本案中,顾客 D 从女售货员 H 所说的话中无从推断出女售货员 H 想为她自己从事交易。相反,对顾客 D 来说,情事表明女售货员 H 应系以百货商场主人的名义进行表示的。因此,B 才是顾客 D 所订立合同的对方当事人。

有时,行为人虽然愿意以他人的名义实施行为,但并没有表明他是以他人的名义实施行为的,而第三人又无法看出来。这就是德国民法典第 164 条第 2 款所规定的"以他人名义实施行为的意思并不明显地显现出来"的情形,其法律效果是"以自己名义实施行为的意思的欠缺,不予考虑"。

---

[1] 参见《德国民法典》(第 5 版),陈卫佐译注,法律出版社 2020 年版,第 43 页,特别是译注者为德国民法典第 120 条加的注解。Vgl. auch Klunzinger, Einführung in das Bürgerliche Recht, 16. Aufl. 2013, S. 206－208.

[2] Vgl. Köhler, BGB Allgemeiner Teil, 43. Aufl. 2019, § 11 Rn. 16.

[3] Vgl. Medicus, Allgemeiner Teil des BGB, 9. Aufl. 2006, Rn. 915. 另见[德]迪特尔·梅迪库斯:《德国民法总论》,邵建东译,法律出版社 2000 年版,第 698～699 页。

德国民法典第 164 条第 2 款无论是德语原文还是中文译文读起来都令人费解,它的意思是:在这种欠缺代理显著性的情形下,行为人所实施的行为不论有利或不利,都对行为人自身发生法律效力。实际上是行为人实施其自己的行为,且自己担负义务。[1] 如果行为人声称他并未以自己的名义实施行为,而是以他人的名义实施行为,则行为人必须负证明责任。[2] 如果行为人无法证明这一点,则行为人不得依照德国民法典第 119 条第 1 款第 1 种情形关于意思表示因内容错误而可撤销的规定,以行为人根本没有想以自己的名义实施行为为由,撤销其自己所做出且对其自己有约束力的意思表示。[3]

如果行为人想表示他是以他人的名义实施行为的,却因口误而实际上表示他是以自己的名义实施行为的,他就处于德国民法典第 119 条第 1 款第 2 种情形所规定的表示错误中。但是,他不能撤销其自己的意思表示,因为德国民法典第 164 条第 2 款排除了撤销的可能性。

(四)在代理权限内

代理人必须是“在其代理权限内”做出意思表示(实施法律行为)的(德国民法典第 164 条第 1 款第 1 句)。这一要件的目的是保护被代理人。

代理权是代理人有效地为被代理人实施行为的法律上的权力。代理权可以以被代理人的法律行为为基础(意定代理权,德国民法典第 166 条第 2 款),也可以以法律规定为基础(法定代理权),如父母对子女的代理权(德国民法典第 1626 条第 1 款、第 1629 条第 1 款)、监护人对被监护人的代理权(德国民法典第 1773 条、第 1793 条)、照管人对被照管人的代理权(德国民法典第 1902 条)以及保佐人对被保佐人的代理权(德国民法典第 1915 条)等。[4]

三、代理的效力

如果至少有限制行为能力的代理人以被代理人的名义且在代理权限内做出意思表示,则直接发生对被代理人有利或不利的效力(德国民法典第 164 条第 1 款第 1 句)。代理人所实施行为的法律效果只归于被代理人而不及于代理人。例如,在

---

[1] Vgl. Zerres, Bürgerliches Recht, 5. Aufl. 2005, S. 85; Medicus, Allgemeiner Teil des BGB, 9. Aufl. 2006, Rn. 919. 另见[德]迪特尔・梅迪库斯:《德国民法总论》,邵建东译,法律出版社 2000 年版,第 701 页。

[2] Vgl. BGH NJW 1986, 1675.

[3] Vgl. Köhler, BGB Allgemeiner Teil, 43. Aufl. 2019, § 11 Rn. 19.

[4] Vgl. Klunzinger, Einführung in das Bürgerliche Recht, 12. Aufl. 2004, S. 208 – 212; Medicus, Allgemeiner Teil des BGB, 9. Aufl. 2006, Rn. 923 – 925. 另见[德]迪特尔・施瓦布:《民法导论》,郑冲译,法律出版社 2006 年版,第 125 页;[德]迪特尔・梅迪库斯:《德国民法总论》,邵建东译,法律出版社 2000 年版,第 705 页;徐国建:《德国民法总论》,经济科学出版社 1993 年版,第 188 ~ 196 页。

前述案例中,只有 B 是与顾客 D 订立买卖合同的当事人,女售货员 H 则不是。根据德国民法典第 433 条第 1 款和第 2 款,B 有义务转让作为动产的数码相机的所有权,同时享有价款支付请求权。

基于同样道理,如果行为人以被代理人的名义,同时以自己的名义实施法律行为,则其行为的效果既及于被代理人,也及于行为人自己。例如,如果学生 H 为其朋友 B 和为其自己从 D 那里承租一个供大学生暂住的、备有家具的房间,则 H 和 B 都是使用承租人。

在下列情形下,法律行为不发生对被代理人有利和不利的法律效力:(1) 如果代理人无行为能力(如因患非暂时性精神疾病,德国民法典第 104 条第 2 项),或者代理为法律所不准许(如德国民法典不准许由代理人立遗嘱),则代理人的行为无效。(2) 如果代理人不以他人名义实施行为,则代理人系实施其自己的行为,对被代理人没有影响。(3) 如果代理人欠缺对法律行为来说为必要的代理权,其法律效果不及于被代理人;无代理权的代理人依照德国民法典第 179 条的要件承担责任。[1]

第二节 意定代理权

意定代理权(Vollmacht),又叫任意代理权(gewillkürte Vertretungsmacht),是以法律行为授予的代理权(德国民法典第 166 条第 2 款的法定定义)。可见,意定代理权不同于因法律规定而发生的法定代理权(gesetzliche Vertretungsmacht)。

一、意定代理权的授予

意定代理权的授予是以一个须予受领的、原则上不要式的意思表示进行的(德国民法典第 167 条第 1 款)。相应地,包含这一意思表示的法律行为是单方法律行为。

(一)须予受领

该意思表示的受领人可以是被授权人,也可以是代理应对之发生的第三人(德国民法典第 167 条第 1 款)。相应地,可以分为内部授权和外部授权两种情形。

在内部授权的情形下,意定代理权授予人向被授权人表示他授予后者以代理权(德国民法典第 167 条第 1 款第 1 种情形)。例如,B 对 H 说,H 有权在第三人 D 处购买一幅油画。

---

〔1〕 参见徐国建:《德国民法总论》,经济科学出版社 1993 年版,第 196 ~ 197 页。

在外部授权的情形下，意定代理权授予人向第三人表示他授予某人以代理权（德国民法典第 167 条第 1 款第 2 种情形）。例如，B 对第三人 D 说，H 有权在 D 处为他（B）购买一幅油画。

但是，如果 B 在授予 H 以代理权之后告诉第三人 D 说，他已授予 H 以代理权，则不是外部授权，因为 B 在授予 H 以代理权之时即已做出内部授权。[1]

（二）原则上不要式

该意思表示原则上是不要式的，既可以明示（特别是通过面交授权证书）为之，也可以（通过可推断出来的行为）默示为之。此外，它无须使用就意定代理权所涉法律行为而定的形式（德国民法典第 167 条第 2 款）。例如，虽然土地买卖合同依照德国民法典第 311b 条第 1 款第 1 句必须做成公证证书，但 B 可以通过口头授权的方式授予 H 以出卖土地的代理权。[2]

（三）构成单方法律行为的意思表示

作为意定代理权的授予的意思表示在数量上只有一个。相应地，授予意定代理权的法律行为是单方法律行为（德国民法典第 166 条第 2 款）。[3]

二、意定代理权与意定代理权的授予所依据的法律关系

（一）内部关系与外部关系

意定代理权的授予通常基于意定代理权授予人与被授权人之间的某种法律关系，即德国民法典第 168 条第 1 句所说的"意定代理权的授予所依据的法律关系"，如委托合同关系（德国民法典第 662 条）、雇佣合同关系（德国民法典第 611 条）、劳动合同关系（德国民法典第 611a 条）、有偿事务处理合同关系（德国民法典第 675 条）、承揽合同关系（德国民法典第 631 条）等。意定代理权授予人与被授权人之间的这种法律关系是他们之间的内部关系（Innenverhältnis）或基础关系（Grundverhältnis 或 Grundlageverhältnis）。它使被授权人负有为意定代理权授予人而实施行为的义务。他们之间的合同（如委托合同、雇佣合同、劳动合同、有偿事务处理合同、承揽合同）的订立是以相互一致的意思表示（要约和承诺）为前提的。

意定代理权授予人与第三人之间的关系是外部关系。从外部看，意定代理权的授予仅仅使被授权人享有权利而不使之担负义务。

---

〔1〕 Vgl. Medicus, Allgemeiner Teil des BGB, 9. Aufl. 2006, Rn. 927. 另见［德］迪特尔·梅迪库斯：《德国民法总论》，邵建东译，法律出版社 2000 年版，第 707～708 页。

〔2〕 参见徐国建：《德国民法总论》，经济科学出版社 1993 年版，第 200～202 页。

〔3〕 Vgl. Lange, BGB Allgemeiner Teil, 1952, § 46 Ⅴ 2.

案例9－2 | 经理人的代理权

一家百货商场的主人B选任其雇员H为经理人。两人约定,H只能从事不超过10,000欧元的交易,且不得出卖商场的土地。然而,H在D1处为百货商场购买了一只价值15,000欧元的收银台,并把商场的一块土地以10,000欧元的价钱出卖给了D2。

问:B享有什么权利?

答:德国《商法典》第49条第1款规定:“经理权授权实施由进行营业经营所产生的诉讼上的和诉讼外的一切种类的行为和法律行为。”同条第2款规定:“对于土地的让与和设定负担,仅在向经理人特别授予此种权限时,经理人始有实施此种行为的权利。”[1]在本案中,经理人H有权代理商场主人B从事商业营业所发生的交易(德国《商法典》第49条第1款)。如果H在收银台买卖中有效地代理了B,则B必须向买受人D1支付价款,同时有权请求转让收银台所有权(德国民法典第433条第1款、第2款)。但是,H却没有权利出卖土地,因为他没有被授予这方面的意定代理权(德国《商法典》第49条第2款)。因此,在B和D2之间买卖合同并未成立。

从内部来看,B和H之间存在劳动合同。根据协议,H向B担负了不缔结超过10,000欧元的交易的义务。但在H以15,000欧元购买收银台的时候,H违反了该项义务。因此,B可以向H请求赔偿其因购买收银台而发生的损害。B的损害表现在B向D1支付了收银台的价钱,而该收银台对B却没有什么用处。

案例9－3 | 17岁的代理人

B写信给一个艺术商D说,他过几天将派H到该艺术商处为他(B)购买一幅油画。然后,他与17岁的未成年人H达成了关于H不应购买超过1000欧元油画的买卖的协议。H在D处为B购买了一幅价值1100欧元的油画。H的父母事前对此并不知情,事后拒绝予以追认。

问:B对H是否享有因合同而发生的损害赔偿请求权?

答:B对H是否享有因合同而发生的损害赔偿请求权,首先取决于在B和H之间是否存在已有效地成立的合同。在本案中,B通过写给D的那封信授予H以购买油画的意定代理权(外部授权)。因此,尽管H是未成年人,B却因H与D之间的买卖合同的订立而成为油画的买受人。B可以向D请求转让油画所有权,同时B有义务支付价款(德国民法典第433条第1款、第2款)。

B和H订立了一个委托合同。该委托合同不是德国民法典第107条所称使未

---

〔1〕 译文引自《德国商法典》,杜景林、卢谌译,中国政法大学出版社2000年版,第23页。

成年人H纯获法律上利益的,因为它使H担负无偿地为B处理事务的义务(德国民法典第662条)。由于H是限制行为能力人且未得到法定代理人(父母)必要的允许而订立了该委托合同,因而它在法定代理人追认之前处于效力未定状态(德国民法典第108条),且因法定代理人拒绝追认而确定地不生效力。

结论:由于在B和H之间不存在已有效地成立的合同,故B对H不享有因合同而发生的损害赔偿请求权。

(二)意定代理权的授予的无因性

有必要将意定代理权的授予与构成意定代理权授予之基础的法律行为严格地区分开来,因为意定代理权的授予在法律上独立于构成意定代理权授予之基础的法律行为。在这里,构成意定代理权授予之基础的法律行为就是上文所说的"意定代理权的授予所依据的法律关系"(内部关系或基础关系)。这意味着内部关系或基础关系之有瑕疵对于外部关系无关紧要。这就是意定代理权的授予的无因性。

意定代理权的授予的无因性可从德国民法典第168条第2句看出。因为根据这一规定,除因意定代理权的授予所依据的法律关系而发生其他法律效果外,在该法律关系存续的情形下,意定代理权也是可撤回的。假使没有意定代理权的授予的无因性,在意定代理权的授予所依据的法律关系(内部关系或基础关系)存续的情形下,意定代理权也将存续。

就被代理人与第三人之间的外部关系而言,为了第三人的利益,意定代理权之有无以及其范围如何是决定性的(如在上文所举的一个案例中,经理人有买卖收银台的代理权而无买卖土地的代理权,有从事不超过10,000欧元的交易的代理权)。即使存在于被代理人和代理人之间的内部关系或基础关系中的合同关系因意思瑕疵而不生效力,意定代理权的授予仍然有效。[1] 例如,在上文所举的另一个案例中,B与未成年人H之间的委托合同不生效力,但授权仍旧有效。

三、意定代理权的消灭

意定代理权的消灭,依意定代理权的授予所依据的法律关系予以确定(德国民法典第168条第1句)。在这里,"意定代理权的授予所依据的法律关系"是指内部关系或基础关系,如委托合同关系、雇佣合同关系、劳动合同关系、有偿事务处理合同关系、承揽合同关系。这意味着代理权的消灭取决于此种内部关系或基础关系的终了。

---

〔1〕 Vgl. Medicus, Allgemeiner Teil des BGB, 9. Aufl. 2006, Rn. 949. 另见[德]迪特尔·梅迪库斯:《德国民法总论》,邵建东译,法律出版社2000年版,第719页。

意定代理权还可以因它被撤回而消灭。依照德国民法典第 168 条第 2 句,即使在意定代理权的授予所依据的法律关系存续的情形下,意定代理权也是可撤回的,但因意定代理权的授予所依据的法律关系而发生其他法律效果的除外。

为了保护第三人的利益,德国民法典第 170 条至第 173 条就第三人在法律行为被实施时不知道也非因过失而不知道的情形下,意定代理权的存续做出了例外规定。[1]

德国民法典第 170 条就意定代理权的有效期做出了规定:如果意定代理权系以对第三人的表示授予的,则意定代理权对该第三人保持有效,直至意定代理权授予人将意定代理权的消灭通知该第三人之时。但德国民法典第 170 条于第三人在法律行为实施时知道或应当知道(因过失而不知道,见德国民法典第 122 条第 2 款的法定定义)代理权的消灭的情形下,不予适用。

如果某人对第三人发出特别通知或以公告发出授予他人以意定代理权的通知,则该他人因该通知而于特别通知的情形下对特定第三人有代理的权能,于公告的情形下对任何第三人有代理的权能(德国民法典第 171 条第 1 款)。代理权存续到该通知被以发出通知的同样方式撤回之时(德国民法典第 171 条第 2 款),但第三人在法律行为实施时知道或应当知道代理权的消灭的除外(德国民法典第 173 条)。

如果意定代理权授予人已将授权书交付给代理人,且代理人向第三人出示该授权书,则与意定代理权授予人发出的授予代理权的特别通知相同(德国民法典第 172 条第 1 款)。代理权存续到授权书被返还给授权人或被宣告为无效时为止(德国民法典第 172 条第 2 款),但第三人在法律行为实施时知道或应当知道代理权的消灭的除外(德国民法典第 173 条)。

第三节　无代理权的代理人

一、无代理权的代理人所实施的法律行为

无代理权的代理人(拉丁文 *falsus procurator*)[2] 的法律行为对被代理人不发

---

〔1〕 Vgl. Klunzinger, Einführung in das Bürgerliche Recht, 16. Aufl. 2013, S. 212 – 217; Medicus, Allgemeiner Teil des BGB, 9. Aufl. 2006, Rn. 937 – 942. 另见[德]迪特尔·梅迪库斯:《德国民法总论》,邵建东译,法律出版社 2000 年版,第 712 ~ 716 页;[德]迪特尔·施瓦布:《民法导论》,郑冲译,法律出版社 2006 年版,第 536 ~ 544 页。

〔2〕 参见陈卫佐:《拉丁语法律用语和法律格言词典》,法律出版社 2009 年版,第 59 页。

生效力。

（一）被代理人的追认权

1. 合同

在无代理权的代理人所实施的法律行为是合同的情形下，如果被代理人认为它对自己特别有利，则可以通过追认使之发生效力。

根据德国民法典第 177 条第 1 款，如果某人无代理权而以他人的名义订立合同，则有利和不利于被代理人的合同有效性取决于被代理人的追认（事后的同意，见德国民法典第 184 条第 1 款的法定定义）。追认既可以向代理人表示，也可以向第三人表示（德国民法典第 182 条第 1 款）。追认的效力追溯至合同订立之时（德国民法典第 184 条第 1 款），亦即使合同双方当事人自合同订立之时起就因合同而享有权利并担负义务。在追认之前，合同的有效性处于未定状态。如果被代理人拒绝追认，则合同确定地不生效力。

案例 9－4 | 无代理权的代理人购买的电视机

H 无代理权而以 B 的名义在第三人 D 处购买了一台电视机。H 将此事告诉了 B，B 同意了这笔交易。后来，B 得知在另一家商店可以买到同样型号的更便宜的电视机。于是，B 以 H 无代理权为理由而拒绝支付价款和受取那台电视机。

问：B 有权利这么做吗？

答：B 是否有权利以 H 无代理权为理由而拒绝支付价款和受取那台电视机，取决于 H 无代理权而以 B 的名义与 D 订立的关于电视机的买卖合同是否有效。如果买卖合同有效，则依照德国民法典第 433 条第 2 款，B 有义务支付价款并受取已买受的电视机；如果买卖合同无效，则 B 没有义务支付价款和受取那台电视机。

依照德国民法典第 177 条第 1 款，该买卖合同的有效性取决于作为被代理人的 B 的追认。在追认之前，合同的有效性处于未定状态。追认既可以向代理人表示，也可以向第三人 D 表示（德国民法典第 182 条第 1 款）。

在本案中，H 在合同订立后将此事告诉了 B，B 同意了这笔交易。B 的事后同意在德国民法典上叫作"追认"；其效力追溯到法律行为实施之时（德国民法典第 184 条第 1 款），即买卖合同订立之时。因此，买卖合同因 B 的追认而有溯及力地在他和第三人 D 之间发生效力。

结论：B 没有权利以 H 无代理权为理由而拒绝支付价款和受取那台电视机。

2. 单方法律行为

德国民法典第 180 条规定："在单方法律行为的情形下，不准许无代理权的代理。但在单方法律行为实施时，单方法律行为的实施所须相对的人未就代理人所声称的代理权提出异议，或相对人已赞同代理人无代理权而实施行为的，准用关于合同的规定。单方法律行为系经无代理权的代理人赞同而对其实施的，亦同。”

在无代理权的代理人所实施的法律行为是单方法律行为的情形下，原则上不准许无代理权的代理（德国民法典第180条第1句），因而原则上也不能由被代理人追认。这一规定主要是出于对第三人利益的保护，因为第三人通常是被动的意思表示受领人，不能因单方法律行为的效力未定而处于权利状况不明朗的境地。

在单方法律行为所包含的意思表示是无须予以受领的意思表示的情形下，这一原则的适用不受限制。但如果单方法律行为所包含的意思表示是须予受领的意思表示，则在以下三种例外情形下，单方法律行为也可以像合同那样由被代理人追认：

(1)如果单方法律行为所须相对的人未就代理人所声称的代理权提出异议（德国民法典第180条第2句第1种情形），则单方法律行为的有效性取决于被代理人是否追认。在这里，单方法律行为所须相对的人是指在通知终止、合同的解除、撤销等单方法律行为中，所包含的通知终止的表示、解除合同的表示、撤销的表示等须予受领的单方意思表示的受领人。[1]

(2)如果相对人（意思表示的受领人）赞同代理人无代理权而实施行为（德国民法典第180条第2句第2种情形），则单方法律行为的有效性取决于被代理人是否追认。

(3)如果单方法律行为经无代理权的代理人赞同而对其实施（德国民法典第180条第3句），则单方法律行为的有效性也取决于被代理人的追认。例如，买受人D想以错误为理由而撤销他与出卖人B订立的买卖合同。于是，D向未经B授权的H（受领代理人）做出了撤销的表示，并得到了H的赞同。在此情形下，D所做出的撤销的表示（所实施的单方法律行为）的有效性取决于B是否追认。[2]

案例9-5 | 未经授权而通知终止

H不经授权而以出租人B的名义向使用承租人D通知终止了关于一台机器的使用租赁合同。B事后向H追认了H通知终止的表示。但是，D想继续使用这台机器。

问：H通知终止使用租赁合同的意思表示是否有效？

---

〔1〕 Vgl. Klunzinger, Einführung in das Bürgerliche Recht, 16. Aufl. 2013, S. 217－220. 另见《德国民法典》（第5版），陈卫佐译注，法律出版社2020年版，第64页，注解84。

〔2〕 Vgl. Medicus, Allgemeiner Teil des BGB, 9. Aufl. 2006, Rn. 978－982; Lange, BGB Allgemeiner Teil, 1952, § 46 Ⅵ 2. 另见徐国建：《德国民法总论》，经济科学出版社1993年版，第220～223页；［德］迪特尔·梅迪库斯：《德国民法总论》，邵建东译，法律出版社2000年版，第738～742页；［德］迪特尔·施瓦布：《民法导论》，郑冲译，法律出版社2006年版，第552～554页。

答：在本案中，H通知终止使用租赁合同的意思表示是须予受领的意思表示，其通知终止使用租赁合同的行为是单方法律行为，而单方法律行为原则上不准许无代理权的代理（德国民法典第180条第1句）。尽管B事后追认了该须予受领的意思表示（追认了该单方法律行为），它仍旧无效。

结论：H通知终止使用租赁合同的意思表示无效。

案例9－6 | 相对人赞同代理人无代理权而实施行为

H不经授权而以使用出租人B的名义，向使用承租人D通知终止了关于一台机器的使用租赁合同。承租人D知道H未经授权，且向H表示：H通知终止使用租赁合同的意思表示来得正是时候，因为他不再需要这台机器了。

问：H通知终止使用租赁合同的行为是否有效？

答：在本案中，H通知终止使用租赁合同的意思表示是须予受领的意思表示，其通知终止使用租赁合同的行为是单方法律行为。

意思表示的受领人（单方法律行为的相对人）承租人D自己向行为人H表示：他赞同H无代理权而实施的单方法律行为。根据德国民法典第180条第2句第2种情形，该单方法律行为的有效性取决于出租人B的追认。如果出租人B不予追认，则H通知终止使用租赁合同关系的行为确定地不生效力。反之，如果B向H追认该行为，则H所做出的通知终止使用租赁合同的意思表示（所实施的单方法律行为）有溯及力地发生效力。

（二）第三人的撤回权

到合同被追认时为止，第三人（德国民法典第178条所称“另一方当事人”）有撤回的权利，但其在合同订立时已知道代理权的欠缺的除外（德国民法典第178条第1句）。该项撤回，既可以向被代理人表示，也可以向代理人表示（德国民法典第178条第2句）。

二、无代理权的代理人的责任

（一）向第三人履行或赔偿损害

如果被代理人拒绝追认合同，那么，只要已作为代理人订立合同的人不证明其代理权，就有义务按照第三人（德国民法典第179条第1款所称“另一方当事人”）的选择，或者向第三人履行，或者向第三人赔偿损害（德国民法典第179条第1款）。这是选择性之债的一种情形，第三人享有选择权（见德国民法典第262条及以下)。此外,这一语境下的损害赔偿是指代替履行的损害赔偿。[1]

(二)赔偿第三人的信赖利益

如果代理人未曾知道代理权的欠缺,则代理人仅有义务赔偿第三人(德国民法典第179条第2款所称“另一方当事人”)因信赖该项代理权而遭受的损害(信赖损害或消极利益),但不超过第三人(另一方当事人)就合同之有效性所拥有的利益(履行损害或积极利益)的数额(德国民法典第179条第2款)。在这里,“代理人未曾知道代理权的欠缺”的事实,由代理人负证明责任。

案例9-7 | 无代理权的代理人的责任

好事者H无代理权而以B的名义在第三人D处花10,000欧元购买了一台机器。B断然拒绝予以追认。D想知道,他是否可以向H请求支付10,000欧元?如果不能,他想主张1000欧元(机器的价款10,000欧元减去其价值9000欧元所得之差)。如果再不行,他想请求H赔偿他的电话费50欧元。

问:如果你是律师,你将给D出什么主意?

答:在本案中,只要已作为代理人订立买卖合同的H不证明其代理权且H已知道自己无代理权,那么,第三人D就可以在请求履行和请求赔偿损害之间进行选择(德国民法典第179条第1款)。

如果D选择了请求履行,那么,他可以向H请求受取机器和支付10,000欧元价款(德国民法典第433条第2款);同时,D自己也必须向H交付机器和转让机器所有权(德国民法典第433条第1款)。如果D选择了请求赔偿损害,由于买卖合同是双务合同,D所受损害是对方的给付与自己的对待给付之间的差额1000欧元:他本来可以请求对方履行数额为10,000欧元的给付,而他自己本来应该履行而现在又无须履行的对待给付的数额是机器的价值9000欧元。

如果H未曾知道自己无代理权,则其法律地位要好一些。他仅有义务赔偿第三人(德国民法典第179条第2款所称“另一方当事人”)因信赖该项代理权而遭受的损害(信赖损害或消极利益)。在本案中,D因信赖他与B订立的买卖合同的有效性而支出的50欧元电话费是信赖利益。但无论如何,信赖利益不能超过D就合同之有效性所拥有的利益(履行损害或积极利益)的数额10,000欧元(德国民法典第179条第2款)。

(三)责任的排除

如果第三人(“另一方”)知道或应当知道(因过失而不知道,见德国民法典第122条第2款的法定定义)代理权的欠缺,则代理人不负责任(德国民法典第179条

[1] Vgl. Köhler, BGB Allgemeiner Teil, 43. Aufl. 2019, § 11 Rn. 69.

第3款第1句),因为在此情形下,第三人("另一方")不值得加以保护。在这里,第三人("另一方")"知道或应当知道代理权的欠缺"的事实,由代理人负证明责任。

如果代理人是限制行为能力人,则代理人也不负责任,但代理人系经其法定代理人同意而实施行为的除外(德国民法典第179条第3款第2句)。德国民法典第179条第3款第2句的立法旨趣在于保护限制行为能力代理人。"代理人系经其法定代理人同意而实施行为"的事实,由第三人("另一方")负证明责任。[1]

第四节 自己行为

所谓自己行为(Insichgeschäft),是指代理人与自己实施的法律行为。德国民法典第181条规定了自己缔约和双方代理两种类型的自己行为。

一、自己缔约

代理人以被代理人的名义并以自己的名义与自己实施法律行为,叫作自己缔约(Selbstkontrahieren,德国民法典第181条第1种情形)。

例如,B的代理人H以B的名义并以自己的名义与自己订立了一个合同(双方法律行为),根据该合同,H的月工资提高了1000欧元。B不同意H所实施的行为。又如,V被A以法律行为授予意定代理权,以不低于5000欧元的价款出卖A的汽车。V以5000欧元为价款自己买受了该辆汽车,亦即以A的名义并以自己的名义与V自己订立了一个买卖合同(双方法律行为)。再如,B的代理人H以B的名义向H自己做出了解雇的表示(单方法律行为)。

二、双方代理

代理人以被代理人的名义并作为第三人的代理人与自己实施法律行为,叫作双方代理(Mehrvertretung,德国民法典第181条第2种情形)。

例如,B的代理人H以B的名义向D购买商品,而该商品是H作为D的代理人出卖的。又如,V被A以法律行为授予出卖一辆汽车的意定代理权,同时又被B以法律行为授予购买一辆汽车的意定代理权。V以A的名义并作为B的代理人将

---

〔1〕 参见《德国民法典》(第5版),陈卫佐译注,法律出版社2020年版,第63页;[德]迪特尔·施瓦布:《民法导论》,郑冲译,法律出版社2006年版,第554~556页;[德]迪特尔·梅迪库斯:《德国民法总论》,邵建东译,法律出版社2000年版,第743~748页;徐国建:《德国民法总论》,经济科学出版社1993年版,第224~227条。Vgl. auch Lange, BGB Allgemeiner Teil, 1952, § 46 Ⅵ 3; Medicus, Allgemeiner Teil des BGB, 9. Aufl. 2006, Rn. 984–995.

A 的汽车出卖给了 B。[1] 再如，H 被 B 授予出卖一块土地的意定代理权，同时被 D 授予买受一块土地的意定代理权。H 以 B 的名义（作为出卖人）和以 D 的名义（作为买受人）订立了一个土地买卖合同。

三、法律效果

为了避免利益冲突，德国民法典第 181 条原则上不准许自己缔约和双方代理。在例外情形下，自己缔约和双方代理的行为有效。第一种情形是，法律或法律行为准许代理人实施此种行为。第二种情形是，该法律行为专为履行债务。

例如，B 从他的经理人 H 处购买了一件商品（动产），H 通过将 B 所欠金额从 B 的钱箱取出而履行了 B 的价款支付义务。在这里，H 以 B 的名义并以自己的名义与自己实施了将金钱（B 所欠金额）的所有权转让给 H 自己的法律行为（物权法上的处分合同），属于自己缔约行为的情形。但这一物权法上的履行行为是德国民法典第 181 条所准许的，因为它专为履行 B 所担负的价款支付义务（债务）。[2]

---

〔1〕 Vgl. Köhler, BGB Allgemeiner Teil, 43. Aufl. 2019, § 11 Rn. 64.

〔2〕 Vgl. Klunzinger, Einführung in das Bürgerliche Recht, 16. Aufl. 2013, S. 222 – 225; Medicus, Allgemeiner Teil des BGB, 9. Aufl. 2006, Rn. 954 – 958. 关于自己行为，另见［德］迪特尔·梅迪库斯：《德国民法总论》，邵建东译，法律出版社 2000 年版，第 723 ~ 727 页；［德］迪特尔·施瓦布：《民法导论》，郑冲译，法律出版社 2006 年版，第 548 ~ 549 页；徐国建：《德国民法总论》，经济科学出版社 1993 年版，第 216 ~ 220 条。

第三编 | 权　　利

第十章　法律关系与权利

第一节　法律关系

一、法律关系的概念及内容

在多数德国学者看来，[1]所谓法律关系，是指被法所调整的权利主体与权利主体之间以及权利主体与特定标的之间的关系。例如，出卖人与买受人之间、使用出租人与使用承租人之间、配偶之间以及合伙人之间的法律关系均属于权利主体与权利主体之间的法律关系；某人对某物的所有权、某人对某物的质权、某人对某项发明的专利权均属于权利主体与特定标的之间的法律关系。

法律关系最重要的内容是权利义务。除此之外，风险的分配、取得的指望、职责以及约束力均可成为法律关系的内容。

二、法律关系的产生、变更及终止

法律关系产生及经过的前提由法律秩序（德文 Rechtsordnung，即法律规范的总和）予以规定。但按照私法自治原则，法律关系的当事人可以自行决定是否、以什么内容以及在多长期间内结成法律关系。

法律关系是可变更的：权利义务可以消灭或变更，他人也可以加入其中。

法律关系的当事人也是可变更的：当事人的变更可以依照法律而发生（如因继承而发生），也可以因合同而发生（如合同的承担）。[2]

---

〔1〕 Vgl. Bork, Allgemeiner Teil des Bürgerlichen Gesetzbuchs, 4. Aufl. 2016, Rn. 287; Köhler, BGB Allgemeiner Teil, 43. Aufl. 2019, § 17 Rn. 1; Klunzinger, Einführung in das Bürgerliche Recht, 16. Aufl. 2013, S. 47.

〔2〕 Vgl. Köhler, BGB Allgemeiner Teil, 43. Aufl. 2019, § 17 Rn. 1 – 4.

第二节 权利的概念与种类

一、权利的概念

所谓权利(das subjektive Recht,有时略作 das Recht),是指为满足一定的利益而由法律秩序赋予单个主体的法律上的权力。[1]

须指出的是,德文里"Recht"一词可以有客观存在的 Recht 和主体所享有的 Recht 两种意义。客观存在的 Recht 与中文里的"法"相对应,如民法、刑法、行政法中的"法"字,其意是"法律秩序",系包含于法律、法规、习惯法中的有约束力的法律规范的总和。[2] 主体所享有的 Recht 与中文里的"权利"相对应,如所有权、债权、请求权中的"权"字,[3]其意是为满足一定的利益而由法律秩序赋予单个主体的法律上的权力。因此,德文 das subjektive Recht 系指"权利",不宜译成"主观的法",更不宜译成"主观的权利"。[4]

原则上,每一项权利均归属于权利主体,通常是一个或一个以上的人(自然人或法人)。"无主体的权利"是不存在的。一个自然人死亡时,除了那些作为"高度个人化的权利"而消灭的权利外,其权利转移给继承人(德国民法典第 1922 条第 1 款)。相应地,法人解散或消灭时,其权利也发生转移(见德国民法典第 45 条、第 88 条)。[5]

二、权利的种类

根据各具体权利的不同功能和结构,可将权利进行不同的分类。[6]

(一)人格权、支配权、请求权、形成权和反对权

1. 人格权

人格权(Persönlichkeitsrechte)是单个的自然人就其人格所享有的、要求他人尊

〔1〕 Vgl. Lange, BGB Allgemeiner Teil, 1952, § 11 Ⅰ 1; Köhler, BGB Allgemeiner Teil, 43. Aufl. 2019, § 17 Rn. 5.

〔2〕 Vgl. Lange, BGB Allgemeiner Teil, 1952, § 1 Ⅱ 1.

〔3〕 Vgl. Medicus, Allgemeiner Teil des BGB, 9. Aufl. 2006, Rn. 61. 另见[德]迪特尔·梅迪库斯:《德国民法总论》,邵建东译,法律出版社 2000 年版,第 58 页。

〔4〕 不同的看法参见徐国建:《德国民法总论》,经济科学出版社 1993 年版,第 20 页。

〔5〕 Vgl. Köhler, BGB Allgemeiner Teil, 43. Aufl. 2019, a. a. O. 另见[德]卡尔·拉伦茨:《德国民法通论》,王晓晔等译,法律出版社 2003 年版,第 275 ~ 281 页。

〔6〕 Vgl. Köhler, BGB Allgemeiner Teil, 43. Aufl. 2019, § 17 Rn. 6.

重自己的人格的权利(复数)。德国法律只明确地将人格的某些特别方面作为权利加以承认,如德国民法典第823条第1款所称“生命、身体、健康、自由”所对应的生命权、身体权、健康权、自由权,德国民法典第253条第2款所称“性的自主决定”所对应的“性的自主决定”权,以及德国民法典第12条所称“姓名权”。

按照德国学者的一般理解,人格权包括特别人格权和一般人格权。特别人格权的例子如德国民法典第12条所称“姓名权”,《著作权法》第11条所称“作者人格权”,《造型艺术作品和摄影作品著作权法》第22条、第23条所称“肖像权”,自然人对自己的数据所享有的人格权(《联邦数据保护法》第1条第1款),以及自然人对其“生命、身体、健康、自由”和“性的自主决定”的权利(德国民法典第823条第1款、第253条第2款)——分别是生命权、身体权、健康权、自由权和“性的自主决定”权。一般人格权的概念是在德国司法判例中发展起来的。[1] 今天,在《德意志联邦共和国基本法》(特别是其第1条和第2条)的影响下,以“单个的个人要求尊重其人的尊严和发展其个人的人格”为内容的“一般人格权”已获得普遍承认。[2]

2. 支配权

支配权(Herrschaftsrechte)是这样一种权利,它们(复数)授予权利人以绝对地和直接地支配某一标的的权利。因此,支配权属于下文所称“绝对权”。支配权可分为对物的支配权、对权利的支配权和对精神作品的支配权。

对物的支配权称为“物权”。[3] 其中最完全、最充分的物权(非限制性物权)是所有权。所有人可以在不与法律或第三人的权利相抵触的限度内随意处置其物,[4]并排除他人的一切干涉(《德意志联邦共和国基本法》第14条、德国民法典第903条)。限制性物权授予权利人以所有权的部分权能,如担保物权(土地抵押权,德国民法典第1113条及以下;动产质权,德国民法典第1204条)、用益物权(动产和土地的用益权,德国民法典第1030条及以下;地役权,德国民法典第1018条及以下;土地上的限制的人役权,德国民法典第1090条及以下)[5]和取得权(如物权法上的优先买受权,德国民法典第1094条)。[6]

对权利的支配权是指权利上的用益权(德国民法典第1068条及以下)、权利质

---

〔1〕 最早见于《联邦普通法院民事裁判集》第13卷,第334页(BGHZ 13, 334),“读者来信案”(Leserbriefe)。

〔2〕 参见[德]卡尔·拉伦茨:《德国民法通论》,王晓晔等译,法律出版社2003年版,第282页;徐国建:《德国民法总论》,经济科学出版社1993年版,第21页。

〔3〕 “物权”(复数)的德文表述是Sachenrechte,相当于英语里的rights *in rem*。至于什么是“物”,见德国民法典第90条的法定定义。

〔4〕 例如,钢琴的所有人可以随意弹奏其自己的钢琴。

〔5〕 参见[德]迪特尔·施瓦布:《民法导论》,郑冲译,法律出版社2006年版,第207~219页;[德]卡尔·拉伦茨:《德国民法通论》,王晓晔等译,法律出版社2003年版,第284~285页。

〔6〕 Vgl. Köhler, BGB Allgemeiner Teil, 43. Aufl. 2019, § 17 Rn.9.

权(德国民法典第1273条及以下)。

对精神作品的支配权是指无体财产权(知识产权),它们(复数)授予权利人以排他地使用或利用精神作品的(在时间上受限制的)权利,包括著作权、专利权、商标权、实用新型保护权以及外观设计保护权等。[1]

3. 请求权

请求权(Anspruch)是指“向他人请求作为或不作为的权利”(见德国民法典第194条第1款的法定定义)。较详细的讨论,请参阅本书第三编第十一章“请求权、抗辩权”。

4. 形成权

形成权(Gestaltungsrecht)是这样一种权利,它授予权利人以单方面地和直接地设立、变更或取消某一法律关系或确定某一法律关系的内容的权能。[2] 形成权使权利人有权独自(在没有他人协助或参与的情况下)对现有的权利状况施加影响。因此,就权利变动的引起而言,形成权的实质在于它的单方面性和直接性。[3]

形成权既可以基于法律而发生,也可以基于合同而发生。在形成权中,尤其有意义的是那些取消某一法律关系的形成权,如撤销权、德国民法典第355条所规定的在消费者合同的情形下的法定撤回权、合同解除权、通知终止权和抵销权。

除此之外,先占权、买回权也是形成权。[4] 与上述取消某一法律关系的形成权不同的是,先占权、买回权授予权利人以单方面地和直接地设立某一法律关系的权能。在先占权的情形下,权利人(先占权人)通过自主占有无主动产而取得该动产的所有权(德国民法典第958条第1款)。就买回而言,如果出卖人已在买卖合同中保留买回权,则在出卖人(权利人)对买受人做出行使买回权的单方的、不要式的意思表示时,买回成立。[5]

形成权的行使,原则上通过做出(不要式的)须予受领的意思表示为之,如撤销的表示、解除合同的表示和通知终止的表示即是如此。该意思表示的受领人是形成权的相对人。它在到达受领人时发生效力(德国民法典第130条第1款第1句)。如果权利人(形成权人)行使了其形成权,则现有的法律关系往往被变更或取消。由于形成权的单方面性和直接性的缘故,即便形成权的相对人不赞同变更或取消现有的法律关系,形成权的行使也照样发生使现有的法律关系被变更或取消的效

---

〔1〕 Vgl. Klunzinger, Einführung in das Bürgerliche Recht, 16. Aufl. 2013, S. 51 – 52.

〔2〕 Vgl. Rüthers/Stadler, Allgemeiner Teil des BGB, 18. Aufl. 2014, § 16 Ⅱ Rn. 4.

〔3〕 Vgl. Lange, BGB Allgemeiner Teil, 1952, § 12 Ⅱ 1.

〔4〕 关于买回权,见德国民法典第456条第1款。

〔5〕 Vgl. Köbler, Juristisches Wörterbuch, 17. Aufl. 2018, S. 17, 190; Creifelds Rechtswörterbuch, 23. Aufl. 2019, S. 57, 634, 1692.

果。故形成权的相对人是否予以赞同是无关紧要的。[1]

形成权通常不得附条件或附期限，且形成权的行使通常不可撤回。理由是：既然形成权的相对人必须接受他人行使形成权的后果，法律就不应再让形成权的相对人面临不确定的状态。[2] 由于同样的原因，形成权的行使常常受制于某一期间；如果形成权人不在该期间内行使形成权，则形成权消灭。该期间叫作除斥期间（Ausschlussfrist）。例如，在意思表示因错误或误传而可撤销的情形下，撤销权人行使撤销权的除斥期间是"不迟延地"（德国民法典第121条第1款第1句）。在意思表示因恶意欺诈或不法胁迫而可撤销的情形下，撤销权人行使撤销权的除斥期间是1年（德国民法典第124条第1款）。在雇佣合同的当事人由于重大原因而即时通知终止雇佣关系的情形下，通知终止权人行使通知终止权的除斥期间是两个星期（德国民法典第626条第2款）。[3]

案例10－1 | 使用承租人的通知终止权

住宅的使用承租人向使用出租人表示，他以2007年6月30日为终止期日通知终止使用租赁关系。

问：设若承租人依照法律或合同有这样做的权利，这是何种权利？

答：由于承租人所做出的单方的、通知终止的表示，使用租赁关系在不经出租人赞同的情况下，于上述期日（2007年6月30日）终止。承租人的该项通知终止权是法律或合同所赋予的，它使现有的法律关系（使用租赁关系）被取消。可见，通知终止权是一种典型的形成权。

5. 反对权

反对权是这样一种权利，它授予权利人以使某一项权利失效的权能。例如，抗辩权就是一项反对权，它使权利人有（暂时或永久地）拒绝履行给付的权利。

（二）绝对权与相对权

1. 绝对权

绝对权是对一切人发生效力的权利。属于绝对权的有人格权、支配权等；在支配权中，最典型的是所有权。

就绝对权而言，任何人均有义务让权利人（绝对权人）支配其法益，且不侵害

---

[1] Vgl. Lange, BGB Allgemeiner Teil, 1952, § 12 Ⅳ.

[2] Vgl. Medicus, Allgemeiner Teil des BGB, 9. Aufl. 2006, Rn. 79－87. 另见［德］迪特尔·施瓦布：《民法导论》，郑冲译，法律出版社2006年版，第143～145页；［德］迪特尔·梅迪库斯：《德国民法总论》，邵建东译，法律出版社2000年版，第73～80页；［德］卡尔·拉伦茨：《德国民法通论》，王晓晔等译，法律出版社2003年版，第289～292页。

[3] Vgl. Köhler, BGB Allgemeiner Teil, 43. Aufl. 2019, § 17 Rn. 12.

之。如果任何人违反该项义务,则权利人可以向其请求除去侵害或对其提起不作为之诉(德国民法典第 12 条、第 1004 条、第 1065 条、第 1227 条);如果任何人有过错地(故意或有过失地)侵害绝对权,则权利人可以依照德国民法典第 823 条第 1 款请求损害赔偿,因为绝对权属于第 823 条第 1 款所称“其他权利”(sonstige Rechte)。

2. 相对权

相对权是仅仅针对特定人的权利;只有特定的人才有义务作为或不作为(见德国民法典第 194 条第 1 款、第 241 条)。在相对权(如债权)的情形下,只有个别人(如债务人)担负义务,在通常情况下也只有个别人(如债务人)能够侵害相对权。[1]

请求权(包括债法上的请求权即债权)、形成权和反对权均属于相对权。

3. 绝对权与相对权的界限

绝对权与相对权的区别并不总是泾渭分明的。例如,作为相对权的请求权在一定条件下也可以对一切人均发生效力,从而接近于绝对权。有人称这种现象为“债法性权利的物权法化”。就此,德国民法学家、慕尼黑大学荣休教授克勒(Helmut Köhler)举了以下三个例子:[2]

例 1:土地使用承租人的权利本身是针对土地使用出租人的相对权。但依照德国民法典第 566 条,土地使用承租人的权利也针对被使用租赁的土地的取得人。

例 2:要求转让土地所有权、对土地所有权设定负担的请求权可以因德国民法典第 883 条所称土地登记簿上的预告登记而被保全,以防止所有人草率地就土地所有权另做处分。

例 3:因某一债务关系而发生的占有权享有德国民法典第 823 条第 1 款所称“其他权利”的绝对性保护。

此外,“权利上的权利”、期待权、社团或合伙的成员资格、先占权等权利都可能难以简单地归入绝对权或相对权。例如,债权上的质权是相对权,而专利权上的用益权则是绝对权。[3]

---

[1] Vgl. Medicus, Allgemeiner Teil des BGB, 9. Aufl. 2006, Rn. 62-64. 另见[德]迪特尔·施瓦布:《民法导论》,郑冲译,法律出版社 2006 年版,第 138~139 页;[德]迪特尔·梅迪库斯:《德国民法总论》,邵建东译,法律出版社 2000 年版,第 58~60 页;[德]卡尔·拉伦茨:《德国民法通论》,王晓晔等译,法律出版社 2003 年版,第 300~304 页;徐国建:《德国民法总论》,经济科学出版社 1993 年版,第 22~23 页。

[2] Vgl. Köhler, BGB Allgemeiner Teil, 43. Aufl. 2019, § 17 Rn. 15.

[3] Vgl. Köhler, BGB Allgemeiner Teil, 43. Aufl. 2019, § 17 Rn. 6-19.

第三节 权利的取得与丧失

一、原始取得与传来取得

某人对权利的取得(权利取得)要么是原始的,要么是传来的,前者叫作原始取得(ursprünglicher Erwerb),后者叫作传来取得(abgeleiteter Erwerb)。

(一)原始取得

在原始取得的情形下,取得人取得一项不是从他人那里派生出来的权利。也就是说,权利取得的发生是不管该项权利先前是否存在、也不管它是否曾经属于过他人。

例如,自主占有无主动产的人取得该动产的所有权(德国民法典第958条第1款),因动产的附合、混合、加工而取得动产所有权(德国民法典第946条至第950条),因取得时效而取得动产所有权(德国民法典第937条),均属于原始取得。此外,有学者认为,动产所有权或土地所有权的善意取得(德国民法典第932条及以下、第892条)也属于原始取得。但就这一观点目前在德国民法学者间尚存有争议。[1] 又如,如果使用承租人与使用出租人订立了使用租赁合同,则出租人因该合同而取得一项要求支付所约定的租金的请求权。该项请求权原先并不存在。它一经产生就直接为出租人本人所享有,故出租人对该项请求权的取得是原始取得。[2]

(二)传来取得

传来取得是指权利取得是从前权利人那里派生出来的。也就是说,在传来取得的情形下,权利取得因权利继受(因权利被从前权利人处转移给后权利人)而发生;前提是权利属于前权利人且系可转让的。

例如,某人将自己所用过的汽车(二手汽车)转手出卖给第三人并向第三人转让该二手汽车的所有权。在此情形下,第三人对该二手汽车所有权的取得是传来取得。

案例 10-2 | 出卖人所转让的债权

出卖人V将自己的绘画以700欧元为价款出卖给买受人K,因此根据德国民法典第433条第2款对买受人K享有一项要求其支付700欧元的请求权(债权)。

---

〔1〕 Vgl. Köhler, BGB Allgemeiner Teil, 43. Aufl. 2019, § 17 Rn. 21.

〔2〕 Vgl. Bork, Allgemeiner Teil des Bürgerlichen Gesetzbuchs, 4. Aufl. 2016, Rn. 302.

问:出卖人 V 如何将该项债权转让给第三人 X? 第三人 X 对债权的取得是何种权利取得?

答:出卖人 V 可以将该项债权转让给第三人 X,方法是出卖人 V 与第三人 X 之间订立债权让与合同(德国民法典第 398 条),根据该债权让与合同(属于处分行为),债权应由出卖人 V 转移给第三人 X。在债权让与合同订立时,第三人 X 取代出卖人 V 而成为新债权人(德国民法典第 398 条第 2 句)。因此,该项债权就由 V 转移给 X。X 从此可以向 K 请求支付 700 欧元。X 对债权的取得是传来取得。

二、单个的权利继受与总括的权利继受

(一)单个的权利继受

在单个的权利继受的情形下,权利的取得仅及于单项的权利。单个的权利继受是生者之间权利继受的通常情形,原则上以前权利人与后权利人之间的法律行为(特别是合同)为基础。当然,此处所称"法律行为"多为处分行为,所称"合同"多为处分合同。

案例 10-3 | 商店的出卖

出卖人 V 向买受人 K 出卖其商店。为了履行买卖合同,V 应将所有属于该商店的单项权利转让给 K。

问:V 必须进行多少项处分?

答:按照德国联邦普通法院的司法判例给处分所下的定义[1],所谓**处分(Verfügungen)或处分行为,是指通过转让、废止、变更内容或设定负担等方式直接对某一项既有权利施加影响的法律行为**。[2]

在本案中,前权利人 V 必须逐项地将属于商店的各财产标的(土地所有权、动产所有权、债权和专利权)转让给后权利人 K。具体地说,商店的土地的所有权通过关于土地所有权的合意和登记于土地登记簿而由 V 转移给 K(德国民法典第 925 条、第 873 条);单个商品(动产)的所有权通过关于动产所有权转移的合意和交付而由 V 转移给 K(德国民法典第 929 条);V 对顾客的单项债权则通过债权让与合同而由 V 转移给 K(德国民法典第 398 条);V 所享有的专利权则准用关于债权让与的规定加以转让(德国民法典第 413 条)。一句话:有多少项权利,就必须进行多少项处分。

---

〔1〕 Vgl. BGHZ 101, 24, 26.

〔2〕 关于处分或处分行为,详见本书第二编第四章第二节关于法律行为的类型的论述。

为了法的明晰性和法的安定性的缘故，德国民法典不准许以法律行为总括地转让一个人的全部权利，而是要求进行单项权利的各别转让。[1] 就单个的权利继受而言，即使某人负有向他人转让财产的义务，该项义务的履行也必须通过不同权利的各别转让（属于处分行为）为之。权利的此种各别转让体现了处分行为的特定性原则（Spezialitätsgrundsatz 或 Spezialitätsprinzip），[2]并有利于法律上的往来的明晰性和安定性。

（二）总括的权利继受

在总括的权利继受的情形下，权利的取得及于权利的总体。它是一种例外情形，仅在法律所准许的情形下始有可能发生，且只能依照法律规定为之。

例如，根据德国民法典第 1922 条第 1 款，在被继承人死亡时（继承开始时），其“财产作为总体”转移给继承人。如果被继承人是商店的主人，那么，其单个的财产标的就自动地在那一时刻转移给继承人，即便继承人并不知道被继承人死亡亦然。这样一来，继承人无须达成关于土地所有权转移的合意并登记于土地登记簿即成为土地所有人；[3]无须以处分行为转让商品（动产）所有权即成为商品所有人；无须进行债权让与即成为新债权人。又如，如果配偶双方达成财产共同制的协议，则丈夫的财产和妻子的财产因财产共同制而成为双方共同的财产；各个标的成为共同的，而无须以法律行为加以转让（见德国民法典第 1416 条）。[4]

三、从权利人处取得、从无权利人处取得

（一）从权利人处取得

从权利人处取得是权利取得的常态。它意味着某人从他人那里取得某项权利，而该他人在权利转移之前是权利人。原则上，德国法在今天仍旧沿用罗马法上的一项原则：“*Nemo plus iuris ad alium transferre potest quam ipse habet.*”[5]（“没有人能向他人转让比自己所拥有的权利更多的权利。”或译：“任何人都不能将比自己所拥有的权利更多的权利转让给他人。”）

---

[1] Vgl. Lange, BGB Allgemeiner Teil, 1952, § 13 Ⅲ 2.

[2] 关于特定性原则，参见［德］迪特尔·施瓦布：《民法导论》，郑冲译，法律出版社 2006 年版，第 332～334 页。

[3] 但继承人在土地登记簿上的嗣后登记可起到更正土地登记簿的作用，见德国民法典第 892 条。

[4] 参见徐国建：《德国民法总论》，经济科学出版社 1993 年版，第 23～24 页。Vgl. auch Bork, Allgemeiner Teil des Bürgerlichen Gesetzbuchs, 4. Aufl. 2016, Rn. 309; Köhler, BGB Allgemeiner Teil, 43. Aufl. 2019, § 17 Rn. 20－24.

[5] 参见陈卫佐：《拉丁语法律用语和法律格言词典》，法律出版社 2009 年版，第 232 页。

案例 10－4 | 遗产中的瑞士名表

继承人在被继承人的遗产中发现了一块名贵的“劳力士”(Rolex)牌瑞士手表。

问:在何种情形下继承人不成为这块瑞士名表的所有人?

答:只有在这块名贵的“劳力士”牌瑞士手表在被继承人死亡时属于被继承人的情形下,继承人才成为这块手表的所有人。如果被继承人只是这块手表的占有人而非所有人,则在继承开始时,继承人不成为这块手表的所有人。

(二)从无权利人处取得

从无权利人处取得意味着:在例外情形下,即使权利人不是让与人而是第三人,某人(取得人)也取得权利。在这里,德国民法典不适用罗马法上关于“没有人能向他人转让比自己所拥有的权利更多的权利”的原则,而例外地适用德国法上的“信赖保护”原则。理由是:善意地把不是权利人的让与人认为是权利人且能够这样认为的人(取得人),应受到保护。

案例 10－5 | 借用人将戒指出卖给买受人、小偷将戒指出卖给买受人:两种情形的利益分析

所有人 E 将其戒指借给了朋友 F。F 因急需金钱而将戒指以 1000 欧元为价款出卖给买受人 K;双方达成了关于戒指所有权应依照德国民法典第 929 条第 1 句由 F 转移给 K 的合意并完成了交付。K 认为 F 是戒指所有人。

问:K 是否依照德国民法典第 929 条第 1 句成为戒指所有人?试就这种情形与小偷从所有人 E 处将戒指偷走并出卖给买受人 K 的情形进行利益分析,并回答:在何种情形下买受人 K 更值得保护?

答:在本案中,戒指的借用人 F 将戒指以 1000 欧元为价款出卖给买受人 K。F 和 K 达成了关于戒指所有权应依照德国民法典第 929 条第 1 句由 F 转移给 K 的合意并完成了交付。在这里,F 是戒指所有权的让与人,而 K 则是潜在的取得人。由于德国民法典第 929 条第 1 句的规定以让与人是动产所有人为前提,假如 F 是戒指所有人,则 K 将依照德国民法典第 929 条第 1 句成为戒指所有人。但实际上,F 只是戒指的借用人而非所有人,所以 K 并没有依照德国民法典第 929 条第 1 句成为戒指所有人。

乍看起来,E 似乎仍然是戒指所有人;他有可能根据德国民法典第 985 条向 K 请求返还戒指。那样的话,K 就会落到钱物两空的境地。不过,仔细进行利益分析会得出这样的结论:较之小偷从所有人 E 处将戒指偷走并出卖给买受人 K 的情形,买受人 K 的利益在借用人 F 将戒指出卖给 K 的情形下更值得保护。

在小偷将戒指从所有人 E 处偷走的情形下,戒指是违背所有人 E 的意志而从

他的占有中丧失的;但在借用人F将戒指出卖给买受人的情形下,所有人E通过将戒指借给其朋友F而自愿暂时地放弃对戒指的直接占有,F则因使用借贷合同而成为戒指的直接占有人(见德国民法典第598条至第606条)。借用人可以由所有人E挑选,而小偷则是不期而至的。尽管小偷和朋友F都是戒指的直接占有人,但在借用人F将戒指出卖给买受人K的情形下,戒指所有人E并不像他在戒指被小偷盗窃的情形下那样值得保护;相应地,买受人K的利益在使用借贷的情形下比在戒指被盗的情形下更有理由优先于原所有人E的利益而得到保护。

在上述两种情形下,权利外观均倾向于认为占有人同时也是所有人。德国民法典第1006条第1款第1句规定:"为动产占有人的利益,推定其为物的所有人。"但是,在关于戒指的使用借贷的情形下,所有人E通过自愿将戒指借出去而自己引起了这一权利外观;而在戒指被盗窃的情形下,他自己并没有引起这一权利外观。也正是基于这一由E引起的权利外观,买受人K依照德国民法典第929条第1句、第932条第1款第1句关于动产善意取得的规定成为了戒指所有人,即便他是从非所有人(无权利人)F那里取得戒指所有权的亦然。

须指出的是,买受人K只有在他不是善意地信赖由所有人E引起的权利外观的情形下,才不配受到保护(德国民法典第932条第1款第1句、第2款)。这发生在K知道戒指不属于F,或者因重大过失而不知道F不是所有人的情形,譬如K对镌刻在戒指上的E的名字视而不见。

根据德国民法典第929条第1句、第932条第1款第1句和第2款、第935条第1款第1句,从无权利人处善意取得动产所有权的要件是:(1)让与人、取得人依照德国民法典第929条第1句达成了关于动产所有权应由让与人转移给取得人的合意;(2)让与人依照德国民法典第929条第1句向取得人完成了交付;(3)物(这里仅指动产)不属于让与人(否则,取得人依照德国民法典第929条第1句就已经从权利人处取得物的所有权了);(4)取得人对让与人的所有权的善意(取得人在依德国民法典第929条的规定将会取得所有权时,不知道动产不属于让与人且其不知道非因重大过失而引起,德国民法典第932条第2款);(5)物不是从所有人处被盗、丢失或以其他方式丧失的(德国民法典第935条第1款第1句)。

案例10-6 | 小偷所出卖的戒指

小偷D将他从所有人E那里偷来的戒指出卖给买受人K。小偷D欺骗K说:这枚戒指是属于他的;K认为小偷D是戒指所有人。双方按照德国民法典第929条第1句达成了动产所有权转移的合意并进行了交付。

问:所有人E相对于买受人K享有什么样的请求权?

答:在本案中,让与人D和买受人K按照德国民法典第929条第1句达成了戒指(动产)所有权转移的合意并进行了交付。假如D是戒指的所有人,K是可以取得戒指所有权的。然而D所出卖给K的戒指是偷盗来的,它不属于小偷D。虽然K认为小偷D是戒指所有人(这意味着K是善意的),但戒指是从所有人E那里被盗的,属于丧失的物,而(从所有人处被盗、遗失或以其他方式)丧失之物无善意取得可言(见德国民法典第935条第1款第1句)。所以K不取得戒指所有权。

结论:所有人E可以根据德国民法典第985条向占有人K请求返还戒指(K可以向小偷D请求返还价款或请求损害赔偿,但这非本案例所问)。

四、权利的丧失

权利丧失的原因主要有权利的转移和权利的消灭。

当原权利人的权利转移给他人(新权利人)时,原权利人即丧失其权利。

因其性质而在时间上受限制的权利,在期间届满时消灭。例如,著作权、专利权、商标权等无体财产权(知识产权)在各自的期间届满时消灭。法律一般就形成权的行使规定了除斥期间(Ausschlussfrist):除斥期间届满时,形成权消灭(见德国民法典第121条第1款第1句、第124条第1款、第355条第2款、第626条第2款)。

就支配权而言,在其标的灭失时,支配权消灭。例如,当物灭失时,物的所有权消灭。

某些高度个人化的权利是不可继承的。此种权利在权利人死亡时消灭,如扶养请求权(德国民法典第1615条第1款)、用益权(德国民法典第1061条)及人格权即是如此。

权利也可以因抛弃而消灭。权利的抛弃通常以单方法律行为为之,如动产所有权的抛弃(德国民法典第959条)。在例外情形下,权利的抛弃尚需具备其他附加要件(见德国民法典第875条关于土地上的某项权利的废止的规定、第928条关于土地所有权的抛弃的规定)。债权的抛弃,以债权人和债务人之间的免除合同(属于处分合同)为前提(德国民法典第397条)。然而,并非一切权利都是可抛弃的。例如,人格权不可抛弃;又如,德国民法典第1614条第1款规定:不得就将来而抛弃扶养请求权。

最后,债权因履行(德国民法典第362条第1款)或代替履行的行为(如德国民法典第389条所规定的抵销)而消灭。[1]

---

〔1〕 参见徐国建:《德国民法总论》,经济科学出版社1993年版,第24~25页。Vgl. auch Bork, Allgemeiner Teil des Bürgerlichen Gesetzbuchs, 4. Aufl. 2016, Rn. 310 ff.; Köhler, BGB Allgemeiner Teil, 43. Aufl. 2019, § 17 Rn. 25-30.

第十一章 请求权、抗辩权

第一节 请 求 权

一、请求权的概念

请求权是“向他人请求作为或不作为的权利”(见德国民法典第 194 条第 1 款的法定定义),如要求转让买卖物所有权的请求权、要求让与某项债权的请求权。

请求权总是存在于两个人之间的:权利人(请求权人)与被请求的义务人。权利人可以向义务人请求实施一定的行为(作为或不作为),义务人则就一定的行为(作为或不作为)相对于权利人负有义务。用德国民法课堂上一句很有名的话来说,民法习题的任务就是要“通过请求权而在私法上确定:谁(权利人)可以向谁(义务人)依据什么(请求权基础)请求什么(请求权的内容)——“Wer kann was von wem woraus verlangen?”[1]

请求权只针对特定的人,因而是相对权。在这一点上,请求权区别于作为绝对权的人格权和支配权。然而侵害人格权、支配权等绝对权却会使请求权发生(见德国民法典第 12 条第 1 句、第 823 条第 1 款、第 985 条、第 1004 条第 1 款)。

举例来说,某动产的所有人 V 与 K 订立了关于该动产的买卖合同。因该买卖合同,K 并未取得对该动产的所有权,而只是取得了要求转让该动产所有权的请求权和交付请求权(德国民法典第 433 条第 1 款第 1 句),也就是说,其取得了两项债权(债法上的请求权)。可见,该买卖合同订立后,V 仍然是该动产的所有人。如果第三人 D 毁灭了该动产,则债权人 K 就丧失了其债权,即要求转让该动产的所有权的请求权和交付请求权(德国民法典第 275 条第 1 款规定:“只要给付对债务人来说或对任何人来说系不可能的,给付请求权即被排除。”)。虽然德国民法典第 823 条第 1 款规定“故意或有过失地不法侵害他人的生命、身体、健康、自由、所有权或其他权利的人,有义务向该他人赔偿因此而发生的损害”,但由于债权不属于第 823 条第 1 款所称“其他权利”,故债权人 K 不能依照第 823 条第 1 款向 D 请求损害赔偿。对 D 的损害赔偿请求权只属于作为所有人的 V。德国民法典第 285 条第 1 款

---

〔1〕 Vgl. Köhler, BGB Allgemeiner Teil, 43. Aufl. 2019, § 18 Rn. 2; Anhang 10.

规定:“由于债务人据之而依第 275 条第 1 款至第 3 款无须提供给付的情事,债务人就债的标的取得补偿或补偿请求权的,债权人可以请求返还作为补偿所受领的标的,或请求让与该项补偿请求权。”由于 V 是第 285 条第 1 款所称债务人,K 是债权人,故债权人 K 可以请求债务人 V 让与补偿请求权,即 V 对 D 的损害赔偿请求权。[1]

二、请求权的种类

根据请求权所属的民法部门,可以将请求权分为债法上的请求权、物权法上的请求权、家庭法上的请求权和继承法上的请求权。

(一)债法上的请求权(债权)

债法上的请求权是因广义的债务关系而产生的。债务关系有广义和狭义之分。广义的债务关系(Schuldverhältnis im weiteren Sinne)是指两个或两个以上的人之间这样的法律关系:根据该法律关系,其中至少一人对另一人负有给付[2]义务(德国民法典第 241 条第 1 款)或顾及的义务(德国民法典第 241 条第 2 款[3]),且从该法律关系可以产生出一系列请求权和义务(债务)。德国民法典把**债法上的请求权**称为**债权**;相应地,把债法上的请求权人称为债权人,义务人称为债务人。[4]例如,德国民法典第二编第八章“各种债务关系”(第 433 条至第 853 条)就属于此种广义的债务关系。同样,德国民法典第二编的标题“债务关系法”、第 241 条第 2 款(“债务关系可以……使任何一方负有顾及……的义务”)和第 273 条第 1 款(“以债务关系不另有规定为限”)中的“债务关系”,都是指广义的债务关系。狭义的债务关系(Schuldverhältnis im engeren Sinne)是指债权(Forderung)。它是债法上的请求权,即债权人向债务人请求给付(作为或不作为)的权利(德国民法典第 241 条第 1 款第 1 句、第 2 句)。[5] 举例来说,依照德国民法典第 433 条,出卖人和买受人之间的买卖合同是广义的债务关系。由它产生出一系列债法上的请求权(债权,亦即狭义的债务关系,如出卖人的价款支付请求权、出卖人要求对方受取物的请求权、买受人的交付请求权以及买受人要求转让所有权的请求权)和债务。可见,被称作“债务关系”的买卖,是由一系列债权和债务组成的,其中买受人与出卖人互为债权

---

[1] Vgl. Köhler, BGB Allgemeiner Teil, 43. Aufl. 2019, § 17 Rn.11.

[2] 给付也可以是不作为(德国民法典第 241 条第 1 款第 2 句)。

[3] 德国民法典第 241 条第 2 款规定:“债务关系可以依其内容使任何一方负有顾及另一方的权利、法益和利益的义务。”

[4] Vgl. Medicus, Grundwissen zum Bürgerlichen Recht, 6. Aufl. 2004, Rn.28. 另见[德]迪特尔·施瓦布:《民法导论》,郑冲译,法律出版社 2006 年版,第 146 ~ 147、315 页;徐国建:《德国民法总论》,经济科学出版社 1993 年版,第 27 页。

[5] Vgl. Brox/Walker, Allgemeines Schuldrecht, 38. Aufl. 2014, § 1 Rn.2; § 2 Rn.1 – 3; Medicus/Lorenz, Schuldrecht, Allgemeiner Teil, 20. Aufl. 2012, S.5 – 7.

人与债务人,因而属于广义的债务关系。此外,德国民法典还多次把债法上的请求权(债权)称为债务关系。当然,债权只是狭义的债务关系而已。

(二)物权法上的请求权

物权法上的请求权是那些旨在实现物权的请求权,它们往往产生于对物权的侵害,如德国民法典第985条所规定的物的返还请求权、第1004条第1款所规定的除去请求权、第1065条所规定的用益权人请求权、第1227条所规定的质权人请求权。有些中国民法学者习惯于将物权法上的请求权称为"物上请求权",大概是将dinglicher Anspruch直译的结果。实际上,德文dinglicher Anspruch的确切含义是物权法上的请求权。因此,"物上请求权"是不甚妥当的叫法。

(三)家庭法上的请求权和继承法上的请求权

家庭法上的请求权和继承法上的请求权产生于家庭法和继承法上的法律关系。如子女对父亲的扶养请求权(德国民法典第1601条及以下)、继承人对遗产占有人的返还请求权(德国民法典第2018条)。

此外,根据请求权产生的原因,可以将请求权分为法定请求权和法律行为所定的请求权(特别是合同所定的请求权)。当然,法律行为所定的请求权是以法律行为的有效实施为前提的。

三、请求权基础

任何一项请求权均以某一请求权基础为前提。所谓"请求权基础"(Anspruchsgrundlagen),[1]是指赋予某人以请求权的法律规范(请求权规范)以及赋予某人以请求权的法律行为。

(一)请求权规范

请求权规范是赋予某人以请求权的法律规范。像任何完整的法律规范一样,请求权规范也是由构成要件(Tatbestand)和法律效果(Rechtsfolge)组成的。其中,请求权规范的构成要件规定了请求权的各个产生要件。

例如,德国民法典第985条("所有人可以向占有人请求返还物")是一条能够作为请求权基础的请求权规范。它的构成要件是:一个当事人是物的所有人,另一个当事人是物的占有人;法律效果是:所有人对占有人享有物的返还请求权。[2]

---

[1] 关于"请求权基础",在德国有已故著名民法学家梅迪库斯教授已出至第21版的《民法》教科书(Medicus, Bürgerliches Recht, 21. Aufl. 2007),在中国台湾地区有著名民法学家王泽鉴教授的《法律思维与民法实例:请求权基础理论体系》(中国政法大学出版社2001年版,特别是第50~171页)。

[2] 参见《德国民法典》(第5版),陈卫佐译注,法律出版社2020年版,第69~70页,注解2。

又如,德国民法典第823条第1款("故意或有过失地[1]不法侵害[2]他人[3]的生命、身体、健康、自由、所有权或其他权利[4]的人,有义务向该他人赔偿因此而发生的损害")是一条能够作为请求权基础的请求权规范。它的构成要件是:一人(加害人)有过错地不法侵害另一人(受害人)的生命、身体、健康、自由、所有权或其他权利;法律效果是:受害人对加害人享有损害赔偿请求权。

再如,德国民法典第826条("以违背善良风俗的方式故意[5]加损害于他人的人,有义务向该他人赔偿损害。"[6])是一条能够作为请求权基础的请求权规范。它的构成要件是:一人(加害人)以违背善良风俗的方式故意加损害于另一人(受害人);法律效果是:受害人对加害人享有损害赔偿请求权。[7]

同样,德国民法典第667条("受委托人有义务将其为执行委托而获得的标的和因处理事务而取得的标的,返还给委托人")也是一条能够作为请求权基础的请求权规范。它的构成要件是:因委托合同,一方当事人是委托人,另一方当事人是受委托人;法律效果是:委托人享有向受委托人请求返还后者为执行委托而获得的标的和因处理事务而取得的标的。

(二)特定的法律行为

法律行为(特别是合同)也可以成为请求权基础。在此情形下,请求权或者直接因法律行为而成立,或者根据补充性的制定法规定或习惯法规定而成立。

例如,出卖人的价款支付请求权可以直接基于买卖合同而发生,此时德国民法典第433条第2款的请求权规范只是宣示性的;承揽人的报酬请求权可以直接基于承揽合同而发生,此时德国民法典第631条第1款的请求权规范也只是宣示性的。

又如,买受人对迟延利息的请求权基于德国民法典第288条的补充性规定而发生,而迟延的要件则规定于德国民法典第286条的辅助性规范中。[8]

---

[1] 对于过失,轻微过失即已足够。故意和过失,合称"过错"。

[2] 侵害的客体是他人的生命、身体、健康、自由、所有权或其他权利。

[3] 这里的"他人"也包括胎儿。参见《联邦普通法院民事裁判集》第58卷,第48页;第93卷,第351页。

[4] "其他权利",如特别人格权(包括姓名权、著作人格权、肖像权等)、著作权等。

[5] 德国民法典第826条所规定的赔偿损害义务,以故意为必要。参见《德国民法典》(第5版),陈卫佐译注,法律出版社2020年版,第382页,注解254。

[6] 德国民法典第826条是典型的一般条款。

[7] Vgl. Lange, BGB Allgemeiner Teil, 1952, § 8 Ⅲ 3.

[8] Vgl. Köhler, BGB Allgemeiner Teil, 43. Aufl. 2019, § 18 Rn. 1 – 7; Bork, Allgemeiner Teil des Bürgerlichen Gesetzbuchs, 4. Aufl. 2016, Rn. 292. 另见徐国建:《德国民法总论》,经济科学出版社1993年版,第27页。

四、多数请求权和多数请求权基础

(一)请求权聚合和任择性请求权

基于一个事实,可以产生以不同给付为客体的两项或两项以上请求权。它们可以并列地为权利人所享有,叫作请求权聚合(Anspruchshäufung);它们也可以选择性地为权利人所享有,叫作任择性请求权(alternative Ansprüche)。

兹举一个请求权聚合的例子:[1]基于一个委托(德国民法典第662条)的事实,委托人有权利依照德国民法典第666条向受委托人请求就事务的状况答复询问并提出计算报告,也有权利依照德国民法典第667条向受委托人请求返还后者为执行委托而获得的标的和因处理事务而取得的标的。

(二)请求权的竞合和请求权规范的竞合

基于一个事实,可以产生以同一给付为客体的两项或两项以上请求权,以至于满足了其中一项请求权,其他各项请求权即消灭。这种情形一般被称为"请求权的竞合"(Anspruchskonkurrenz)。

但也有人从另一角度出发,认为只存在一项请求权,只不过它有一个以上请求权基础罢了;与其说是请求权的竞合,不如说是"请求权规范的竞合"(Anspruchsnormenkonkurrenz)。

兹举一个请求权竞合或请求权规范竞合的例子:在关于某物的使用租赁关系(属于广义的债务关系)中,出租人和承租人各自依照使用租赁合同(有偿的双务合同)享有债法上的请求权(债权,也即狭义的债务关系,德国民法典第535条)。如果承租人毁损了租赁物,则基于这样一个事实,出租人一方面依照德国民法典第280条第1款结合第538条、第548条第1款第1句享有基于义务之违反的损害赔偿请求权,另一方面依照德国民法典第823条第1款(故意或有过失地不法侵害他人的……所有权……的人,负有向该他人赔偿因此而发生的损害的义务)享有侵权行为法上的损害赔偿请求权。这样一来,就存在请求权的竞合或请求权规范的竞合。[2]

---

[1] Vgl. Köhler, BGB Allgemeiner Teil, 43. Aufl. 2019, § 18 Rn. 8.

[2] Vgl. Köhler, BGB Allgemeiner Teil, 43. Aufl. 2019, § 18 Rn. 8 – 9. 另见[德]迪特尔·施瓦布:《民法导论》,郑冲译,法律出版社2006年版,第164～166页;[德]卡尔·拉伦茨:《德国民法通论》,王晓晔等译,法律出版社2003年版,第348～356页。

第二节 抗 辩 权

一、实体私法意义上的抗辩权

（一）概念

德国民法典所称“抗辩权”（Einrede）是实体私法意义上的抗辩权，它是指某人所享有的、阻碍他人行使请求权的权利。从权利种类上说，德国民法典所称抗辩权是反对权：如果抗辩权人主张它，那么，作为与请求权相对抗的权利，它使请求权的行使受阻碍。抗辩权授予请求权的相对人（义务人）以一项拒绝满足请求权的权利，亦即拒绝履行给付的权利（如德国民法典第273条第1款所规定的留置权抗辩权、第320条第1款所规定的未被履行的合同的抗辩权等）。

案例11-1 | 消灭时效抗辩权

某商人K向某区法院提起给付之诉，请求法院判决B支付200欧元。原告K的理由是，他向被告B出卖了一张价款为200欧元的地毯。被告B指出，他是在6年前订立买卖合同的；经过这么长时间，他不再支付价款了。原告K说：买卖合同是在去年订立的。

问：原告K是否享有价款支付请求权？设若被告B证明了买卖合同的确是在6年前订立的，他还需要支付价款吗？

答：在本案中，原告K是否对被告B享有价款支付请求权，取决于他是否与被告B订立了以那张地毯为标的、以200欧元为价款的有效的买卖合同（德国民法典第433条第2款）。从案情来看，K和B的确订立了这样一个有效的买卖合同。所以原告K享有价款支付请求权。

然而，K的价款支付请求权的行使可能因被告B主张消灭时效已完成而受到阻碍。消灭时效完成的法律效果，主要在于使债务人有拒绝履行给付的权利（德国民法典第214条第1款）。K的价款支付请求权的消灭时效期间是3年（普通消灭时效期间，见德国民法典第195条）。[1] 被告B声称他是在6年前订立买卖合同的，而原告K则声称买卖合同是在去年订立的，表明K否认存在消灭时效完成的要件。在此情形下，被告B必须证明买卖合同至少是3年以前订立的。如果B成功地证明了这一点，则原告的诉讼请求将被驳回；否则，B

---

〔1〕 参见《德国民法典》（第5版），陈卫佐译注，法律出版社2020年版，第71页，注解5。

将被判决支付200欧元价款。

根据以上分析,原告K依照德国民法典第433条第2款因买卖合同而享有对被告B的价款支付请求权。但是,被告B不仅向原告K主张了消灭时效抗辩权,而且在K否认存在消灭时效完成的要件的情况下,成功地证明了买卖合同的确是在6年前订立的。所以,尽管原告K的价款支付请求权依然存在,被告B却因原告K的价款支付请求权已完成消灭时效而可以拒绝履行给付。法院必须驳回原告K的诉讼请求。

结论:被告B无须支付200欧元价款。

(二)与民事诉讼法意义上的抗辩的区别

尽管实体私法意义上的抗辩权和民事诉讼法意义上的抗辩在德文里都用同一个词Einrede来表述,二者却是相互有区别的。

具体来说,在民事诉讼法上,抗辩是指被告提出自我辩护的事实,使原告的请求权不能实现。民事诉讼法意义上的抗辩(Einrede im zivilprozessrechtlichen Sinn)可以分为以下三类:[1]

第一类是阻止权利发生的抗辩,又叫"阻却权利的抗辩",如合同因一方当事人欠缺行为能力而无效的抗辩(德国民法典第105条第1款)、遗嘱因立遗嘱人欠缺行为能力而无效的抗辩(德国民法典第105条第1款)、表意人系在丧失知觉的状态下做出意思表示的抗辩(德国民法典第105条第2款),以及合同因虚伪行为(德国民法典第117条第1款)、欠缺真意(德国民法典第118条)、欠缺法律所规定的形式(德国民法典第125条第1句)、违反法定禁止(德国民法典第134条第1款)、违背善良风俗(德国民法典第138条第1款)而无效的抗辩等。

案例11-2 | 阻止权利发生的抗辩

某商人K向某区法院提起给付之诉,请求法院判决B支付200欧元。K的理由是,他向B出卖了一张价款为200欧元的地毯。B申请驳回诉讼请求,因为他陈述道:他在订立关于地毯的买卖合同时,因喝醉酒而丧失了知觉。

问:法院应如何判决?

答:在本案中,被告B并不否认订立了买卖合同,而是陈述了一个事实(B自己因喝醉酒而丧失了知觉)。该事实是与买卖合同的有效性相对抗的,因为依照德国民法典第105条第2款,在丧失知觉的状态下做出的意思表示无效。可见,被告B提出了一个阻止权利(请求权)发生的抗辩。如果原告K否认存在

---

〔1〕 Vgl. Medicus, Allgemeiner Teil des BGB, 9. Aufl. 2006, Rn. 92-95. 另见[德]迪特尔·梅迪库斯:《德国民法总论》,邵建东译,法律出版社2000年版,第82~84页。

这样一个阻止权利发生的事实，则被告 B 必须证明之，亦即由被告 B 就自己所提出的抗辩负证明责任。如果被告 B 证明他的确在订立买卖合同时因喝醉酒而丧失了知觉，则 B 将胜诉，原告 K 的诉讼请求将被驳回。如果 B 不能证明这一点，则原告 K 将胜诉。

第二类是使权利消灭的抗辩，如关于给付已被履行的抗辩（德国民法典第 362 条第 1 款）、关于债权因抵销而视为消灭的抗辩（德国民法典第 389 条）、关于债权因债务免除合同而消灭的抗辩（德国民法典第 397 条第 1 款），以及关于因法律行为而发生的请求权在法律行为被撤销的情形下视为消灭的抗辩（德国民法典第 142 条第 1 款）等。[1]

案例 11－3 | 使权利消灭的抗辩

某商人 K 向某区法院提起给付之诉，请求法院判决 B 支付 200 欧元。K 的理由是，他向 B 出卖了一张价款为 200 欧元的地毯。B 申请驳回诉讼请求，因为他主张：他早已支付了 200 欧元价款。但原告 K 说：B 没有支付价款。

问：法院应如何判决？

答：在本案中，被告 B 并不否认订立了买卖合同，也没有阻止价款支付请求权的发生，而是陈述了一个事实，谓其已支付了 200 欧元价款。这是一个使价款支付请求权消灭的事实，因为：如果被告 B 确已支付了价款，则依照德国民法典第 362 条第 1 款，价款支付请求权因履行而消灭。

对于被告 B 所提出的这样一个使权利（请求权）消灭的事实，如果原告 K 予以否认，则被告 B 必须证明之。本案的原告 K 声称被告 B 没有支付价款，表明他否认被告 B 所提出的使权利消灭的抗辩。在此情形下，被告 B 负证明责任，而证明给付已被履行的最简单的方法就是出示收据（德国民法典第 368 条）。如果被告 B 成功地证明了这一点，则他将胜诉；否则，他将败诉。

第三类是使权利受阻碍的抗辩，如消灭时效已完成的抗辩（消灭时效完成后，债务人有拒绝履行给付的权利，德国民法典第 214 条第 1 款）、延期清偿的抗辩。

实体私法意义上的抗辩权仅仅与民事诉讼法意义上的第三类抗辩相对应，而与第一类、第二类抗辩无关。不仅如此，实体私法意义上的抗辩权是一种权利（反对权、拒绝履行给付的权利），而民事诉讼法意义上的三类抗辩都是对某一事实的提出或陈述，服务于被告自我辩护的目的。

---

[1] Vgl. Bork, Allgemeiner Teil des Bürgerlichen Gesetzbuchs, 4. Aufl. 2016, Rn. 90.

（三）与狭义的抗辩的区别

除了 Einrede 之外，德文里的另一个词 Einwendung 也与抗辩有关。但 Einwendung 一词在德文著作里的使用并不统一，以致有时所指不明。

Einwendung 有时被作为民事诉讼法意义上的“阻止权利发生的抗辩”和“使权利消灭的抗辩”的上位概念而使用，叫作“使权利被否定的抗辩”。这一意义上的抗辩无须由被告主张。[1] 在通常情形下，此种抗辩只需由任何一方当事人陈述其事实上的要件，即可为法院所考虑。

案例 11-4 | 无须由被告加以主张的抗辩

某商人 K 向某区法院提起给付之诉，请求法院判决 B 支付 200 欧元。原告 K 的理由是，他向被告 B 出卖了一张价款为 200 欧元的地毯。原告 K 自己陈述道：B 在订立买卖合同时，因喝醉酒而丧失了知觉。B 申请驳回诉讼请求。

问：法院应如何判决？

答：在本案中，如果原告 K 自己陈述道：B 在订立买卖合同时，因喝醉酒而丧失了知觉，则依照德国民法典第 105 条第 2 款，存在阻止权利发生的抗辩的要件。法院将驳回原告 K 的诉讼请求。至于被告 B 是否主张了这一“阻止权利发生的抗辩”，则在所不问。这一意义上的抗辩是狭义的抗辩（Einwendung），属于“使权利被否定的抗辩”的一种。它无须由被告加以主张即可为法院所考虑，从而不同于私法意义上的、必须由抗辩权人加以主张才能阻碍请求权的行使的抗辩权。

然而，Einwendung 有时也被用于广义，除了“使权利被否定的抗辩”（“阻止权利发生的抗辩”+“使权利消灭的抗辩”）之外，还包括实体私法意义上的抗辩权。

例如，德国民法典第 404 条规定：“债务人可以用在债权让与时对原债权人成立的抗辩来对抗新债权人。”该条所称“抗辩”（Einwendungen）是广义的抗辩，不仅包括“阻止权利发生的抗辩”（如德国民法典第 104 条、第 125 条、第 134 条、第 138 条）、“使权利消灭的抗辩”（如撤销、撤回、解除合同、履行、抵销的抗辩），而且包括实体私法意义上的抗辩权（如消灭时效抗辩权、德国民法典第 273 条第 1 款所规定的留置权抗辩权、第 320 条第 1 款所规定的未被履行的合同的抗辩权以及第 821 条所规定的不当得利抗辩权等）。[2]

在通常情形下，对 Einwendung 应作狭义的理解，亦即狭义的抗辩，意为“使权利

---

〔1〕 参见李永军：《民法总论》，法律出版社 2006 年版，第 127 页。

〔2〕 Vgl. Palandt-Grüneberg, BGB, 73. Aufl. 2014, § 404, Rn. 2.

被否定的抗辩”（“阻止权利发生的抗辩”+“使权利消灭的抗辩”）。[1]

二、抗辩权的主张

实体私法意义上的抗辩权必须加以主张（如主张请求权已完成消灭时效）。在民事诉讼中，只有在已存在抗辩权的构成要件且抗辩权人主张了抗辩权的情形下，法院才会考虑抗辩权。如果抗辩权人（同时也是义务人）不主张抗辩权，则仍须履行其债务。

案例 11－5 | 抗辩权的主张

某商人 K 向某区法院提起给付之诉，请求法院判决 B 支付 200 欧元。K 的理由是，他向 B 出卖了一张价款为 200 欧元的地毯。K 自己陈述道：买卖合同早在 6 年前即已成立。但 B 并没有主张消灭时效抗辩权。

问：法院应如何判决？

答：在本案中，原告 K 的价款支付请求权的消灭时效期间是 3 年（因为普通消灭时效期间为 3 年，见德国民法典第 195 条）；3 年的普通消灭时效期间，自原告 K 的价款支付请求权发生之年的年末起算（德国民法典第 199 条第 1 款第 1 项）。既然原告 K 自己声称买卖合同早在 6 年前即已成立，则存在消灭时效抗辩权的构成要件。因此，法院是知道原告 K 的价款支付请求权已完成消灭时效的。

尽管如此，由于被告 B 没有主张消灭时效抗辩权，法院必须判决他支付价款。

三、抗辩权的效力

（一）已被主张的抗辩权的效力

已被主张的抗辩权的效力，在于使请求权受阻碍。有抗辩权与之对抗的请求权并不因抗辩权被主张而消灭，而只是在请求权的实现上受到阻碍而已。

卡尔·拉伦茨的《德国民法通论》（王晓晔等译，法律出版社 2003 年版）第 321 页称“请求权因时效而消灭”，第 326 页称“只有从所有权发生的请求权才会因时效而消灭……”，第 327 页称“新的返还请求权也因时效而消灭”。这些表述值得商榷。因为消灭时效抗辩权像所有抗辩权一样，并不具有使请求权消灭的效力，而只是使债务人有拒绝履行给付的权利，从而使请求权的实现受到阻碍而已（德国民法

---

〔1〕 Vgl. Brox/Walker, Allgemeiner Teil des BGB, 43. Aufl. 2019, § 31 Rn. 1－6.

典第214条第1款)。[1] 可见,请求权本身并不因消灭时效的完成而消灭[2](请参阅本书上文的案例“消灭时效抗辩权”的分析)。事实上,上述《德国民法通论》第334页说:“时效不是权利消灭的原因,它只给予义务人一个抗辩权。”第345页也说:“但时效不是请求权消灭的原因,而只是给义务人提供了抗辩权。”但这恰恰与前面关于“请求权因时效而消灭”的说法自相矛盾。[3]

不仅消灭时效抗辩权不具有使请求权消灭的效力,其他所有抗辩权也都不具有使请求权消灭的效力。

案例11-6 | 抗辩权的主张并不使请求权消灭

某商人K向某区法院提起给付之诉,请求法院判决B支付200欧元。K的理由是,他向B出卖了一张价款为200欧元的地毯。B表示:K尚未把地毯交付给他,且B只准备在K交付地毯的同时支付价款。

问:法院应如何判决?

答:在本案中,原告K依照德国民法典第433条第2款因买卖合同而享有价款支付请求权。被告B声称K尚未把地毯交付给他,且B只准备在K交付地毯的同时支付价款。可见,B主张了未被履行的合同的抗辩权(德国民法典第320条第1款)。该项抗辩权给予因双务合同而担负义务的人以这样的权利:拒绝履行其所应履行的给付,直到对待给付被履行时为止。虽然原告K的价款支付请求权依然存在,但直到对待给付被履行时(K交付地毯并转让所有权时),其价款支付请求权的实现受到阻碍。

法院可以做出同时履行给付的判决,因为根据德国民法典第322条第1款,如果原告K因双务合同(在本案中指买卖合同)而诉请被告B履行给付(支付价款),则被告B对自己所享有的、到对待给付被履行时(原告K交付地毯并转让所有权时)为止拒绝履行给付的权利(未被履行的合同的抗辩权)的主张,仅具有使被告B被判令(在原告K交付地毯并转让所有权的)同时履行给付的效力(请读者仔细阅读本书作者所译注的德国民法典第322条第1款的每一个文字,“来回穿梭于法律条文与教科书之间”)。[4] 假使原告K的价款支付请求权因被告B主张未被履行的合同的抗辩权而消灭,则法院将不可能依照德国

---

〔1〕 Vgl. Lange, BGB Allgemeiner Teil, 1952, § 16 I 1.

〔2〕 参见《德国民法典》(第5版),陈卫佐译注,法律出版社2020年版,第70页,注解3。

〔3〕 同样值得商榷的是徐国建博士所著《德国民法总论》(经济科学出版社1993年版)第28页的以下表述:“消灭时效是指由于时间期限的届满,请求权归于消灭的一种制度。根据这种制度,请求权的义务人具有抗辩权,从而可以永久拒绝履行,并使得请求权永久归于消灭(民法典第222条第1款)。”

〔4〕 参见《德国民法典》(第5版),陈卫佐译注,法律出版社2020年版,第134~135页。

民法典第 322 条第 1 款做出同时履行给付的判决。这恰好反证了：请求权并不因抗辩权的主张而消灭。

(二)暂时性抗辩权和永久性抗辩权

根据抗辩权的主张(或行使)对请求权阻碍的强度，可以将抗辩权大致分为暂时性抗辩权和永久性抗辩权两类。[1]

暂时性抗辩权(dilatorische Einrede 或 aufschiebende Einrede)只是暂时地阻碍请求权的实现。未被履行的合同的抗辩权(德国民法典第 320 条第 1 款)、先诉抗辩权(德国民法典第 771 条)和延期给付抗辩权等均属于暂时性抗辩权。例如，如果买受人主张未被履行的合同的抗辩权(德国民法典第 320 条第 1 款)，则到对待给付被履行时(出卖人交付买卖物并转让所有权时)为止，出卖人的价款支付请求权只是暂时地被阻碍。

永久性抗辩权(peremptorische Einrede 或 dauernde Einrede)永久地阻碍请求权的实现。消灭时效抗辩权尤其属于永久性抗辩权。例如，如果买受人主张出卖人的价款支付请求权的消灭时效已完成，那么价款支付请求权的实现就被永远排除。

(三)抗辩权的效力与狭义的抗辩的效力之不同

抗辩权(Einrede)与狭义的抗辩(Einwendung)在效力上是不一样的。抗辩权让请求权继续存在而只是阻碍请求权的实现而已。而狭义的抗辩(使权利被否定的抗辩)则导致请求权不存在：要么阻止请求权发生，要么使已发生的请求权消灭。[2]

四、消灭时效抗辩权

(一)消灭时效的概念和目的

1. 消灭时效的概念

消灭时效(Verjährung)是德国民法上的一个特殊概念，是指请求权因期间届满而丧失可执行性。这一期间就叫作消灭时效期间(Verjährungsfrist)。在这个意义上，消灭时效期间届满时，也就是消灭时效完成之时。

消灭时效的效力，主要在于使债务人在消灭时效完成后有拒绝履行给付的权利(德国民法典第 214 条第 1 款)。债务人因消灭时效的完成而享有消灭时效抗辩权，但请求权并不因消灭时效的完成而消灭。因此，“消灭时效”只是一个差强人意的叫法而已。中国台湾地区现行“民法”第 125 条第 1 句规定：“请求权，因 15 年间

---

〔1〕 Vgl. Medicus, Allgemeiner Teil des BGB, 9. Aufl. 2006, Rn. 93. 另见[德]迪特尔·梅迪库斯：《德国民法总论》，邵建东译，法律出版社 2000 年版，第 83 页；[德]卡尔·拉伦茨：《德国民法通论》，王晓晔等译，法律出版社 2003 年版，第 329～330 页。

〔2〕 Vgl. Brox/Walker, Allgemeiner Teil des BGB, 43. Aufl. 2019, § 31 Rn. 7－10.

不行使而消灭。”第126条规定某些请求权因5年间不行使而消灭；第127条规定某些请求权因2年间不行使而消灭。像这样“请求权，因……年间不行使而消灭”的措辞，在德国民法典里很难找到。

因为德国民法典上还有“取得时效”（Ersitzung）制度（德国民法典第937条以下），所以本书作者不把Verjährung仅仅译成“时效”。此外，德国民法上的消灭时效与中国民法典第一编“总则”第九章（第188条至第199条）所规定的“诉讼时效”也不同，因为消灭时效在德国民法上是一个实体法问题，与诉讼并无必然联系。为避免引起误解，本书也不把Verjährung译成“诉讼时效”。[1]

2. 消灭时效的目的

作为一项使请求权因期间届满而丧失可执行性的制度，消灭时效有助于交易安全和法的和平。[2] 在请求权人主张消灭时效期间已届满的请求权的情形下，消灭时效制度保护债务人，使之仍可拒绝履行给付。随着时间的流逝，债务人常常面对请求权人的权利主张而无法自我辩护或很难自我辩护（如因找不到收据或因证人死亡致使举证困难）。[3] 消灭时效制度可以使债务人免遭此种困难。此外，消灭时效制度具有促使请求权人及时主张其请求权的作用。[4]

由于德国《债法现代化法》已自2002年1月1日起施行，德国的消灭时效法（德国民法典第194条至第218条）从条文顺序到具体内容均被完全重新规定。鉴于一些德国民法译著关于消灭时效的论述所引用的仍为债法改革以前的德国民法典条文，[5] 与目前正在施行的德国民法典条文相去甚远，本书将在下文向读者介绍德国新的消灭时效法。

（二）消灭时效的适用范围

只有请求权才能成为消灭时效的对象，从而“受消灭时效的限制”（德国民法典第194条第1款）。请求权以外的权利（如所有权等绝对权、形成权等相对权）是不完成消灭时效的。例如，物的所有权是不完成消灭时效的；完成消灭时效的，只是因所有权而发生的所有人对占有人的返还请求权（德国民法典第985条）。[6]

---

〔1〕 参见《德国民法典》（第5版），陈卫佐译注，法律出版社2020年版，第69页，注解1。

〔2〕 Vgl. BGHZ 59, 72, 74.

〔3〕 Vgl. Motive zum Entwurf eines Bürgerlichen Gesetzbuches, Bd. Ⅰ, 291.

〔4〕 Vgl. Köhler, BGB Allgemeiner Teil, 43. Aufl. 2019, § 18 Rn. 18.

〔5〕 请读者参阅［德］迪特尔·梅迪库斯：《德国民法总论》，邵建东译，法律出版社2000年版，第90～105页；［德］卡尔·拉伦茨：《德国民法通论》，王晓晔等译，法律出版社2003年版，第333～348页。

〔6〕 参见徐国建：《德国民法总论》，经济科学出版社1993年版，第29页。

案例 11－7 | 盗贼与手表(情形 1)

盗贼 D 偷了所有人 A 的一块名贵的“劳力士”(Rolex)牌手表。30 年过去后,A 在一个偶然的场合发现了自己被盗多年的手表,遂向 D 请求返还这块手表。
问:D 是否可以拒绝向 A 返还手表? D 是否已成为这块偷来的手表的所有人?
答:在本案中,盗贼 D 偷了所有人 A 的“劳力士”牌名贵手表。盗贼 D 已成为手表的占有人,因为盗贼对偷盗得来的物的占有也是自主占有(德国民法典第 872 条)。所有人 A 依照德国民法典第 985 条对占有人 D 享有物的返还请求权。依照德国民法典第 197 条第 1 款第 1 项、第 200 条第 1 句,所有人对占有人享有的物的返还请求权的消灭时效期间是 30 年;30 年过去后,A 对 D 享有的物的返还请求权便完成了消灭时效。消灭时效完成后,D 根据德国民法典第 214 条第 1 款享有拒绝履行给付的权利,他可以拒绝向 A 返还这块手表。
一个自主占有动产超过 10 年的人,有可能因取得时效而取得动产所有权(德国民法典第 937 条第 1 款),从这个意义上来说,盗窃了手表并自主占有手表达 30 年之久的盗贼 D,有可能依照关于取得时效的规定(德国民法典第 937 条至第 945 条)取得手表所有权。但由于盗贼 D 是以盗窃方式取得对这块手表的自主占有的,属于德国民法典第 937 条第 2 款所称“非为善意”的情形,故不适用关于取得时效的规定。
此外,完成消灭时效的只是物的返还请求权(德国民法典第 194 条第 1 款、第 985 条),所有权本身是不完成消灭时效的。因此,D 并没有成为这块手表的所有人。
结论:尽管 D 可以拒绝向 A 返还手表,但 D 并没有成为这块手表的所有人。[1]

案例 11－8 | 盗贼与手表 (情形 2)

盗贼 D 偷了所有人 A 的一块名贵的“劳力士”(Rolex)牌手表。D 在偷盗这块手表整整 30 年过去的时候把它让与给第三人 E,且 E 因权利继受而取得了对这块手表的占有。30 年过后不久,A 在一个偶然的场合发现了自己被盗多年的手表,遂向 E 请求返还这块手表。
问:E 是否可以拒绝向 A 返还这块手表? E 是否因取得时效而取得手表所有权?
答:在本案中,盗贼 D 在偷盗这块手表整整 30 年过去的时候把它让与给第三

〔1〕 Vgl. Köhler, BGB Allgemeiner Teil, 43. Aufl. 2019, § 18 Rn. 19. 另见《德国民法典》(第 5 版),陈卫佐译注,法律出版社 2020 年版,第 72 页,注解 9。

人 E,且 E 因权利继受而取得了对这块手表的占有(自主占有)。根据德国民法典第 198 条,在盗贼 D 占有这块手表期间所经过的消灭时效时间(30 年)有利于权利继受人 E。结果是:尽管原所有人 A 对新的占有人 E 享有物的返还请求权,但该项物的返还请求权已完成消灭时效(德国民法典第 197 条第 1 款第 1 项、第 200 条第 1 句),E 仍然可以拒绝向原所有人 A 返还这块手表。

至于 E 是否因取得时效而取得手表所有权,从消极方面说,其要件是 E 在取得自主占有时没有恶意,以及嗣后不知道所有权并不属于自己。如果 E 在取得自主占有时非为善意(知道或因重大过失而不知道自己没有自主占有的权利),或嗣后知道所有权并不属于自己,则取得时效被排除(德国民法典第 937 条第 2 款)。[1]

在本案中,原所有人 A 在 30 年过后不久便向 E 请求返还被盗的手表,使 E 嗣后获悉手表所有权并不属于自己,于是取得时效被排除(德国民法典第 937 条第 2 款)。根据德国民法典第 945 条第 1 款,A 的所有权并不消灭。

结论:E 可以拒绝向原所有人 A 返还这块手表,但 E 也不因取得时效而取得手表所有权。

案例 11-9 | 盗贼与手表(情形 3)

盗贼 D 偷了所有人 A 的一块名贵的"劳力士"(Rolex)牌手表。在 D 偷盗这块手表整整 30 年过去的时候,它又被第三人 E 所偷盗。30 年过后不久,A 在一个偶然的场合发现了自己被盗多年的手表,遂向 E 请求返还这块手表。

问:E 是否可以拒绝向 A 返还这块手表?

答:在本案中,盗贼 D 偷了所有人 A 的一块手表。盗贼 D 成为手表的占有人,其对偷盗得来的物的占有也是自主占有(德国民法典第 872 条)。所有人 A 依照德国民法典第 985 条对占有人 D 享有物的返还请求权。依照德国民法典第 197 条第 1 款第 1 项、第 200 条第 1 句,所有人对占有人享有的物的返还请求权的消灭时效期间是 30 年;30 年过去后,A 对 D 享有的物的返还请求权便完成了消灭时效。但 A 自己的手表的所有权本身并不完成消灭时效。

在本案中,30 年过去(消灭时效完成)时,手表又被第三人 E 所偷盗,于是 E 成为手表的占有人,其作为另一个盗贼对偷盗得来的物的占有也是自主占有(德国民法典第 872 条)。由于 E 对手表的占有不是因权利继受而发生的,所以不适用德国民法典第 198 条,在盗贼 D 占有期间所经过的 30 年时间不发生有利于第三人 E 的法律效果。手表所有人 A 可以对新的占有人 E 依照德国民法典第 985 条主张物的返还请求权。

---

〔1〕 参见《德国民法典》(第 5 版),陈卫佐译注,法律出版社 2020 年版,第 413 页,注解 28、29、30。

结论:在 A 的返还请求权完成消灭时效之前(手表被 E 占有满 30 年之前),E 不能拒绝向 A 返还手表。[1]

不仅像所有权这样的绝对权不完成消灭时效,像形成权这样的相对权也不完成消灭时效。形成权受除斥期间的限制。除斥期间不同于消灭时效期间:消灭时效期间届满时,请求权并不因消灭时效的完成而消灭;而除斥期间届满时,形成权消灭。例如,因错误、误传而撤销意思表示,只能"不迟延地"为之(德国民法典第 121 条第 1 款第 1 句);因恶意欺诈而撤销意思表示,只能在 1 年的期间内为之(德国民法典第 124 条第 1 款)。如果撤销权人不在所规定的期间内撤销意思表示,则撤销权消灭。

须指出的是,有一些请求权例外地不受消灭时效的限制,从而不完成消灭时效。属于这样的请求权者有:因家庭法上的关系而发生的请求权之旨在就将来而设立与该关系相当的状态者(德国民法典第 194 条第 2 款,如德国民法典第 1632 条第 1 款所规定的向一切不法地对父母双方或一方扣留子女的人请求返还子女的请求权)、取消共同关系的请求权(德国民法典第 758 条)、土地物权法上的更正请求权和因已登记权利而发生的请求权(德国民法典第 898 条、第 902 条第 1 款第 1 句)、相邻法上的请求权(德国民法典第 924 条)等。[2]

(三)消灭时效期间

1. 原则性规定:3 年的普通消灭时效期间

德国《债法现代化法》自 2002 年 1 月 1 日起施行后,德国民法典上的普通消灭时效期间为 3 年(德国民法典第 195 条)。在此之前,旧的消灭时效法所规定的普通消灭时效期间为 30 年(见 2002 年 1 月 1 日以前的德国民法典旧文本之第 195 条)。

3 年的普通消灭时效期间不仅适用于大部分合同上的请求权,包括给付请求权和损害赔偿请求权(德国民法典第 280 条及以下),也适用于因法定债务关系而发生的请求权,如因侵权行为而发生的请求权(德国民法典第 823 条及以下)、因不当得利而发生的请求权(德国民法典第 812 条及以下)或因无因管理而发生的请求权(德国民法典第 677 条及以下)。[3]

---

[1] Vgl. Köhler, BGB Allgemeiner Teil, 43. Aufl. 2019, § 18 Rn. 19; Brox/Walker, Allgemeiner Teil des BGB, 43. Aufl. 2019, § 31 Rn. 14.

[2] Vgl. Palandt – Ellenberger, BGB, 69. Aufl. 2010, § 194 Rn. 8.

[3] 参见《德国民法典》(第 5 版),陈卫佐译注,法律出版社 2020 年版,第 71 页,注解 5。

2. 特别规定

德国民法典还为一系列请求权规定了特别消灭时效期间。主要有：

(1)30 年的消灭时效期间。除另有规定外，30 年的消灭时效期间适用于：以故意侵害生命、身体、健康、自由或性的自主决定为基础的损害赔偿请求权；因所有权、他物权（如质权）、第 208 条、第 2130 条和第 2362 条而发生的返还请求权（如德国民法典第 985 条所规定的所有人对占有人享有的物的返还请求权）以及用来主张这些请求权的请求权；被有既判力地确认的请求权；因可执行和解或可执行证书而发生的请求权；已因在支付不能程序中所进行的确认而变得可执行的请求权；强制执行费用的偿还请求权（德国民法典第 197 条第 1 款第 1 项至第 6 项）。

但如果被有既判力地确认的请求权、因可执行和解或可执行证书而发生的请求权、已因在支付不能程序中所进行的确认而变得可执行的请求权以将来到期的定期重复的给付为内容，则适用 3 年的普通消灭时效期间而不适用 30 年的消灭时效期间（德国民法典第 197 条第 2 款）。

(2)10 年的消灭时效期间。10 年的消灭时效期间适用于土地所有权的转让请求权以及要求设立、转让或废止土地上的某项权利（如抵押权）的请求权，或要求变更此种权利（如抵押权）的内容的请求权以及对待给付请求权（德国民法典第 196 条）。

(3)5 年或 2 年的消灭时效期间。5 年或 2 年的消灭时效期间主要适用于某些瑕疵请求权。因瑕疵而发生的买卖合同和承揽合同上的某些请求权，适用德国民法典第 438 条第 1 款第 2 项和第 3 项、第 634a 条的特别规定。例如，如果已出卖的土地工作物（如被出租的公寓）有瑕疵，则适用 5 年的消灭时效期间（德国民法典第 438 条第 1 款第 2 项字母 a）；如果已出卖的汽车有瑕疵，则适用 2 年的消灭时效期间（德国民法典第 438 条第 1 款第 3 项）。

(4)6 个月的消灭时效期间。6 个月的消灭时效期间适用于使用出租人因租赁物变更或毁损而享有的赔偿请求权、使用承租人的费用偿还请求权或要求许可取走设备的请求权（德国民法典第 548 条）。[1]

（四）消灭时效的开始进行

消灭时效的进行是一个过程：始于消灭时效开始进行之时，亦即消灭时效期间起算时；终于消灭时效期间届满时。既然请求权在消灭时效期间届满时丧失其可执行性，确定消灭时效期间的起算点也就具有决定性意义。

1. 普通消灭时效期间的起算

原则上，普通消灭时效期间自有下列情形之年的年末起算：(1)请求权在该年以内发生；(2)债权人在该年以内知悉或在无重大过失的情况下本应知悉使请求权成立的情事和债务人本人（德国民法典第 199 条第 1 款）。但法律另有特别规定的除外。

---

〔1〕 Vgl. Köhler, BGB Allgemeiner Teil, 43. Aufl. 2019, § 18 Rn. 21.

德国民法典第199条第2款至第5款规定了上述原则的几种例外情形。例如，依德国民法典第199条第4款，损害赔偿请求权以外的请求权，无论债权人是否知道或因重大过失而不知道，自它们发生时起，经过10年而完成消灭时效。

请求权能够被主张的最早时刻，就是请求权发生的时刻。[1] 换句话说，请求权发生于清偿期到来之时（德国民法典第271条）。如果请求权的客体是某一不作为（包括容忍），则以违反行为代替请求权的发生（德国民法典第199条第5款）。在此情形下，违反行为实施的时刻即代替请求权发生的时刻。

案例11－10｜因汽车买卖合同而发生的价款支付请求权的消灭时效期间

买受人K于2003年2月1日向出卖人V购买了一辆汽车。V向K交付了汽车且双方达成了关于汽车所有权应由所有人V转移给取得人K的合意，但K尚未向V支付价款。

问：如果V不在合同订立之时立即请求K支付价款，买受人K自何时起可以主张消灭时效抗辩权？

答：在本案中，V和K订立了以那辆汽车为标的、以某一金额为价款的买卖合同。根据德国民法典第433条第2款，V对K享有一项因汽车买卖合同而发生的价款支付请求权。该项价款支付请求权原则上产生于买卖合同订立之时，即2003年2月1日。根据德国民法典第271条第1款，如果给付时间既不确定，也不能由情事推知，则债权人可以立即请求给付，债务人可以立即履行给付。由于由本案的案情无从得知V和K所约定的给付时间为何，所以V可以于2003年2月1日买卖合同订立之时立即请求K支付价款，K也可以于此时立即支付价款。

然而，如果V不在合同订立之时立即请求K支付价款，V的价款支付请求权可能因某一期间的届满而完成消灭时效。该期间即系消灭时效期间。自它届满之时起，K可以主张消灭时效抗辩权。

由于V的价款支付请求权适用3年的普通消灭时效期间，所以关键是该普通消灭时效期间应于何时起算。根据德国民法典第199条第1款，普通消灭时效期间自有下列情形之年的年末起算：请求权系在该年以内发生且债权人在该年以内知悉或在无重大过失的情况下本应知悉使请求权成立的情事和债务人本人的。[2] 在本案中，由于V的价款支付请求权发生于2003年，且V在2003年知悉使请求权成立的情事和K，所以普通消灭时效期间自该年的年末（2003年12月31日24时整）起算。

---

〔1〕 Vgl. BGHZ 113, 188, 193.

〔2〕 参见《德国民法典》（第5版），陈卫佐译注，法律出版社2020年版，第72页。

结论：V的价款支付请求权于2007年1月1日零时完成消灭时效。自这一时刻起，K可以主张消灭时效抗辩权。[1]

2. 其他消灭时效期间的起算

其他消灭时效期间自请求权发生时起算，但以另外的消灭时效起算点被未规定为限（德国民法典第200条）。规定了另外的消灭时效起算点的德国民法典条文的例子有：德国民法典第438条第2款、第548条第1款第2句、第634a条第2款。[2]

（五）消灭时效的停止、暂不完成和重新开始进行

1. 消灭时效的停止

消灭时效的停止（Hemmung der Verjährung）的效力，在于使消灭时效停止的那一时段不算入消灭时效期间（德国民法典第209条）。消灭时效停止的原因主要有：

（1）如果在债务人和债权人之间关于请求权或使请求权成立的情事的磋商正在进行中，则消灭时效停止，消灭时效停止的那一时段就不算入消灭时效期间，直到任何一方拒绝继续磋商为止（德国民法典第203条第1句）。

（2）消灭时效因德国民法典第204条第1款所列举的权利追及措施而停止，如提起给付之诉或请求权确认之诉、在催促程序中送达催促通知、在诉讼中主张请求权的抵销、在支付不能程序中申报请求权等。

（3）只要债务人因与债权人的约定而暂时有权拒绝履行给付，消灭时效就停止（德国民法典第205条）。

（4）只要债权人在消灭时效期间的最后6个月以内，因不可抗力而不能追及权利，消灭时效就停止（德国民法典第206条）。

（5）到债权人满21岁时为止，因侵害性的自主决定而发生的请求权的消灭时效停止（德国民法典第208条第1句）。

（6）消灭时效还因家庭原因及类似原因而停止（德国民法典第207条第1款）。

只要请求权具备德国民法典第203条至第208条所规定的消灭时效停止的构成要件，就发生消灭时效停止的法律效果，其结果是：消灭时效停止的那一时段不算入消灭时效期间。以德国民法典第207条第1款第1句的规定为例，只要婚姻存续（构成要件），配偶之间的请求权的消灭时效就停止（法律效果）。这样一来，某项请求权虽已发生，但它的消灭时效从消灭时效期间本来起算的时刻起就处于停止状态而不开始进行。只要婚姻存续，其期间本来在某一个时刻起算的配偶之间请

[1] Vgl. Klunzinger, Einführung in das Bürgerliche Recht, 16. Aufl. 2013, S.60.

[2] Vgl. Klunzinger, Einführung in das Bürgerliche Recht, 16. Aufl. 2013, S.62.

求权的消灭时效就不开始进行。已开始进行的消灭时效，如因停止的构成要件存在而停止（如甲和乙之间原来不存在婚姻关系，甲对乙享有的请求权的消灭时效期间已起算，但因甲和乙结为配偶，该请求权的消灭时效停止），则有两种可能的情形。第一种情形是，在停止的状况结束后，消灭时效又继续进行，此种停止叫作“中止”。如上述的甲和乙在结婚若干年后离异，在婚姻存续期间，甲对乙享有的请求权的消灭时效停止，但由于甲乙离异，消灭时效又继续进行。此种消灭时效的停止可以理解成消灭时效的中止。第二种情形是，消灭时效停止的构成要件一直存在，消灭时效一直处于停止状态，不再继续进行，如甲对乙享有的请求权的消灭时效期间在婚前已起算，但由于甲乙结为配偶且至死不分离，该请求权的消灭时效就一直停止下去。实际上，现代汉语里“停止”这一词语的含义也是包括“中止”（中途停止）的情形在内的。所以，消灭时效的停止不完全等于消灭时效的“中止”。〔1〕

2. 消灭时效暂不完成

如果无行为能力人或限制行为能力人没有法定代理人，则正在进行而对其发生利益或不利益的消灭时效，不在其成为完全行为能力人或代理的欠缺被消除后满6个月之前完成（德国民法典第210条第1款第1句）。这是因为：请求权人在欠缺完全行为能力且无法定代理人的情形下，暂时不可能主张请求权；而在请求权的相对人欠缺完全行为能力且无法定代理人的情形下，请求权人暂时不可能对之主张请求权。依照德国民法典第210条第1款第1句的规定，此种状态消除后，虽然消灭时效期间仍旧流逝，但在满6个月之前，消灭时效暂不完成（Ablaufhemmung der Verjährung）。

消灭时效暂不完成的另一种情形，见于德国民法典第211条第1句：“属于遗产或针对遗产的请求权，在遗产为继承人所接受或关于遗产的支付不能程序被启动后，或自该项请求权可由一个代理人或可对一个代理人主张时起6个月以内，消灭时效不完成。”这是因为：在遗产为继承人所接受或关于遗产的支付不能程序被启动之前，属于遗产或针对遗产的请求权暂时不明朗；该项请求权还可能由于某种原因而暂时不能由一个代理人或暂时不能对一个代理人主张。依照德国民法典第211条第1句的规定，此种状态消除后，虽然消灭时效期间仍旧流逝，但在6个月以内，消灭时效暂不完成。

案例11－11　|　消灭时效暂不完成

未成年人甲对债务人乙享有一项本来在2006年12月31日完成消灭时效的请求权。“天有不测之风云。”甲的父母不幸于2006年12月20日在一次事故中

〔1〕　参见《德国民法典》（第5版），陈卫佐译注，法律出版社2020年版，第74页，注解13。

双双丧生,致使甲突然成为没有法定代理人的人。

问:甲对乙的请求权是否仍然在2006年12月31日这一天过去的时候完成消灭时效?设若家事法院于2007年1月5日为甲选任了一名监护人为法定代理人(德国民法典第1773条第1款),甲对乙的请求权何时完成消灭时效?[1]

答:在本案中,未成年人甲对债务人乙享有一项本来在2006年12月31日完成消灭时效的请求权,但甲的父母不幸于2006年12月20日在一次事故中双双丧生,致使欠缺完全行为能力的甲突然成为没有法定代理人的人。根据德国民法典第210条第1款第1句,甲对乙享有的请求权的消灭时效(其期间正在流逝)暂不完成,即在2006年12月31日这一天过去的时候,消灭时效暂时不完成。2007年1月5日,家事法院为甲选任了一名监护人为法定代理人(德国民法典第1773条第1款)。于是,甲欠缺完全行为能力且无法定代理人的状态得以消除。在欠缺完全行为能力且无法定代理人的状态被消除后经过6个月的时候,也就是2007年7月5日这一天终了的时候,甲对乙的请求权才完成消灭时效(德国民法典第210条第1款第1句)。[2]

3. 消灭时效重新开始进行

德国《债法现代化法》自2002年1月1日起施行后,德国民法典不再使用"消灭时效中断"(Unterbrechung der Verjährung)的概念(见债法改革之前的德国民法典旧文本之第208条至第217条),而代之以"消灭时效重新开始进行"(Neubeginn der Verjährung)。

依照德国民法典第212条第1款第1项,如果债务人通过部分支付、支付利息、提供担保或以其他方式向权利人承认请求权,则消灭时效重新开始进行。按照德国联邦普通法院的司法判例,所谓债务人向权利人"承认"请求权,是指根据债务人相对于债权人的事实上行为(如部分支付、利息的支付、担保的提供),可以确定无疑地断定债务人意识到请求权的存在,且债权人可以据此而信赖债务人不主张请求权已完成消灭时效。[3]

如果法院或行政机关的执行行为被实施或申请,则消灭时效也重新开始进行(德国民法典第212条第1款第2项)。

(六)消灭时效抗辩权的效力

1. 拒绝履行给付的权利的存在

消灭时效完成后,债务人有拒绝履行给付的权利(德国民法典第214条第1款)。也就是说,债务人在消灭时效完成后享有一项消灭时效抗辩权。它使请求权

---

〔1〕 例子见于Köhler, BGB Allgemeiner Teil, 43. Aufl. 2019, § 18 Rn. 26。

〔2〕 参见《德国民法典》(第5版),陈卫佐译注,法律出版社2020年版,第79页,注解18。

〔3〕 Vgl. BGH NJW 1988, 1259, 1260.

的实现被永久地阻碍，属于永久性抗辩权。尽管如此，请求权并不因消灭时效的完成而消灭。

像其他实体私法意义上的抗辩权一样，消灭时效抗辩权必须加以主张。至于债务人是否主张它，则另当别论。例如，在一起原告要求被告支付价款的诉讼中，法院从原告（债权人）的起诉书所提及的理由中得知其价款支付请求权已完成消灭时效。如果被告（债务人）在言词辩论中主张消灭时效抗辩权，则由于它具有永久地阻碍请求权的实现的效力，法院将驳回原告的诉讼请求。反之，如果作为被告的债务人不主张消灭时效抗辩权，则法院将判令他支付价款。

2. 已为的给付不予返还

正因为已完成消灭时效的请求权只是在其实现上受到阻碍，而请求权本身依然存在，仍可得到满足，所以，“为满足某项已完成消灭时效的请求权而给付的标的，即使是在不知道该项请求权已完成消灭时效的情况下给付的，也不得请求返还”（德国民法典第 214 条第 2 款第 1 句；另见第 813 条第 1 款第 1 句）。例如，如果作为被告的买受人在价款支付请求权已完成消灭时效后向作为原告的出卖人支付了 2000 欧元价款，那么买受人就不得以价款支付请求权已完成消灭时效为由而请求返还价款，即使买受人是在不知道价款支付请求权已完成消灭时效的情况下支付的，而事实上他可以主张消灭时效抗辩权而拒绝支付，也是如此。

3. 物权法上的保全的存续

既然请求权并不因消灭时效的完成而消灭，物权法上的保全就依然存续。因此，抵押权、船舶抵押权、质权（动产质权和权利质权）所担保的请求权之完成消灭时效，不妨碍权利人从被设定负担的标的（土地、动产、权利等）中求偿（德国民法典第 216 条第 1 款）。如果某项权利已为担保请求权而被取得（如在保全性债权让与、保全性所有权转让的情形下），则不得因请求权消灭时效的完成而请求再转让回去。如果所有权已被保留，那么，即使被担保的请求权（如价款支付请求权）已完成消灭时效，也可以解除合同（德国民法典第 216 条第 2 款）。[1]

---

〔1〕 Vgl. Palandt – Ellenberger, BGB, 73. Aufl. 2014, § 216 Rn. 2 – 4; Köhler, BGB Allgemeiner Teil, 43. Aufl. 2019, § 18 Rn. 18 – 32; Brox/Walker, Allgemeiner Teil des BGB, 43. Aufl. 2019, § 31 Rn. 11 – 28.

第十二章　权利的实现与权利的保护

第一节　权利的实现与权利的国家保护

一、权利的实现：原则与例外

权利人必须获得实现其权利的可能性，否则其权利将得不到尊重。但是，法律秩序原则上禁止权利的私力保护，而是让国家出面来保护个人的权利，同时赋予个人以诉诸国家保护的请求权。仅在例外情形下，法律秩序始准许个人直接实现其权利。[1]

二、权利的国家保护

权利的国家保护通常是在审判程序和执行程序中进行的；有时还必须适用临时的权利保护程序。

审判程序始于起诉（德国《民事诉讼法》第 253 条及以下），终于判决（德国《民事诉讼法》第 300 条及以下）。在这一程序中，法院审查原告的诉讼请求是否成立。

如果原告胜诉而被告对判决不予理睬，则原告可诉诸执行程序（德国《民事诉讼法》第 704 条及以下），借助于国家的强力来实现给付请求权。但判决并不是唯一的执行名义；基于督促程序的执行令状（德国《民事诉讼法》第 688 条及以下）、诉讼和解等均可成为执行名义。

当权利遭受急迫的危害时，权利人还可以诉诸临时的权利保护（德国《民事诉讼法》第 916 条及以下）。所采取的方法是扣留和假处分，其目的在于保全而不在于满足债权。[2]

---

〔1〕 Vgl. Köhler, BGB Allgemeiner Teil, 43. Aufl. 2019, § 19 Rn. 1.

〔2〕 Vgl. Medicus, Allgemeiner Teil des BGB, 9. Aufl. 2006, Rn. 146 – 148; Köhler, BGB Allgemeiner Teil, 43. Aufl. 2019, § 19 Rn. 1 – 4. 另见［德］迪特尔·梅迪库斯：《德国民法总论》，邵建东译，法律出版社 2000 年版，第 121 ~ 122 页。

第二节 权利的私力保护

仅在例外情形下,法律秩序始准许个人用强力来抵抗对其权利或法益的侵害。德国民法典总则编规定了对攻击的防卫(正当防卫,德国民法典第227条)和对危险的防卫(紧急避险,德国民法典第228条)以及自助(德国民法典第229条及以下)。德国民法典分则的债务关系法编和物权法编还特别规定了使用强力的若干权能(见德国民法典第562b条第1款、第859条、第860条、第904条、第910条、第962条)。[1]

一、正当防卫

德国民法典第227条第2款对正当防卫下了一个与德国《刑法典》第32条第2款相同的法定定义:“正当防卫,是指为使自己或他人免于遭受现时的不法攻击而有必要进行的防卫。”

(一)要件

正当防卫的要件有两个:(1)正当防卫的情势。首先,正当防卫的情势以现时的不法攻击为前提。所谓“攻击”,是指侵害或可能侵害他人的受法律保护的利益的人类行为。其次,攻击必须是现时的,即必须已经开始且尚未结束。再次,攻击必须是不法的。判断一个攻击是否是不法的,要看是否存在正当性事由。举例来说,如果法院执达员G因合法执行公务而扣押和取走了债务人S的汽车,则不存在G对S的不法攻击。但就正当防卫而言,攻击只需有客观上的违法性即可;攻击者不必在主观上有过错。因此,攻击原则上也可能来自儿童、醉汉或精神病患者。[2] 最后,遭受攻击的必须是他人受法律保护的利益,如单个权利主体的生命、身体、所有权、健康、自由、荣誉和人格。他人受法律保护的利益也可以是法人(包括国家)的法益。[3] (2)正当防卫行为。正当防卫行为是受攻击者或第三人出于防卫的意思、客观上有必要且不是以滥用权利的方式进行的防卫行为。

(二)法律效果

从法律效果上说,正当防卫行为是合法的。德国民法典第227条第1款就此有明文规定:“为正当防卫所必需的行为不是不法的。”攻击者必须容忍之。对正当防

---

〔1〕 参见[德]迪特尔·施瓦布:《民法导论》,郑冲译,法律出版社2006年版,第151页。

〔2〕 Vgl. Lange, BGB Allgemeiner Teil, 1952, § 18 Ⅰ 2.

〔3〕 Vgl. Köhler, BGB Allgemeiner Teil, 43. Aufl. 2019, § 19 Rn. 7.

卫行为的所谓“正当防卫”是不存在的,因为正当防卫以不法攻击为前提。故防卫者对攻击者不负损害赔偿义务。

反之,超越必要的界限而实施正当防卫(防卫过当)或错误地以为存在正当防卫的情势而实施正当防卫(假想的正当防卫)的人,则是不法地实施行为的。但只有在有过错的情形下才发生德国民法典第 823 条所规定的损害赔偿义务。行为人必须证明其无过错。在受害人方面,有时可考虑“共同起了作用的过错”(德国民法典第 254 条)。

案例 12－1 | 强盗是否也有损害赔偿请求权

强盗 R 在路上抢夺了散步者 S 的钱包。S 挥起手中的拐杖向仓皇逃跑的 R 打去,打断了 R 的一根肋骨。R 向 S 请求损害赔偿。

问:R 的请求权成立吗?

答:在本案中,强盗 R 对散步者 S 实施了不法攻击。当 S 追赶 R 时,R 的攻击仍然是现时的。只有在 R 从 S 的追赶中成功地逃脱出来时,这一攻击才算结束。如果 S 在数个小时后又见到 R,则 R 的现时攻击已不复存在。

为了拦住抢夺财物并仓皇逃跑的 R,S 用拐杖来打击 R 的防卫行为是必要的。即便那只钱包不值钱,里面也没有多少钱,只要 S 不能通过其他较为温和的防卫行为夺回自己的钱包,他就可以通过伤害 R 的身体而保卫自己的所有权。

假设被抢的钱包对 S 来说价值不大,如果 S 用手枪瞄准逃逸中的 R 并开枪,原因是 S 再也追不上 R 且无其他防卫的可能性,则这一防卫行为就是滥用权利的,是过当的。价值不大的所有权的保卫,不得通过毁损“生命”这一法益为之。如果法益衡量的结果是被保卫的法益与防卫行为所侵害的法益极不相称,则该防卫行为就是滥用权利的。

强盗 R 对被抢者 S 不享有德国民法典第 823 条所规定的、因伤害身体而发生的损害赔偿请求权,因为 S 对 R 的伤害是在正当防卫中实施的,因而是合法的。对于 S 的击打,R 不得防卫,因为正当防卫是以不法攻击为前提的,对正当防卫的所谓“正当防卫”是不存在的。[1]

(三)中国民法典上的正当防卫

中国民法典(自 2021 年 1 月 1 日起施行)第 181 条将正当防卫规定为行为人不

---

〔1〕 Vgl. Medicus, Allgemeiner Teil des BGB, 9. Aufl. 2006, Rn. 151－161; Köhler, BGB Allgemeiner Teil, 43. Aufl. 2019, § 19 Rn. 6－10; Brox/Walker, Allgemeiner Teil des BGB, 43. Aufl. 2019, § 32 Rn. 13－15. 另见[德]迪特尔·梅迪库斯:《德国民法总论》,邵建东译,法律出版社 2000 年版,第 123～130 页;徐国建:《德国民法总论》,经济科学出版社 1993 年版,第 31 页。

承担责任或减轻责任的情形之一。依照该条第 1 款的规定，如因正当防卫造成损害，则正当防卫人不承担民事责任。依照该条第 2 款的规定，如正当防卫超过必要的限度，造成不应有的损害，则正当防卫人应当承担适当的民事责任。

二、紧急避险

德国民法典区分防卫性紧急避险和攻击性紧急避险。前者规定于德国民法典第 228 条，后者规定于德国民法典第 904 条。它们的共同之处在于都准许为避开危险而干涉他人的物，且都以法益衡量的思想为基础，即在有危险的情形下，价值较低的法益必须向价值较高的法益让步。

（一）防卫性紧急避险

根据德国民法典第 228 条第 1 句，如果某人为使自己或他人免于遭受他人的物（或他人的动物，见德国民法典第 90a 条）所引起的急迫危险而毁损或毁坏他人的物（或他人的动物），而毁损或毁坏对避开危险来说是必要的，且损害并非与危险不相当，则他所实施的行为就是合法的。

首先，对行为人或第三人来说，急迫危险必须是他人的物（或他人的动物）所引起的。其次，对他人的物（或他人的动物）的毁损或毁坏必须是对避开危险来说是必要的。再次，损害不得与危险不相当。最后，从防卫性紧急避险的法律效果上说，行为人所实施的毁损或毁坏他人的物（或他人的动物）的行为是合法的。但是，如果危险系因行为人的过错而引起的，则行为人有义务赔偿损害（德国民法典第 228 条第 2 句）。

（二）攻击性紧急避险

在攻击性紧急避险的情形下，如果行为人为了避开现时的危险而有必要干涉物（或动物，见德国民法典第 90a 条），且与因该干涉而对所有人发生的损害相比，将要发生的损害过于巨大，则根据德国民法典第 904 条第 1 句，行为人所实施的行为是合法的。

首先，必须存在对法益（如生命、身体、所有权等）的现时的危险。其次，对物（或动物）的干涉必须是对避开现时的危险来说为必要的。再次，将要发生的损害与因该干涉而对所有人发生的损害相比过于巨大。最后，从攻击性紧急避险的法律效果上说，物（或动物）所有人无权禁止行为人干涉物（德国民法典第 904 条第 1 句）或动物。但根据德国民法典第 904 条第 2 句的规定，物（或动物）所有人可以请求行为人赔偿损害。

案例 12－2 | 紧急避险

A 的狗突然袭击 S 的狗。S 从行人 P 手中拿走了雨伞并用该雨伞伤害了 A 的狗。该雨伞也因此而被折断。

问:A 和 P 各有什么样的请求权?

答:在本案中,S 的狗有遭受 A 的狗所引起的急迫危险的可能性。虽然动物依照德国民法典第 90a 条第 1 句不是物,但动物原则上准用关于物的规定(德国民法典第 90a 条第 3 句)。

一方面,S 只能通过伤害(毁损)行为来避开 A 的狗所引起的危险(防卫性紧急避险)。S 可以避开他人的狗的攻击并且伤害它,即便正在进攻的狗属于名贵的犬种,而 S 自己的狗在经济上极其低廉亦然。就请求权而言,A 对 S 不享有德国民法典第 823 条所规定的请求权,因为 S 伤害(毁损)A 的狗的行为是正当的、合法的(德国民法典第 228 条第 1 句)。但如果 S 自己诱使 A 的狗攻击,则 S 依照德国民法典第 228 条第 2 句有损害赔偿义务,这意味着 A 在此情形下享有损害赔偿请求权。

另一方面,S 有必要拿走行人 P 的雨伞,否则就无法避开危险(攻击性紧急避险)。

不仅如此,S 可能遭受的危险与 P 的雨伞的损害相比为过巨。根据德国民法典第 904 条第 1 句,虽然 S 在毁损雨伞的情形下所实施的行为是合法的,但他有义务向 P 赔偿损害(德国民法典第 904 条第 2 句)。也就是说,此时 P 享有损害赔偿请求权。[1]

(三)中国民法典上的紧急避险

中国民法典第 182 条将紧急避险规定为行为人不承担民事责任或减轻民事责任的情形之一。依照该条第 1 款的规定,如因紧急避险造成损害,则由引起险情发生的人承担民事责任。依照该条第 2 款的规定,如危险系由自然原因引起的,则紧急避险人不承担民事责任;在此情形下,紧急避险人可以给予适当补偿。依照该条第 3 款的规定,如紧急避险采取措施不当或超过必要的限度,造成不应有的损害,则紧急避险人应当承担适当的民事责任。

---

〔1〕 Vgl. Lange, BGB Allgemeiner Teil, 1952, § 18 Ⅱ; Köhler, BGB Allgemeiner Teil, 43. Aufl. 2019, § 19 Rn. 11－18; Brox/Walker, Allgemeiner Teil des BGB, 43. Aufl. 2019, § 32 Rn. 16－18; Klunzinger, Einführung in das Bürgerliche Recht, 16. Aufl. 2013, S. 55. 另见[德]迪特尔·施瓦布:《民法导论》,郑冲译,法律出版社 2006 年版,第 151～152 页;徐国建:《德国民法总论》,经济科学出版社 1993 年版,第 31～32 页。

三、自助

（一）自助的概念

所谓自助，是指借助于私力而暂时实现或保全自己的私法上的请求权。

（二）自助的要件

德国民法典第229条规定了自助的要件：（1）必须存在一个私法上可实现的请求权；（2）必须是不能适时地获得官方的救助；（3）存在如不立即介入则请求权的实现将会落空或变得极为困难的危险。

（三）自助的手段

德国民法典第229条规定，为自助的目的，可以采用以下手段：（1）取走、毁坏或毁损物；（2）扣留有逃跑嫌疑的义务人；（3）除去义务人对某一行为的抵抗（该行为是义务人有义务加以容忍的）。

例如，一辆被盗自行车的失主在一家市郊餐馆门前发现了自己失窃的自行车。该失主可以将该自行车骑走，也可以毁坏自行车车锁；为了报警并防止身体强壮的小偷骑车逃跑，该失主还可以割破车胎。又如，债权人在德国与荷兰交界处发现了正在携带行李箱企图开车越境逃跑的债务人。债权人不仅可以毁坏债务人汽车的车胎，还可以不顾债务人的抵抗将之从汽车拉出并扣留有逃跑嫌疑的债务人。[1]

（四）自助的界限

德国民法典第230条规定，自助不得超出对避开危险来说为必要的限度（德国民法典第230条第1款）。

由于自助只是为了暂时实现或保全所有权，所以在一些情形下，须事后得到法院的认可：在取走物的情形下，以不实施强制执行为限，必须申请物的假扣押。在扣留义务人的情形下，以其不被重新释放为限，必须向法院申请对人的保全性假扣押，且必须将义务人不迟延地押送至法院。如果假扣押申请被拖延或驳回，则必须不迟延地返还所取走的物，并释放被扣留的人（德国民法典第230条第2款至第4款）。

（五）法律效果

在德国民法典第229条、第230条的要件下自助的人，不是不法地实施行为。因此，针对自助无正当防卫可言。

案例12－3 | 自助

顾客G在W的饭店饮酒欠了75欧元酒账。G不付酒账而想溜之大吉，饭店主人W用强力拿走了G的手表。

---

〔1〕 Vgl. Lange, BGB Allgemeiner Teil, 1952, § 18 Ⅲ 2.

问:W 有权利这样做吗?

答:在本案中,饭店主人 W 为自助的目的而取走了欠酒账的 G 的物即手表。此时,显然存在一个私法上可实现的请求权——W 对 75 欧元酒账的请求权。并且,W 不能适时地获得官方的救助;如果 W 可以在警察的帮助下保全其请求权,他就不享有自助权。此外,还存在不立即介入则请求权的实现将会落空或变得极为困难的危险;如果 W 此刻不介入,那他将永远追不回这笔酒账。

就自助的限度而言,如果 W 能够将 G 的手表作为保全而取走,那 W 就不能抓捕 G。相对于抓捕,取走物是一项影响不那么深远的措施。

对于 W 之取走手表,G 不得进行正当防卫。

但是,错误地认为具备阻却违法性的必要条件而实施了自助行为的人,即使该错误不是由过失造成的,也负有损害赔偿义务(德国民法典第 231 条)。[1]

---

[1] Vgl. Medicus, Allgemeiner Teil des BGB, 9. Aufl. 2006, Rn. 168 – 170; Köhler, BGB Allgemeiner Teil, 43. Aufl. 2019, § 19 Rn. 19 – 23; Brox/Walker, Allgemeiner Teil des BGB, 43. Aufl. 2019, § 32 Rn. 19 – 22; Klunzinger, Einführung in das Bürgerliche Recht, 16. Aufl. 2013, S. 54; Lange, BGB Allgemeiner Teil, 1952, § 18 Ⅲ. 另见[德]迪特尔·梅迪库斯:《德国民法总论》,邵建东译,法律出版社 2000 年版,第 133 ~ 134 页;徐国建:《德国民法总论》,经济科学出版社 1993 年版,第 33 页。

第四编 权利主体*

* 所谓权利主体，是指为法律秩序所认可的享有权利并担负义务者。（Vgl. Bork, Allgemeiner Teil des Bürgerlichen Gesetzbuchs, 4. Aufl. 2016, Rn. 151.）德国民法典所规定的权利主体包括自然人、法人和有权利能力的合伙。

第十三章 自 然 人

第一节 自然人的权利能力

一、权利能力的概念和意义

(一)权利能力的学理定义和重要意义

德国民法典第 1 条将权利能力设定为前提,故而没有给权利能力下一个法定定义。德国民法学者的传统定义是:所谓权利能力(Rechtsfähigkeit),是指"能够成为享有权利并担负义务者的资格"(die Fähigkeit, Träger von Rechten und Pflichten sein zu können)。[1]

一切自然人,无论其性别、人种、语言、出身、宗教信仰、政治观念以及健康状况如何,均享有权利能力;自然人的权利能力也不以一定的年龄和一定的智力为必要,即使是婴儿和精神病患者也有权利能力。例如,一个刚出生不久且存活的婴儿就可以成为某一块土地的所有人、某一债权的债权人,并且能够继承某一财产。此外,自然人的权利能力既不能被剥夺,也不能被抛弃。由此可见,德国民法典第 1 条的规定看似简单,却宣示了一切自然人自出生完成之时起均具有权利能力且在法律上一律平等的重要原则。[2]

(二)与"实施在法律上有意义的行为的能力"、行为能力、侵权责任能力的区别

自然人的权利能力区别于自然人"实施在法律上有意义的行为的能力"(Handlungsfähigkeit)。后者是行为能力和侵权责任能力的上位概念(属概念)。行为能力(Geschäftsfähigkeit)是指有效地做出意思表示和实施法律行为的能力(见德国民法典第 104 条、第 105 条),而侵权责任能力(Deliktsfähigkeit)是指为自己所实施的某一引起损害的有过错的行为而承担责任的能力(见德国民法典第 827 条、第 828 条、第 276 条第 1 款第 2 句)。"实施在法律上有意义的行为的能力"

---

〔1〕 Vgl. Medicus, Allgemeiner Teil des BGB, 9. Aufl. 2006, Rn. 1039; Medicus, Grundwissen zum Bürgerlichen Recht, 6. Aufl. 2004, Rn. 24. 另见[德]迪特尔·梅迪库斯:《德国民法总论》,邵建东译,法律出版社 2000 年版,第 781 页。

〔2〕 Vgl. Köhler, BGB Allgemeiner Teil, 43. Aufl. 2019, § 3 Rn. 8, § 20 Rn. 2.

(Handlungsfähigkeit)并不是每一个自然人都享有的,如婴儿和非暂时性精神病患者既无行为能力,亦无侵权责任能力。

举例来说,一个6岁的幼童虽有权利能力,却没有行为能力(德国民法典第104条第1项),也没有侵权责任能力(德国民法典第828条第1款)。根据德国民法典第105条第1款,无行为能力人所做出的意思表示(所实施的法律行为)无效,所以该幼童既不能与他人有效地订立以儿童玩具车为标的的买卖合同,也不能因打碎他人房屋的玻璃而负损害赔偿责任。至于该幼童在智力方面是否发育迟缓或明显地早熟,则无关紧要。[1]

(三)与当事人能力的区别

自然人的权利能力还区别于当事人能力。所谓当事人能力(Parteifähigkeit),是指在民事诉讼中成为当事人(原告或被告)的能力。依照德国《民事诉讼法》第50条第1款,[2]有权利能力者即有当事人能力。因此,有当事人能力的是自然人、法人以及某些人合组织(如无权利能力的社团,德国《民事诉讼法》第50条第2款;普通商事合伙和有限商事合伙,德国《商法典》第124条[3])。不过,有当事人能力并不意味着具备了有效地实施诉讼行为的能力。依照德国《民事诉讼法》第52条第1款,只有能够通过合同自己担负义务的人,才具备有效地实施诉讼行为的能力。

举例来说,如果A不支付其年仅1岁的非婚生子的扶养费,则该婴儿可以作为原告诉请其父亲A支付扶养费,因为该婴儿有当事人能力(德国《民事诉讼法》第50条第1款)。但由于该婴儿并不具备有效地实施诉讼行为的能力(德国《民事诉讼法》第52条第1款结合德国民法典第104条第1项),故须由其母在诉讼程序中代理(德国民法典第1626a条第2款、第1629条第1款第2句)。[4]

二、自然人权利能力的开始

德国民法典第1条规定:"人的权利能力始于出生完成之时。"这里的"人"是指一切自然人。所谓"出生完成之时",是指完全脱离母体之时,但不以剪断或割断脐

---

〔1〕 Vgl. Lange, BGB Allgemeiner Teil, 1952, § 22 Ⅱ 1; Köhler, BGB Allgemeiner Teil, 43. Aufl. 2019, § 3 Rn. 8, § 20 Rn. 6.

〔2〕 参见《德意志联邦共和国民事诉讼法》,谢怀栻译,中国法制出版社2001年版,第10页。

〔3〕 参见《德国商法典》,杜景林、卢谌译,中国政法大学出版社2000年版,第51页。

〔4〕 参见[德]迪特尔·施瓦布:《民法导论》,郑冲译,法律出版社2006年版,第88~89页;[德]迪特尔·梅迪库斯:《德国民法总论》,邵建东译,法律出版社2000年版,第782~783页;[德]卡尔·拉伦茨:《德国民法通论》,王晓晔等译,法律出版社2003年版,第119~124页;徐国建:《德国民法总论》,经济科学出版社1993年版,第36页。Vgl. auch Bork, Allgemeiner Teil des Bürgerlichen Gesetzbuchs, 4. Aufl. 2016, Rn. 153 – 154; Medicus, Allgemeiner Teil des BGB, 9. Aufl. 2006, Rn. 1041 – 1042; Brox/Walker, Allgemeiner Teil des BGB, 43. Aufl. 2019, § 33 Rn. 1 – 3; Köhler, BGB Allgemeiner Teil, 43. Aufl. 2019, § 20 Rn. 1 – 7.

带为必要。在这一时刻之前，自然人没有权利能力。在母体内的胎儿没有权利能力，而在出生的过程中死亡的婴儿也没有权利能力。就权利能力的取得而言，已出生的婴儿必须至少存活一瞬间；为此，只需证明其有生命的征象（如呼吸、心跳、脑电图上的波状条纹）即可。

例如，如果婴儿和母亲在母亲分娩的过程中死亡，则婴儿的死亡在继承法上毫无意义。但是，如果婴儿在出生后还短暂地存活过，而其母亲先于该婴儿死亡，则该婴儿已成为其母亲的继承人（见德国民法典第 1924 条第 1 款），且该婴儿因死亡而被他人所继承。在第二种情形下，婴儿母亲的财产的归属可能会完全或部分地不同于第一种情形。[1]

从继承法上说，只有在继承开始时生存的人才能成为继承人（德国民法典第 1923 条第 1 款）。所谓继承开始时，就是被继承人死亡之时（德国民法典第 1922 条第 1 款）。如此看来，继承人的权利能力必须在继承开始时即已具备。如果一个婴儿在其父亲死亡之前即已出生并存活，则该婴儿就是父亲的法定继承人（德国民法典第 1924 条第 1 款）。然而，如果婴儿在其父亲死亡后（也就是继承开始后）不久才出生，婴儿岂不是不能继承其父亲的遗产了吗？到底这两种情形需不需要区别对待？德国民法典第 1923 条第 2 款提供了这一问题的答案：在继承开始时尚未生存，但已被孕育成胎儿的人（das ungeborene Kind 或 die Leibesfrucht 或 nasciturus），**视为**在继承开始前已出生。也就是说，在继承开始时尚未生存，但已被孕育成胎儿的人，被看成提前具有权利能力。当然，前提是其活着来到世上。这样一来，为了保护在继承开始时尚未生存，但已被孕育成胎儿的人，就其继承权而言，其被视同在继承开始时（父亲死亡时）即已存活。这是一种典型的法定拟制。[2]

案例 13－1 | 死者的财产归属于谁

M 未留遗嘱而死亡，留下他的妻子 F 和他自己的父母。M 死亡两个月以后，其遗孀 F 生下一个遗腹子 K。K 出生后只存活了几分钟就死亡了。

问题 1：M 的财产归属于谁？

问题 2：如果 K 系死产，M 的财产归属于谁？

答：针对问题 1，无遗嘱死亡的 M 依照法律被其妻子和活着出生的遗腹子 K 所继承（见德国民法典第 1931 条、第 1924 条第 1 款、第 1923 条第 2 款）。在本案中，遗腹子 K 出生后不久就离开了人世（“只存活了几分钟”），K 的母亲遂成为 K 的单独继承人（德国民法典第 1925 条第 1 款）。这样一来，被继承人 M 的财产最终全部归属于其遗孀 F。

---

〔1〕 Vgl. Köhler, BGB Allgemeiner Teil, 43. Aufl. 2019, § 20 Rn. 3.

〔2〕 Vgl. Klunzinger, Einführung in das Bürgerliche Recht, 16. Aufl. 2013, S. 40.

针对问题2,如果K系死产,则K不成为其父亲M的继承人。于是被继承人M的遗产就被其遗孀F和他自己的父母所继承,其财产就归属于F和M的父母(德国民法典第1925条第1款和第2款、第1931条)。

在侵权行为法上,胎儿也享有一定的保护。这首先适用于对扶养义务人的将来的扶养请求权的丧失:设若已被孕育成胎儿但尚未出生的人的父亲被伤害致死,则婴儿在出生时取得对加害人的损害赔偿请求权(德国民法典第844条第2款第2句)。其次,如果胎儿在母体内受到伤害(如因交通事故或因母亲感染梅毒而受伤害),则婴儿在出生时根据德国民法典第823条第1款取得一项因出生前的加害行为而发生的损害赔偿请求权,因为胎儿也是该款所称"他人"。[1] 此外,如果加害行为在受孕前已发生,且先导致对胎儿的伤害继而导致对婴儿的伤害,则婴儿也享有同一请求权。在德国联邦普通法院所审理的一起案件中,母亲被梅毒患者的血液所感染且传染给后来被孕育成胎儿的人,婴儿在出生时享有损害赔偿请求权。

在家庭法上,"以胎儿将来的权利需要照料为限,胎儿可以为维护其将来的权利而获得一个保佐人"(德国民法典第1912条第1款)。[2]

三、自然人权利能力的终止

自然人的权利能力终于死亡之时。一个人是否已死亡、何时死亡是一个必须由现代医学来回答的问题。按照今天德国民法学者的通说,死亡时间不以呼吸或心跳停止为准,而以脑死亡为准。[3] 自死亡时起,自然人不再是享有权利并担负义务者,所以其财产作为总体在自然人死亡时(继承开始时)转移给一个或不止一个继承人(德国民法典第1922条第1款)。

在德国,下落不明的人可以被宣告死亡。死亡宣告的要件和程序规定在1939年7月4日《失踪人法》(Verschollenheitsgesetz vom 4.7.1939[4])。法院所做出的死亡宣告包含着一项关于失踪人已在某一确定的时间死亡的推定(《失踪人法》第9条)。该项推定的作用是为了失踪人的亲属的利益而消除关于某人的死亡的不确

---

〔1〕 Vgl. BGHZ 58, 48; 93, 351.

〔2〕 [德]迪特尔·施瓦布:《民法导论》,郑冲译,法律出版社2006年版,第89~92页;[德]卡尔·拉伦茨:《德国民法通论》,王晓晔等译,法律出版社2003年版,第124~128页;徐国建:《德国民法总论》,经济科学出版社1993年版,第37~38页。Vgl. auch Bork, Allgemeiner Teil des Bürgerlichen Gesetzbuchs, 4. Aufl. 2016, Rn. 156-159; Köhler, BGB Allgemeiner Teil, 43. Aufl. 2019, § 20 Rn. 3; Brox/Walker, Allgemeiner Teil des BGB, 43. Aufl. 2019, § 33 Rn. 4-7.

〔3〕 Vgl. Bork, Allgemeiner Teil des Bürgerlichen Gesetzbuchs, 4. Aufl. 2016, Rn. 160. 另见徐国建:《德国民法总论》,经济科学出版社1993年版,第38页。

〔4〕 Vgl. RGBl Ⅰ 1186.

定状态。当然,该项推定是可驳倒的:被宣告失踪的人可能仍存活并重新露面。[1]

案例 13-2 | 谁是继承人

膝下无子女的丈夫M和妻子F通过遗嘱互相指定为继承人。他们在一次交通事故中双双死于事故现场。妻子F比丈夫M晚死5分钟。M的父母和F的父母就遗产发生了纠纷。

问:谁是继承人?设若无法确认究竟是丈夫M还是妻子F先死亡,那么谁是他们遗产的继承人?

答:在本案中,由于夫妻生前通过遗嘱互相指定为继承人且无子女,比丈夫M晚死5分钟的妻子F已成为M的继承人。在妻子F死亡的情形下,其父母成为法定继承人(德国民法典第1925条第1款)。妻子F因比丈夫M晚死而在短短的5分钟之前继承了丈夫M的财产,但这部分财产又连同她自己的财产作为总体在她死亡时转移给她父母(德国民法典第1922条第1款)。这样一来,夫妻双方的财产最终归属于妻子F的父母。

然而,如果无法确认夫还是妻在后死亡,则推定他们同时死亡(《失踪人法》第11条)。这样一来,夫妻双方谁都没有成为对方的继承人,因为他们之中谁都没有活得更长。因此,丈夫M的继承人是他的父母,妻子F的继承人是她的父母(德国民法典第1925条第1款)。

由本案可知,就继承而言,决定性的是被继承人在哪一时刻死亡。[2]

第二节 自然人的住所

一、住所的概念和意义

(一)概念

德国民法典并没有给住所下定义。按照德国学者的一般理解,自然人的住所是其生活关系的空间上的重心所在的地方。它是与法人的所在地(法人的"住所")相对的一个法律概念(德国民法典在第24条、第55条第1款、第83条第3句及第4

[1] Vgl. Lange, BGB Allgemeiner Teil, 1952, § 23 Ⅱ 4 a; Köhler, BGB Allgemeiner Teil, 43. Aufl. 2019, § 20 Rn. 5.

[2] Vgl. Brox/Walker, Allgemeiner Teil des BGB, 43. Aufl. 2019, § 33 Rn. 8.

句等条文中使用了法人所在地的概念)。[1]

从法律上说,一个人的住所并不等于其住宅或住宅所在街道,因为住所是自然人的住宅所在的最小的政治单位(通常为市镇);住所也不同于居所(居留地),因为居所(居留地)是自然人暂时或长期居留的地方[2](见德国民法典第132条第2款第2句、德国《民事诉讼法》第20条[3])。例如,如果一个住在父母家的大学生在其大学所在城市租住了一个小房间,则大学所在地不是其住所。

一个自然人可以有一个或一个以上住所(德国民法典第7条第2款),或者根本没有住所(如流离失所者)。

(二)意义

自然人的住所尤其在债法和程序法上有意义。例如,就给付的履行而言,如无相反规定,通常必须在债务人住所地履行给付;换言之,有疑义时,债务人住所地是履行地(德国民法典第269条第1款)。有疑义时,债务人必须以其风险和其费用在债权人的住所将金钱送交债权人(德国民法典第270条第1款)。如果由于在保证被承担后所发生的主债务人住所的变更,[4]对主债务人的追诉已变得极为困难,则保证人不得主张先诉抗辩权(德国民法典第773条第1款第2项)。就法院的地域管辖权(属地管辖权)而言,原则上以被告住所地为普通裁判籍,亦即被告住所地的法院原则上有管辖权(德国《民事诉讼法》第12条、第13条[5])。

二、住所的种类

在德国民法上,住所可以分为选择性住所和法定住所两种。

(一)选择性住所

选择性住所也叫意定住所,是某人永久居住的地方,系其自由选择而得的(德国民法典第7条第1款)。选择性住所(意定住所)的设定取决于以下两个必不可少的因素:其一是在一地永久居住的意思,即以该地为生活关系的重心的意思;其二是在该地永久居住的事实。

如果居住被以抛弃的意思停止,则住所即被取消(德国民法典第7条第3款)。取消住所的意思必须转化为诸如搬运家具等行动。

举例来说,来自德国慕尼黑的20岁大学生A为了完成学业而在其大学所在城

---

〔1〕 参见《德国民法典》(第5版),陈卫佐译注,法律出版社2020年版,第6页,注解6;第12页,注解25。

〔2〕 德国国际私法除使用“居所”概念外,还使用“惯常居所”概念。见《民法典施行法》第5条第2款、第14条第1款第2项。

〔3〕 参见《德意志联邦共和国民事诉讼法》,谢怀栻译,中国法制出版社2001年版,第10页。

〔4〕 或工商营业所或居所的变更。

〔5〕 参见《德意志联邦共和国民事诉讼法》,谢怀栻译,中国法制出版社2001年版,第2~3页。

市波恩租住了一个带家具的房间。不能认为A在波恩设定了住所,因为他在波恩的居留从一开始就被认为是临时的。但如果A有在波恩永久居住的意思,则波恩成为他的住所(也可能是第二住所)。

德国民法典要求,选择性住所(意定住所)的设定或取消原则上以有完全行为能力为前提,因为根据德国民法典第8条,无行为能力人或限制行为能力人非经其法定代理人同意,既不得设定住所,也不得取消住所。

案例13-3 | 汉堡区法院是否有管辖权

妻子F与其丈夫M和6岁的女儿T在德国北部城市吕贝克有住所。一天晚上,F在遭到其酗酒的丈夫M毒打之后,从吕贝克的住宅搬出,住进了汉堡的一个妇女之家(专门收留受到丈夫虐待的妇女的场所)。丈夫M向"汉堡中心"区法院对其女儿T提起民事诉讼,请求被告T返还某件贵重的礼物。

问:"汉堡中心"区法院是否有管辖权?

答:根据德国《民事诉讼法》第12条、第13条,被告住所地的法院有管辖权。在本案中,仅在被告T在法院辖区内有住所时,"汉堡中心"区法院始有管辖权。无行为能力的未成年人T与其父母有相同的住所(德国民法典第11条第1句)。其母M虽然住在汉堡的一个妇女之家,却不能被认为在那里设定了住所,因为她在汉堡的居留只是临时的,并无永久居住的意思。换句话说,由于不能认为M的生活关系的空间上的重心是在汉堡,所以她的住所仍在吕贝克而不在汉堡。根据德国民法典第11条第1句,其未成年的女儿T的住所仍在吕贝克,有管辖权的法院是吕贝克区法院。

结论:"汉堡中心"区法院没有管辖权。[1]

案例13-4 | 未成年被告住所地区法院的管辖权

17岁的未成年人A与其父母发生争吵,一气之下从其父母在北威州科隆市的住宅搬出,并在另一个德国城市——萨尔州首府萨尔布吕肯租了一个房间住。当A在萨尔布吕肯区法院被起诉时,其父母作为A的法定代理人主张萨尔布吕肯区法院没有管辖权,因为他们认为A的住所自始至终在科隆。

问:A的父母的主张有道理吗?

答:在本案中,未成年人A与其父母有相同的住所(德国民法典第11条第1句)。所以A的住所在科隆。依照德国民法典第106条,17岁的未成年人A是限制行为能力人;依照德国民法典第8条,限制行为能力人A非经其父母(法

---

〔1〕 Vgl. BGH NJW 1995, 1223f.; Bork, Allgemeiner Teil des Bürgerlichen Gesetzbuchs, 4. Aufl. 2016, Rn. 164.

定代理人)同意,既不能取消在科隆的住所,也不能在萨尔布吕肯设定住所。根据德国《民事诉讼法》第 12 条、第 13 条,被告住所地的区法院即科隆区法院有管辖权。
结论:A 的父母的主张是有道理的。[1]

(二)法定住所

法定住所是依照法律被视为一人的住所的地方,并不需要此人在该地永久居住下来。

未成年子女与其父母有相同的住所(法定住所,德国民法典第 11 条第 1 句),直至该未成年子女在法律上有效地取消它(德国民法典第 11 条第 3 句)。如果父母双方均有照顾权且因分居而有不同的住所,则未成年子女有双重或多重住所(法定住所)。[2] 如果只有父母一方或第三人有照顾权,则未成年子女与有照顾权的父母一方或第三人有相同的住所(德国民法典第 11 条第 1 句后半句、第 2 句)。

军人以驻地为其法定住所(德国民法典第 9 条第 1 款第 1 句)。但仅因兵役义务而服兵役的军人或未成年军人不适用这一规定(德国民法典第 9 条第 2 款)。军人除了法定住所外,还可以有选择性住所(意定住所)。[3]

第三节　姓名与姓名权的保护

一、姓名概说

在德国,民事上的姓名由姓氏和至少一个名字组成。自然人姓氏的取得规定于家庭法编(德国民法典第 1355 条、第 1616 条及以下、第 1757 条)。名字由有照顾权者(通常是父母)赋予尚无名字的子女或儿童。有重大原因时,可以根据申请而由行政机关更改姓名。

除此之外,商号是商人在商业上经营营业和签字所使用的商业名称(德国《商法典》第 17 条第 1 款)。商号可以但不必与商人民事上的姓名相同(见德国《商法

[1] Vgl. Köhler, BGB Allgemeiner Teil, 43. Aufl. 2019, § 20 Rn. 10.

[2] 参见《德国民法典》(第 5 版),陈卫佐译注,法律出版社 2020 年版,第 7 页,注解 11。

[3] Vgl. Bork, Allgemeiner Teil des Bürgerlichen Gesetzbuchs, 4. Aufl. 2016, Rn. 162 – 166; Medicus, Allgemeiner Teil des BGB, 9. Aufl. 2006, Rn. 1057 – 1062; Köhler, BGB Allgemeiner Teil, 43. Aufl. 2019, § 20 Rn. 8 – 11; Brox/Walker, Allgemeiner Teil des BGB, 43. Aufl. 2019, § 33 Rn. 24 – 27. 另见[德]迪特尔·梅迪库斯:《德国民法总论》,邵建东译,法律出版社 2000 年版,第 792 ~ 794 页;徐国建:《德国民法总论》,经济科学出版社 1993 年版,第 40 ~ 42 页。

典》第 22 条)。

最后,域名是作为某人的互联网地址而登记的姓名。[1]

二、姓名权的保护

(一)有关姓名权保护的规定——以德国民法典第 12 条为核心

姓名的拥有者享有使用其姓名的权利。姓名权属于特别人格权的一种。[2] 姓名权的保护可以采取以下方式:

首先,如果权利人(姓名权人)的姓名使用权被他人所争执,则权利人可以请求该他人除去侵害(德国民法典第 12 条第 1 句第 1 种情形)。例如,A 到处宣称冯巴尔(von Bar)先生的姓氏里所带的贵族称号标志"冯"(姓氏的组成部分)是不正当的(明示的争执)。又如,雇主 S 不理会女受雇人 T 因婚姻而更改的姓氏,仍旧按 T 婚前的姓氏称呼她(可推断出来的争执)。在此种情形下,权利人的除去请求权不以过错为前提,但也与损害赔偿无关。

其次,如果权利人的利益因他人未经授权地(不法地)使用同一姓名而受到侵害,则权利人也可以请求该他人除去侵害(德国民法典第 12 条第 1 句第 2 种情形)。例如,一个不成功的画家 M 在自己所绘的图画上签署了著名画家 S 的姓名,以便更好地推销自己的画(联邦普通法院审理过的案件)。[3] 又如,一个不成功的作家在发表自己的作品时署名为"君特・格拉斯"(德国著名作家、1999 年诺贝尔文学奖获得者)。[4] 在此种情形下,权利人的除去请求权不以过错为前提,但也与损害赔偿无关。

再次,如果有进一步受侵害之虞(有反复受侵害的危险),则权利人(受侵害人)可以提起不作为之诉(德国民法典第 12 条第 2 句)。这意味着权利人(受侵害人)享有一项要求侵害人不作为的请求权。

最后,还可以通过赋予权利人损害赔偿请求权和不当得利返还请求权来保护姓名权。姓名权是德国民法典第 823 条第 1 款所称"其他权利"。如果加害人有过错地(故意或有过失地)不法实施了侵害行为,则负有损害赔偿义务。不仅如此,如果侵害人因侵害姓名权使权利人遭受损失而自己受利益,则受侵害人享有一项不当得利返还请求权(德国民法典第 812 条第 1 款第 1 句第 2 种情形,所谓"因侵犯而

---

〔1〕 Vgl. Köhler, BGB Allgemeiner Teil, 43. Aufl. 2019, § 20 Rn. 12.

〔2〕 Vgl. BGH NJW 2000, 2195, 2197.

〔3〕 Vgl. BGHZ 107, 384.

〔4〕 Vgl. Köhler, BGB Allgemeiner Teil, 43. Aufl. 2019, § 20 Rn. 15 – 18.

发生的不当得利返还请求权")。[1]

(二)德国司法判例对德国民法典第12条的扩张适用

从体系上看,德国民法典关于姓名权的第12条位于第一编第一章第一节"自然人、消费者、经营者"之下,故首先适用于自然人的民事上的姓名,自不待言。但长期以来,帝国最高法院和联邦普通法院的司法判例将第12条的规定扩张适用于其他类型的姓名或名称:化名、私法上的法人(如德意志牧羊犬协会)和公法上的法人(如罗马天主教会)的名称、域名(作为某人的互联网地址而登记的姓名)、无权利能力的联合会的名称、商人及商事公司的商号、企业名称、饭店名称、纹章、印章、大学校徽等。[2]

第四节 一般人格权

姓名权(德国民法典第12条)、作者人格权(《著作权法》第11条及以下)、肖像权(《造型艺术作品和摄影作品著作权法》第22条及以下)、自然人对自己的数据所享有的人格权(《联邦数据保护法》第1条第1款)以及对生命、身体、健康、自由和性的自主决定的权利(德国民法典第823条第1款、第253条第2款)均属于特别人格权(besondere Persönlichkeitsrechte)。它们的共同特点是只保护人格的某些特别方面,而不提供内容宽泛的人格保护。在德国民法上,内容宽泛的人格保护只能由一般人格权提供。

所谓一般人格权(das allgemeine Persönlichkeitsrecht),是指单个的个人要求尊重其人的尊严和发展其人格的权利。此种权利的内容十分宽泛,如抵御侮辱性言行的权利、抵御不合实情的说法的权利以及个人安宁不受打扰的权利,均属于之。

德国立法者并未就一般人格权做出规定,所以关于一般人格权的法律条文尚付阙如。然而,关于特别人格权的特别规定已不能充分地保护个人的人格。尤其是在技术条件高度发达的当代社会,录音、照相和窃听等方面的先进设备使得个人隐

---

[1] Vgl. Bork, Allgemeiner Teil des Bürgerlichen Gesetzbuchs, 4. Aufl. 2016, Rn. 172–178; Medicus, Allgemeiner Teil des BGB, 9. Aufl. 2006, Rn. 1065–1071. 另见[德]卡尔·拉伦茨:《德国民法通论》,王晓晔等译,法律出版社2003年版,第166~170页;[德]迪特尔·梅迪库斯:《德国民法总论》,邵建东译,法律出版社2000年版,第796~800页;徐国建:《德国民法总论》,经济科学出版社1993年版,第42~43页。

[2] Vgl. Medicus, Allgemeiner Teil des BGB, 9. Aufl. 2006, Rn. 1066; Köhler, BGB Allgemeiner Teil, 43. Aufl. 2019, § 20 Rn. 12–23; Brox/Walker, Allgemeiner Teil des BGB, 43. Aufl. 2019, § 33 Rn. 15–19. 另见[德]迪特尔·梅迪库斯:《德国民法总论》,邵建东译,法律出版社2000年版,第796页。

私比以往任何时候都更容易遭受侵犯。较之一些西方发达国家的法律规定,德国在这方面的现有法律规定已相形见绌。

为了填补法律漏洞,德国联邦普通法院通过法官对法的续造而发展了一般人格权,[1]其依据是《德意志联邦共和国基本法》关于人的尊严的第1条第1款第1句和关于自由发展人格的第2条第1款。[2]

今天,一般人格权已获得普遍承认。[3]

---

〔1〕 如著名的"读者来信案"(Leserbriefe),载《联邦普通法院民事裁判集》第13卷,第334页(BGHZ 13,334)。

〔2〕 Vgl. Schneider/Hauptmann, AT/BGB – leicht gemacht, 2. Aufl. 2011, S. 20.

〔3〕 Vgl. Bork, Allgemeiner Teil des Bürgerlichen Gesetzbuchs, 4. Aufl. 2016, Rn. 179 – 184; Medicus, Allgemeiner Teil des BGB, 9. Aufl. 2006, Rn. 1072 – 1083; Köhler, BGB Allgemeiner Teil, 43. Aufl. 2019, § 20 Rn. 24; Brox/Walker, Allgemeiner Teil des BGB, 43. Aufl. 2019, § 33 Rn. 20 – 23. 关于一般人格权的更加详细的论述,见[德]迪特尔·施瓦布:《民法导论》,郑冲译,法律出版社2006年版,第209~219页;[德]卡尔·拉伦茨:《德国民法通论》,王晓晔等译,法律出版社2003年版,第170~174页;[德]迪特尔·梅迪库斯:《德国民法总论》,邵建东译,法律出版社2000年版,第803~811页;徐国建:《德国民法总论》,经济科学出版社1993年版,第43~45页。

第十四章　法人和有权利能力的合伙

德国民法典第一编第一章的标题里的“人”是一个上位概念(属概念),包括自然人和法人。前已述及,德国民法典所规定的权利主体不仅包括自然人,而且包括法人和有权利能力的合伙。

第一节　法人概说

一、法人的意义

“法人”的概念起源于19世纪初。[1] 制定于19世纪末的德国民法典只规定了两种表现形式的法人:社团和财团。当它们被称作“人”的时候,表明它们像自然人一样,是权利主体,从而能够成为享有权利并担负义务者。所以法人是这样一些在法律上被独立化了的组织,它们不同于(作为成员或捐助人等)立于其背后的自然人。

从法律技术上说,法人概念的创设具有深远的意义。法律上的独立化使法人组织有可能代替立于其背后的自然人参与法律上的往来,从而使法律上的往来变得更加容易。这对于参与法律上的往来的各方都是有益的。此外,法人的出现还使财产的分离和责任的分离成为可能。

兹举一例加以说明:德国西南部城市萨尔布吕肯(Saarbrücken)的高尔夫爱好者成立了一个高尔夫俱乐部,且登记于社团登记簿。作为已登记社团,该高尔夫俱乐部是一个法人(德国民法典第21条)。如果高尔夫俱乐部的董事会为俱乐部购买了一块土地,则必须作为土地所有人登记于土地登记簿的是高尔夫俱乐部而不是俱乐部成员。对于购买土地的价款,只需俱乐部以其社团财产负责任,而俱乐部成员则无须以其私人财产负责任。这样就实现了俱乐部与成员之间财产的分离和责任的分离。法人制度之妙,于此可见一斑。[2]

---

〔1〕 Vgl. Lange, BGB Allgemeiner Teil, 1952, § 27 I b.

〔2〕 Vgl. Köhler, BGB Allgemeiner Teil, 43. Aufl. 2019, § 21 Rn. 1 – 2.

二、法人的种类

法人是被法律秩序认可为独立的权利享有者的人合组织或财团，包括公法上的法人和私法上的法人。

（一）公法上的法人

由德国民法典第89条可知，公法上的团体、财团、机构都是公法上的法人。公法上的团体如联邦、州、市镇或律师公会、医务工作者公会；公法上的财团如普鲁士文化遗产基金会、扶助残疾儿童基金会；公法上的机构如联邦劳工机构、城市储蓄银行、公共广播电台。

公法上的法人也可以参与私法上的往来，如租用房屋、购置办公用品。[1] 此外，作为私法主体的国家（德意志联邦共和国、各州）叫作国库。

（二）私法上的法人

私法上的法人主要是社团和财团。本书所称社团，如无特别说明，仅指有权利能力的社团（德国民法典第21条及以下）。

除了德国民法典所规定的社团之外，还存在其他私法上的法人，它们也像社团一样是人合组织而不是财团，如股份公司（Aktiengesellschaft）、有限责任公司（Gesellschaft mit beschränkter Haftung，GmbH）、已登记合作社（eingetragene Genossenschaft）、互惠性保险协会（Versicherungsverein auf Gegenseitigkeit）等。

普通商事合伙、有限商事合伙不是法人，而是德国民法典第705条至第740条所规定的民法上的合伙在德国商法上的特殊形态。[2]

第二节　社　　团

一、社团的法律特征

社团是旨在追求某一共同目标的、具有法律人格的人合组织。社团具有如下法律特征：第一，社团由多人组成。换言之，社团不可没有成员（叫作社员）。第二，社团的目的由章程规定（见德国民法典第57条第1款）。社员（社员大会）的意志

---

〔1〕 参见徐国建：《德国民法总论》，经济科学出版社1993年版，第46页。

〔2〕 Vgl. Medicus, Grundwissen zum Bürgerlichen Recht, 6. Aufl. 2004, Rn. 25; Köhler, BGB Allgemeiner Teil, 43. Aufl. 2019, § 21 Rn. 1 – 7a; Brox/Walker, Allgemeiner Teil des BGB, 43. Aufl. 2019, § 34 Rn. 1 – 12.

对于社团的管理是决定性的。第三，社团是具有独立法律人格的法人。[1]

二、有权利能力的社团

德国民法典第 21 条至第 53 条、第 55 条至第 79 条较为详细地规定了有权利能力的社团。

（一）权利能力的取得

外国社团因国家的授予而取得权利能力（德国民法典第 23 条）。内国社团中的营利社团也因国家的授予而取得权利能力（德国民法典第 22 条）。非营利社团（理想社团，如体育协会、音乐协会、动物保护协会等）则因登记于有管辖权的区法院的社团登记簿而取得权利能力（德国民法典第 21 条结合第 55 条及以下）。社团名称在登记时获得“已登记社团”（德文缩写：e. V.）的附加字样（德国民法典第 65 条）。

（二）社员资格

社团成员可以是自然人，也可以是法人。社员资格因参与设立社团或嗣后加入而获得，因死亡、退社（德国民法典第 39 条）、开除或章程所规定的其他情形而终结。社员资格创设了社员与社团之间的人法上的法律关系。社员资格受到社员的忠诚义务和社员要求平等待遇的权利的影响。社员资格对外享有德国民法典第 823 条第 1 款所称“其他权利”的保护。[2] 由社员资格可形成若干社员权利（如参加社员大会的权利和投票权，利用社团的设备或服务的权利）以及社员义务（如缴纳会费的义务和忠诚义务）。[3]

（三）有权利能力的社团的组织和意思形成

有权利能力的社团的组织，由社团章程和德国民法典第 26 条及以下规定。社团章程不得违反法定禁止（德国民法典第 134 条），也不得违背善良风俗（德国民法典第 138 条）。德国民法典第 57 条规定了社团章程的最低要件：章程的内容必须[4]包含社团的目的、名称和所在地，并表明社团应予登记（德国民法典第 57 条第

---

〔1〕 参见徐国建：《德国民法总论》，经济科学出版社 1993 年版，第 47 页。

〔2〕 Vgl. BGHZ 110, 323, 327.

〔3〕 Vgl. Köhler, BGB Allgemeiner Teil, 43. Aufl. 2019, § 21 Rn. 12 – 14.

〔4〕 德国民法典第 57 条第 1 款属于“必须的规定”（Mussvorschrift），具有强行性。也就是说，如果社团章程的内容不包含社团的目的、名称和所在地，并表明公司应予登记，将导致章程无效。参见《德国民法典》（第 5 版），陈卫佐译注，法律出版社 2020 年版，第 21 页，注解 38。

1 款)。社团的名称应[1]明显地区别于在同一地点或同一市镇内现有的已登记社团的名称(德国民法典第 57 条第 2 款)。根据德国民法典关于社团章程的应有内容的第 58 条,社团章程应包含关于下列事项的规定:[2]社员的入社和退社;社员需否出资和以多少金额出资;董事会的组成;召开社员大会所须依的要件、召开形式以及决议的证书做成。

社团必须有董事会(德国民法典第 26 条第 1 款第 1 句)和社员大会(德国民法典第 32 条)。它们是任何社团必不可少的两个机关;除它们以外,社团还可以有其他机关。

董事会可以由一人或一人以上组成(德国民法典第 26 条第 2 款第 1 句)。董事会成员无须是社团成员。董事会在裁判上和裁判外代表社团;董事会具有法定代表人的地位(德国民法典第 26 条第 1 款第 2 句)。董事会代表权的范围,可以以具有对抗第三人的效力的章程限制之(德国民法典第 26 条第 1 款第 3 句)。例如,可以章程排除董事会在土地买卖事务中的代表权。[3] 董事会的选任,通常以社员大会的决议为之;该项选任是随时可撤回的(德国民法典第 27 条第 1 款、第 2 款第 1 句)。以欠缺必要的董事会成员为限,在急迫的情形下,社团所在地辖区之主管社团登记簿登记的区法院必须就到缺额被补足时为止的期间,根据利害关系人之一的申请而选任董事会成员(德国民法典第 29 条)。如果某一意思表示须以社团为相对人而做出,则只需向董事会成员之一做出即已足够(德国民法典第 26 条第 2 款第 2 句)。

社员大会是社团的最高机关。当社团事务不能由董事会或其他社团机关处理时,以社员大会的决议处理之(德国民法典第 32 条第 1 款第 1 句)。为使决议有效,必须在召开社员大会时述明议题。决议时,由所投的票的多数决定(德国民法典第 32 条第 1 款第 2 句、第 3 句)。章程的修改必须得到所投的票的 3/4 多数的同意;社团目的的变更必须得到全体社员的同意(德国民法典第 33 条第 1 款),但章程另有规定的除外(德国民法典第 40 条)。[4]

---

[1] 德国民法典第 57 条第 2 款属于“应该的规定”。所谓“应该的规定”(Sollvorschrift),是指这样一些法律规定,它们虽就通常的情形规定了作为或不作为的义务,但只是原则性地做出规定,并不具有强制性。违反“应该的规定”,并不当然地导致法律上的事实或行为无效。区别于“必须的规定”(Mussvorschrift)。参见《德国民法典》(第 5 版),陈卫佐译注,法律出版社 2020 年版,第 21 页,注解 39;[日]山田晟:《德语法律用语词典》,大学书林 1991 年版,第 579 页。Vgl. auch Brox/Walker, Allgemeiner Teil des BGB, 43. Aufl. 2019, § 3 Rn. 10; Creifelds Rechtswörterbuch, 23. Aufl. 2019, S. 1306.

[2] 德国民法典第 58 条属于“应该的规定”(Sollvorschrift),如果违反,并不导致章程无效。参见《德国民法典》(第 5 版),陈卫佐译注,法律出版社 2020 年版,第 21 页,注解 40。

[3] 参见《德国民法典》(第 5 版),陈卫佐译注,法律出版社 2020 年版,第 12 页,注解 27。

[4] Vgl. Lange, BGB Allgemeiner Teil, 1952, § 29 Ⅰ – Ⅳ; Köhler, BGB Allgemeiner Teil, 43. Aufl. 2019, § 21 Rn. 18 – 27.

案例 14－1 | 谁为社团订立合同以及意思表示可以向谁做出

某已登记社团有一个由3人组成的董事会。在有20票弃权的情况下，该社团的社员大会以60票赞成、50票反对的投票结果做出了从A那里购买一套房屋作为社团大楼的决议。

问：谁为社团订立买卖合同？A可以向谁因错误而撤销已订立的合同？

答：在本案中，如无相反的章程规定，3个董事会成员中的2个可以为社团订立买卖合同，因为董事会具有法定代表人的地位（德国民法典第26条第1款第2句）。社团因该买卖合同而享有权利和担负义务，即便社员大会的多数反对这宗买卖且董事会因此而（相对于社团）负有不订立买卖合同的义务亦然。但在本案中，社员大会的多数赞成订立买卖合同，董事会并未违反其相对于社员大会的义务。因此，如果社团为社团购买了社团大楼，则社团必须支付价款。

如果A欲以错误为理由而撤销已订立的买卖合同，他只需向董事会的成员之一做出撤销的表示即已足够（德国民法典第26条第2款第2句）。

当然，社团在订立买卖合同时和在受领撤销的表示时，可以以法律行为授予他人以代理权来为社团实施法律行为以及做出或受领意思表示。

（四）有权利能力的社团的责任

社团本身不能实施行为，而必须借助于其机关或代表人或其他有代理权的人才能实施行为。但对于后者所加给他人的损害，社团必须负责任。此种责任可以是因法律行为而发生的，也可以是因侵权行为而发生的。

1. 法律行为所引起的责任

（1）机关责任

根据德国民法典第31条，如果社团的董事会、董事会成员之一或其他依章程选任的代表人，以在执行其有权执行的事务中实施的、引起损害赔偿义务的行为加损害于第三人，则社团而不是行为人对该损害负责任。第31条的要件是：

首先，社团的董事会、董事会成员之一或其他依章程选任的代表人必须实施了行为。在此情形下，“董事会、董事会成员之一或其他依章程选任的代表人”是作为社团的机关实施行为的，社团所负的责任也就相应地被称为“机关责任”（Organhaftung）。

其次，社团机关（或代表人）的行为必须是在执行其有权执行的事务中实施的。换言之，在机关（或代表人）的职责范围和加害行为之间必须存在实质性的内在联系。

最后，社团机关（或代表人）还必须实施了引起损害赔偿义务的行为。德国民法典第31条并不是请求权基础，而是归属性规范：社团机关（或代表人）实施了这样的行为时，社团负有损害赔偿义务。[1] 该行为既可能是法律行为，也可能是侵权行为。但在此暂时只讨论该行为是法律行为的情形，至于侵权行为（德国民法典第823条及以下）所引起的责任，请参阅下文。

（2）履行辅助人责任

德国民法典第278条规定："在与债务人自己的过错相同的范围内，债务人必须对其法定代理人和债务人为履行其债务而使用的人的过错负责任。"债务人为履行其债务而使用的人，在民法上叫作履行辅助人。

依照德国民法典第278条，对于社团的履行辅助人的过错，社团必须负责任，且在（社团与其债权人之间的）现有债务关系的范围内负责任。

2. 侵权行为所引起的责任

（1）机关责任

如果社团的董事会、董事会成员之一或其他依章程选任的代表人，以在执行其有权执行的事务中实施的侵权行为加损害于第三人，则社团也同样对该损害负责任。这是可从德国民法典第31条直接得出的结果。

（2）为事务辅助人而负的责任

依照德国民法典第831条第1款第1句，为某事务而使用他人的社团，对被用人（事务辅助人）在执行事务中所不法地加给第三人的损害，负有赔偿义务。与德国民法典第278条不同的是，第831条并不以现有的债务关系为前提：[2] 社团与第三人之间无须存在债务关系。

但是，依德国民法典第831条第1款第2句，如果社团能够证明其在挑选被用人（事务辅助人）时，在置办机械、器具或指挥事务的执行时尽了在交易中必要的注意，或纵使尽此注意也会发生损害，则社团不负赔偿义务。如果社团不能证明存在这些情事，则仍须负赔偿义务。此种证明叫作免责性证明（Entlastungsbeweis）。

（五）消灭、解散和权利能力的丧失

如果所有社员均死亡或退社，或社团被禁止且其财产被剥夺，则社团消灭（不复存在）。如果社员大会决议解散社团，则社团被解散（德国民法典第41条）；因支付不能程序的启动，社团也被解散（德国民法典第42条第1款第1句）。

因其权利能力被剥夺（德国民法典第43条、第73条）或者因抛弃其权利能力而丧失它，社团仍作为无权利能力的社团存续，结果是：其成员自社团丧失权利能力时起亲自负责任。[3]

（六）清算

社团被解散或被剥夺权利能力时，社团财产归属于章程所规定的人；在其他情

---

〔1〕 参见［德］迪特尔·施瓦布：《民法导论》，郑冲译，法律出版社2006年版，第128～129页。

〔2〕 参见［德］迪特尔·施瓦布：《民法导论》，郑冲译，法律出版社2006年版，第663～665页。

〔3〕 Vgl. BGHZ 175, 12 Rn. 19.

形下，归属于社团所在地州的国库（德国民法典第45条）。

社团财产不归属于国库的，必须进行清算，但就社团财产已启动支付不能程序的除外（德国民法典第47条）。清算人必须了结现务，收取债权，变卖债权以外的财产，使债权人受清偿，并将剩余财产移交给归属权人。为结尚未了结的业务，清算人也可以从事新的业务。可以不收取债权以及变卖债权以外的财产，但以这些措施对于使债权人受清偿或在归属权人之间分配剩余财产来说是不必要的为限（德国民法典第49条第1款）。到清算了结时为止，社团视为存续，但以清算目的要求这样做为限（德国民法典第49条第2款）。[1]

三、无权利能力的社团

德国民法典第54条是关于无权利能力社团（der nicht rechtsfähige Verein）的唯一规定。根据该条第1句，关于合伙的规定（德国民法典第705条至第740条）适用于无权利能力的社团，如小型歌唱社团以及工会、学生会、政党、雇主联合会、劳动者联合会等。

无权利能力的社团欠缺权利能力，不能成为享有权利并担负义务者，自然也不是权利主体，故其本身不负责任。因以无权利能力社团的名义、以第三人为相对人而实施的法律行为，行为人亲自负责任；如果二人以上实施行为，则他们作为连带债务人负责任（德国民法典第54条第2句）。[2]

第三节 财　　团

一、财团的法律特征

财团是旨在实现捐助人所定目的的、具有法律人格的财产集合。

财团具有如下法律特征：第一，财团由财产集合（财团财产）组成。财团不是人合组织，因而没有成员。在这一点上，财团不同于社团。因财团而受益的人既不是

---

〔1〕 Vgl. Lange, BGB Allgemeiner Teil, 1952, § 29 Ⅴ－Ⅵ; Köhler, BGB Allgemeiner Teil, 43. Aufl. 2019, § 21 Rn. 18－27. 另见徐国建：《德国民法总论》，经济科学出版社1993年版，第48～55页。

〔2〕 Vgl. Medicus, Allgemeiner Teil des BGB, 9. Aufl. 2006, Rn. 1041－1159; Lange, BGB Allgemeiner Teil, 1952, § 30 Ⅰ－Ⅱ; Köhler, BGB Allgemeiner Teil, 43. Aufl. 2019, § 21 Rn. 38－43; Brox/Walker, Allgemeiner Teil des BGB, 43. Aufl. 2019, § 34 Rn. 13－56. 关于无权利能力的社团，详见［德］迪特尔·施瓦布：《民法导论》，郑冲译，法律出版社2006年版，第108～111页；［德］迪特尔·梅迪库斯：《德国民法总论》，邵建东译，法律出版社2000年版，第851～861页；徐国建：《德国民法总论》，经济科学出版社1993年版，第55～57页。

财团的成员,也不是其机关。第二,财团所要实现的目的,由捐助人在捐助行为中所规定的意思推知。财团的管理,必须按照该目的为之。第三,财团是具有独立法律人格的法人。

二、财团的成立

就财团的成立而言,必须有捐助人相应的法律行为(捐助行为)和国家的认许(德国民法典第80条第1款)。捐助行为是单方法律行为,它所包含的意思表示是无须予以受领的意思表示。生前捐助行为必须使用书面形式(德国民法典第81条第1款第1句)。捐助行为也可以包含于死因处分(遗嘱或继承合同)中(德国民法典第83条第1句)。此外,成立有权利能力的财团,还必须得到财团所在地所应在的州有管辖权的行政机关的认许(德国民法典第80条第1款)。如果财团被认许为有权利能力,则捐助人有义务将在捐助行为中所许诺的财产转让给财团(德国民法典第82条第1句)。只需让与合同即可予以转让的权利(特别是债权),在财团被认许时自动地转移给财团,但以由捐助行为不得出捐助人的另外的意思为限(德国民法典第82条第2句)。

三、财团的组织

财团的组织,由联邦或州的法律以及捐助行为予以确定(德国民法典第85条)。财团的机关及其活动,在相当大程度上准用关于社团法的规定(德国民法典第86条)。这意味着财团必须有一个为其行事的董事会。对于机关的行为,财团依照德国民法典第31条负责任("机关责任")。

四、财团的消灭

财团因支付不能程序的启动而消灭(德国民法典第86条、第42条),或者因有管辖权的机关取消财团而消灭(德国民法典第87条第1款)。此外,可以在捐助行为中规定财团因期限届至或条件实现而消灭。

在财团消灭时,财产归属于财团的组织所规定的人(德国民法典第88条第1句)。只要财产不归属于国库,就必须进行清算(德国民法典第88条第2句、第46条至第53条)。[1]

---

〔1〕 Vgl. Medicus, Allgemeiner Teil des BGB, 9. Aufl. 2006, Rn. 1160 – 1169; Lange, BGB Allgemeiner Teil, 1952, § 31 Ⅰ – Ⅳ; Köhler, BGB Allgemeiner Teil, 43. Aufl. 2019, § 21 Rn. 44 – 47; Brox/Walker, Allgemeiner Teil des BGB, 43. Aufl. 2019, § 34 Rn. 8 – 12. 关于财团,另见[德]迪特尔·梅迪库斯:《德国民法总论》,邵建东译,法律出版社2000年版,第862～868页;[德]卡尔·拉伦茨:《德国民法通论》,王晓晔等译,法律出版社2003年版,第248～252页;徐国建:《德国民法总论》,经济科学出版社1993年版,第47～48、57～58页。

第四节 有权利能力的合伙

所谓有权利能力的合伙，是指具有取得权利和承担债务的能力的合伙（见德国民法典第14条第2款的法定定义）。它是在自然人和法人以外，为德国民法典所规定的第三种权利主体。[1]

合伙是一人以上为了达到某一共同目的而结成的纯粹的联合。民法上的合伙（Gesellschaft des bürgerlichen Rechts）规定在德国民法典第705条至第740条。合伙因合伙合同而成立。因合伙合同，合伙人相互有义务以（原则上不要式的）合伙合同所规定的方式促进达到共同目的，特别是提供所约定的出资（德国民法典第705条）。

在外延上，有权利能力的合伙包括普通商事合伙（德国《商法典》第105条至第160条）、有限商事合伙（德国《商法典》第161条至第177a条）、[2]欧洲经济利益集团（EWIV）、自由职业者的合伙（Partnerschaftsgesellschaft）以及民法上的合伙（德国民法典第705条至第740条）等。根据德国民法典第14条第2款、第1059a条第2款，有权利能力的合伙在很大程度上被视同法人。例如，普通商事合伙和有限商事合伙在很大程度上被与法人同等对待：它们可以在其商号之下取得权利（特别是所有权）和承担债务，在法院起诉和被诉（见德国《商法典》第124条第1款、第161条第2款）。[3]

---

〔1〕 参见《德国民法典》（第5版），陈卫佐译注，法律出版社2020年版，第9页，注解21。

〔2〕 在一些翻译作品中，普通商事合伙被称为“无限公司”，有限商事合伙被称为“两合公司”。参见《德国商法典》，杜景林、卢谌译，中国政法大学出版社2000年版，第47、62页。

〔3〕 参见《德国民法典》（第5版），陈卫佐译注，法律出版社2020年版，第9页，注解22；[德]迪特尔·施瓦布：《民法导论》，郑冲译，法律出版社2006年版，第112页。

第五编 | 权利客体

第十五章　权利客体、财产、企业

第一节　权利客体的概念

一、权利客体的内涵

“权利客体”（Rechtsobjekt 或 Rechtsgegenstand）是与“权利主体”相对的概念。从逻辑上说，有权利主体就必有权利客体；从字面看，似乎权利客体就是权利所指向的对象，仅此而已。然而在德国民法学上，权利客体的含义并非这么简单。在给权利客体下定义时，德国民法学者更多地着眼于权利主体相对于权利客体的支配关系。例如，已故著名法学家、联邦宪法法院前法官布罗克斯（Hans Brox，1920～2009 年）教授认为：“权利客体是权利主体在法律上的支配力所能及的一切事物。”换句话说，布罗克斯教授所说的权利客体就是法律上的支配力的对象。[1] 慕尼黑大学荣休教授克勒（Helmut Köhler）先生认为：“权利客体是指能够被某人在法律上加以支配的事物。在这里，在法律上加以支配指的是对该事物进行使用、收益和利用。”克勒教授还指出，就权利客体而言，德国民法典的条文所使用的概念是“标的”（Gegenstand）。例如，德国民法典第 90 条、第 260 条所称“标的”指的就是权利客体。[2] 已故著名法学家拉伦茨教授则把他所称“狭义的权利客体”理解成“支配权或利用权的客体”，并称之为“第一顺位的权利客体”，以区别于“第二顺位的权利客体”（权利主体可以通过法律行为予以处分的客体——权利和法律关系）。[3]

本书认为，布罗克斯教授和克勒教授的定义代表了德国学者的通说，是可取的。而拉伦茨教授所做的两种顺位的权利客体的区分则会造成中国读者理解上的混乱，故本书不予采用。

二、权利客体的外延

明确了权利客体的内涵，其外延也就比较清楚了。

---

〔1〕 Vgl. Brox/Walker, Allgemeiner Teil des BGB, 43. Aufl. 2019, § 35 Rn. 1.

〔2〕 Vgl. Köhler, BGB Allgemeiner Teil, 43. Aufl. 2019, § 22 Rn. 1.

〔3〕 参见［德］卡尔·拉伦茨：《德国民法通论》，王晓晔等译，法律出版社 2003 年版，第 377～378 页。

(一)种类

从种类上说,能够成为权利客体的,主要有物、无体财产和权利。

1. 物

物是有体的标的(见德国民法典第 90 条的法定定义)。物的有体性使之区别于无体财产和权利。只有对物才能在形体上加以支配;也只有对物才能加以占有,无体财产和权利则不然。

在物上可以设立某人的支配权(如所有权或质权)。存在于物之上的支配权赋予某人对物进行使用和收益的权能;而这些权能又可以通过处分诸如所有权、质权等支配权而被转让、变更或废止。

举例来说,在土地(不动产)和汽车(动产)之上均可设立所有权(属于支配权)。而土地所有权、动产所有权可以通过像"土地所有权的转让"或"动产所有权的转让"这样的处分行为由原所有人转入他人(取得人)之手。[1]

对物的支配权主要规定于物权法。德国立法者使用了"提取公因式"的方法,将某些共同规定移至总则编(德国民法典第 90 条及以下)。

2. 无体财产

无体财产是法律赋予其权利人以排他的使用、收益和利用的权利的精神作品。此种无体财产权(知识产权)存在于文学、科学和艺术作品、专利、商标、实用新型等之上。

无体财产能否成为权利客体,关键看能否对其设立支配权。事实上,在无体财产上可以在有限范围内设立支配权。例如,在像文学、科学和艺术作品这样的无体财产上,可以设立著作权这样一种支配权;在像发明这样的无体财产上,可以设立(授予)专利权这样一种支配权。

3. 权利

权利本身也可以成为权利客体。但如果像德国学者那样,着眼于权利主体在法律上对权利客体的支配以及对后者的使用、收益或利用,则不是所有权利均能成为权利客体。在法律准许的范围内,只有财产权才能成为权利客体,包括债权(债法上的请求权)、[2]物权(所有权和限制性物权)、权利上的权利(如权利上的用益权,见德国民法典第 1068 条及以下;权利质权,见德国民法典第 1273 条)、无体财产权(如专利权或著作权),以及资合公司的成员资格权(如股份)。

相比之下,人格权由于其高度个人化的特点而不能成为权利客体。形成权(如撤销权,见德国民法典第 119 条、第 120 条、第 123 条、第 143 条;德国民法典第 355 条所规定的在消费者合同的情形下的法定撤回权;合同解除权,如德国民法典第

---

[1] Vgl. Köhler, BGB Allgemeiner Teil, 43. Aufl. 2019, § 22 Rn. 2.

[2] Vgl. Schneider/Hauptmann, AT/BGB – leicht gemacht, 2. Aufl. 2011, S. 23.

323 条第 1 款、第 326 条第 5 款；通知终止权）也不能成为权利客体，因为它们本身不能在法律上加以支配。

（二）界定

有必要划清权利客体与那些不能成为权利客体的事物之间的界限。

第一，自然人不能成为权利客体，因为在自然人之上不能设立支配权。在古罗马法上，奴隶曾被当作物来对待。但当代德国民法绝对不准许对自然人设立所谓的支配权。

第二，人格权（见上文关于权利客体种类中的“权利”的论述）和家庭法上的权利都不是权利客体。例如，虽然德国民法典第 1353 条第 1 款第 2 句的前半句规定“配偶双方相互有义务进行婚姻上的同居”，但这不能被理解成对配偶的支配权。又如，德国民法典第 1626 条第 1 款所规定的“父母照顾”是父母照顾未成年子女的义务和权利的总和。但父母照顾（包括人身照顾和财产照顾）首先是父母的义务，其次才是父母的权利，跟德国民法典过去曾经使用过的名词“亲权”不可同日而语，更不是对子女的支配权。[1] 父亲对子女的照顾权不能进行诸如将它“转让”给孩子的叔叔这样一种处分。

第三，给付行为不是权利客体。虽然给付行为可以是债法上的合同的“标的”（见德国民法典第 611 条第 2 款、第 631 条第 2 款），但德国民法典第 611 条第 2 款、第 631 条第 2 款所称“标的”并不是在权利客体的意义上使用的概念，与德国民法典第 90 条、第 260 条所称“标的”的含义迥异。能够成为权利客体的，只是要求实施此种给付行为的请求权，而不是给付行为本身。

第四，财产或企业也不是权利客体。因为在德国民法学者看来，对财产和企业这样的权利和财物的功能性集合是不能设立可予以处分的支配权的。[2]

第二节　财　　产

一、财产的概念

德国民法典虽然在多处使用了“财产”这一概念（如德国民法典第 311b 条第 2 款和第 3 款、第 1365 条），却没有给它下定义。按照一般的理解，财产是指某人所拥

〔1〕 参见《德国民法典》（第 5 版），陈卫佐译注，法律出版社 2020 年版，第 576 页，注解 14。

〔2〕 参见徐国建：《德国民法总论》，经济科学出版社 1993 年版，第 59 ~ 61 页。Vgl. auch Köhler, BGB Allgemeiner Teil, 43. Aufl. 2019, § 22 Rn. 1 – 8; Brox/Walker, Allgemeiner Teil des BGB, 43. Aufl. 2019, § 35 Rn. 1 – 7.

有的一切具有金钱价值的权利的总和。[1]

可见，在德国民法上，属于财产的，唯权利而已；物不属于财产。这些权利包括所有权及其他物权、债权、无体财产权（知识产权）、成员资格权，前提是它们具有金钱价值，即可凭金钱而让与或至少具有可用金钱来计算的经济上的好处。

由上述概念可知，人格权、家庭法上的权利以及人的劳动力均不属于财产。[2]

二、财产的意义

财产本身不是权利客体，而只是为某人所享有的全部具有金钱价值的权利的总和。

（一）财产的转让、法定的财产转移

1. 财产的转让

由于财产归属的明晰性和显著性的缘故，财产本身不能以处分行为加以转让。可以以处分行为加以转让的，只是那些单项的财产标的，即单项的既有权利；不仅如此，这些单项的既有权利必须逐项地、分开地以处分行为加以转让。换言之，有多少项既有权利，就必须进行多少项处分。这就是本书前文已讨论过的处分行为的特定性原则。具体地说，财产中的物的所有权被以处分行为加以转让（德国民法典第873条、第929条及以下），财产中的债权被以处分行为加以让与（德国民法典第398条及以下），财产中的其他权利被以处分行为加以转让（德国民法典第413条、第398条及以下）。但德国民法典在某些条文中也偶尔使用诸如“转让其现有财产”“转让其将来的财产”“处分自己的全部财产”等措辞（见德国民法典第311b条第2款和第3款、第1365条）。[3] 严格地说，这是不完全准确的。

特定性原则只是就处分行为来说的。德国民法典准许在债法上通过合同使一方担负转让其现有财产或其现有财产的一部分的义务；为避免财产的拥有者草率行事，在此种债法上的合同的形式问题上，德国民法典要求它必须做成公证证书（德国民法典第311b条第3款）。但是，使一方当事人有义务转让其将来的财产或其将来的财产的一部分的债法上的合同无效（德国民法典第311b条第2款）。

2. 法定的财产转移

依照法律，某人的财产或其一部分可以转移给一个或一个以上他人。例如，某人死亡时（继承开始时），其财产（遗产）作为总体转移给一个或多个继承人（总括继承原则，见德国民法典第1922条第1款）。又如，如果配偶双方以夫妻财产合同约

---

〔1〕 Vgl. Köhler, BGB Allgemeiner Teil, 43. Aufl. 2019, § 22 Rn.9.

〔2〕 关于财产的概念，参见［德］卡尔·拉伦茨：《德国民法通论》，王晓晔等译，法律出版社2003年版，第409～411页；徐国建：《德国民法总论》，经济科学出版社1993年版，第61～62页。Vgl. auch Klunzinger, Einführung in das Bürgerliche Recht, 16. Aufl. 2013, S.65.

〔3〕 Vgl. Klunzinger, Einführung in das Bürgerliche Recht, 16. Aufl. 2013, S.65.

定财产共同制，则夫的财产和妻的财产因财产共同制而成为双方的共同财产（德国民法典第 1415 条、第 1416 条第 1 款第 1 句）。

（二）责任基础

对债权人来说，债务人的财产是债务人承担责任的基础（见德国《民事诉讼法》第 803 条第 1 款、第 864 条第 1 款）。[1] 债权人可以通过强制执行债务人的财产标的（动产、土地、债权及其他权利）来满足自己的债权。

（三）特别财产

通常，一个权利主体只有一宗财产。但在某些情形下，法律规定了特别财产（如遗产、共同共有的财产）；它们在法律上与其他财产相分离且适用特别规定。[2]

第三节　企　　业

一、企业的概念

企业是为了达到某一经济上的目的而以人、事方面的手段的结合为基础的单位。属于企业的，有各种权利和纯粹事实上的财产利益（如商业上的关系、商业秘密），包括债权、土地、机器、商品、专利、商标、技术秘密及商业秘密，以及与劳动者、客户、送货人、贷款人之间的法律关系等。所以有学者称企业是"财产标的的集合体"。[3]

二、企业的意义

企业不是独立的权利客体，因为它不能成为支配权的客体。在法律上，不可能将企业作为总体加以处分（转让所有权、保全性地转让所有权、设立用益权、设立质权等）。

企业可以成为买卖合同或用益租赁合同的标的（德国民法典第 453 条第 1 款，[4] 德国《商法典》第 22 条、第 23 条、第 25 条）。但如果企业因买卖合同而被转

---

〔1〕 参见《德意志联邦共和国民事诉讼法》，谢怀栻译，中国法制出版社 2001 年版，第 803 ~ 804、239 ~ 240 页。

〔2〕 Vgl. Köhler, BGB Allgemeiner Teil, 43. Aufl. 2019, § 22 Rn. 9 – 15; Brox/Walker, Allgemeiner Teil des BGB, 43. Aufl. 2019, § 35 Rn. 13 – 16. 另见徐国建：《德国民法总论》，经济科学出版社 1993 年版，第 62 ~ 64 页。

〔3〕 Vgl. Köhler, BGB Allgemeiner Teil, 43. Aufl. 2019, § 22 Rn. 16.

〔4〕 参见王泽鉴：《民法总则》（增订版），中国政法大学出版社 2001 年版，第 236 页；《德国民法典》（第 5 版），陈卫佐译注，法律出版社 2020 年版，第 178 页，注解 19。

让，则必须将属于企业的各个标的分开地逐个加以转让。在此，适用处分行为的特定性原则，即动产所有权依照德国民法典第929条及以下予以转让，土地所有权依照德国民法典第873条、第925条予以转让，债权依照德国民法典第398条予以转让。总之，有多少项既有权利，就必须进行多少项处分。

为了能够依德国民法典第823条第1款保护企业在其活动范围内免于遭受他人侵害，德国司法判例承认：企业的"设立和经营营业权"[1]属于德国民法典第823条第1款所称"其他权利"。[2]

---

〔1〕 Vgl. BGHZ 45, 296; 86, 152.

〔2〕 参见[德]迪特尔·施瓦布:《民法导论》,郑冲译,法律出版社2006年版,第246~251页;徐国建:《德国民法总论》,经济科学出版社1993年版,第64~65页。Vgl. auch Köhler, BGB Allgemeiner Teil, 43. Aufl. 2019, § 22 Rn. 16–18; Brox/Walker, Allgemeiner Teil des BGB, 43. Aufl. 2019, § 35 Rn. 17–19.

第十六章　物

本章主要涉及一些在德国民法典第一编“总则”第二章“物和动物”（德国民法典第90条至第103条）中被规定的、对于德国民法典分则各编具有一定意义的概念，如物、成分、从物和用益等。

第一节　物

一、物的概念

正确理解“物”的概念对于理解物权和物权法（德国民法典第854条至第1296条）至关重要。不仅如此，对德国民法典第433条及以下关于物的买卖的规定的正确理解，也离不开对“物”的概念的正确理解。

（一）法定定义

德国民法典第90条是关于物的法定定义的规定：“法律意义上的物，仅为有体的标的”。

前已述及，德国民法典第90条所称“标的”（Gegenstand，复数 Gegenstände）实际上指的就是权利客体（Rechtsobjekt，复数 Rechtsobjekte）。[1] 因此，理解物的上述法定定义，关键在于理解作为权利客体的标的的有体性。

（二）有体性

一个标的在什么情况下才是“有体的”呢？一般地说，当一个标的在感官上是可感知的、在空间上是有限度的、在事实上是可控制的，它就是有体的。[2] 这样一来，法律意义上的“物”被仅仅限定于“有体的标的”。但这一限定又是必要的，因为只有在这样的“物”之上才可能存在“物”权（所有权和限制性物权）。

根据物的法定定义的有体性要求，植物是法律意义上的物，但电、热、声波和商号的营业价值都不是法律意义上的物，因为它们是无体的。液体和气体只有在它

[1] Vgl. Köhler, BGB Allgemeiner Teil, 43. Aufl. 2019, § 22 Rn. 1.

[2] 参见《德国民法典》（第5版），陈卫佐译注，法律出版社2020年版，第31～32页，注解2。

们被具体地“抓住”(如被置于容器中)时,或至少是“可抓住的”时,才是法律意义上的物,如啤酒、瓶装的约旦河水、瓶装的祖格峰空气等。[1] 可见,自由的空气、公海或自由流动的波浪都不是法律意义上的物。此外,计算机软件在它被复制于数据载体上时,即为法律意义上的物。[2]

(三)动物不是物

根据德国民法典第90a条,动物不是物(德国民法典第90a条第1句)。但以不另有规定为限,关于物的规定必须准用于动物(德国民法典第90a条第3句)。德国民法典第90a条是因1990年8月20日的法律[3]而被加进德国民法典的。[4] 此外,德国民法典第251条第2款第2句[5]和第903条第2句[6]分别含有关于动物的特别规定。

(四)人的身体、身体部位、尸体

按照当今德国法学界的通说,活人的身体不是物,因而不能成为法律上的往来的客体。但已分离出去的身体部位(如所捐献的血液、剪下来的头发、拔出来的牙齿)是物,可以成为法律上的往来的客体。反之,被长久地嵌入人体的物(如镶金牙齿的填料、人造关节、心脏起搏器)则已失去其物的特性,从而受人对其身体的人格权的支配。

至于尸体是死者人格的残余还是无主物则是有争议的;认为尸体是人格残余的学者否定它是物。无论如何,由于人格保护的缘故,尸体不能被看作法律上的往来的客体。[7]

二、物的种类

(一)不动产和动产

1. 不动产和动产的区分

德国民法典几乎不直接使用“不动产”(unbewgliche Sachen = Immobilien = Liegenschaften)这一名词,而代之以“土地”(Grundstücke)。它是指经丈量而被划界

---

〔1〕 Vgl. Lange, BGB Allgemeiner Teil, 1952, § 33 Ⅰ 1 a.

〔2〕 Vgl. Köhler, BGB Allgemeiner Teil, 43. Aufl. 2019, § 23 Rn. 2; Brox/Walker, Allgemeiner Teil des BGB, 43. Aufl. 2019, § 36 Rn. 5.

〔3〕 Vgl. BGBl. 1990 Ⅰ S. 1762.

〔4〕 参见[德]迪特尔·施瓦布:《民法导论》,郑冲译,法律出版社2006年版,第227页。

〔5〕 德国民法典第251条第2款第2句规定:“因医治受伤动物而发生的费用不仅仅因为它们显著超过动物的价值而为过巨。”

〔6〕 德国民法典第903条第2句规定:“动物的所有人在行使其权能时,必须注意以保护动物为目的的特别规定。”

〔7〕 参见[德]迪特尔·施瓦布:《民法导论》,郑冲译,法律出版社2006年版,第95页;徐国建:《德国民法总论》,经济科学出版社1993年版,第61、65～66页。Vgl. auch Köhler, BGB Allgemeiner Teil, 43. Aufl. 2019, § 23 Rn. 3－4.

的、已登记于土地登记簿的地球表面。土地的重要成分(如定着于土地的建筑物或与地面连在一起的土地出产物,见德国民法典第94条第1款)也属于土地。此外,德国法律还将某些土地权利(如地上权、住宅区分所有权)视同土地。

动产(bewgliche Sachen = Mobilien = Fahrnis)是指既不是土地也不是土地成分的一切有体标的。按照这样的理解,船舶也是动产。但船舶被登记于内河或海上船舶登记簿,并在很大程度上被当作土地来对待(如可在其上设立船舶抵押权)。

2. 区分土地和动产的意义

土地和动产的区分,首先在关于所有权和限制性物权的处分行为方面具有重要意义。对动产来说,处分的法律效果多与占有的状况有关;对土地来说,土地登记簿上的登记对于物权的存在具有决定性意义。例如,就土地所有权的转让而言,必须有关于土地所有权转移的合意并登记于土地登记簿(德国民法典第873条第1款、第925条第1款第1句)。动产所有权的转让是通过关于动产所有权转移的合意和交付完成的(德国民法典第929条第1句)。

其次,使一方有义务转让或取得所有权的合同(属于负担行为),在涉及土地和动产时所须满足的形式要件也不同。例如,土地买卖合同必须做成公证证书(德国民法典第311b条第1款第1句)。动产买卖则无须使用任何形式。

最后,土地和动产的区分在民事诉讼法上也有重要意义。例如,德国《民事诉讼法》第803条及以下是关于动产的强制执行(扣押)的规定,而第864条及以下[1]则是关于土地的强制执行的规定。[2]

(二)可替代物和不可替代物

所谓可替代物(vertretbare Sachen),是指在交易中通常按数量、大小或重量来确定的动产(德国民法典第91条)。例如,鸡蛋、面粉、马铃薯、某一种类的葡萄酒、沙、煤、矿物油、现金、有价证券、成批生产的工业品(新型汽车、音乐磁带、吸尘器等)都是可替代物。

不可替代物是所有其他物,如特别定做的西服、某一特定油画(如达·芬奇的作品《蒙娜丽莎》)。

可替代物和不可替代物的区分对于债法上的某些合同具有意义。例如,根据德国民法典第607条第1款第1句,只有可替代物才能充当物的消费借贷合同的标的。

(三)可消费物和不可消费物

所谓可消费物(verbrauchbare Sachen),是指其合于用途的使用在于消费或让与的动产(德国民法典第92条第1款)。例如,食品、燃料(如煤、汽油)、金钱(硬币、

---

〔1〕 参见《德意志联邦共和国民事诉讼法》,谢怀栻译,中国法制出版社2001年版,第210、239页。

〔2〕 Vgl. Köhler, BGB Allgemeiner Teil, 43. Aufl. 2019, § 23 Rn. 5.

纸币)、有价证券都是可消费物。其中食品、燃料合于用途的使用在于消费;金钱、有价证券合于用途的使用在于让与。

属于集合物(如货栈)的动产,在集合物合于用途的使用在于单个物的让与时,也视为可消费物(德国民法典第92条第2款)。例如,书店的书、服装店的成衣、家具城的家具也视为可消费物。

除可消费物以外的所有其他物,如普通的书本、衣服、机器,是不可消费物,因为它们合于用途的使用既不是消费,也不是让与。须指出的是,因使用而逐渐损耗或贬值不是这里所说的消费。

可消费物与不可消费物的区分,对于某些关于将动产交给他人使用的合同和用益物权具有意义。例如,某人从邻居那里"借"了10个鸡蛋,消费后以同种、同质、同量的鸡蛋偿还,并支付报酬。这是德国民法典第607条至第610条所规定的物的消费借贷合同。借用人成为贷与人所交给之物(如上述10个鸡蛋)的所有人;借用人只需在消费后以同种、同质、同量的鸡蛋(既是可替代物,又是可消费物)偿还(德国民法典第607条第1款第2句)。[1] 又如,根据德国民法典第1067条第1款第1句,如果可消费物为用益权客体,则用益权人成为物的所有人;用益权终止后,用益权人必须向设定人补偿在用益权设定时物所具有的价额。

(四)可分物和不可分物

所谓可分物,是指能够在不减少其价值的情况下分成同种的部分的物(见德国民法典第752条第1句)。例如,面粉、马铃薯、金条等都是可分物。除可分物以外的所有其他物是不可分物,如电视机、一双鞋。

可分物与不可分物的区分,对于某些权利共同关系的解体具有意义(见德国民法典第752条、第731条第2句、第1477条第1款、第2042条第2款)。例如,A和B是兄弟。他们各继承其父亲的遗产的一半。如果他们的继承人共同关系必须解体,且不能就遗产的分割达成一致,则应这样分割遗产:遗产中的可分物(如现金、葡萄酒)的分割,以原物分割的方式进行;而遗产中的房屋地皮(不可分物)则先进行强制拍卖,再平分拍卖所得价额(见德国民法典第2042条)。[2]

---

[1] 物的消费借贷合同(见德国民法典第607条至第610条)区别于使用借贷合同(见德国民法典第598条至第606条)的地方:在物的消费借贷的情形下,借用人成为贷与人所交给之物(如上述例子中的10个鸡蛋)的所有人,借用人只需以同种、同质、同量的可替代物予以偿还;在使用借贷的情形下,物的贷与人仍然是物(如无偿地出借的书)的所有人。此外,物的消费借贷是有偿合同(德国民法典第609条),而使用借贷则是无偿合同(德国民法典第598条)。参见《德国民法典》(第5版),陈卫佐译注,法律出版社2020年版,第271页,注解119。

[2] 参见徐国建:《德国民法总论》,经济科学出版社1993年版,第66~68页。Vgl. auch Bork, Allgemeiner Teil des Bürgerlichen Gesetzbuchs, 4. Aufl. 2016, Rn. 241–244; Köhler, BGB Allgemeiner Teil, 43. Aufl. 2019, § 23 Rn. 1–9; Brox/Walker, Allgemeiner Teil des BGB, 43. Aufl. 2019, § 36 Rn. 1–15.

第二节　单个物与集合物

德国民法典所说的物通常都是单个物。但该民法典也在若干处使用了集合物的概念，如第 92 条第 2 款（集合物）、第 1035 条第 1 句（集合物上的用益权）。所谓集合物，是指因共同目的而被看作总体的多个单个物，如藏书、畜群、货栈（德国民法典第 92 条第 2 款）、邮票集子、硬币集子、农业上的附属物等。

根据物权法上的处分行为的特定性原则，每一个单个物处于跟一个权利主体的单个法律关系中。因此，支配权（如所有权）不能存在于集合物（如货栈）之上，而只能存在于为了经济上的目的而组成一个总体的单个物之上。换句话说，就每一个单个物的所有权的处分或处分行为，只能分开地逐个为之。例如，购买了出卖人的邮票集子的买受人，并不能取得整个邮票集子的所有权，而只能取得单枚邮票的所有权；有多少枚邮票，就必须进行多少次转让单枚邮票所有权的处分或处分行为。

虽然关于集合物所有权的处分行为是不可能的，但关于集合物的负担行为却是可能的。

案例 16－1　藏书的出卖和所有权转让

V 想向 K 出卖其有 200 本书籍的藏书并转让图书的所有权。

问：他们必须订立多少份买卖合同？必须进行多少项关于转让图书所有权的处分？

答：在这里，在 V 和 K 之间只需有一个买卖合同（属于负担行为）即可。但对藏书（集合物）所有权的处分是不可能的。在法律意义上，有多少本图书就必须进行多少次转让图书所有权的处分。在本案中，V 必须向 K 进行 200 项转让图书所有权的处分。

但一本一本的图书可以有不同的法律上命运。设若有两本书是偷来的，则 K 即便属于善意也不能取得这两本书的所有权，因为（从所有人处被盗、遗失或以其他方式）丧失之物无善意取得可言（见德国民法典第 935 条第 1 款）。[1]

---

〔1〕 Vgl. Köhler, BGB Allgemeiner Teil, 43. Aufl. 2019, § 23 Rn. 9; Bork, Allgemeiner Teil des Bürgerlichen Gesetzbuchs, 4. Aufl. 2016, Rn. 236－237. 另见［德］迪特尔·施瓦布：《民法导论》，郑冲译，法律出版社 2006 年版，第 230 页。

第三节 成 分

一、重要成分与非重要成分

德国民法典区分物的重要成分和非重要成分,并在第93条给出了物的重要成分的法定定义。至于什么是物的成分,德国民法典本身并没有给出法定定义。

(一)重要成分

根据德国民法典第93条的法定定义,重要成分是指某物的这样的成分:如果不毁坏或在本质上改变其中一个成分或另一个成分,就不能将它们彼此分离。例如,一本书的封面是书的重要成分,因为如果不毁坏封面或书就不能将它们彼此分离。又如,汽车的车身是汽车的重要成分。

(二)非重要成分

物的非重要成分是除重要成分以外的、组成一个物的那些成分。例如,自行车尾灯是自行车的非重要成分,而汽车的发动机或轮胎则是汽车的非重要成分。

二、法律规定

(一)关于重要成分的一般规定(德国民法典第93条)

德国民法典第93条规定:“某物的不止一个成分,不毁坏或在本质上改变其中一个或另一个成分就不能被相互分离的(重要成分),不得为特别权利的客体。”

物的成分是不是重要成分,要看成分之间的分离对这些成分而不是对整个物所产生的影响。有决定性的是,分离出来的成分和余下的物是否仍然能够以原先的方式在经济上被加以利用。

案例16-2 | 汽车的发动机是不是重要成分

一台被批量生产出来的发动机被安装入一辆“速腾”(Sagitar)牌汽车里。

问:这台发动机已是否成为汽车的重要成分?

答:根据德国民法典第93条,这台发动机是否是汽车的重要成分,关键要看发动机是否可以跟(除发动机以外的)汽车相互分离而不影响它们经济上的价值。既然发动机是安装上去的,它也可以被拆卸下来,而拆卸并没有导致发动机或无发动机的汽车被毁坏。

另外,在把发动机从汽车拆卸下来之后,无论是发动机还是无发动机的汽车都能够以原先的方式在经济上被加以利用:该发动机可以被安装入另一辆汽车;

同一辆汽车可以安装另一台发动机。因此,将发动机和汽车相分离并没有在本质上改变它们。[1]
结论:该发动机并没有成为汽车的重要成分(事实上,这是联邦普通法院在其司法判例中所得出的结论)。[2]

(二)关于土地重要成分的特别规定

土地或建筑物的重要成分,除了可以依德国民法典第 93 条的一般规定予以断定之外,还可以依德国民法典第 94 条的特别规定予以断定。

根据德国民法典第 94 条第 1 款第 1 句和第 2 句,"定着于土地和地面的物,特别是建筑物,以及土地的出产物(只要它们与地面连在一起),属于土地的重要成分。种子在播种时,植物在栽种时,成为土地的重要成分"。根据同条第 2 款,"为建造建筑物而附加的物,属于建筑物的重要成分"。

根据"特别法优于一般法"的原则,第 94 条的规定优于第 93 条的规定。本来,有些物依照德国民法典第 93 条就已经是土地的重要成分了,如装入土地的阳台、支架、砖瓦、电器设备等。但德国民法典第 94 条扩展了土地重要成分的概念:定着于土地和地面的物(特别是建筑物)、与地面连在一起的土地出产物、种子(在播种时)和植物(在栽种时)也都属于土地的重要成分;不仅如此,为建造建筑物而附加的物(如砖瓦、门窗、暖气片)也属于土地的重要成分,但以建筑物本身是土地的重要成分为限。按照这样的概念扩展,用混凝土牢固地浇注的地下油箱也是土地的重要成分。另外,即便某些物依照德国民法典第 93 条不是土地的重要成分(如宅基地上栽种的树),但只要其符合第 94 条所规定的要件,也属于土地的重要成分。

须注意的是,当某物是建筑物的重要成分,而建筑物本身是土地的重要成分时,该物也同时(间接地)是土地的重要成分。[3]

然而,仅为某一临时目的而附着于土地和地面的物,不属于土地的成分。已由权利人在对他人土地上的某项权利(物权,如用益权,德国民法典第1030 条;越界建筑权,德国民法典第912 条)[4]的行使中附着于土地的建筑物或其他工作物,也不属于土地的成分(德国民法典第 95 条第 1 款)。仅为某一临时目的而被附加于建筑物的物,也不属于建筑物的成分(德国民法典第 95 条第 2 款)。在此种情形下,这些不属于土地成分或建筑物成分的物被称为"虚假成分",如使用承租人临时设立的花园小木屋、使用承租人临时安装于浴室的半球形反射式供热器。虚假成分

---

〔1〕 Vgl. Köhler, BGB Allgemeiner Teil, 43. Aufl. 2019, § 23 Rn. 12.

〔2〕 Vgl. BGHZ 61, 81.

〔3〕 参见[德]迪特尔·施瓦布:《民法导论》,郑冲译,法律出版社 2006 年版,第 232 页。Vgl. auch Köhler, BGB Allgemeiner Teil, 43. Aufl. 2019, § 23 Rn. 13.

〔4〕 参见《德国民法典》(第 5 版),陈卫佐译注,法律出版社 2020 年版,第 33 ~ 34 页,注解 9 及 10。

连土地或建筑物的非重要成分都不是，更不必说重要成分了。

与土地所有权相结合的权利，视为土地的成分（德国民法典第 96 条）。这样的权利如越界建筑权（德国民法典第 912 条）、必要通道权（德国民法典第 917 条）、地役权（德国民法典第 1018 条）、为另一块土地现时所有人的利益而设定的优先买受权（德国民法典第 1094 条第 2 款）、为另一块土地现时所有人的利益而设定的物上负担（德国民法典第 1105 条第 2 款）等。[1]

三、法律上的意义

物的重要成分不得为特别权利（如物权）的客体（德国民法典第 93 条）。也就是说，重要成分与物有共同的法律上命运。在物的重要成分之上，尤其不得设立独立的所有权。德国立法者之所以做出这样的规定，是因为在他们看来，在经济上是一体的东西，在法律上也应是一体的，所以它们应有共同的法律上命运。[2] 例如，书的封面不能为书的所有人以外的人所有。否则，封面所有人将可以向书的所有人依照德国民法典第 985 条请求返还封面，这显然是不合理的。不过，一旦封面与书相分离，它就不再与书有共同的法律上命运。[3]

鉴于物的重要成分与物有同样的法律上命运，德国民法典第 946 条规定：如果动产附合于土地而成为土地的重要成分，则土地所有权及于该动产。第 947 条第 1 款规定：如果动产互相附合而成为合成物的重要成分，则原所有人成为该合成物的共有人；应有部分按动产在附合时的价额的比例予以确定。

案例 16－3 | 门窗的所有权保留

L 向 B 交付了若干门和窗，供 B 在建造房屋时使用。双方在订立关于门窗的买卖合同时达成了关于所有权保留的协议。[4]

问：B 为建造房屋而将门窗安装入房屋时，门窗的出卖人 L 还能保留门窗的所有权吗？

答：在本案中，门和窗都是买受人 B（同时也是取得人）为建造房屋而附加的物，依照德国民法典第 94 条第 2 款，它们是房屋的重要成分。而定着于土地的建筑物——房屋是土地的重要成分（德国民法典第 94 条第 1 款），所以门窗也同时是土地的重要成分。

---

〔1〕 参见王宠惠译注的德国民法典英译本，1907 年（Chung Hui Wang, D. C. L., The German Civil Code, 1907），第 21 页，注解 a；[德]卡尔·拉伦茨：《德国民法通论》，王晓晔等译，法律出版社 2003 年版，第 392 页。

〔2〕 Vgl. Motive zum Entwurf eines Bürgerlichen Gesetzbuches, Bd. Ⅲ, 41 = Mugdan Ⅲ, 222.

〔3〕 参见[德]卡尔·拉伦茨：《德国民法通论》，王晓晔等译，法律出版社 2003 年版，第 387 页。

〔4〕 关于所有权保留，见德国民法典第 449 条第 1 款。

当B为建造房屋而将门窗安装入房屋时，门窗就附合于土地而成为土地的重要成分。依照德国民法典第946条，其法律效果是：土地所有权及于门窗。由于第946条是强行法规定，无论门窗的出卖人L的意思如何均发生该条所规定的法律效果。这意味着L依照法律而丧失了其对门窗的所有权，即便他与B达成了关于所有权保留的协议亦然。[1]

由德国民法典第93条可以推知，不得为特别权利的客体的只是物的重要成分，而非重要成分则可以是特别权利的客体。[2] 不过，非重要成分通常与所组成的物有共同的法律上命运。

案例16-4 | 自行车的车铃及其出让

某人有一辆带有一个车铃的自行车。他想向一位急需自行车的大学生出卖自行车，但又想留下车铃。

问：车铃是否可以属于自行车车主以外的人所有？车铃是否可以不与自行车一同出卖、一同转让所有权？

答：自行车的车铃可以被从车把摘下来，而车铃或自行车并不因此而被毁坏或在本质上被改变。故车铃是自行车的非重要成分，且可以属于自行车车主以外的人所有（德国民法典第93条）。

另外，在出卖自行车和转让自行车所有权时，只要双方当事人没有明示的相反协议，车铃和自行车被作为一个统一体对待。也就是说，有疑义时，作为自行车的非重要成分的车铃与自行车一同被出卖、一同被转让所有权。但双方当事人完全可以通过特别协议将车铃排除于买卖和所有权转让之外。

案例16-5 | 汽车发动机的所有权保留

U在B的汽车里安装了一台批量生产的置换发动机。双方在订立关于发动机的买卖合同时，达成了关于U仍然保留对该发动机的所有权的协议。

问：如果B不支付购买发动机的价款，U可以请求拆卸并返还发动机吗？

答：在本案中，发动机与汽车的其余部分相分离时，发动机或汽车的其余部分均不受毁坏或在本质上被改变。因此，发动机不是汽车的重要成分（德国民法典第93条）。

---

〔1〕 Vgl. Köhler, BGB Allgemeiner Teil, 43. Aufl. 2019, § 23 Rn.16.

〔2〕 Vgl. Medicus, Allgemeiner Teil des BGB, 9. Aufl. 2006, Rn.1195. 另见［德］迪特尔·施瓦布：《民法导论》，郑冲译，法律出版社2006年版，第228页；［德］迪特尔·梅迪库斯：《德国民法总论》，邵建东译，法律出版社2000年版，第886页。

虽然发动机和汽车的其余部分都是动产，但它们并没有互相附合而成为合成物（带发动机的汽车）的重要成分，因而不发生德国民法典第947条第1款的法律效果。
作为非重要成分，发动机可以是所有权这一特别权利的客体。只要B尚未完全支付购买发动机的价款，U就仍然是发动机的所有人（德国民法典第449条第1款）。
结论：在B不支付购买发动机的价款的情形下，所有人U可以依照德国民法典第985条请求占有人B拆卸并返还发动机。

最后，“虚假成分”（德国民法典第95条）不是土地成分或建筑物成分，因而仍旧是独立的物。其所有权的转让，适用德国民法典第929条及以下关于动产所有权的转让的规定。

■ 案例16－6 ｜使用承租的土地上的帐篷

M与土地所有人V订立了为期10年的关于土地使用租赁的合同。M让人在土地上设立了一个供自己存货用的帐篷。
问：土地所有人V是否已取得该帐篷的所有权？
答：土地所有人V是否已取得该帐篷的所有权，取决于该帐篷（属于动产）是否已附合于土地而成为土地的重要成分。因为依照德国民法典第946条，如果动产附合于土地而成为土地的重要成分，则土地所有权及于该动产。
在本案中，M让人在土地上设立的供自己存货用的帐篷虽然也是德国民法典第94条第1句所称“定着于土地和地面的物”，却不属于土地的重要成分，因为它是就使用租赁期间而设立的，是“仅为某一临时目的而附着于土地和地面的物”，从而不属于土地的成分（德国民法典第95条第1款）。既然该帐篷连土地的成分都不是，它就没有成为土地的重要成分。因此，土地所有权不及于该帐篷。该帐篷仍旧是独立的物，其所有权充其量可依德国民法典第929条第1句的规定转移于M（土地的使用承租人和帐篷的定作人）。
结论：土地所有人V没有取得该帐篷的所有权。[1]

---

〔1〕 关于物的成分，参见［德］迪特尔·施瓦布：《民法导论》，郑冲译，法律出版社2006年版，第228～230页；徐国建：《德国民法总论》，经济科学出版社1993年版，第68～70页。Vgl. auch Bork, Allgemeiner Teil des Bürgerlichen Gesetzbuchs, 4. Aufl. 2016, Rn. 245－256; Köhler, BGB Allgemeiner Teil, 43. Aufl. 2019, § 23 Rn. 10－17; Brox/Walker, Allgemeiner Teil des BGB, 43. Aufl. 2019, § 36 Rn. 16－29.

第四节 从 物

一、从物的概念

德国民法典第97条第1款第1句给从物下了这样一个法定定义:“不是主物的成分而以服务于主物的经济上目的为用途,并和主物处于与这一用途相应的空间关系中的动产,是从物。”对于这一法定定义,需要说明者如次。

(一)在交易中的观念优先

德国民法典第97条第1款第2句对该款第1句的法定定义做了限制:“某物在交易中不被看作从物的,它不是从物。”

这样就把在交易中的观念置于优先地位:即使某物符合第97条第1款第1句关于从物法定定义的要件,但如果它在交易中不被看作从物,那它就不是从物。

(二)独立的动产

由德国民法典第97条第1款第1句的措辞可知,从物只能是动产;一块土地是不能成为另一块土地的从物的。不仅如此,从物还必须“不是主物的成分”。换言之,从物只能是独立的动产。

举例来说,汽车的安全带、被安装入汽车的批量生产出来的发动机都是汽车的(非重要)成分,因而不能成为从物。但是,按照德国联邦普通法院的司法判例,[1]教堂的钟是独立的动产,可以充当从物。

另外,联邦普通法院的司法判例认为,主物可以是土地、土地的成分(建筑物)或动产。[2]

(三)以服务于主物的经济上目的为用途

从物必须以服务于主物的经济上目的为用途,二者处于隶属关系中。

依照德国民法典第98条,以服务于主物的经济上目的为用途的动产尤其包括:(在主物系为工商业经营而被长久地设立的建筑物的情形下,尤其在磨坊、冶炼场、酿酒厂、制造工厂的情形下)用来经营的机器和其他器具;(在主物系农场的情形下)用来从事经营的用具与牲畜、对继续经营来说为必要的农业出产物,以及(现有的、在农场被收获的)肥料。

须指出的是,为他物的经济上目的而对某物的暂时使用,并不使从物属性产生

---

〔1〕 Vgl. BGH NJW 1984, 2277. 另见[德]迪特尔·施瓦布:《民法导论》,郑冲译,法律出版社2006年版,第232页。

〔2〕 Vgl. BGHZ 62, 49, 51.

（德国民法典第97条第2款第1句）。例如，工厂的机器原则上是工厂的从物（德国民法典第98条第1项）。但是，如果机器只是从别处租赁来暂时使用的，则不是从物（德国民法典第97条第2款第1句）。

（四）空间关系

从物还必须和主物处于与合乎目的的用途相应的空间关系中。例如，采石场的挖掘机、载重汽车跟采石场即处于此种空间关系中。

某从物与主物的暂时分离，并不使从物属性丧失（德国民法典第97条第2款第2句）。例如，工厂用来运载产品的载重汽车即使在运输途中也仍然是从物。[1]

二、法律上的意义

从物在法律上是独立的动产，因而可以是特别权利的客体，尤其是从物所有权可以不同于主物所有权。这是从物不同于重要成分的地方。然而，由于从物和主物处于经济上的隶属关系中，二者应尽可能有相同的法律上命运。这在德国民法典的以下规定中有所体现。

首先，根据德国民法典第311c条，如果某人有义务让与某物（动产或土地）或以权利对某物设定负担，那么，有疑义时，这一义务也及于该物的从物。

其次，根据德国民法典第926条第1款，如果土地所有权的让与人与取得人达成关于让与应及于土地从物的合意，则取得人在取得土地所有权的同时，也一并取得现存从物的所有权，但以这些从物属于让与人为限（德国民法典第926条第1款第1句）。有疑义时，必须认为土地所有权的让与应及于从物（德国民法典第926条第1款第2句），而无须依照德国民法典第929条及以下实施转让从物所有权的特别处分行为。

最后，依照德国民法典第1120条后半句，抵押权还及于土地从物。[2]

案例16－7｜农场的牲畜的买卖及所有权转让

V将其养有牲畜的农场出卖给K。双方对于牲畜如何买卖和转让所有权没有任何约定。

问：牲畜是否被一同出卖？牲畜所有权如何转让？

答：在本案中，出卖人V将其养有牲畜的农场出卖给买受人K。依照德国民法典第98条第2项，农场的牲畜是农场的从物。出卖人V与买受人K之间的买

---

〔1〕 Vgl. BGHZ 85, 234, 238.

〔2〕 关于从物，参见徐国建：《德国民法总论》，经济科学出版社1993年版，第70～73页。Vgl. auch Bork, Allgemeiner Teil des Bürgerlichen Gesetzbuchs, 4. Aufl. 2016, Rn. 257－264; Köhler, BGB Allgemeiner Teil, 43. Aufl. 2019, § 23 Rn. 18－24; Brox/Walker, Allgemeiner Teil des BGB, 43. Aufl. 2019, § 36 Rn. 30－36.

卖合同(属于负担行为)使V有义务向K转让农场;依照德国民法典第311c条,在双方当事人不另有约定的情形下(“有疑义时”),这一义务也及于农场的从物。因此,包括牲畜在内的所有从物均被一同出卖。
但这只是就负担行为说的。要转让所有权还必须实施处分行为并具备物权法所规定的其他要件。通过关于土地所有权转移的合意和登记于土地登记簿(德国民法典第873条、第925条),V向K转让其已出卖的农场的所有权。在双方当事人不另有约定的情形下(“有疑义时”),土地所有权的让与及于从物(德国民法典第926条第1款第2句)。这意味着牲畜和其他从物的所有权也被同时转让给K(德国民法典第926条第1款第1句)。V和K无须再依照德国民法典第929条及以下通过交付牲畜和达成关于牲畜所有权转移的合意来转让牲畜所有权(牲畜不是物,但必须准用关于物的规定,见德国民法典第90a条第3句)。

第五节 孳息、用益和负担

一、概念

(一)孳息

德国法律区分物的孳息(Früchte einer Sache)和权利孳息(Früchte eines Rechts);它们又可进一步分为直接的物的孳息、间接的物的孳息、直接的权利孳息和间接的权利孳息。

1. 直接的物的孳息

依照德国民法典第99条第1款规定:“某物的孳息,是指该物的出产物和按照该物的用途而从该物中所取得的其他收获物。”对于这样言简意赅的法定定义,有必要举出相应的例子,以利于读者准确地理解。

“物的出产物”的例子:奶牛的奶及其牛犊(但不包括奶牛的肉)、绵羊的毛及其幼崽(但不包括绵羊的肉)、母鸡所生的鸡蛋、果园的果实、林地的木材等。[1]

“按照该物的用途而从该物中所取得的其他收获物”的例子:出自采石场的石头,出自土地的砾石、沙、煤、泥炭等无机成分。

---

〔1〕 Vgl. Medicus, Allgemeiner Teil des BGB, 9. Aufl. 2006, Rn.1204. 另见[德]迪特尔·梅迪库斯:《德国民法总论》,邵建东译,法律出版社2000年版,第892页。

2. 间接的物的孳息

德国民法典第 99 条第 1 款所规定的物的孳息实际上只是“直接的物的孳息”；“间接的物的孳息”规定于德国民法典第 99 条第 3 款。按照这一规定，“间接的物的孳息”是指某物“因某一法律关系而产生的收益”，如对某物进行使用租赁所得的使用租金、对砾石矿井进行用益租赁所得的用益租金。

德国已故著名民法学家布罗克斯（Hans Brox）指出：“准确地说，这不是［间接的］物的孳息，而是物的所有权的孳息。”[1]

3. 直接的权利孳息

依照德国民法典第 99 条第 2 款，“某项权利的孳息，是指该项权利按照其用途而产生的收益，特别是在旨在取得土地成分的某项权利的情形下，是指所取得的成分”。须指出的是，这里所说的权利，不包括所有权在内。

例如，土地的用益承租人根据其用益租赁权而获得的收益（如马铃薯），就属于直接的权利孳息。[2] 砾石矿井的用益承租人根据其对砾石矿井的用益租赁权而获得的收益（如从地下运出来的砾石），也属于直接的权利孳息。又如，狩猎权人根据其狩猎权而获得的收益（如所猎取的猎物），也是直接的权利孳息。[3]

4. 间接的权利孳息

德国民法典第 99 条第 2 款所规定的权利孳息实际上只是“直接的权利孳息”；“间接的权利孳息”被规定在德国民法典第 99 条第 3 款。按照这一规定，“间接的权利孳息”是指某项权利（所有权除外）“因某一法律关系而产生的收益”，如专利权的租用费、[4]因用益租赁上的转租而收取的用益租金。

（二）用益

依照德国民法典第 100 条的法定定义，用益“是指某物或某项权利的孳息以及该物或该项权利的使用所带来的利益。”

可见，用益（Nutzungen）是物的孳息、权利孳息和物或权利的使用所带来的利益的总和。物的孳息和权利孳息被规定在德国民法典第 99 条，包括直接的物的孳息、间接的物的孳息、直接的权利孳息和间接的权利孳息（见上文）；物或权利的使用所带来的利益叫作“使用利益”（Gebrauchsvorteile），如房屋的居住、钢琴的弹奏、车辆的驾驶、作为社团成员的投票权等。因此，Nutzungen 是物的孳息、权利孳息和使用利益的上位概念（属概念）。本书作者认为，这是一个很难翻译的名词。本书作者根据德国民法典第 100 条规定的内容，把 Nutzungen 译成 “用益”（它是物的孳息、

---

〔1〕 Vgl. Brox/Walker, Allgemeiner Teil des BGB, 43. Aufl. 2019, § 36 Rn. 37 – 40.

〔2〕 Vgl. Creifelds Rechtswörterbuch, 23. Aufl. 2019, S. 564.

〔3〕 Vgl. BGHZ 112, 392, 398.

〔4〕 参见王泽鉴：《民法总则》（增订版），中国政法大学出版社 2001 年版，第 230 页。

权利孳息和使用利益的上位概念）。[1]

由德国民法典第 100 条可知，用益（Nutzungen）不仅包括物或权利的孳息，而且包括物或权利的使用所带来的利益。值得注意的是，物或权利的使用利益并不一定表现为经济利益，如弹钢琴、骑马、开车、参加社团的社员大会等，都是使用利益。[2]

（三）负担

负担是物的所有人或权利人所负的给付义务（见德国民法典第 103 条），包括私法上的负担（如附抵押权的债权的利息）和公共负担（如土地税）。德国民法典第 1047 条称它们为“存在于物之上的负担”。

二、意义

德国民法典第 99 条和第 100 条关于孳息（Früchte）和用益（Nutzungen）的概念的规定，对于整部德国民法典都具有极为重要的意义。例如，要理解债法上的用益租赁合同、物权法上的用益权、继承法上遗产占有人对继承人所负有的用益返还义务等，都离不开对孳息或用益的概念的正确理解。[3] 至于何人有权收取用益（物或权利的孳息以及使用利益），何人承担负担，则由法律在不同地方予以规定。

例如，依照德国民法典第 581 条第 1 款第 1 句，用益租赁合同的出租人有义务将用益租赁的标的的使用和孳息的享用给予承租人；这意味着承租人在用益租赁期间有权享用孳息。依照德国民法典第 446 条第 2 句，自交付时（风险转移时）起，用益归属于买受人，并由买受人承担物的负担。依照德国民法典第 818 条第 1 款，因不当得利而发生的返还义务，及于所收取的用益（其他关于返还所收取的用益的规定，见于德国民法典第 346 条第 1 款、第 347 条第 1 款第 2 句、第 987 条、第 988 条、第 993 条以及第 2020 条）。在物权法上，用益权人有收取物的用益的权利（德国民法典第 1030 条第 1 款）。德国民法典第 953 条及以下还规定了物的出产物的所有权取得。

最后，有权收取用益的人（如用益权人）通常必须承担负担（如德国民法典第 1047 条）。为此，德国民法典第 101 条至第 103 条做出了关于在权利人和义务人变换时孳息分配、取得孳息的费用之偿还以及负担分配的规定。[4]

---

〔1〕参见《德国民法典》（第 5 版），陈卫佐译注，法律出版社 2020 年版，第 35 ~ 36 页，注解 21。

〔2〕Vgl. Creifelds Rechtswörterbuch, 23. Aufl. 2019, S. 564.

〔3〕参见《德国民法典》（第 5 版），陈卫佐译注，法律出版社 2020 年版，第 35 页，注解 20。

〔4〕Vgl. Köhler, BGB Allgemeiner Teil, 43. Aufl. 2019, § 23 Rn. 25 – 30. 另见徐国建：《德国民法总论》，经济科学出版社 1993 年版，第 73 ~ 75 页。

参考文献

一、中文文献

1.《德国民法典》(第 5 版),陈卫佐译注,法律出版社 2020 年版。

2. 陈卫佐:《比较民法与比较国际私法》,法律出版社 2015 年版。

3. 陈卫佐:《拉丁语法律用语和法律格言词典》,法律出版社 2009 年版。

4. 陈卫佐:《比较国际私法:涉外民事关系法律适用法的立法、规则和原理的比较研究》,法律出版社 2012 年版。

5. [德]汉斯·布洛克斯、[德]沃尔夫·迪特里希·瓦尔克:《德国民法总论》(第 41 版),张艳译,中国人民大学出版社 2019 年版。

6.《德国商法典》,杜景林、卢谌译,中国政法大学出版社 2000 年版。

7. [德]维尔纳·弗卢梅:《法律行为论》,迟颖译,法律出版社 2013 年版。

8. [德]卡尔·拉伦茨:《德国民法通论》,王晓晔等译,法律出版社 2003 年版。

9. [德]迪特尔·梅迪库斯:《德国民法总论》,邵建东译,法律出版社 2000 年版。

10. [德]汉斯-约哈希姆·慕斯拉克、[德]沃夫冈·豪:《德国民法概论》(第 14 版),刘志阳译,中国人民大学出版社 2016 年版。

11. [德]迪特尔·施瓦布:《民法导论》,郑冲译,法律出版社 2006 年版。

12. 徐国建:《德国民法总论》,经济科学出版社 1993 年版。

13. 台湾大学法律学研究所编译:《德国民法》,1965 年自版。

14. 台湾大学法律学院、台大法学基金会编译:《德国民法典》,北京大学出版社 2017 年版。

15. 中国社会科学院语言研究所词典编辑室编:《现代汉语词典》(第 7 版),商务印书馆 2016 年版。

二、外文文献

1. [日]山田晟:《德语法律用语词典》,大学书林 1991 年版。

2. Jürgen Basedow et al., eds., *The Max Planck Encyclopedia of European Private Law*, Volume Ⅱ, Oxford University Press, 2013.

3. Reinhard Bork, Allgemeiner Teil des Bürgerlichen Gesetzbuchs, 4. Auflage, Mohr Siebeck, 2016.

4. Hans Brox/Wolf-Dietrich Walker, Allgemeiner Teil des BGB, 43. Auflage, Verlag Franz Vahlen, 2019.

5. Bürgerliches Gesetzbuch, 84. Auflage, Deutscher Taschenbuch Verlag, 2019.

6. Code civil allemand - Bürgerliches Gesetzbuch (BGB), Traduction en français du texte en

vigueur au 31 octobre 2009 par Gwendoline Lardeux, Raymond Legeais, Michel Pédamon, Claude Witz, Juriscope Dalloz, 2010.

7. E. J. Cohn, *Manual of German Law*, Volume Ⅰ, Second Edition, The British Instiute of International and Comparative Law, 1968.

8. Creifelds Rechtswörterbuch, 23. Auflage, Verlag C. H. Beck, 2019.

9. Der Brockhaus Recht, F. A. Brockhaus, 2002.

10. Ulrich Eisenhardt, Einführung in das Bürgerliche Recht, 4. Auflage, C. F. Müller Verlag, 2004.

11. Florian Faust, Bürgerliches Gesetzbuch Allgemeiner Teil, 1. Auflage, Nomos, 2005.

12. Heinz Hübner, Allgemeiner Teil des Bürgerlichen Gesetzbuchs, de Gruyter, 1984.

13. Gerhard Köbler, Juristisches Wörterbuch, 17. Auflage, Verlag Franz Vahlen, 2018.

14. Helmut Köhler, BGB Allgemeiner Teil, 43. Auflage, Verlag C. H. Beck, 2019.

15. Helmut Köhler, Einführung, in: Bürgerliches Gesetzbuch, 84. Auflage, Deutscher Taschenbuch Verlag, 2019.

16. Helmut Köhler, BGB Kompakt, 3. Auflage, Verlag C. H. Beck, 2012.

17. Helmut Köhler, BGB Allgemeiner Teil, Prüfe dein Wissen, 23. Auflage, Verlag C. H. Beck, 2004.

18. Eugen Klunzinger, Einführung in das Bürgerliche Recht, 16. Auflage, Verlag Franz Vahlen, 2013.

19. Eugen Klunzinger, Übungen im Privatrecht, 9. Auflage, Verlag Franz Vahlen, 2006.

20. Jan Kropholler, Studienkommentar BGB, 10. Auflage, Verlag C. H. Beck, 2007.

21. Heinrich Lange, BGB Allgemeiner Teil, Verlag C. H. Beck, 1952.

22. Langenscheidt ALPMANN Fachwörterbuch Kompakt Recht Englisch, 2. Auflage, Langenscheidt Fachverlag und ALPMANN SCHIMID Juristische Lehrgänge, 2009.

23. Karl Larenz, Allgemeiner Teil des deutschen Bürgerlichen Rechts, 7. Auflage, Verlag C. H. Beck, 1989.

24. Karl Larenz, Methodenlehre der Rechtswissenschaft, 6. Auflage, Springer - Verlag, 1991.

25. Dieter Medicus, Bürgerliches Recht, 21. Auflage, 2007.

26. Dieter Medicus/Petersen, Bürgerliches Recht, 26. Auflage, 2017.

27. Dieter Medicus, Allgemeiner Teil des BGB, 9. Auflage, C. F. Müller Verlag, 2006.

28. Dieter Medicus, Grundwissen zum Bürgerlichen Recht, 6. Auflage, Carl Heymanns Verlag, 2004.

29. Musielak, Grundkurs BGB, 8. Auflage, Verlag C. H. Beck, 2003.

30. Musielak/Hau, Grundkurs BGB, 16. Auflage, Verlag C. H. Beck, 2019.

31. Palandt, Bürgerliches Gesetzbuch, 79. Auflage, Verlag C. H. Beck, 2020.

32. Filippo Ranieri, Europäisches Obligationenrecht, 3. Auflage, Springer Verlag, 2009.

33. Gerhard Robbers, Einführung in das deutsche Recht, 6. Auflage, Nomos, 2017 (zit.: Robbers, Einführung in das deutsche Recht, 6. Aufl. 2017).

34. Bernd Rüthers/Astrid Stadler, Allgemeiner Teil des BGB, 18. Auflage, Verlag C. H. Beck, 2014.

35. Michael C. Schneider und Peter – Helge Hauptmann, AT/BGB – leicht gemacht, Allgemeiner Teil des Bürgerlichen Gesetzbuchs, 2. Auflage, Ewald von Kleist Verlag, 2011.

36. Dieter Schwab, Einführung in das Zivilrecht, Einschließlich BGB – Allgemeiner Teil, 15. Auflage, C. F. Müller Verlag, 2002.

37. Claude Witz, Le droit allemand, Dalloz, 2001.

38. Thomas Zerres, Bürgerliches Recht, 7. Auflage, Springer – Verlag, 2013.